DEVIATION
THE DEFENSE LOGIC AND REGULATORY GAPS OF SECURITIES CRIMES

证券犯罪
的
辩护逻辑
与
规范缝隙

周致力／著

法律出版社
LAW PRESS·CHINA
——北京——

图书在版编目（CIP）数据

偏差:证券犯罪的辩护逻辑与规范缝隙/周致力著.
北京:法律出版社,2025. -- ISBN 978-7-5244-0517-7
Ⅰ.D924.334
中国国家版本馆 CIP 数据核字第 2025HU3415 号

偏差
——证券犯罪的辩护逻辑与规范缝隙
PIANCHA
—— ZHENGQUAN FANZUI DE BIANHU LUOJI
　　YU GUIFAN FENGXI

周致力 著

责任编辑 张　颖
装帧设计 汪奇峰

出版发行 法律出版社	开本 710 毫米×1000 毫米 1/16
编辑统筹 法律应用出版分社	印张 21　　字数 339 千
责任校对 王语童	版本 2025 年 7 月第 1 版
责任印制 刘晓伟	印次 2025 年 7 月第 1 次印刷
经　　销 新华书店	印刷 北京盛通印刷股份有限公司

地址:北京市丰台区莲花池西里 7 号(100073)
网址:www.lawpress.com.cn　　　　　销售电话:010-83938349
投稿邮箱:info@lawpress.com.cn　　　客服电话:010-83938350
举报盗版邮箱:jbwq@lawpress.com.cn　咨询电话:010-63939796
版权所有·侵权必究

书号:ISBN 978-7-5244-0517-7　　　　定价:119.00 元

凡购买本社图书,如有印装错误,我社负责退换。电话:010-83938349

序　言

　　周致力律师所著的《偏差——证券犯罪的辩护逻辑与规范缝隙》一书，是其多年深耕金融犯罪案件领域的经验与教训的全面归纳和深入提炼。作为一名法学院科班出身的法律人，他在毕业后投身于大量辩护实务工作，这不仅巩固了他原有的法学理论基础，更促使他深入探索实务操作，对每一个案件的处理经验进行系统性的归纳与总结。这实际上是一个从理论到实践，再从实践到理论的消化与升华的过程。

　　在这一过程中，每一个曾在法学院求学的莘莘学子，都需要在实践中抛下过往的荣誉与光环，摘掉情感的"眼镜"，以客观理性的态度去观察和研究金融犯罪中的种种现象。由于法律人与金融人在专业上的隔阂，以及思维模式上的差异，律师在处理金融犯罪案件时，必须经历从理论到实务，再从实务到思考，最后到提炼、归纳、总结的全过程。这些经验和思考反哺于实践，再接受实践的检验，并进一步上升到理论高度，从而丰富金融刑法学和金融犯罪学的理论体系，甚至推动立法的完善。这是一个循环往复、不断发展的过程，也是金融犯罪在司法和立法两个层面不断完善的探索路径。周致力律师的办案历程，正是遵循了这一思路，并融入了他自己的深入思考。他的探索并非追求完美，而是着眼于言之有物。随着时间的推移，这些探索观点将不断得到发展、完善，这恰恰符合事物发展的客观规律。重要的是，他迈出了第一步。

　　这本书实际上也是周致力律师在金融犯罪辩护实战中，以其特定的思路和指导思想进行的大胆而有益的探索。比如，周致力律师通过深入分析金融交易的细节，提出了一系列具有创新性的辩护观点，这些观点不仅挑战了传统认知，也为案件的解决提供了新的可能性。其观点和结论是否正确，并非关键所在。重要的是，这种思维方式，为广大法学学子和年轻律师提供了一种值得参考的学习与工作途径。此外，这本书还强调了辩护律师在金融犯罪案件中应具备的综合素质和专业技能。律师不仅需要深厚的法律知识和扎实的理论基础，还需要对金融市场有深入的了解和敏锐的洞察力。因此，我希望这本书能够更多地发挥方向性的借鉴与参考作用，激励更多法律人在金融犯罪的复杂领域中，不断探索、不断前进，为法律的完善贡献力量。

钱列阳

北京紫华律师事务所创始人、主任

2025年4月

目 录

导　论
证券犯罪的理论重构与实践治理
基于"信息—交易"二元分析框架的探索
001

一、概述	003
二、证券犯罪的缝隙：理论、实践与法条	010
（一）证券犯罪的差异性	010
（二）证券犯罪的理论争鸣	012
（三）司法实践的差异化认定	018
三、"信息—交易"二元分析框架的构建与应用	021
（一）框架内涵与逻辑功能	021
（二）法律适用的争议聚焦	027
（三）辩护逻辑与司法实践	031
四、证券犯罪视域中的"信息"与"交易"要素	032
（一）信息要素的多维解构	032
（二）信息要素的类型表达	035
（三）交易要素的动态评价	042
五、重新理解证券犯罪	047
（一）投资者视角下的法益重构	047
（二）证券犯罪治理的转型	053
（三）证券犯罪治理的体系化重构	055

第一章
"信息—交易"要素内涵的深化与拓展
基于证券犯罪法律规制的动态视角
059

一、信息要素的多元维度与动态规制　　061
（一）主体性：权利边界与责任分层　　062
（二）价值性：从主观判断到客观量化　　065
（三）利用性：行为认定与推定规则　　068
（四）真实性：虚假信息的类型化规制　　075
（五）具体性：从模糊性到精准化的治理转型　　080
（六）程度性：动态生命周期与司法认定　　085

二、交易要素的演化特征与法律应对　　091
（一）流变性：金融创新与监管博弈　　091
（二）时间性：时序解构与因果证明　　099
（三）欺骗性：从信息欺诈到行为欺诈　　107

三、"信息—交易"要素互动：机制重构与制度回应　　115
（一）互动模式：双向映射与风险叠加　　115
（二）制度回应：动态治理体系的构建　　120
（三）理论突破：证券刑法范式的数字化转型　　122
（四）国际合作：跨境协同与标准统一　　123

第二章
证券犯罪的法律规范逻辑厘清
125

一、市场操纵犯罪　　127
（一）历史沿革与规范变迁　　127
（二）信息型操纵与交易型操纵　　131

（三）实控账户认定问题 …………………………………… 134
（四）交易量计算方法争议 ………………………………… 135
（五）预设交易计划 ………………………………………… 143
（六）审计报告问题 ………………………………………… 145
（七）涉案财物处置问题 …………………………………… 149

二、内幕交易犯罪 …………………………………………… 152
（一）主体认定问题 ………………………………………… 153
（二）重大性要件的判断标准 ……………………………… 155
（三）多层传递的刑事可罚性问题 ………………………… 157
（四）违法所得计算问题 …………………………………… 161
（五）审计报告问题 ………………………………………… 165
（六）刑事政策问题 ………………………………………… 168

三、虚假陈述犯罪 …………………………………………… 171
（一）虚假陈述的基本分析 ………………………………… 171
（二）跨事项累计计算问题 ………………………………… 173
（三）重大性的差异性内涵 ………………………………… 179
（四）主观过错的举证困境与推定规则 …………………… 181
（五）信息披露的类型化拆分理解 ………………………… 183

第三章
信息风险的分配问题
以"持股比例"型内幕信息的认定规则为例
185

一、持股比例型内幕信息的认定路径：重大事件的判断逻辑 … 187
二、持股比例型内幕信息的体系性理解：静态标准与动态标准 … 192
（一）规范内容同时包含静态标准与动态标准 …………… 192
（二）适用静态标准认定持股比例型内幕信息的规范依据 … 195
（三）《证券法》的修改逻辑印证了适用静态标准的合理性 … 198
三、持股比例型内幕信息的认定逻辑：基于信息错误风险分配

的规则考量　　202
　（一）信息类型及其区分性规范保护　　203
　（二）时点式内幕信息与静态标准的逻辑统一　　204
　（三）信息错误风险分配的规则与逻辑　　206
四、余论：实现证券市场金融资金支持的功能　　209

第四章
信息的具体性问题
以"业绩预增"型内幕信息的实质性判断与认定为例

213

一、内幕信息的二分类型：财务信息与经营信息的差异逻辑　　216
二、重新理解证券市场语境中的"内幕信息"　　217
三、内幕信息的"具体性"特征表达与内涵界定　　224
四、"具体性"特征对未公开性与重大性的实质影响　　227
　（一）未公开性的消解：投资者视角的穿透分析　　227
　（二）重大性的弱化：面向未来的投资逻辑　　230
　（三）"具体性"对"重大性"判断的再影响　　235
　（四）内幕信息重大性与未公开性的互动影响　　236
五、信息价值判断权与信息错误分配机制　　237
　（一）"业绩预增"未被直接规定为内幕信息　　238
　（二）信息价值判断权与信息错误分配机制　　245
六、构建基于投资者视角的内幕信息实质判断规则　　247
　（一）内幕信息不同审查要求和标准的逻辑分析　　247
　（二）投资者视角的正当性分析　　249
　（三）面向未来的投资决策与定价机制　　251

第五章
交易的流变性问题
以债券交易背景下"单位财物"的理解为例
253

一、金融交易特性对传统刑法概念的解构	255
二、财物归属的确定性问题：从静态到动态的转变	257
（一）传统认定逻辑的局限性	257
（二）动态归属的司法实践困境	258
三、财物归属的合法性问题之一——获取财物的合法性	262
四、财物归属的合法性问题之二——支付财物的合法性	265
五、理论与实践的双重反思：刑法谦抑性与金融创新的平衡	268

第六章
交易的时间性问题
以连续交易型操纵中"时间性"要素的分析为例
271

一、规范缝隙："交易日"与"持仓量"要件的适用冲突与解释路径	274
二、危害性实质：时间性要素与市场欺诈理论的耦合	279
（一）要件逻辑组合情形	279
（二）优势滥用的持续性要求	281
三、三重时间性形态：交易行为的时序逻辑与规范评价	282
四、规范填补：时间性要件的司法认定规则重构	285

第七章
共犯结构问题
以信息型操纵刑法治理的局限性为例
287

一、信息型操纵犯罪的实践扩张与理论争议	289
二、信息型操纵犯罪的要件重构：信息行为与交易行为的层次性区分	293
三、共犯结构的限缩解释：责任传导的逻辑边界	296
（一）对"信息行为"进行层次性区分及责任认定	297
（二）对共犯结构进行层次性区分及责任认定	298
（三）规范路径：层次性区分理论与行刑衔接机制的构建	300
四、余论：刑法治理的理性回归与市场自治的平衡	301

附　录
金融语境下平台"投资型"诈骗罪的重新解释
305

一、"欺骗行为"的边界重塑	307
二、金融诈骗因果关系的动态解构	312
三、"损失认定"的复合维度：利益分配机制的客观化理解	314
四、"被害人自陷危险"的重新理解	315
五、对赌模式下的归责重构	316
六、余论	319
（一）手续费是否存在成立诈骗罪的空间？	319
（二）平台投资型案件中"代理行为"的性质认定	321

后　记	326

证券犯罪的理论重构与实践治理

基于"信息—交易"二元分析框架的探索

一、概述

二、证券犯罪的缝隙：理论、实践与法条

三、"信息—交易"二元分析框架的构建与应用

四、证券犯罪视域中的"信息"与"交易"要素

五、重新理解证券犯罪

一、概　述

证券犯罪作为金融犯罪的核心类型，其定义涵盖欺诈发行、内幕交易、操纵市场等行为，本质是对证券市场信息与交易机制的非法利用。根据《刑法》及相关司法解释，证券犯罪的核心特征在于破坏市场秩序与投资者权益。具体而言，"证券犯罪是指证券发行人、证券经营机构、证券管理机构、证券监督机构、证券服务机构、投资基金管理公司、证券业自律性管理机构以及其他组织，证券业从业、管理人员以及其他人员，违反证券法规，故意非法从事证券的发行、交易、管理或其他相关活动，严重破坏证券市场的正常管理秩序，侵害证券投资者的合法权利，应受刑罚处罚的行为"。[1] 证券犯罪所涉及的主要行为及罪名包括，欺诈发行证券罪（《刑法》第一百六十条）；违规披露、不披露重要信息罪（《刑法》第一百六十一条）；擅自发行股票、公司、企业债券罪（《刑法》第一百七十九条）；内幕交易、泄露内幕信息罪（《刑法》第一百八十条）；利用未公开信息交易罪（《刑法》第一百八十条）；编造并传播证券、期货交易虚假信息罪（《刑法》第一百八十一条）；诱骗投资者买卖证券、期货合约罪（《刑法》第一百八十一条）；操纵证券、期货市场罪（《刑法》第一百八十二条）。概言之，证券犯罪包括虚假陈述犯罪、内线交易犯罪以及市场操纵犯罪三大类型。[2] 虚假陈述犯罪包括欺诈发行证券罪，违规披露、不披露重要信息罪，擅自发行股票、公司、企业债券罪，编造并传播证券、期货交易虚假信息罪，诱骗投资者买卖证券、期货合约罪；内线交易犯罪包括内幕交易、泄露内幕信息罪，利用未公开信息交易罪；市场操纵犯罪包括操纵证券、期货市场罪。

近年来，随着中国资本市场改革的深化，证券犯罪治理被提升至战略高度。2021年《关于依法从严打击证券违法活动的意见》明确提出"零容忍"政策，标志着证券犯罪治理从"事后惩戒"转向"事前预防＋事中监管＋事

---

[1] 参见陈兴良：《刑法研究（第十一卷）刑法各论Ⅰ》，中国人民大学出版社2021年版。
[2] 参见钱列阳、谢杰：《证券期货犯罪十六讲》，法律出版社2019年版，第4页。

后追责"的全链条模式。从数据来看，例如2020~2023年证监会办理信息披露违法案件数量增长近20%，移送刑事案件116件，[①]反映出监管力度与司法实践的联动强化。"零容忍"政策之后的配套措施包括：行刑衔接强化（证监会与公安部建立联合办案机制，2023年向公安机关移送涉嫌犯罪案件及通报线索118件[②]）；投资者赔偿机制（依托投服中心推动特别代表人诉讼，如"五洋债案"中5.5万余名投资者获赔）；技术监管创新（2022年上海证券交易所第四代交易监管系统正式上线运行，通过AI算法监测异常交易行为，提升监管智能化科技化水平）。

证券犯罪问题无疑是当下理论与实践的重点及难点。证券犯罪"零容忍""强监管"成为当下及未来一定时期内的主导性整体政策。证券犯罪也更是成为理论研究与实践探讨的重要领域。然而，证券犯罪的长时段性、多元主体性及混合行为特征（如信息操纵与交易操纵交织），使传统刑法理论在实践适用中面临挑战。证券犯罪作为金融领域犯罪的典型代表，相较于传统犯罪具有明显的差异性。

比如，在逻辑层面，证券犯罪的刑法规范逻辑本身存在很多模糊"偏差"之处。以操纵证券市场犯罪为例，可以概括性区分为交易型操纵与信息型操纵。这两种类型化行为的区别在于，行为人实施操纵犯罪的作用机制。交易型操纵是对证券市场中的"交易"要素施加不正当影响（如连续交易），通过交易行为误导投资者，引发证券市场的价量波动，破坏正常的交易秩序。信息型操纵则是对证券市场中的"信息"要素施加不正当影响（如蛊惑交易），引发证券的价量波动。再如，在实践层面，刑事司法程序对于证券犯罪案件的认定与处理，也存在诸多不一致之处。以内幕交易罪为例，对于非法获取型内幕交易的认定，各地司法实践的理解与认定不一致。有的判例是从"权利视角"界定是否属于非法获取，即只要认定行为人没有权利知悉该内幕信息而知悉了，便可能被认定为内幕交易犯罪。有的判例则是从"义务视角"界定是否属于非法获取，即跳出前述的权利视角，并不关注行为人是否有权利知悉该内

---

① 参见《证监会依法从严打击欺诈发行、财务造假等信息披露违法行为》，载证监会官网2024年2月4日，http://www.csrc.gov.cn/csrc/c100200/c7465500/content.shtml。

② 参见《中国证监会2023年法治政府建设情况》，载证监会官网2024年4月10日，http://www.csrc.gov.cn/csrc/c100028/c7473071/content.shtml。

幕信息，而是关注行为人是否具有信息戒绝义务，即使其知悉了，但是承担的是不得非法利用该信息的义务。

首先，本书从证券犯罪的实践视角出发，通过经验与理论之间的双重互动关系提出"信息—交易"要素的二元分析框架，意在尝试推动解决证券犯罪领域的规范逻辑与司法实践之间的"悖论困境"，弥合两者之间的缝隙"偏差"，从而实现针对证券市场的有效社会治理，实现证券市场健康、持续发展。基于此，导论部分即首先提出并论述"信息—交易"要素二元分析框架的整体性内涵。

需要说明的是，本书提出的二元分析框架以及重新界定的证券犯罪概念，是一种解释性概念，而不是规定性概念。根据此处的二元分析框架，某种行为符合信息要素—交易要素的具体属性，不必然构成犯罪或者不构成犯罪，即其不具备刑法规定性的效力，而是一种解释性的分析框架。换言之，关于证券犯罪，刑法规定具有原则性，不能直接适用于实践案例并展开分析，而通过本书的二元解释框架，则可以展开从事实到证据再到法益侵害实质这样三个层面的分析与判断。同时，从逻辑功能的角度来看，本书提出的二元解释框架，它的逻辑指向是证否性的解释，而不是证明式的解释。具体而言，本书的解释框架是倾向于从辩护证否的角度展开分析。还原到实践场景，证券犯罪案件中，在法条没有明确指引适用之时，可以借助二元解释框架的内容展开分析论证。比如，第一步判断案件所涉情形不符合信息要素的主体性；第二步将其回溯性解释至对应刑法的某一具体要件内容，这是一种反向性利用；第三步进一步论证因为案件情形不符合某证券犯罪罪名的要件内容，故得出不属于该罪的结论。相当于，本书提出的二元解释框架是一种"整体性方向"，循着这种方向回到所对应的法条要件内容，进而形成证否性解释闭环。简言之，根据二元解释框架的某个角度切入，然后在"6+3"的框架要素推进的过程中，找寻到刑法规定性的角度和方案。从思维角度来看，本书提出的二元分析框架，是一种升维后的辩护逻辑与思考路径。

其次，本书构建的是一种"投资者视角"的证券犯罪解释体系，[①] 目前法律规范解释体系与司法实践逻辑附带着明显的"监管者视角"。比如，实践中

[①] 具体内容可参见本书第四章的展开分析。

有的案例将"业绩预增公告"作为法定内幕信息，这种业绩预增公告的发布日期是在下一年度的1月，即该业绩预增公告对应的自然年度已经成为过去，12个月的财务数据已然客观生成与落地，从语义解释角度，为何还是称为业绩"预"增公告？不是应当称作业绩"实"增公告吗？换言之，如果将此处的"预增"公告理解为一种非正式的公告，那么一定要相对于某种正式公告，也就是上市公司的正式年度报告。① 因此，即使从自然时间角度来看，该业绩预增公告发布时全部财务数据早已落地，但是相对于经过正式会计审核的年度报告，其逻辑上属于"预"增公告。进而，这种业绩预增公告的评价背后对应的是监管者的主体视角。如果将评价视角回归到投资者主体，这份业绩预增公告在下一年度1月发布时，基于该公告的内容在时间轴上属于过去，而投资朝向的是未来，因此在公告发布前后，其所蕴含的实际投资价值并不大，甚至趋近于零（见图1）。

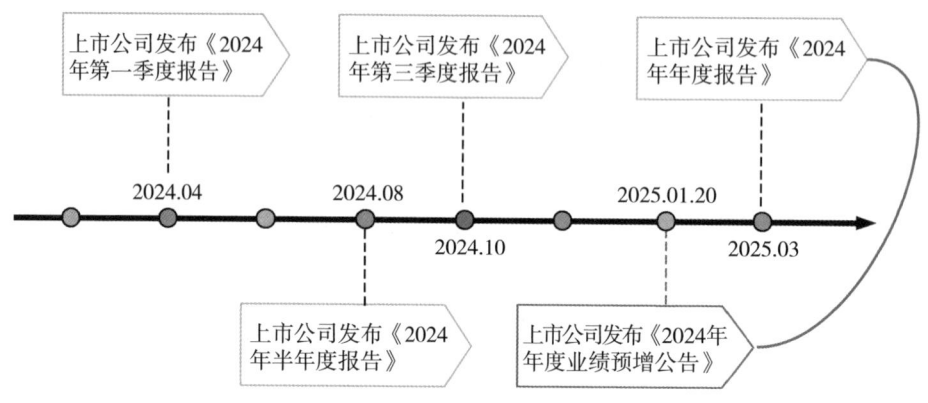

图1 业绩预增公告时间点

基于投资者视角下的证券犯罪理论是一种"行动者的哲学"或者"行为

---

① 比如，《深圳证券交易所上市公司业绩预告、业绩快报披露工作指引》第四条第一款第（二）项规定："上市公司董事会应当密切关注公司经营情况，出现以下情形之一的，应当及时进行业绩预告：（二）在公司会计年度结束后1个月内，经财务核算或初步审计确认，公司该年度经营业绩将出现亏损、实现扭亏为盈、与上年同期相比业绩出现大幅变动（上升或者下降50%以上的）；"

者的哲学"。① 监管者视角是一种静态视角，法律规定如此即如此，充斥的是刚性逻辑。投资者视角与"行动者的哲学"蕴含的是动态视角，更加包容性地审视和评判证券市场各方主体及其行为。经济是以人为主体触发的互动性关系，不是单方的静态要素的叠加，无法脱离真实的个体行动者。比如，对于某信息是否属于内幕信息，是否具有重大性价值，监管者与投资者得出的结论可能完全相反。以信息的确定性、具体性为例，监管者会认为信息成熟落地时具有重大性价值，但投资者则会认为这种完全成熟、确定的信息，恰恰丧失了投资参考价值。原因在于，真实的投资者决策是基于信息不完整状态的概率性决策，而不是监管者"拟制性"规定体现的确定性决策。这种隐藏在法律规范背后的逻辑视角差异，必然会影响适用法律展开评价的司法实践过程及其结论。

再次，以连续交易型操纵中的利用"信息优势"操纵为例，如果基于投资者视角，对于利用"信息优势"的内涵理解呈现不同的面向与结论。

第一种，基于"静态时序"的理解。利用信息优势进行连续交易操纵的构成要件内容具体有两项，利用"信息优势+连续交易"，从规范理解角度来看，这两项要件内容必须同时具备，缺一不可。证券市场实践中存在"信息预公告"② 这一信息披露动作，从静态时序的角度来理解，可以得出的结论是：以信息预公告为时间节点，预公告之前行为人具有信息优势，预公告之后

---

① "行动—规则"分析框架可以把奥派两位大师的思想（米塞斯的"行动学"与哈耶克有关"规则"的思想），及他们有关法律、秩序等政治哲学的思想结合起来，这个市场分析框架将打破不同领域的界限，把不同领域都纳入广义的市场中。如传统上认为"经济"和"政治"是两个完全不同的领域，适用于不同的规则。如有人认为经济学原理只适用于经济领域（市场），在政治领域不适用，但在"行动—规则"框架下，经济与政治都由人的行动构成，因此都适用共同的经济学原理（行动学），特别是"协调"原理，可见，虽然经济与政治可能有不同的规则，但规则背后的原理是相通的……参见朱海就：《真正的市场：行动与规则的视角》，上海三联书店2021年版，第15页。

② 证券市场的"预公告"，是指在证券发行或相关事项在正式披露前，由发行人或相关方向公众提前公开部分信息的制度。其核心价值在于通过提前公开信息强化监督、提升透明度；其核心目的是强化社会监督、提高信息披露质量，并通过提前公开信息促进理性投资决策。此前预公告仅限于IPO，实践中其实还适用于股东减持、业绩预告等场景（如×××预披露公告）。例如，持股5%以上股东的减持计划需提前披露减持时间、价格区间及方式；业绩预告则需反映公司盈利预期等。预公告能够减少信息不对称，但是也可能被行为人滥用，比如，如果上市公司通过预公告释放利好消息，但后续业绩未达预期，可能引发投资者不满。尽管"预公告"机制存在执行难度和信息不对称的挑战，但通过完善监管框架、优化中介机构责任及技术应用的完善，预公告制度有望在促进资本市场健康发展方面发挥更大作用。

行为人丧失信息优势,因为预公告之后所有投资者都可以知悉该信息,双方之间处于信息均等态势。进一步,如果行为人在预公告之前存在连续交易行为,则完全满足了连续交易操纵的构成要件内容而成立犯罪,反之则否(见图2)。

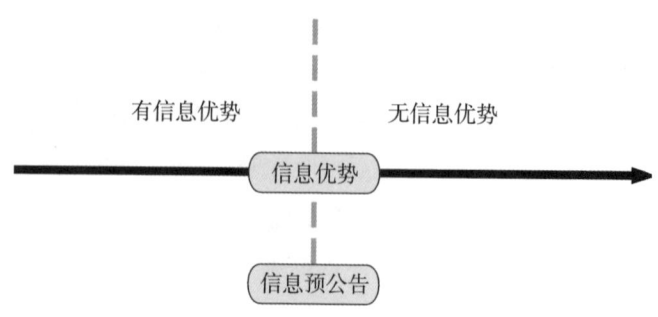

图2 "静态时序"下的信息优势

第二种,基于"动态行动"的理解。如果抛开基于静态时序的理解,得出的结论则是,信息预公告之后,在所有投资者均等知悉该信息的情形下,行为人反而真正具备了信息优势。原因在于,此时"信息优势"的核心表现在行为人提前预判了投资者在知悉该信息之时的决策与交易方向,其正好利用这种"预判了你的预判"的优势非法获利。换言之,在信息预公告之前,行为人所具有的信息优势处于静止的"无害状态",仅是知悉了信息但并未利用此种信息优势非法交易获利,其他投资者的决策逻辑与交易行为并未受到该信息的影响,当然也不可能被行为人反向利用(见图3)。

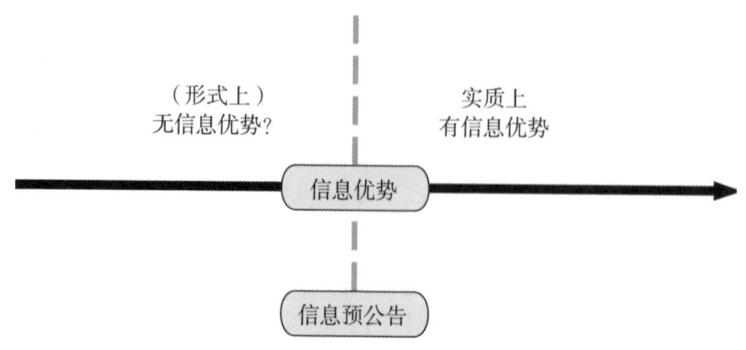

图3 "动态行动"下的信息优势

易言之,行为人利用的不是信息优势蕴含的时间差,而是决策差或行动差。信息预公告之后，形式上所有投资者获取了同等的信息，行为人丧失优势，实质上正是公告之后，行为人真正具备了利用信息优势的基础条件，即此时行为人利用的是"我知道你知道这个信息之后你会做交易"，"利用"性体现的是"我预判了你的预判"，进而据此反向交易获利。实践中，根据投资者视角下的"行动差"视角来解释"利用信息优势"，如果行为人是在信息预公告之后进行大量的连续交易，则由此具足了刑法构成要件而成立犯罪。

此外，《证券法》（2019）第二章（证券发行）第十九条第一款明确规定："发行人报送的证券发行申请文件，应当充分披露投资者作出价值判断和投资决策所必需的信息，内容应当真实、准确、完整。"可知，欺诈发行证券罪中要求的信息重大性标准（发行文件中隐瞒重要事实或者编造重大虚假内容）对应的含义，也典型体现了"投资者视角"。值得注意的是，该条规定是2019年《证券法》修订时新增加的规定内容，《证券法》（2014）仅是在第二十条原则性规定："发行人向国务院证券监督管理机构或者国务院授权的部门报送的证券发行申请文件，必须真实、准确、完整。为证券发行出具有关文件的证券服务机构和人员，必须严格履行法定职责，保证其所出具文件的真实性、准确性和完整性。"其中并未明确表述信息重大性的判断视角与逻辑。

最后，本书构建的是一种"历时性"分析，而不是仅限于"共时性"分析。[①] 从理论与实践的综合比较视野进行分析，不同国家证券市场的建设发展经验与证券市场法律治理实践必然存在差异，由此也不可能存在一种具有普适性的证券犯罪理论体系。比如，有效市场理论[②]在中国证券市场结构中未必具

[①] 历时性与共时性的概念最早是由语言学家索绪尔提出的，指对系统观察研究的两个不同方向。历时性，就是一个系统发展的历史性变化（过去—现在—将来），强调过程演化和历史维度。而共时性，就是在某一特定时刻该系统内部各因素之间的关系。这些因素，可能是经过不同的历史演变而形成甚至属于不同的历史发展阶段，既然它们共处一个系统之中，那么它们自身的历史演变情况就暂居背景地位，显现的是各因素共时并存而形成的系统关系。历时与共时并不能截然分开，往往是你中有我，我中有你。共时结构同样隐含了历史维度。比如树木的"横断面"——一棵树的历时演变浓缩在横断面显现的年轮之上，这即是共时之轴与历时之轴交叉的结果。历时性强调纵向历史演进，突出了时间性；而共时性强调横向结构关联，突出了空间性。二者共同构成了经济社会发展的时空坐标。参见张晓晶：《中国经验与中国经济学》，中国社会科学出版社2022年版，第325~326页。

[②] 1970年，美国学者尤金·法玛对美国资本市场进行了深入研究，提出了有效市场假说（EMH），认为只要市场充分反映了现有的全部信息，市场价格代表证券的真实价值，这样的市场就称为有效市场。参见巫云仙：《美国金融制度的历史变迁》，社会科学文献出版社2017年版，第99页。

有解释力。这种理论是在西方资本市场的发展成熟状态下衍生出来的一种学术解释，其赖以存在的市场主体结构是以机构投资者为主，而中国证券市场结构目前仍属于个体投资者为主。这种市场主体的结构差异会导致个体投资者放大个人的非理性、冲动性、盲目性因素，相较而言，以机构投资者为主的市场更容易实现均衡，非理性的波动概率会降低。换言之，本书尝试构建的是一种立足于中国证券市场自身发展演进历史与制度基因的理论解释框架，在历时性的观察视角下尝试实现历史逻辑与理论逻辑的统一，而不是不加区分地以他者的"共时性"分析代替自者的"历时性"分析，进而实现历时与共时的统一。我们应当运用中国自己的历史实践中生长出来的本土理论模型解释自己的现象，而不能用完全生长在西方历史语境和逻辑下的金融证券理论解释中国的问题，尽管其具有借鉴或参考意义。

二、证券犯罪的缝隙：理论、实践与法条

（一）证券犯罪的差异性

形式特征方面，证券犯罪表现为长时段性、多元主体、混合行为。

第一，长时段性。证券犯罪的行为持续时间长，呈现长时段性，典型如操纵证券市场犯罪，实践中常见的操纵犯罪期间持续一至两年。包括内幕交易犯罪，敏感期往往长达几个月或半年。相较而言，传统犯罪行为持续时间短，呈现节点性特征。证券犯罪的长时段性特征会冲击甚至解构刑法的传统解释与认定。比如，这种长时段性使共犯结构呈现动态性，在不同时段内出现主犯与从犯地位的交替变化，不同于传统犯罪中共犯结构的静态性与固定性。再如，这种长时段性特征使侵占类犯罪中的"单位财物"认定呈现复杂性变化，尤其是在财物的归属上，所有权往往形式上似乎属于单位，但实质上仅是占有权或使用权属于单位，这种背离状态导致财物的所有与占有之间发生混同，进而可能导致实践中对于侵占类犯罪的法律判断错误。

第二，多元主体。证券犯罪涉及的人员及主体较多，比如，在操纵证券市场犯罪中一般存在资金团队、操盘团队、上市公司三方主体，每方主体内部会

细分为决策层、执行层等,因此基本呈现共同犯罪的形态。证券犯罪主体多元必然带来利益分配环节冗长且复杂的局面,无法直接沿用传统财产犯罪理论予以界定。证券犯罪定性分析过程中,常见的一种分析思路即界定"利益分配"问题,如哪些利益是合法的,合法利益可归属于特定交易环节中的哪方主体。反言之,如果行为人超越交易规则而非法获取了不应当获取的利益,则可能导致行为性质异化为违法甚至犯罪。

证券犯罪的多元主体特征,还可能带来共犯认定与处罚范围扩大化的问题。比如,交易型操纵犯罪案件基本呈现"上市公司—操盘团队—资金团队"的三方主体结构,其中"资金团队"除操盘团队的自有资金、上市公司支付的操盘资金之外,还存在人数众多的个体"配资方"(实践中俗称"金主")。进一步穿透深入"配资方"的内部结构,往往呈现"层层代理"性质的资金归集形态,类似于传销性质的结构,比如,资金体量大的"金主"下挂着几个中等资金体量的"金主",中等资金体量的"金主"又下挂多个小资金体量的"金主",以此类推。这种资金倒挂结构与聚集形态所引发的刑法评价问题是,能否不加区分地将这些资金主体一应评价为操纵犯罪的共犯?如果加以区分性认定,那么应当依据何种认定标准加以准确评价,从而实现不枉不纵?尤其,面临当前刑事政策趋严的形势,实践中很可能出现打击扩大化的问题,包括虚置行政处罚与刑事制裁的界限,行刑无分。

第三,混合行为。证券犯罪呈现为信息行为与交易行为交替穿插进行的特征。在信息行为层面,可以分为行为人非法利用真实信息与虚假信息。比如,信息型操纵可以进一步细分为行为人利用"真实信息"进行操纵、利用"虚假信息"进行操纵(见图4)。前者比如利用信息优势型连续交易操纵(单独或者合谋,集中资金优势、持股或者持仓优势或者利用信息优势联合或者连续买卖的),后者比如蛊惑型操纵(利用虚假或者不确定的重大信息,诱导投资者进行证券、期货交易的)。又如,上市公司配合"市值管理"机构,通过发布利好信息公告与集中资金买入双向操作,行为人同时非法利用信息要素与交易要素实施操纵犯罪。

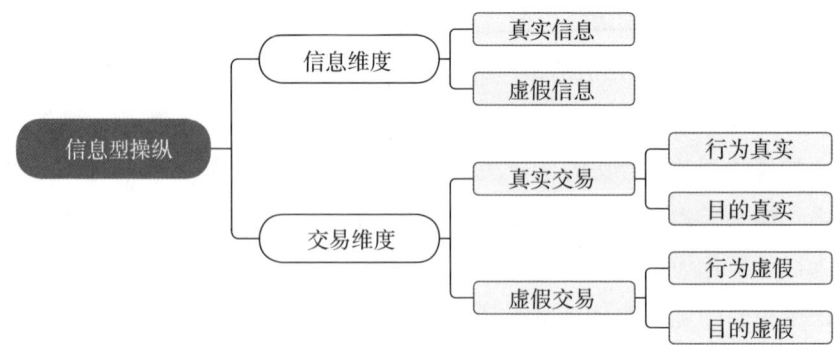

图 4　信息型操纵

（二）证券犯罪的理论争鸣

在实质特征方面，关于证券犯罪保护法益的理解存在多重视角，主要存在秩序说、欺诈说、滥用优势说、价量说、市场波动说等理论观点。

1. 秩序说：监管本位的传统范式。秩序说强调对金融管理秩序的破坏。具体而言，秩序说认为证券犯罪行为侵害了金融管理秩序。从刑法的整体篇章结构来看，包括操纵市场、内幕交易等证券犯罪集中规定在第三章"扰乱市场经济秩序"之第四节"扰乱金融秩序"这一部分。不过，一方面，有观点认为，传统秩序说存在法益过度抽象化问题，违反刑法明确性原则；另一方面，秩序说未能区分合法交易与非法行为的界限。任何违法行为都会给金融秩序造成一定程度的破坏。比如，合法连续交易与操纵市场的连续买卖行为在外观上难以区分。如同内幕交易罪与利用未公开信息交易罪两者的"尴尬"逻辑，刑法界定的"未公开信息"是"内幕信息以外的其他信息"，但内幕信息本身并不总是能清晰界定范围，据此采用排除法定义的"未公开信息"本身也存在逻辑不周延的问题。事实上，内幕信息与未公开信息两者属于包含关系，后者包含前者。

2. 欺诈说：契约伦理的刑法延伸。欺诈说将证券犯罪类比为财产犯罪，但证券交易的匿名性与"多对多"结构使欺诈因果关系难以锁定。具体而言，欺诈说认为行为人非法利用各种优势（如信息优势或交易优势）进行交易，事实上构成了对其他投资者的欺诈。这种行为的欺诈性即在于行为人非法获取了信息优势，提前建仓，待利好信息公开后股价升高，再行交易，从而实现非法获利。证券犯罪行为在表征上确实存在欺诈因素，不过这种"欺诈性"并不是证券犯罪的实质，而是财产犯罪的实质。财产犯罪的领域（如诈骗罪）运用"欺诈说"界定行为的违法性是可行的，这种欺骗性发生在单向的、点对点的、短时空交接处，因而能够明确界定"行为欺诈—财产处分—损害结果"的因果流程。但是，证券犯罪的天然差异性在于所涉交易行为时空范围广，且主体多元化，无法清晰界定如同财产犯罪的行为欺诈性。比如，行为人操纵某只股票，假定操纵犯罪的区间期限是一年，可以设想在整个时段之内，有大量投资者参与其中，几乎无法计数的交易行为混杂其中，由此几乎无法锁定是行为人的操纵犯罪行为，特定的、直接的、具体的导致了某个投资者的某笔交易损失，进而对此承担刑事责任。所以，"欺诈说"这种在传统的财产犯罪领域有解释力的逻辑观点，无法直接扩张适用至证券犯罪领域。

对于"欺诈"含义的解释不能突破传统的文义范围，欺诈典型表现为一种交流型犯罪行为，一对一的点状属性，证券犯罪的交易行为结构是一对多或者多对多的随机属性，无法通过这种刑法的欺诈结构去认定证券犯罪。尤其，证券交易是匿名性机制，交易系统自动撮合完成交易，行为人与受害人之间并无点对点的交流，不存在直接欺诈的行为空间结构。以操纵证券市场犯罪为例，其包含着多重"欺骗"要素，比如，行为人利用"信息要素""交易要素"进行市场操纵犯罪，可以区分为利用真实信息或虚假信息、真实交易或虚假交易等。虚假申报型操纵（不以成交为目的，频繁或者大量申报买入、卖出证券、期货合约并撤销申报），表面上行为人的交易是真实的，但交易行为背后对应的交易目的虚假，并非意图进行真实交易以获取合法价差。不过，这种"欺骗"不等同于欺诈说视域内的"欺诈"。

3. 滥用优势说：衡平法则的现代演进。可能的理论困境在于，优势合法边界模糊，不易区分正常商业策略与不当利用（如基本面分析 vs 未公开信息）。

4. 价量说：行为主义的客观标准。价量说将证券市场价格形成机制作为保护法益，主张通过交易数据与量化标准识别犯罪本质。比如，价格偏离度、交易量波动等量化评价标准。

5. 市场波动说：系统风险的刑法防控。市场波动说将市场稳定性作为独立法益，主张刑法应预防系统性金融风险。比如，监管实践中的熔断机制。2016年A股熔断事件后，系统性波动引发各方关注并纳入日常市场监管视野。压力测试对接，对券商自营业务设置VaR（风险价值）红线。[①] 价量说与市场波动说关注市场价量异常，不过市场天然具有波动性，如何界定"异常"、如何区分犯罪引发波动与正常市场调整等成为理论与实践难题。[②] 具体而言，价量说与市场波动说的本质一致，认为证券犯罪行为影响了证券市场的正常交易量或者交易价格。刑法条文反复使用"影响证券、期货交易价格或者证券、期货交易量"的表述，认定证券犯罪的法益侵害实质就是价量影响，或者通过这种价量影响造成了市场波动。不过，价量说与市场波动说更接近于对证券犯罪行为导致的危害后果的总结性描述。任何交易行为注入市场都会导致价量或市场波动。无波动，不市场。这种波动性是证券市场的基础属性，如同市场流动性一样，无法剥离。流动性本身即属于波动性，没有流动与波动，投资者便无法通过正常交易获取其中的价差利润，市场本身便不复存在。

换言之，价量说或者市场波动说难以突破刑法上的结构性障碍，即如何认定行为与结果之间的因果关系。比如，如何界定行为人在操纵时段内的某个具体交易行为注入市场后引发波动？证券市场波动必然是多因一果，是多种原因与因素混合导致了股票的价量以及市场波动，如何能够在刑法层面精准界定在特定的时间节点、特定的操纵方式导致市场波动的危害结果？如何锁定单一因果关系？这种复杂性引发了司法实践中的认定"异化"，[③] 更拷问证券犯罪司法认定的合法性与正当性。

"证券类犯罪的保护法益之界定，应在充分了解证券市场的建立与运行机

---

① 参见中国证券业协会发布的《证券公司压力测试指引》（2023年修订）。
② 比如2024年4月《关于加强监管防范风险推动资本市场高质量发展的若干意见》（又称"国九条"）引发的政策性波动。
③ 实践中，"市场波动"这种危害结果及其因果关系认定依靠的是证监会出具的"认定函"。但是，"认定函"仅有简单的定性结论，没有基础说理，且并未在事前听取被告人及辩护人的抗辩意见，同时在法庭上无法进行实质性的有效质证。这一实践样态客观上导致了证监会"认定函"在法庭上无法质证，直接侵犯了被告人的合法辩护权利。参见周致力：《证监会与司法机关互动的正当程序控制——以"认定函"为中心的分析》，载中国刑事诉讼法学研究会编：《中国刑事司法》第三辑，团结出版社2024年版，第119~131页。

制的基础上加以把握。"① 根据笔者的经验观察，中国证券市场真实的运行机制同行政权与司法权的互动关系密切相关。证券市场及其运行机制确实有着共同点，域外证券市场发展与治理的相关经验可以作为中国证券市场建设的参考借鉴。但是，中国证券市场有着基于现实场景的条件约束，其性质和功能当然存在差异，而这种性质与功能差异一方面直接影响证券市场的规范性制度建构，另一方面直接影响证券市场的真实性运作机制。如果聚焦证券市场的"信息"这一核心要素，中国证券市场的特殊性表现在，一方面中国证券市场的信息生成机制有着特殊性，另一方面中国证券市场的信息披露制度的实际运行也有着特殊性。

以信息披露制度与内幕交易规制为例，一方面，自愿披露与内幕信息两者之间的转化认定存在诸多规范缺失，比如，上市公司作为信息生成母体，应当被赋予更大的"内幕信息"认定的自我决策权，但实际却缺少相关规定。② 另一方面，强制披露与自愿披露两种规范性界分之外还存在特殊的"认定函"现象。比如，"认定函"可能在披露制度与内幕交易的规范内容之外，另行创设"内幕信息"。③ 也就是说，作为行政监管机关的证监会可以在证券法的法定规定之外直接个案性地认定某信息是否属于"内幕信息"或者"未公开信息"。④ 事实上，这种认定行为的正当性存在疑问。换言之，某项信息是否属于"内幕信息"，作为信息母体的上市公司无权界定，同时投资者与市场也无权界定，而只能依据行政权与司法权的互动结果进行认定，这似乎并不妥当。这种正当性缺失一方面直接影响了证券市场自身的信息生成及运行机制，另一方面更深入地影响了投资者的预期。如果将投资者的预期保护作为证券犯罪的保护法益，⑤ 实践中的这种行为恰好损害了投资者的稳定预期。逻辑上可以得出

---

① 张忆然：《注册制改革背景下欺诈发行证券罪的教义学再建构》，载《政治与法律》2022年第5期。

② 具体参见本书第四章的分析内容。

③ 值得注意的是，关于"内幕信息的类型"，《证券法》已将原规定的"国务院证券监督管理机构认定的对证券交易价格有显著影响的其他重要信息"，修改为"国务院证券监督管理机构规定的其他事项"，即从"认定"修改为"规定"，一字之差，但法律含义完全不同。

④ 此处暂不对"强制信息披露"标准与"内幕信息重大性"标准作区分。关于两者标准的具体差异分析，参见本书第二章的内容。

⑤ 参见张忆然：《注册制改革背景下欺诈发行证券罪的教义学再建构》，载《政治与法律》2022年第5期。

结论认为,这种证券犯罪打击取向并非保护了法益,反而是破坏了法益。

证券市场的信息生成及运行机制应当以自愿披露为主,同时严格约束这种特殊的"认定函"现象对市场信息机制的破坏。从信息生成视角来看,市场中不仅信息本身数量浩如烟海、种类千差万别;从信息运行/吸收视角来看,对于信息价值有无或者价值大小的判断更是一种投资者个性化的判断,具有很强的主观性,且会受到多元化因素的影响,如特定时间的政策、大盘走势,甚至投资者自身的心情等个体因素影响;更进一步,从信息决策视角来看,更是投资者在多元化的信息、多元化决策因素机制影响之下作出的个性化判断。这些因素综合使证券市场的信息机制本身只能以自愿披露为主,以投资者自行判断、自我答责为主,而不可能以强制披露、监管负责为主。这也是注册制改革的基本内涵所在。

反言之,如果将上述行政权与司法权互动关系之下的"认定函"现象作为对证券市场信息机制的可能"破坏",并且这种客观现象在当前刑事政策的影响之下几乎成为一种不可逆的"存在",那么就需要反思以"投资者预期"作为证券犯罪保护法益,是否存在理论逻辑与历史逻辑的悖反?即使认为这种保护法益的界定属于规范性意义层面的分析,似乎这种规范分析也不具有逻辑自洽性,因为有效分析的前提是理论逻辑与历史逻辑要统一。易言之,以有效市场理论为前提,如果将"投资者对于证券价格的预期"作为保护法益,这一框架中的教义学分析可能更契合作为有效市场理论的产生语境及"规范性预期"客观存在的证券市场语境,而不符合中国证券市场自身的运行机制。中国证券市场建立初始携带的制度基因,及其所形成的功能与性质决定了证券市场的制度建构,以及这种制度建构的"真实"运行状况。

概言之,即使认可存在"有效市场"的可能性,那么中国证券市场是否有效只能依据我们自身现实语境及其提炼出的标准。而且"中国投资者"对证券价格的预期形成机制,也有着特定的信息消化与决策判断的心理依据,因为任何主体的决策依据与逻辑必然受到特定时空条件的约束。比如,"认定函"现象对于中国证券市场信息机制及投资者心理预期的影响。中国的证券市场是如何建立的?证券市场是如何运行的?市场中的投资者、上市公司、监管者这些主体行为及互动关系是怎样的?中国证券市场的功能、性质这些宏观要素与市场信息机制、监管机制等制度建构的中观要素,以及投资者、监管者等主体之间行为互动关系等微观要素,这三个层面的要素是如何互动并共同形塑了我们的证券市场及其治理机制,包括作为治理机制组成部分的刑事治理机制,进而更具体影响了刑法教义学建构等问题,这都需要我们从自身的实际经验出发,提炼出我们的证券犯罪刑法理论,而不能简单地以域外市场经验或机制作为分析我们自身的逻辑起点。

概言之,针对不同证券犯罪类型,可以根据行为特征、侵害对象和技术场景,灵活选择主导法益理论与辅助法益理论,形成"一罪一策"的精细化规制模式。在具体案件处理中,可以构建"法益权重动态评估矩阵",通过多维指标实现协同。比如,根据行为隐蔽性、市场冲击力、技术新颖性等评估维度,对秩序说、欺诈说、价量说等分配相应差异化的评判权重(见表1)。以跨境"幌骗交易"案件(如唐某博等人操纵市场案——沪港通跨境操纵第一案①)为例,可以优先适用秩序说(如权重45%),维护内地与香港市场互联互通机制;辅助适用波动说(如权重35%),评估对市场的传染效应;补充适用价量说(如权重20%),分析订单深度异常变化。

表1　法益权重动态评估矩阵

犯罪类型	主导法益理论	辅助法益理论	配套证明机制	其他
内幕交易	欺诈说	滥用优势说	比如,异常交易推定规则与反证规则	比如,利用大数据关联分析,构建"信息—交易"时间轴图谱
市场操纵	价量影响说	市场波动说	比如,展开订单流毒性指数检测	比如,分析"撤单比率、订单周期、价格冲击"等动态指标
虚假陈述	秩序说	欺诈说	比如,构建理性投资者决策模型	比如,综合效用最大化理论、风险偏好分析及市场均衡条件,并结合投资者行为与市场动态进行分析
算法滥用	滥用优势说	价量影响说	比如,设定算法透明度审查标准	比如,综合技术可行性、数据透明性、伦理与法律标准等多维度进行审查

---

① 参见证监会官网发布的《2016年证监稽查20大典型违法案例》。

而且，面对区块链、高频交易等新兴技术驱动型犯罪，也需要突破单一法益学说的局限。比如，DeFi（去中心化金融）市场操纵，①通过智能合约自动执行"闪电贷攻击"制造流动性假象。"欺诈说"难以证明针对特定受害者的欺骗故意，去中心化交易所缺乏的传统价格形成机制使"价量说"也无法直接适用，代码漏洞的利用是否构成"滥用技术优势"存疑。对此，可以融合秩序说与价量说，从而将流动性池的稳定性视为新型制度法益。②如果以"投资者权益保护（如公平交易权）"为中心界定证券犯罪保护法益，则可以分为三种子类型：信息平等权（内幕交易、泄露内幕信息罪的侵害对象）、价格形成权（操纵市场罪的核心保护法益）、财产期待权（虚假陈述类犯罪的实质危害）。对此，有学者通过分析《证券法》与《刑法》的规范目的差异及其边界关系提出了新的观点。③

（三）司法实践的差异化认定

证券犯罪的司法认定呈现差异化特征，这种差异既源于违法行为本身构成要件的复杂性，也受制于行政处罚与刑事制裁的衔接机制尚不完善。客观而言，证券犯罪的差异化认定不仅是法律技术的体现，也是证券市场正常运行进程中风险与效率的动态平衡。以下从三大核心领域展开分析。

内幕交易：隐蔽性行为与证明标准的层级分化。内幕交易的本质是信息滥用，其法益侵害核心在于围绕信息不对称形成的非法利益攫取与市场公平秩序破坏。实践中，针对内幕交易的差异化认定焦点主要表现在三个方面：第一，"内幕信息"界定梯度差异。行政处罚对内幕信息"重大性"及"未公开性"的判断相对宽泛（如利用业绩预告、重组意向等未公开信息交易）；刑事认定则需达到"价格敏感性显著"及"确定性较高"标准。从证明规则角度来看，行政层面，采用"推定式认定"。依据最高人民法院《关于审理证券行政处罚

---

① 参见柳青、李正强：《Web3.0环境下的场外衍生品市场与监管研究》，载《中国证券期货》2025年第1期。
② 参见谢玲、孙美澄：《基于DeFi犯罪类型化分析的资金流侦查策略》，载《中国人民公安大学学报（自然科学版）》2023年第2期。
③ 参见时延安、郑平心：《操纵证券市场罪的适用边界——以证券法与刑法的关系为视角》，载《人民检察》2022年第17期。

案件证据若干问题的座谈会纪要》，只要符合法定情形（如内幕信息知情人交易、密切关系人交易高度吻合等），且行为人无法合理解释，即可认定违法。这一标准侧重交易异常性与信息关联性的客观印证，证明门槛相对较低。而刑事层面则需严格证明"主观故意＋客观行为"。司法机关需实证行为人有利用内幕信息的故意及交易行为，主观要件证明难度导致行刑转化率低迷。[1] 实践中，行政推定规则与刑事主客观统一原则的冲突，加剧了"以罚代刑"的可能倾向。未来需通过司法解释明确主观故意的推定规则，弥合证明标准鸿沟。第二，"利用"要件的证明强度差异。行政处罚可依据交易时间吻合性、利益关联性等间接证据推定；刑事定罪则需排除合理怀疑，证明行为人"明知且利用"内幕信息（如"利用未公开信息交易罪"中对行为人主观故意的严格证明）。第三，违法所得计算差异。行政罚没采用"避损/获利"直接计算；刑事罚金则需结合犯罪情节、社会危害综合判定，存在自由裁量空间。

市场操纵：模式多样性与构成要件的模糊困境。市场操纵行为的法益侵害核心在于扭曲证券真实价格形成机制，破坏市场资源配置功能，其认定面临"外延繁复、内涵模糊"的挑战。实践中，针对市场操纵的差异化认定焦点主要表现在三个方面：第一，行为性质与影响程度差异。行政处罚覆盖各类操纵行为（如单一账户尾盘拉抬、虚假申报等"试单"行为）；刑事打击聚焦于系统性、持续性操纵行为（如"连续交易操纵""约定交易操纵"），且需证明对价量产生显著影响（如综合账户组、资金优势、影响范围等多维认定）。与虚假陈述、内幕交易相比，操纵行为缺乏统一行为逻辑，涵盖价量操纵、信息操纵等多种模式，导致构成要件难以抽象化。第二，"操纵意图"的证明路径差异。行政处罚可依据异常交易模式推定；刑事证明则需结合通信记录、资金流向、账户控制关系等构建严密证据链。市场操纵犯罪的刑事追责比例较低，除证据标准差异外，操纵行为的复杂技术性也延长了办案周期（如普遍超过 1

---

[1] "行刑证据标准存在差异和转化要求，刑事责任追究比例较低。据不完全统计，自 2001 年至 2020 年 10 月 31 日，证监会行政处罚决定中达到移刑标准的内幕交易、操纵市场和虚假陈述案件分别为 406 起、123 起和 67 起，而同时期作出刑事判决的三类案件占比分别为 12.6%、13.8% 和 32.8%。由此可见，作出刑事判决的案件数量远低于达到刑事立案追诉标准的案件数量。"参见安璐、马佳敏、张元武、黄思成：《证券违法行为之行政责任、民事责任和刑事责任体系化框架的思考与建议》，载《投资者》2024 年第 2 期。

年），削弱司法威慑力。对此，可借鉴"行刑并行程序"机制，允许行政处罚与刑事侦查同步推进，并通过"市场透明度监管框架"统一三大违法行为评估标准，破解构成要件碎片化问题。第三，量化标准差异。刑事立案明确设定了交易占比、持仓占比、获利金额等量化门槛（如立案追诉标准），而行政处罚则更注重行为性质本身。

虚假陈述：信息披露违法与责任主体的梯度制裁。虚假陈述行为的法益侵害核心在于信息披露真实性、完整性缺失导致的投资者误判及信任危机。实践中，针对虚假陈述的差异化认定焦点主要表现在三个方面：第一，"重大性"判断标准差异。行政处罚以"理性投资者决策影响"为基准；刑事认定则需证明虚假内容对市场产生实质误导并造成严重后果。尽管《刑法》第一百六十一条直接规制虚假陈述，但刑事追责主要集中于造成系统性风险或重大损失的案件。2001年至2020年10月31日虚假陈述移刑案件67起（行政处罚共770起），仅22起作出判决获判（占比32.8%）[1]，反映司法资源与认定逻辑向"结果犯"倾斜。第二，主观过错程度差异。行政处罚适用过错推定原则（如发行人、"董监高"等）；刑事定罪则需证明直接责任人的故意欺诈（如编制虚假财务凭证、系统性造假）。第三，因果关系认定复杂度差异。刑事层面需严格证明虚假陈述与投资者损失之间的因果关系（如结合市场风险、系统性因素等排除干扰），远高于行政处罚中的推定原则。[2] 此外，民事责任补偿与刑事惩罚的功能错位。最高人民法院已出台虚假陈述民事赔偿司法解释，但内幕交易、操纵市场的民事赔偿规则仍缺位，削弱了法律责任体系的协同效应。

概言之，证券犯罪认定差异化的主要原因与制度优化方向，集中在三个方面：其一，行刑证据转化壁垒。比如，内幕交易与市场操纵的刑事证明要求（如主观故意、因果关系）超过行政认定标准，导致移刑案件"漏斗效应"。其二，监管资源配置失衡。比如，虚假陈述因事实明晰占据执法重心，市场操

---

[1] 参见安璐、马佳敏、张元武、黄思成：《证券违法行为之行政责任、民事责任和刑事责任体系化框架的思考与建议》，载《投资者》2024年第2期。
[2] 参见"证券行政处罚与刑事制裁衔接问题研究"课题组：《证券行政处罚与刑事制裁衔接的问题及解决思路》，载黄红元、徐明主编：《证券法苑》（2013）第八卷，法律出版社2013年版，第172~206页。

纵案件因技术复杂遭边缘化①，亟须通过专业化队伍建设补强。其三，立法协同不足。《证券法》与《刑法》对三大行为的构成要件描述尚未完全对应，需通过刑法修正案细化操纵市场、内幕交易的罪状表述。简言之，证券犯罪的差异化认定是市场发展阶段性与法律体系适应性的必然产物。未来应构建"民行刑证据共享平台"，探索内幕交易主观故意的阶梯式推定规则，并推动操纵市场行为的类型化重构，最终形成"民事赔偿—行政处罚—刑事制裁"三位一体的责任追究体系。②

三、"信息—交易"二元分析框架的构建与应用

（一）框架内涵与逻辑功能

本书提出以"信息"与"交易"为核心要素的二元分析框架。信息要素包括主体性、价值性、真实性等，需结合投资者视角展开具体分析判断。例如，业绩预增公告虽属"过去时"数据，但若影响投资者未来决策仍可能构成内幕信息。交易要素包括流变性、时间性与欺骗性。又如，连续交易操纵中"利用信息优势"需区分静态时序（预公告前）与动态行动（预公告后），后者更强调对投资者决策差或行动差的利用。相较于秩序说、价量说、滥用优势说、市场波动说等外部分析视角，"信息—交易"要素二元分析框架则属于内部分析视角，更关注信息与交易本身的属性。在"信息—交易"要素二元分析框架之下，笔者定义的证券犯罪是行为人对"信息—交易"要素的非法性利用。

如何理解此处的"非法"？首先，从规范内容看，这里的"非法"并不局限于"刑法"，还包含《证券法》等行政法律规范体系。其次，从效力体系看，这里的"非法"也并不局限于《刑法》《证券法》等正式法律规范，还包

---

① 参见缪因知：《操纵证券市场行为的类型重构》，载《金融法苑》2023年第2期；汤欣、高海涛：《操纵市场行政处罚案例全景观察》，载黄红元、卢文道主编：《证券法苑》（2016）第十八卷，法律出版社2016年版，第21~64页。

② 参见安璐、马佳敏、张元武、黄思成：《证券违法行为之行政责任、民事责任和刑事责任体系化框架的思考与建议》，载《投资者》2024年第2期。

括证券行政监管领域以及市场自律监管体系中的各种规范性文件，甚至包括证券交易所日常工作中的"答投资者问"所载明的内容。证券市场中的真实情况纷繁复杂且变化多端，正式的法律规范当然是证券市场运行场景中的重要内容，但大量充斥于其间的实际上是非规范性内容。从实操经验视角来看待，这些不具有正式法律规制效力的内容可能往往具有真实的市场适用效力，两者的关系近似于制定法与习惯法二者的互补关系。最后，从行为危害看，这里的"非法"，一方面当然首先需要根据刑法的要件内容进行形式性判断，另一方面基于证券犯罪案件的专业复合型特征，往往更需要结合法益内容进行实质性判断，尤其在当前行政犯认定存在泛化与扩大的趋势之下，更应当对此展开细致、深入的甄别与判断。证券犯罪场景中的很多"（犯罪）行为"具有外观中立性，如果不能结合完整的事实证据情况进行综合判断，很可能会导致刑法评价偏差。比如，操纵证券市场罪中的资金提供者（"金主"）是否均同等构成操纵犯罪的共犯？操纵的长时段之内行为人的所有合法信息披露行为是否均同等评价为"非法制造并利用信息优势"？等等。

如何理解此处的"（非法性）利用"？首先，从主观层面看，这里的"（非法性）利用"表现为一种明显的主观故意。比如，行为人明知自己具有持仓优势或资金优势，且自己的交易行为会引发其他投资者同期跟风交易，仍然放任这种非理性交易行为发生并实施反向交易，从中获取巨额利益。其次，从客观层面看，这里的"（非法性）利用"不仅局限于实害结果，还表现为对证券市场运行机制与制度的结构性侵害。比如，最高人民法院、最高人民检察院《关于办理操纵证券、期货市场刑事案件适用法律若干问题的解释》（以下简称《操纵案件司法解释》）中规定的信息控制型操纵，即行为人恶意利用信息披露制度，通过控制信息的生成或者披露的内容、时点、节奏，误导投资者作出投资决策。即使行为人的信息披露行为形式上完全合乎规范要求，但同样存在恶意利用制度空间与规范缝隙进行非法操纵市场的可能，因此需要综合整体行为与主观意图进行实质性判断。就此而言，前者属于浅层损害，后者属于深层损害，可能造成的结构性损害更为严重，由此也更应当进行规制与惩处。最后，从法秩序统一层面看，这里的"（非法性）利用"行为表现为首先违反了证券领域行政法律规范，而不应当是在不违反前置行政法的情况下而径行判定违反刑事法律规范。反言之，如果行为人的行为并未违反行政法律规范则不应当直接进入刑法评价的视域,应当慎重评估刑事处罚的必要性。

"信息要素"包含主体性、价值性(真实性、具体性、程度性)、利用性(见图5)。真实性、具体性、程度性属于信息"价值性"的子项,从不同侧面表达信息的具体价值性内容。以信息的主体性为例,信息是一种权利,而权利具有主体性,信息也当然具有主体性。如果将法律规范理解为一种利益分配体系,则可以认为每一个法条背后都隐藏着特定的利益主体,法律通过权力的程序性机制合法地分配各种利益。某种行为之所以被评价为犯罪,就是因为该种行为发生"异化",进而不正当地破坏了这种法律利益分配结构,引发了法律失序与混乱并造成严重的社会后果。"交易要素"则包含流变性、时间性、欺骗性(见图5)。以交易的流变性为例,证券领域中交易行为的典型特征包括交易时间跨度长、交易次数繁多、交易主体复杂,这种流变性的整体特征带来的直接影响是评价"利益归属"具有高度不确定性,或者说权利归属具有高度不稳定性。而"利益归属或权利归属"是证券犯罪领域行为定性分析的核心内容之一。换言之,某种行为发生犯罪异变的节点在于行为人非法获取了不具有合法依据的利益或权利。

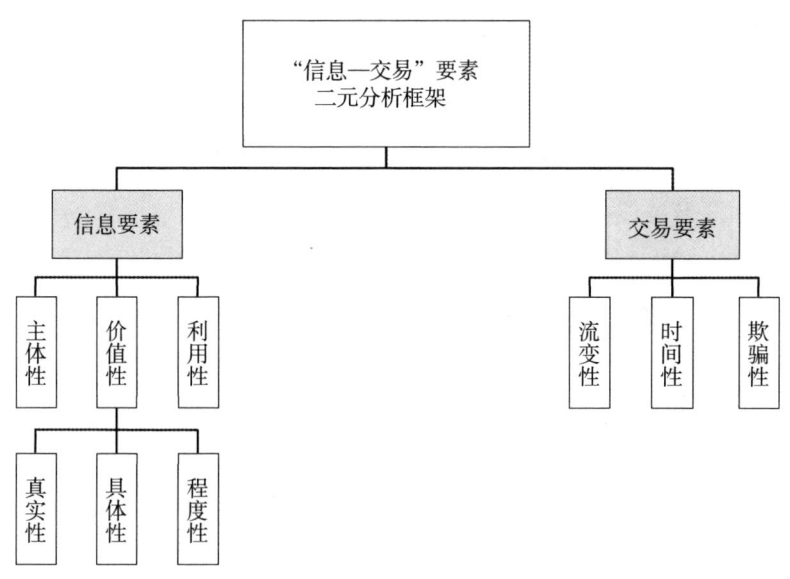

图5 "信息—交易"要素二元分析框架

比如,笔者将内幕交易犯罪分析模型总结为"三要素——信息来源、资金来源、交易结构"，这种分析结构即典型地表现了"信息—交易"要素二元分析框架的特征，关于信息要素、交易要素层面的法律抗辩也是内幕交易犯罪辩护的基本立足点。具体而言，第一，"信息来源"，判断是否在敏感期内与知情人存在联系。如果存在联系，则首先推定存在内幕信息的流转与传递。行为人需要就此解释，证实敏感期内的联系所沟通的信息与特定的内幕信息没有任何关系，即证实交易信息来源的正当性。第二，"资金来源"，判断敏感期内当事人交易的资金源于何处，是否具备正当性。如果在敏感期内行为人存在"突击清仓""集中卖出"其他持有股票等"异常"行为，并重仓买入内幕信息所涉股票，则会推定行为人突击异常买入涉案股票的意愿强烈，既不合常理，也不符合交易习惯，因而属于交易异常。行为人需要就此予以解释，证实这种形式上的异常卖出其他所持股票的行为属于合理行为，而不是为了实施内幕交易而突击归集聚拢资金，即证实交易资金来源的正当性。第三，"交易结构"，判断敏感期内行为人的交易行为是否符合基本规则、是否符合一般常理、是否符合行为人的基本交易习惯等，是否具备正当性。如果在敏感期内行为人的买卖交易行为有违基本交易规律与一般交易行为常理，也有违当事人过往基本交易习惯的，则推定为交易行为异常。行为人需要就此解释，证实敏感期内交易涉案股票的决策依据（信息）、分析过程（逻辑）、痕迹支撑（证据）等方面的合理性，并充分合理地解释交易完全是依据市场公开的合法信息、依据自身知识经验结构独立分析判断得出的结论，而不是依靠非法获取的内幕信息，即证实交易行为结构的正当性。

又如，金融语境下的职务侵占罪问题也典型地表现了"交易要素"分析的重要意义。职务侵占的实质，无非是利益分配问题，即哪些利益属于个人，哪些属于公司，哪些属于中间地带而被行为人利用职务便利侵占了，实践中大多数争议情形属于第三种中间地带。而金融的复杂性叠加了利益分配的复杂性，这种复杂性表现在三个层次：首先，金融交易模式与结构的复杂性。需要穿透交易模式与结构，进行刑法评价。其次，金融交易模式的复杂性导致该模式中行为（性质判断）的复杂性。比如，实施某项具体交易行为之时行为人是代表个人还是公司？是以个人名义还是以公司名义？或者两者混同？最后，行为（性质判断）的复杂性，进而导致了行为对应所产生的利益归属的复杂性。金融语境下职务侵占罪问题的核心在于"单位财物"的界定，这需要深入金融交易模式与结构评价所涉财物（利益）归属于谁？如果归属于公司，那么该财物（利益）是否合法、确定地归属于公司？（财物归属的合法性、确定性），而不在于传统辩护逻辑关注的行为人是否利用职务便利等方面。

我们将证券犯罪问题放置在不同的理论框架中进行分析，所得出的结论可能并不相同。比如，近几年实践中关注度颇高的内幕交易犯罪问题，至少可以从以下三个侧面来理解。第一个侧面，内幕交易，是不是一个问题？一方面，内幕交易是不是"问题"本身，这需要重新界定评价标准。标准不同，问题不同，呈现的答案也可能不同。另一方面，内幕交易是不是"一个"问题？相对应的理解是，内幕交易是一个"问题集"或"问题束"，应当是多面向、多元化问题的集合，而不是单纯的一个问题，由此需要综合全面考量，综合治理。第二个侧面，内幕交易，是不是我们的问题？重点在于"我们"，可以分为三个方面。一是"我们"包含的是中国与他者的比较分析，比如，内幕交易是我们中国自身所独有的个性问题，还是全球任何资本市场中都存在的共性问题？二是"我们"包含的是证券市场体系与银行体系、财政体系的关系，即内幕交易犯罪是单纯的证券市场自身的问题，还是财政体系、银行体系与证券市场体系三者联动形成的问题。三是"我们"包含的是法律（包括刑法与非刑法的区分）与非法律领域（包括金融、社会甚至更宏观层面国际格局）的关系，即内幕交易犯罪是单纯的刑事法律治理或法律治理问题，还是法律治理与经济治理、社会治理等综合、整体治理层面的问题。如果我们认为当前的内幕交易犯罪问题，不仅是中国证券市场发展中存在的问题，也是世界各国证券市场中存在的普遍问题，那么，其他国家和地区针对内幕交易犯罪的治理思路与路径是可以为我们借鉴学习的。同时，如果认为当前的内幕交易犯罪不仅是证券市场自身的问题，也是国家财政体系与银行体系的联动性问题，那么，将三者置于国家金融经济治理的统一框架下进行整体性分析则是当然之义。此外，如果认为当前的内幕交易犯罪不仅是法律治理尤其是刑事法律治理的问题，也是法律之外更广阔的经济、社会问题，那么，综合治理视角则是可能解决内幕交易犯罪问题的必要考量。第三个侧面，内幕交易，是不是我们现在可能解决的问题？重点在于"现在"。任何问题的解决，不可或缺的一个要素即时间性。也就是说，需要将问题放置在时间轴中历时性地看待。在不同的时间节点，解决问题的可能方式也会有差异性。

回到内幕交易犯罪，这个特定问题的性质取决于我们将问题放置在怎样的背景框架中看待。比如，内幕交易问题放在资本市场的背景框中、金融体系的背景框中（包括财政治理体系、银行货币体系等）、经济发展的整体安排中、全球金融经济格局中，所看到的问题的预设前提、分析路径、可能方案等均不同。问题所处的结构体系与脉络框架不同了，问题就被重新定义了，在不同结构中的关系也发生了改变。近几年出现的各种平台类诈骗案件，内幕交易犯罪看似与这些金融投资平台诈骗案件无关，实则背后的逻辑一致。原因之一即是市场中的钱太多了，如果没有足够吸纳这些资金的渠道，无序逐利的资金只能借助"金融化"的逻辑与手段将一切（如邮币卡、古玩、普洱茶、大蒜等）都金融化。问题在于，金融化将原本以使用价值为核心的商品转化成了以投资价值为核心的金融产品，追涨杀跌，博取差价。就此而言，如何建立符合我们中国自身需求，尤其是中国绝大多数普通老百姓金融需求的投资渠道与投资产品，从而能够充分容纳溢出的货币数量，如何"让钱有合理流向"，这是整体性考量解决内幕交易等证券犯罪问题所必须重视的方面。当然，有国外学者主张不应当设立内幕交易罪，理由是内幕交易行为实际上能够帮助市场充分发现价格。

比如，上市公司分红问题。分红问题与内幕交易之间具有内在逻辑关联，原因并不复杂，回归到证券市场中的投资者角度，他们的投资思路与获取收益的路径无非两种，一种可能是，投资者抱持长期主义的思路，进行价值投资，通过长期持有股票，从上市公司的成长经营中获取收益分红；另一种可能是，投资者抱持短期投机的思路，进行交易搏杀，通过短线交易股票，从市场交易的波动中牟取投机性差价收益。而影响投资者是否采取长期主义的价值投资的关键要素在于"心理预期"，如果上市公司当前的经营成长乏力，其历史上也如同多数上市公司一样几乎不分红，那么投资者的合理心理预期只能从前者转移到后者，在短期逐利的投机心态刺激之下，依靠各种所谓的信息来源与自身非理性分析追涨杀跌，形成大量的缺乏基本稳定性的交易，助推市场中的非理性情绪，诱发市场交易混乱失序。就此而言，上市公司不分红的普遍现状，投资者的短期逐利投机心理及行为，这些因素之间会彼此联合进而形成负增强回路，导致恶性循环局面，诱发证券市场交易失序。如果继续向前追问上市公司为何普遍不分红？逻辑上展开推演，无非有两种可能性，即上市公司本身没有盈利而无法分红，或者上市公司有盈利但是不愿分红，前者是"客观不能"后者是"主观不愿"。暂且抛开泛道德主义的评价，在正常的市场秩序中，上市公司如果客观上经营盈利了，按照基本的市场法律制度框架规则，分红是理所应当的。因此，可能更需要关注的问题是，上市公司分红的"客观不能"现象及其背后的原因。也就是说，上市公司不能实现经营盈利的原因是什么？从基本的成本—收益分析法角度来看，主要原因可能在于上市公司自身的经营成本过高。影响上市公司经营成本的因素很多，其中主要的因素可能是"融资成本"或"资金使用成本"。上市公司经营所需要的资源要素无非资本、人力、技术等方面，"资本"要素往往是其中最具有稀缺性的要素。[1]

（二）法律适用的争议聚焦[2]

证券犯罪的法律适用长期面临理论争议与实践困境，尤以内幕交易、操纵市场与虚假陈述三大领域为焦点。这些行为均违背市场透明度原则，破坏投资者信心与市场秩序，但因行为特征、证明标准及归责逻辑等方面的差异，在立法、司法及监管层面呈现复杂争议。

整体而言，首先，违法与犯罪的模糊地带。证券违法行为（如虚假陈述、操纵市场）是否构成犯罪，核心在于"情节严重"的认定。实践中可能存在"以罚代刑"现象，行政处罚与刑事制裁的衔接不畅。"以较为多见的内幕交易、市场操纵、虚假陈述三类违法行为例，从行政处罚数据中反映的各项具体指标来看，2001年至2020年10月31日符合移送标准的内幕交易案件为406

---

[1] 进一步的问题是，为何上市公司经营中的"融资成本"越来越高，从而导致其经营成本越来越高，进而经营利润降低甚至无法将盈利进行分红？对此，金融经济学领域有诸多实证研究提供了可信的经验观察与理论分析，论证展示了在当前银行货币体系与证券市场体系的运行之下，"融资难""融资贵"的问题并未得到有效解决。这也是目前银行商业化改革，证券市场继续推进多层次改革的宏观背景。比如，国有企业改革问题。2017年3月9日，十二届全国人大五次会议期间，国有资产监督管理委员会主任就"国企改革"的相关问题回答中外记者的提问时，曾明确谈到"要推动国有控股的上市公司，进一步完善分红机制，上市公司要关心股价，更关心分红，要建立完善分红机制，符合价值投资的理念，要做切实的分红方案，不断提高各个资本投资者的回报。上市公司就应该分红，就应该多赚取利润，然后为股东包括国有资本在内的所有股东提供更多的回报"。参见《推动国有控股的上市公司进一步完善分红机制》，载新华网，http://www.xinhuanet.com/politics/2017lh/2017-03/09/c_129505719.htm。

[2] 具体分析可参见本书第二章至第七章的内容。

起（共634起）、市场操纵案件为123起（共165起）、虚假陈述案件为67起（共770起）。而同期作出刑事判决的内幕交易案件为51起、市场操纵案件为17起、虚假陈述案件为22起，占比分别为12.6%、13.8%、32.8%。"[①] 这种现象的可能原因在于专业化不足，司法机关对证券专业知识欠缺，导致刑事控诉效率低、认定标准摇摆（如"趋同交易""偏离值"等技术概念难以把握）。其次，唯数额论的局限。司法解释将"情节严重"简化为数额标准，未能综合考量行为性质、市场影响及主观恶性，使责任类型及边界划分机械化。例如，同额度的财务造假因动机差异（自救型与欺诈型）可能需差异化处理，但现行标准无法体现。最后，罪名竞合的边界模糊。比如，内幕交易与利用未公开信息交易：前者针对内幕信息知情人或非法获取者，后者专指金融机构工作人员利用职务便利获取的未公开信息（如基金投资决策）。二者行为主体与信息性质存在本质差异，但实务中常因信息性质认定模糊导致混淆。又如，编造传播虚假信息与蛊惑交易操纵：前者仅需扰乱市场（如散布谣言），后者则要求行为人利用价格波动反向交易牟利。若未证明交易意图与价格波动的因果关系，可能错误降格为行政违法。

概括而言，内幕交易的核心争议在于信息属性界定、主体认定与因果关系认定。第一，信息属性的法律边界。现行法规以"重大性"与"未公开性"作为核心标准，但实践中二者均存在模糊地带。关于重大性判断，股价敏感性的客观标准（如"理性投资者"测试）与主观认知常存冲突，如研发关键阶段突破、未达披露标准的重大合同磋商等信息是否具有"重大性"争议频发。关于未公开性判断，"信息形成时点"与"实质公开时点"难以精确切割，如通过社交媒体碎片化信息拼凑内幕是否属于"公开"状态，成为司法难点。"利用信息"的行为要件，也是实践争议点。同时，实践中行刑衔接问题突出，社会网络化交易加剧了信息传递的隐蔽性[②]，查处难度升级，亟须明确信息获取路径与主观故意的证明规则。第二，内幕人员范围与"传递型"交易归责难题。关于内幕交易主体外延的争议主要表现在，"非法获取人员"边界

[①] 陈起阳：《证券行政执法与刑事司法衔接问题研究》，载蔡建春、卢文道主编：《证券法范》（2021）第三十四卷，法律出版社2021年版，第124~153页。

[②] 参见许荣、徐一泽、冯荟凝、方明浩：《基于社会网络传递视角的内幕交易行为研究》，载《证券市场导报》2023年第6期。

不清（如利用大数据分析推导未公开信息者是否构罪），以及配偶、近亲属之外"密切关系人"（如多年好友）的认定标准不一。同时，传递链条的证明问题也存在困境，多层信息传递下，对源头泄露者主观明知（尤其间接故意）及末端交易者"知悉内幕信息"的证明难度极大，容易形成责任漏洞。第三，因果关系证明难题。比如，民事责任角度，投资者需证明交易损失与内幕信息存在直接因果联系，但市场波动因素多元，导致实践中投资者常因举证不足而败诉。司法机关参照《最高人民法院关于审理证券市场虚假陈述侵权民事赔偿案件的若干规定》的相关规定内容进行处理，但内幕交易的未公开性、隐蔽性使损失计算与归因更复杂。

操纵市场是证券犯罪领域中民事索赔成功率较低的类型，争议集中于行为类型划分与损失关联性证明。第一，行为模式的类型化争议。其一，《刑法》与《证券法》虽列举连续交易、蛊惑交易等行为类型，但新型手段不断涌现，操纵行为类型化滞后于市场进化，使传统法律框架难以有效涵盖。比如，高频量化操纵：幌骗、塞单等利用技术优势制造的虚假市场信号，其行为本质是否符合"操纵"要件存理论争议；信息型操纵的异化："伪市值管理"与操纵的界限模糊，利用"研报发布""专家访谈"配合资金拉抬股价，是否构成"蛊惑交易操纵"存在法律定性分歧；跨市场操纵风险：利用股指期货、期权与现货市场联动实施的复杂操纵策略，对监管协作与法律适用提出挑战。其二，区分编造传播虚假信息与蛊惑交易操纵：前者仅需造成价格异常波动，后者还需证明行为人利用波动反向交易获利，主观"操纵意图"的证明成为难点。行政处罚侧重交易量或价格异常，而刑事制裁要求证明主观故意和实质影响。第二，主观故意与因果关系的证明难题。实践中，"操纵意图"往往难以直接证明，比如，高频交易中算法行为的意图判定、信息操纵中信息发布者与交易者的意思联络证明均面临技术障碍。价量影响因果关系也呈现复杂性，在多因素叠加影响股价的现代市场中，精确剥离操纵行为的独立贡献度并达到刑事证明标准，事实上也非常困难。第三，民事索赔的司法"瓶颈"。其一，投资者索赔长期停滞，主因是缺乏司法解释支持、操纵行为与个体损失的因果关系难以证明。2018年"全国首例操纵市场民事赔偿胜诉案"虽突破空白，但个案参照性有限，类案裁判规则仍未统一。其二，损失计算需排除系统性风险，但操纵行为对市场定价机制的扭曲使定量分析陷入技术困境。

虚假陈述的法律框架相对成熟，但责任主体边界与中介机构过错认定仍是核心争议。第一，信息披露违法行为的类型化分歧。其一，虚假记载、误导性陈述、重大遗漏及不正当披露四类行为中，"重大性"标准存在弹性。例如，预测性信息误差是否构成虚假陈述，需结合行业特性与主观恶意综合判断。其二，中介机构"看门人"（如券商、律所、审计）责任边界不清，责任认定呈现扩张趋势。在欺诈发行、财务造假案件中，券商、律所等可能因"未勤勉尽责"承担连带责任，但"合理注意义务"的边界尚未明晰，易引发过度追责争议。比如，中介机构对虚假陈述的责任是"故意参与"抑或"过失未发现"？其勤勉尽责标准如何把握（如对第三方证据的真实性核查义务限度）？其三，控股股东、实控人"指使责任"认定也存在现实难题，比如如何证明其对公司管理层具体披露行为的"指使"行为，尤其隐性施压情形？第二，重大性标准与投资者损失因果关系的认定问题。其一，实践中，信息"重大性"判断呈现个案化趋势。比如，同一类信息在不同公司、不同市场环境下是否构成"重大"存在司法裁量差异，缺乏稳定预期。其二，直接因果关系证明困境。尤其民事索赔，中小投资者需直接证明虚假陈述与交易决策/损失的因果关系，容易陷入"推定依赖"与"举证不能"的两难，如何平衡效率与公平成核心争议。其三，预测性信息"安全港"规则的适用存在分歧。比如，何种警示语言构成"有意义警示"，主观恶意预测与合理商业误判的界限如何划分？第三，民行刑责任衔接的实践脱节。虚假陈述民事诉讼依赖前置程序（行政处罚或刑事判决），但行刑证据标准不一，导致民事赔偿滞后。例如，乐视网案虽判赔20.4亿元，但中小投资者举证成本高昂，维权效率低下。2024年《最高人民法院、最高人民检察院、公安部、中国证券监督管理委员会关于办理证券期货违法犯罪案件工作若干问题的意见》强调"从严从快"，但民刑程序协调机制仍未完善，投资者损失恢复面临执行难。虚假陈述行为与内幕交易、操纵市场行为等具有共性，司法机关积累的审判经验可为民事赔偿提供支持。

上述概括性列举的争议焦点，折射出证券犯罪法律适用的深层张力，资本市场高度复杂性与法律规则稳定性、金融创新快速迭代与立法滞后、打击犯罪高效需求与程序正义保障之间的多维冲突。针对这些法律适用争议，证券犯罪的法律治理逻辑，需要从碎片化规制（如三大领域共同凸显证据标准不一、移送机制低效及管辖障碍）转向系统性治理。对此，立法层面需整合三大行为的共性规则（如市场透明度原则），细化差异化的构成要件与证明标准。司法层面明确因果关系推定规则与损失计算方法，建立"行刑民三合一"的协同机制，统一证据转化与责任认定流程。监管层面可以优化手段创新，优化证据共享机制和管辖协调，强化市场透明度原则的整合监管，利用大数据追踪信息传递链，探索"和解金先行赔付"等投资者救济模式，降低投资者维权成本。证券犯罪法律适用的争议实质是市场效率与公平价值的博弈。通过类型化立法、精细化裁判与协同化监管，方有厘清边界，筑牢证券市场法治基石的可能。

（三）辩护逻辑与司法实践

该框架以"证否性解释"为路径，通过三步法实现辩护闭环。一是要素匹配：判断行为是否符合信息或交易要素的非法性利用。二是法条回溯：将要素与刑法具体罪名要件对应。三是结论推导：论证行为不符合犯罪构成。

比如，信息要素的抗辩，打破"重大性"与"未公开性"指控。第一，结合行业特性展开辩护。针对专业性较强的行业（如医药、科技），通过专家证人证明信息对行业影响的有限性。例如，某生物医药公司临床数据阶段性成果被控为内幕信息，可以引入医学专家证言说明该数据未达到行业公认的"突破性标准"。第二，综合市场反应进行实证数据分析。利用历史数据反证信息发布后股价未显著波动（如某并购案公告后三日涨幅未超过5%），削弱信息的"重大性"认定。第三，针对信息未公开性进行技术解构。比如，通过爬虫技术抓取网络痕迹，证明信息已通过非正式渠道（如行业论坛、分析师会议）被部分公开。

又如，交易要素的抗辩，重构行为的正当性逻辑。一方面，交易异常性的量化反驳。借助算法建模还原市场环境，利用量化模型模拟同期市场波动，证明被告的交易行为与大盘趋势一致。委托第三方机构构建"反事实模型"，显示若无涉案交易，股价波动率仍与行业均值相符，包括交易习惯的连续性证明，调取被告人的历史交易记录，证明涉案交易符合其一贯风格（如长期持有某行业股票、偏好波段操作）。另一方面，资金合法来源的穿透论证。多层资金流水溯源，针对"突击融资"指控，通过银行流水、借款合同等证明资金来源于合法借贷或投资收益。例如，对于被告人敏感期内大额借款这一问题，可以提供完整的民间借贷协议与还款记录，排除"为犯罪蓄资"的推定，包括家族信托与代持协议，在复杂的资金结构中，利用信托文件、代持协议厘清账户的实际控制权，避免"实际控制账户"的扩大化认定。

再如，证据链的精准解构，抗辩行政认定与司法推定。一方面，针对证监会"认定函"的结论，进行实质内容抗辩，聘请独立专家出具"市场分析报告"，反驳"认定函"中的因果关系结论。例如，在操纵案件中委托金融专家建构"市场有效性模型"，证明股价波动与涉案交易无统计学显著性关联。另一方面，揭示审计报告的局限性。充分运用会计政策争议，针对虚增收入的指控，通过行业会计惯例进行辩护。比如，援引财政部《企业会计准则第14号——收入》（2017）中"时段法"确认规则，[1]证明收入确认合规；审计抽样误差质疑，指出审计机构未全面核查交易底层凭证（如仅抽样10%合同），利用《中国注册会计师审计准则第1314号——审计抽样》的规定要求排除证据效力。[2]

四、证券犯罪视域中的"信息"与"交易"要素

（一）信息要素的多维解构

信息的主客观区分。比如，是客观信息，还是主观信息？信息本质上具有主观性，不存在绝对客观意义的信息。不论是信息接收还是信息传递，抑或信

---

[1] 财政部《企业会计准则第14号——收入》（2017）第十一条第一款规定："满足下列条件之一的，属于在某一时段内履行履约义务；否则，属于在某一时点履行履约义务：（一）客户在企业履约的同时即取得并消耗企业履约所带来的经济利益。（二）客户能够控制企业履约过程中在建的商品。（三）企业履约过程中所产出的商品具有不可替代用途，且该企业在整个合同期间内有权就累计至今已完成的履约部分收取款项。"

[2] 关于"样本规模"，中国注册会计师协会发布的《〈中国注册会计师审计准则第1314号——审计抽样〉应用指南》（2023）规定："注册会计师可以运用统计学公式或运用职业判断确定样本规模。本指南附录2和附录3列示了通常对确定样本规模产生影响的各种因素。无论选择统计抽样方法还是非统计抽样方法，在类似情况下，附录2和附录3列示的因素对样本规模的影响也是类似的。"

息解读，一方面信息本身生成时的"自然属性"存在递减，另一方面信息传播时的"主观属性"存在递增。换言之，信息传播过程中天然地存在内容"流失"与"加工"并存的现象，很难用真假二值进行简单区分。因为信息作为一种要素，在社会肌体中的传播必然附随于其价值性，而价值性本身即一种主观概念。如同证券市场中千差万别的信息，在对应千差万别的具体投资主体之时，两相结合发挥出的价值作用及其形成的投资结果也会呈现千差万别的样态。因此，信息的客观性是相对意义上的，主观性才更符合信息自身的属性状态。

信息的价值性区分。比如，无论是内幕信息，还是内部信息？信息的价值性存在区分度。具有投资价值的信息，不等于具有重大性价值的信息，前者如上市公司的内部信息，后者则属于内幕信息。内部信息之所以不构成内幕信息，一方面是因为其本身不属于法定必须在某个时间节点正式公开的信息，可以永远处于内部保密状态；另一方面是因为其具有的投资价值不具备法定的重大性，即使公开也不会对投资者的交易决策产生重大影响，进而也不会对证券市场的交易价量产生重大影响。

实践场景中，内部信息呈现多种形态且具有一定的投资价值，各部门均发布了相应的规范性文件要求建立内部信息控制机制，包括保密要求。比如，2019年3月，中国银行业协会发布《商业银行资产托管业务指引》，要求托管银行不得"非法利用内部信息谋取不正当利益"。2020年3月，中国证券投资基金业协会发布《基金经营机构及其工作人员廉洁从业实施细则》，要求基金经营机构及其工作人员在开展基金募集业务过程中不得"窃取或者泄露本机构及合作机构的内部信息、客户信息等未公开信息"。[①] 2022年8月，证监会发布的《证券期货经营机构及其工作人员廉洁从业规定》规定了"监督管理或者自律管理内部信息"。[②] 2024年9月，中国期货业协会发布《期货经营机

[①] 2020年版本已修订，最新版本为2025年4月11日公布的，具体规定见第十四条。
[②] 《证券期货经营机构及其工作人员廉洁从业规定》（2022）第十一条规定："证券期货经营机构及其工作人员不得以下列方式干扰或者唆使、协助他人干扰证券期货监督管理或者自律管理工作：（一）以不正当方式影响监督管理或者自律管理决定；（二）以不正当方式影响监督管理或者自律管理人员工作安排；（三）以不正当方式获取监督管理或者自律管理内部信息；（四）协助利益关系人，拒绝、干扰、阻碍或者不配合监管人员行使监督、检查、调查职权；（五）其他干扰证券期货监督管理或者自律管理工作的情形。"

构及其工作人员廉洁从业实施细则》，其中规定期货经营机构及其工作人员不得"侵犯期货经营机构的商业秘密、内部信息"。

2010年5月，财政部、中国证券监督管理委员会、审计署、中国银行业监督管理委员会（已撤销）、中国保险监督管理委员会（已撤销）发布的《企业内部控制应用指引第17号——内部信息传递》第四条明确规定要求，企业应当加强内部报告管理，全面梳理内部信息传递过程中的薄弱环节，建立科学的内部信息传递机制，明确内部信息传递的内容、保密要求及密级分类、传递方式、传递范围以及各管理层级的职责权限等，促进内部报告的有效利用，充分发挥内部报告的作用。可知，内部信息当然具有一定的投资参考价值，因此上述五部门联合发文要求建立相应的信息传递与保密制度。2020年4月，财政部发布《2019年上市公司执行企业内部控制规范信息快报（第一期）》，①针对沪市主板、沪市科创板、深市主板、深市中小板和深市创业板共600多家上市公司披露的内部控制评价报告，组织专家小组进行分析汇总并提出了相应的结论性意见。其中，该份快报明确表述称："上市公司应当在内部控制评价报告中披露公司内部控制的有效性结论，具体包括内部控制整体、财务报告内部控制、非财务报告内部控制是否有效。"

信息的真实性区分。比如，真实信息，还是虚假信息？以"《刑法》第一百八十二条操纵证券市场罪"为例（见表2）。

表2 操纵证券市场罪信息的真实性区分

信息维度	交易真	交易假
信息真	①连续交易操纵 ⑧信息控制操纵	②约定交易操纵 ③自买自卖操纵 ④虚假申报操纵
信息假	⑤蛊惑交易操纵 ⑥"抢帽子"型操纵 ⑦虚假事项操纵	—

---

① 该份快报称，"截至3月31日，648家上市公司内部控制评价结论为整体有效，占比为99.08%；6家内部控制评价结论为非整体有效，占比为0.92%。在内部控制评价结论为非整体有效的上市公司中，2家为财务报告内部控制无效、非财务报告内部控制有效，1家为财务报告内部控制有效、非财务报告内部控制无效，3家为财务报告内部控制和非财务报告内部控制均无效"。

（二）信息要素的类型表达

信息是证券市场的基础要素。①《证券法》第五条规定，证券的发行、交易活动，必须遵守法律、行政法规；禁止欺诈、内幕交易和操纵证券市场的行为。欺诈、内幕交易和操纵证券市场的违法行为，首先表现在对"信息"这一基础要素的非法利用。

比如，行为人利用虚假信息干扰正常的市场交易。《刑法》第一百八十二条（操纵证券、期货市场罪）第一款第（五）项规定，行为人利用虚假或者不确定的重大信息，诱导投资者进行证券、期货交易，构成操纵犯罪。又如，《刑法》第一百八十一条（编造并传播证券、期货交易虚假信息罪）规定，编造并且传播影响证券、期货交易的虚假信息，扰乱证券、期货交易市场，造成严重后果的，构成犯罪。

内幕交易罪。《刑法》第一百八十条规定了内幕交易、泄露内幕信息罪，原则性列举了内幕信息的重大性和未公开性要件。对于具体何种信息应当被认定为"内幕信息"，《刑法》明确规定了援引"法律、行政法规的规定确定"。实践中是援引《证券法》第五十二条和第八十条所规定的"内幕信息"类型进行具体判断。《证券法》第五十二条强调《刑法》对内幕信息的重大性、未公开性要件，规定："证券交易活动中，涉及发行人的经营、财务或者对该发行人证券的市场价格有重大影响的尚未公开的信息，为内幕信息。"《证券法》第八十条则是采用明示列举的方式，具体规定了11种信息属于内幕信息。②

---

① 事实上，现代资本市场是一个信息市场，信息在金融市场中具有特殊地位。参见巫云仙：《美国金融制度的历史变迁》，社会科学文献出版社2017年版，第94~95页。
② 《证券法》第八十条第一款规定："发生可能对上市公司、股票在国务院批准的其他全国性证券交易场所交易的公司的股票交易价格产生较大影响的重大事件，投资者尚未得知时，公司应当立即将有关该重大事件的情况向国务院证券监督管理机构和证券交易所报送临时报告，并予公告，说明事件的起因、目前的状态和可能产生的法律后果。前款所称重大事件包括：（一）公司的经营方针和经营范围的重大变化；（二）公司的重大投资行为，公司在一年内购买、出售重大资产超过公司资产总额百分之三十，或者公司营业用主要资产的抵押、质押、出售或者报废一次超过该资产的百分之三十；（三）公司订立重要合同、提供重大担保或者从事关联交易，可能对公司的资产、负债、权益和经营成果产生重要影响；（四）公司发生重大债务和未能清偿到期重大债务的违约情况；（五）公司发生重大亏损或者重大损失；（六）公司生产经营的外部条件发生的重大变化；（七）公司的董事、三分之一以上监事或者经理发生变动，董事长或者经理无法履行职责；（八）持有公司百分之五以上股份的股东或

操纵证券、期货市场罪。《刑法》第一百八十二条规定了操纵证券、期货市场罪,[①]根据实施操纵的手段特征与行为实质,可以类型化概括为交易型操纵、信息型操纵两种模式。涉及信息要素的操纵模式,比如该条第一款第(一)项的"利用信息优势联合或者连续买卖",以及第(五)项的"利用虚假或者不确定的重大信息,诱导投资者进行证券、期货交易"。

违规披露、不披露重要信息罪。《刑法》第一百六十一条规定了违规披露、不披露重要信息罪,[②]其重点规制的是"提供虚假的或者隐瞒重要事实"这种非法信息披露行为。包括《刑法》第一百六十条规定的欺诈发行证券

者实际控制人持有股份或者控制公司的情况发生较大变化,公司的实际控制人及其控制的其他企业从事与公司相同或者相似业务的情况发生较大变化;(九)公司分配股利、增资的计划,公司股权结构的重要变化,公司减资、合并、分立、解散及申请破产的决定,或者依法进入破产程序、被责令关闭;(十)涉及公司的重大诉讼、仲裁,股东大会、董事会会议被依法撤销或者宣告无效;(十一)公司涉嫌犯罪被依法立案调查,公司的控股股东、实际控制人、董事、监事、高级管理人员涉嫌犯罪被依法采取强制措施;(十二)国务院证券监督管理机构规定的其他事项。"

① 《刑法》第一百八十二条规定:"有下列情形之一,操纵证券、期货市场,影响证券、期货交易价格或者证券、期货交易量,情节严重的,处五年以下有期徒刑或者拘役,并处或者单处罚金;情节特别严重的,处五年以上十年以下有期徒刑,并处罚金:(一)单独或者合谋,集中资金优势、持股或者持仓优势或者利用信息优势联合或者连续买卖的;(二)与他人串通,以事先约定的时间、价格和方式相互进行证券、期货交易的;(三)在自己实际控制的帐户之间进行证券交易,或者以自己为交易对象,自买自卖期货合约的;(四)不以成交为目的,频繁或者大量申报买入、卖出证券、期货合约并撤销申报的;(五)利用虚假或者不确定的重大信息,诱导投资者进行证券、期货交易的;(六)对证券、证券发行人、期货交易标的公开作出评价、预测或者投资建议,同时进行反向证券交易或者相关期货交易的;(七)以其他方法操纵证券、期货市场的。单位犯前款罪的,对单位判处罚金,并对其直接负责的主管人员和其他直接责任人员,依照前款的规定处罚。"

② 《刑法》第一百六十一条规定:"依法负有信息披露义务的公司、企业向股东和社会公众提供虚假的或者隐瞒重要事实的财务会计报告,或者对依法应当披露的其他重要信息不按照规定披露,严重损害股东或者其他人利益,或者有其他严重情节的,对其直接负责的主管人员和其他直接责任人员,处五年以下有期徒刑或者拘役,并处或者单处罚金;情节特别严重的,处五年以上十年以下有期徒刑,并处罚金。前款规定的公司、企业的控股股东、实际控制人实施或者组织、指使实施前款行为的,或者隐瞒相关事项导致前款规定的情形发生的,依照前款的规定处罚。犯前款罪的控股股东、实际控制人是单位的,对单位判处罚金,并对其直接负责的主管人员和其他直接责任人员,依照第一款的规定处罚。"

罪,[①] 重点规制的也是信息层面的非法行为,"发行文件中隐瞒重要事实或者编造重大虚假内容"。

经营信息。在公司的并购重组活动中,因并购重组行为保密性强、持续时间长以及对股价影响较大等,经营信息成为公司内部人及相关知情人内幕交易行为所利用的最主要信息类型。对此,《证券法》第四章"上市公司的收购"专门规定了收购方式以及信息披露等具体内容。证监会发布的《上市公司收购管理办法》进一步作出详细规定。

对于发行人来说,对经营信息的披露有着明确要求,证监会发布的《上市公司信息披露管理办法》第七条规定的"信息披露文件"即包括"收购报告书",[②] 第六十三条规定的"信息披露义务人"包括"收购人,重大资产重组、再融资、重大交易有关各方等自然人、单位及其相关人员"。同时,其第二十八条明确规定:"涉及上市公司的收购、合并、分立、发行股份、回购股份等行为导致上市公司股本总额、股东、实际控制人等发生重大变化的,信息披露义务人应当依法履行报告、公告义务,披露权益变动情况。"

同时,在对《证券法》第八十条第二款第(三)项规定的可能对公司的资产、负债、权益和经营成果产生重要影响的重要合同的理解上,证监会引用了发行人所在证券交易所的"上市规则",以"上市规则"中对重要合同的披露要求作为定义《证券法》第八十条第二款第(三)项重大性的标准。

以内幕交易为例,案件呈现内发性、群发性特点,表现为对同一内幕信息多个公司内部的知情人同时进行内幕交易或泄露内幕信息。内幕交易行为一旦被查处,往往会导致公司的多个重要岗位因此停摆,也会导致上市公司的声誉

---

① 《刑法》第一百六十条规定:"在招股说明书、认股书、公司、企业债券募集办法等发行文件中隐瞒重要事实或者编造重大虚假内容,发行股票或者公司、企业债券、存托凭证或者国务院依法认定的其他证券,数额巨大、后果严重或者有其他严重情节的,处五年以下有期徒刑或者拘役,并处或者单处罚金;数额特别巨大、后果特别严重或者有其他特别严重情节的,处五年以上有期徒刑,并处罚金。控股股东、实际控制人组织、指使实施前款行为的,处五年以下有期徒刑或者拘役,并处或者单处非法募集资金金额百分之二十以上一倍以下罚金;数额特别巨大、后果特别严重或者有其他特别严重情节的,处五年以上有期徒刑,并处非法募集资金金额百分之二十以上一倍以下罚金。单位犯前两款罪的,对单位判处非法募集资金金额百分之二十以上一倍以下罚金,并对其直接负责的主管人员和其他直接责任人员,依照第一款的规定处罚。"

② 《上市公司信息披露管理办法》第七条规定,信息披露文件包括定期报告、临时报告、招股说明书、募集说明书、上市公告书、收购报告书等。

恶化。对此，上市公司应该进一步完善信息知情人登记制度等合规机制，对不同程度的信息设置不同程度的防范制度，对重点信息建立严格的保密与反内幕交易检查机制，以避免上市公司内部内幕交易行为的发生。

此外，需要提示的是，在国家压实证券市场中介机构（如会计师事务所、律师事务所）"看门人"责任的整体形势下，[1]《刑法》第二百二十九条第一款规定的"提供虚假证明文件罪"，以及第三款规定的"出具证明文件重大失实罪"，[2] 尤其值得关注。其中，该条第一款第（二）项明确规定，"提供与重大资产交易相关的虚假的资产评估、会计、审计等证明文件，情节特别严重的"，可以构成犯罪。

需要说明的是，从信息属性角度分析，财务信息与经营信息的实质差异在于，上市公司的经营信息是一种全有或全无的状态，而财务信息是一种可拆分的状态，不是全有或全无的判断。比如，假设某上市公司三个月之后要收购某项重大的资产，行为人提前知悉了该内幕信息，那么，这种信息知悉在逻辑上是一种全有（或全无）状态，该经营信息本身不存在一种数量上的可区分性，即行为人不可能1/4或者2/3知道该公司要进行资产收购。财务信息作为内幕信息具有可拆分性特征，比如，行为人可能提前知悉了业绩预增公告这种内幕信息，而业绩预增公告无非是12个月的财务信息汇总，逻辑上行为人知悉的信息具有不同程度的差异，即信息知悉的程度可以是10个月的财务信息或者6个月的财务信息。

财务信息。发行人的财务信息，直接反映了发行人的资产情况及经营状况，是投资者投资决策的重要依据。自中共中央办公厅、国务院办公厅联合发布《关于依法从严打击证券违法活动的意见》以来，打击上市公司财务造假

---

[1] 参见《中国证监会召开2022年系统工作会议》，载证监会官网，http://www.csrc.gov.cn/csrc/c106311/c1774378/content.shtml。

[2] 《刑法》第二百二十九条规定："承担资产评估、验资、验证、会计、审计、法律服务、保荐、安全评价、环境影响评价、环境监测等职责的中介组织的人员故意提供虚假证明文件，情节严重的，处五年以下有期徒刑或者拘役，并处罚金；有下列情形之一的，处五年以上十年以下有期徒刑，并处罚金：（一）提供与证券发行相关的虚假的资产评估、会计、审计、法律服务、保荐等证明文件，情节特别严重的；（二）提供与重大资产交易相关的虚假的资产评估、会计、审计等证明文件，情节特别严重的……第一款规定的人员，严重不负责任，出具的证明文件有重大失实，造成严重后果的，处三年以下有期徒刑或者拘役，并处或者单处罚金。"

一直是证监会的执法重点，近三年共办理上市公司信息披露违法案件 397 件，同比增长近 20%，作出行政处罚 523 件，涉及 1932 名相关责任人，对 168 人采取市场禁入措施，向公安机关移送涉嫌犯罪案件 116 件。[①]

除以前述"重大资产重组"为典型代表的"经营信息"外，财务信息也是证券犯罪的"重灾区"。《刑法》规定的"违规披露、不披露重要信息罪"首先指向的便是信息披露义务人"向股东和社会公众提供虚假的或者隐瞒重要事实的财务会计报告"。[②] 具体而言，虚增收入与利润这种类型的（虚假）财务信息又是违法的"重灾区"。财政部、证监会 2022 年 3 月 2 日联合发布《关于进一步提升上市公司财务报告内部控制有效性的通知》，其中"二、提升上市公司财务报告内部控制有效性的重点领域"规定，"2. 加强收入舞弊风险的评估与控制。一是关注为粉饰财务报表等目的虚增收入或提前确认收入，为报告期内降低税负、转移利润等目的少计收入或延后确认收入等相关风险。二是关注客户资信调查，交易合同商业背景的真实性，资金资产交易的真实性，销售模式的合理性和交易价格的公允性等内部控制流程和控制措施的有效性"。证监会 2022 年 5 月 27 日发布的《保荐人尽职调查工作准则》第二十七条明确要求："……如果存在会计期末销售收入异常增长的情况，需追查相关收入确认凭证，关注销售回款和期后退货情况，判断是否属于虚开发票、虚增收入的情形……"北京证券交易所办公室 2025 年 1 月 3 日发布的《关于北京证券交易所上市公司 2024 年年度报告审计工作提示的通知》第三点"关注重点领域的审计风险"，其中也明确要求"关注企业合并的商业实质，检查被合并企业的业绩真实性、财务数据合理性，是否存在通过虚增收入达到高溢价并购或并购业绩承诺精准达标的情况"。

《最高人民法院关于适用〈中华人民共和国公司法〉若干问题的规定（三）》（2020）第十二条专门规定，"成立后，公司、股东或者公司债权人以

[①] 参见《证券会依法从严打击欺诈发行、财务造假等信息披露违法行为》，载证监会官网 2024 年 2 月 24 日，http://www.csrc.gov.cn/csrc/c100028/c7461590/content.shtml。

[②] 此外，针对财务会计报告，《刑法》第一百六十二条之一规定了隐匿、故意销毁会计凭证、会计账簿、财务会计报告罪，第一款内容为："隐匿或者故意销毁依法应当保存的会计凭证、会计帐簿、财务会计报告，情节严重的，处五年以下有期徒刑或者拘役，并处或者单处二万元以上二十万元以下罚金。"

相关股东的行为符合下列情形之一且损害公司权益为由,请求认定该股东抽逃出资的,人民法院应予支持:(一)制作虚假财务会计报表虚增利润进行分配……"2022年9月,财政部颁发《关于加大审计重点领域关注力度 控制审计风险进一步有效识别财务舞弊的通知》,其中强调:"九、金融工具相关舞弊风险应对措施……(二)针对金融工具终止确认相关舞弊风险。一是关注金融资产终止确认是否满足合同权利终止或满足规定的转移,关注交易对手方的履约能力、交易条件、是否存在关联方关系等,分析其商业合理性,关注有无人为安排交易以满足某些监管要求或合同义务等情形;二是关注金融负债现时义务是否解除、终止确认的时点是否恰当,是否存在以承担新金融负债的方式替换原金融负债,人为提前或者不当终止确认金融负债虚增利润。"[1]

在证监会从严打击欺诈发行、财务造假等信息披露违法行为的监管态势下,对财务信息的严格监管全面覆盖整个证券市场,除股票市场外,对债券市场的财务造假行为同样从严监管。在对相关责任人的处罚上,监管机关要求发行人管理者承担较高的内部控制义务和实时监控义务,对于上市公司管理者未对异常情况予以应有的关注,未及时进行必要、审慎的核查,未采取相应有效的调查、纠正、补救等措施的,均不能认定其已勤勉尽责。

此外,中国注册会计师协会2023年4月4日发布《〈中国注册会计师审计准则第1141号——财务报表审计中与舞弊相关的责任〉应用指南》,在第一条"舞弊的特征"中明确表述,"2.编制虚假财务报告涉及为欺骗财务报表使用者而作出的故意错报(包括对财务报表金额或披露的遗漏)。这可能是由于管理层通过操纵利润来影响财务报表使用者对被审计单位业绩和盈利能力的看法而造成的。此类利润操纵可能从一些小的行为,或对假设的不恰当调整和对管理层判断的不恰当改变开始。压力和动机可能使这些行为上升到编制虚假财务报告的程度。由于承受迎合市场预期的压力或追求以业绩为基础的个人报酬

---

[1] 财政部《关于加大审计重点领域关注力度 控制审计风险进一步有效识别财务舞弊的通知》,"九、金融工具相关舞弊风险应对措施……(三)针对利用复杂金融产品实施舞弊的风险。一是了解金融产品和服务的业务模式和盈利方式,是否符合企业会计准则和监管规范要求,特别关注混合金融工具会计处理的恰当性;二是关注是否存在'资金池'、刚性兑付、违规承诺收益或其他利用多层嵌套、通道业务等方式将表内信用风险表外化的迹象;三是关注保理业务的商业实质,对相关的应收账款本身的真实性、可收回性进行分析,分析保理业务涉及的应收账款是否存在虚构交易或空转贸易情形。"

最大化，管理层可能故意通过编制存在重大错报的财务报表而导致虚假财务报告。在某些被审计单位，管理层可能有动机大幅降低利润以降低税负，或虚增利润以向银行融资。3. 管理层可能通过以下方式编制虚假财务报告：（1）对编制财务报表所依据的会计记录或支持性文件进行操纵、弄虚作假（包括伪造）或篡改；（2）在财务报表中错误表达或故意漏记事项、交易或其他重要信息；（3）故意地错误使用与金额、分类或列报相关的会计原则。"

其他信息（包括监管信息）。在其他可能影响证券价格信息的违法行为中，信息披露违法违规与内幕交易，最为常见。主要涉及的信息类型包括持股比例变动及实际控制关系变动、关联关系及关联交易、重大诉讼等。其中，持股比例变动及实际控制关系变动不会直接影响企业的生产经营，进而导致相关人的保密意识不强，往往是被动地泄露相关信息而导致内幕交易。关联关系及关联交易的不披露或违规披露，经常与财务造假相伴，即发行人通过隐瞒关联关系与关联交易的方式，虚构财务情况。而重大诉讼则往往属于发行人经营的"黑天鹅事件"，可能会对证券价格引发强烈的连锁反应，因而很多发行人会更倾向于尽量隐瞒该事件的发生不予披露或提前进行内幕交易予以避损。

另外，需要提示的是，《刑法》第一百八十条规定了利用未公开信息交易罪，其对"未公开信息"的界定是"内幕信息以外的其他未公开的信息"。不过，逻辑上如果不能首先确定内幕信息的范围，那么，对于此处"未公开信息"的范围也不能准确界定。根据《证券法》的规定可知，除《证券法》明确规定的内幕信息种类之外，"国务院证券监督管理机构规定的其他事项"[①]也可以成为内幕信息。不过，实践中存在的争议是，此处的"国务院证券监督管理机构"是否应当严格限定为证监会，而不包括证监会派出机构？此处的"规定"是否意味着证监会可在《证券法》之外规定新的内幕信息种类？是否应当是事前经过严格的部门规章制定颁行程序，而不能直接针对某具体个案"认定"所涉信息属于内幕信息？这涉及超越《证券法》而另行规定内幕信息的权力行使主体，以及权力行使行为的合法性与正当性问题。

---

① 《证券法》第八十条规定："……前款所称重大事件包括：……（十二）国务院证券监督管理机构规定的其他事项……"

（三）交易要素的动态评价

交易是证券市场活动的核心环节之一。证券交易行为的合法性，是包括刑法在内的法律评价的基本内容。《证券法》第一条即明确了立法目的："为了规范证券发行和交易行为，保护投资者的合法权益，维护社会经济秩序和社会公共利益，促进社会主义市场经济的发展……"《证券法》第三章"证券交易"第三节明确规定了"禁止的交易行为"。比如，《证券法》第五十条规定，禁止证券交易内幕信息的知情人和非法获取内幕信息的人利用内幕信息从事证券交易活动。《刑法》第一百八十二条（内幕交易罪）规定所禁止的是内幕信息的知情人员或者非法获取证券、期货交易内幕信息的人员，利用内幕信息进行证券交易。

内幕交易的异常性。交易行为是否异常，往往是认定内幕交易行为的争议焦点。《最高人民法院、最高人民检察院关于办理内幕交易、泄露内幕信息刑事案件具体应用法律若干问题的解释》（以下简称《内幕交易犯罪司法解释》）第三条明确规定："本解释第二条第二项、第三项规定的'相关交易行为明显异常'，要综合以下情形，从时间吻合程度、交易背离程度和利益关联程度等方面予以认定：（一）开户、销户、激活资金账户或者指定交易（托管）、撤销指定交易（转托管）的时间与该内幕信息形成、变化、公开时间基本一致的；（二）资金变化与该内幕信息形成、变化、公开时间基本一致的；（三）买入或者卖出与内幕信息有关的证券、期货合约时间与内幕信息的形成、变化和公开时间基本一致的；（四）买入或者卖出与内幕信息有关的证券、期货合约时间与获悉内幕信息的时间基本一致的；（五）买入或者卖出证券、期货合约行为明显与平时交易习惯不同的；（六）买入或者卖出证券、期货合约行为，或者集中持有证券、期货合约行为与该证券、期货公开信息反映的基本面明显背离的；（七）账户交易资金进出与该内幕信息知情人员或者非法获取人员有关联或者利害关系的；（八）其他交易行为明显异常情形。"

实践中，监管机关的认定除关于账户、资金、交易与内幕信息之间的一致性分析外，同时还要对当事人存在：（1）"买入意愿强烈"；（2）"交易金额放大"；(3)"集中买入单只股票"；（4）"大量融资买入或借款买入"；（5）"首次交易标的股票"等交易异常性进行分析，以证实当事人的交易与自身交易习惯不同或存在其他交易行为明显异常的情形。

值得注意的是，对内幕交易知情人来说，交易的异常性并非法定的构成要件，也即无论内幕信息知情人的交易是否异常，只要在内幕信息敏感期内有交易行为，就构成内幕交易。而对于非法获悉内幕信息的人员来说，只要时间吻合程度、交易背离程度和利益关联程度其中之一出现异常，且当事人无合理解释或正当理由的，即可能被认定为"相关交易行为明显异常"。同时，对于"预设交易计划"的抗辩事由能否成立，"交易计划"必须明确列明卖出涉案股票以及具体的日期，方可作为抗辩条款使用。①

操纵交易的误导性。操纵交易的行为人往往会通过各种方式实际控制多个账户进行交易。在操纵手法上，全部操纵行为几乎均使用了连续买卖的方式。连续买卖操纵行为是当前较为常见的操纵方式，而在行政监管上，对连续买卖的认定并无具体的持股比例、交易量等量化标准。② 监管机关认定账户组是否客观存在操纵行为，主要依据证券交易所提供的账户交易记录、计算数据等证据。操纵证券市场行为包含建仓、抬升、减仓等多个阶段，监管机关的认定逻辑是将整个交易过程进行整体认定。操纵证券市场行为的误导性并非简单的先买后卖，操纵行为人有可能通过反向交易、对倒交易等行为，营造股票交易活跃的假象，以达到吸引其他投资者跟风入场的目的。

从行为特点上看，连续买卖操纵行为包含建仓、抬升、出货等多个阶段，监管机关对连续买卖操纵的认定逻辑是将整个交易过程进行整体认定，同时结合"账户组持仓情况""账户组买卖申报量占比及排名""账户组买卖成交量占比及排名""账户组不低于卖一价或市价申买量占比"等因素进行综合判断。其中，在行政处罚中，抬升行为的认定标准为"时段股价涨幅2%以上且时段买成交占比20%以上"。③

---

① 参见中国证监会行政处罚决定书（汤某君）〔2023〕71号。
② 最高人民法院、最高人民检察院《关于办理操纵证券、期货市场刑事案件适用法律若干问题的解释》第二条规定："操纵证券、期货市场，具有下列情形之一的，应当认定为刑法第一百八十二条第一款规定的'情节严重'：（一）持有或者实际控制证券的流通股份数量达到该证券的实际流通股份总量百分之十以上，实施刑法第一百八十二条第一款第一项操纵证券市场行为，连续十个交易日的累计成交量达到同期该证券总成交量百分之二十以上的……"
③ 详细数据统计分析，可参见2023年年度北京紫华律师事务所公开发布的"紫皮书"。

此外，虚假申报交易也是市场操纵的常见违法行为，具体定义为"不以成交为目的，频繁申报、撤单或者大额申报、撤单，误导投资者作出投资决策，影响证券、期货交易价格或者证券、期货交易量，并进行与申报相反的交易或者谋取相关利益"。对于虚假申报行为的具体量化标准，行政监管与刑事司法亦体现了递进式的关系，在行政监管上，虚假申报行为的标准为"时段内账户组申买量占全市场比例20%以上且账户组申买对应撤单量占账户组申买量比例20%以上"，[①] 而刑事司法中对虚假申报的定性要求更为严格，最高人民检察院、公安部《关于公安机关管辖的刑事案件立案追诉标准的规定（二）》[以下简称《立案追诉标准（二）》]第三十四条第一款第（十二）项规定，"不以成交为目的，频繁或者大量申报买入、卖出证券、期货合约并撤销申报，当日累计撤回申报量达到同期该证券、期货合约总申报量百分之五十以上，且证券撤回申报额在一千万元以上、撤回申报的期货合约占用保证金数额在五百万元以上的"，应予追诉。

需要注意的是，2023年2月17日，上交所、深交所分别发布了《上海证券交易所主板股票异常交易实时监控细则》（上证发〔2023〕39号）与《深圳证券交易所主板股票异常交易实时监控细则》（深证上〔2023〕104号）。两份规范性文件均在第二章规定了投资者的异常交易行为[②]以及虚假申报、拉抬打压股价、维持涨（跌）幅限制价格、自买自卖或者互为对手方交易、严重异常波动股票申报速率异常等异常交易行为的监控认定规则，在自律监管层面，对可能涉嫌操纵证券市场的行为予以规制。

关于操纵行为终点的认定问题，上海市第一中级人民法院认为，操纵行为获利的本质是通过扭曲市场价格机制获取利益，应当将证券交易价量受到操纵行为影响的期间，作为违法所得计算的时间依据。操纵行为的终点原则上是操纵影响消除日，在交易型操纵中，如行为人被控制或账户被限制交易的，则应

[①] 参见《中国证监会行政处罚决定书》（〔2023〕55号）。
[②] （两份规范性文件内容表述一致）第六条规定："本细则所称异常交易行为，包括下列类型：（一）虚假申报；（二）拉抬打压股价；（三）维持涨（跌）幅限制价格；（四）自买自卖或者互为对手方交易；（五）严重异常波动股票申报速率异常；（六）违反法律、行政法规、部门规章、规范性文件或者本所业务规则的其他异常交易行为。"

当以操纵行为终止日作为操纵行为的终点。①

此外，关于在中小企业股份转让系统中的违法交易行为的处理，《国务院关于全国中小企业股份转让系统有关问题的决定》（国发〔2013〕49号）在第五部分"加强事中、事后监管，保障投资者合法权益"中指出，证监会应当比照证券法关于市场主体法律责任的相关规定，严格执法，对虚假披露、内幕交易、操纵市场等违法违规行为采取监管措施，实施行政处罚。股份转让系统市场是证券市场的重要组成部分，虽然在整体基础交易量、交易机制等方面与其他板块股票市场存在差异，但股份转让系统市场并非法外之地，同样禁止非法影响证券交易价格和证券交易量、误导投资者的非法交易行为。而且股份转让系统市场基础交易量较小、整体交易不活跃的情况更容易被操纵行为利用，也应当予以规制与打击。

实际控制的关联性。实际控制关系的证明，主要涉及操纵证券市场、违规信息披露、违规使用账户等违法违规行为。实践中，主要根据相关人员自认及指认、资金往来、身份关系、交易终端地址、交易行为特征等事实、证据证明账户实际控制情况。其中，交易终端地址为硬件MAC地址、网络IP地址以及国际移动设备识别码IMEI码等，如以上地址存在关联关系，则通常会被认定为实际控制账户。

同时，可以参考最高人民法院、最高人民检察院《操纵案件司法解释》的认定情形及逻辑路径。其第五条第一款规定："下列账户应当认定为刑法第一百八十二条中规定的'自己实际控制的账户'：（一）行为人以自己名义开户并使用的实名账户；（二）行为人向账户转入或者从账户转出资金，并承担实际损益的他人账户；（三）行为人通过第一项、第二项以外的方式管理、支配或者使用的他人账户；（四）行为人通过投资关系、协议等方式对账户内资产行使交易决策权的他人账户；（五）其他有证据证明行为人具有交易决策权的账户。"同时，该条第二款规定："有证据证明行为人对前款第一项至第三项账户内资产没有交易决策权的除外。"

最后，值得关注的是，2024年3月15日国务院新闻办公室举行新闻发布会，证监会有关负责人解读强监管防风险推动资本市场高质量发展有关政策，

---

① 参见"人民法院案例库"，入库编号：2024-04-1-124-001。

证监会当天发布了《关于严把发行上市准入关从源头上提高上市公司质量的意见（试行）》《关于加强上市公司监管的意见（试行）》《关于加强证券公司和公募基金监管加快推进建设一流投资银行和投资机构的意见（试行）》《关于落实政治过硬能力过硬作风过硬标准全面加强证监会系统自身建设的意见》4项文件。从加强上市发行活动监管、推动上市公司投资价值和投资者保护，加强信息披露监管，严惩业绩造假、校正专业行业机构定位，大力弘扬和践行"诚实守信，不逾越底线；以义取利，不唯利是图；稳健审慎，不急功近利；守正创新，不脱实向虚；依法合规，不胡作非为"的中国特色金融文化、加强监管系统内部的反腐败斗争，持续保持惩治腐败的高压态势等多个维度促进资本市场建设。

2022年8月1日，《期货和衍生品法》正式实施，填补了这个领域长达20多年的"基本法"空白，从法律层面解决了期货市场发展中带有根本性、全局性和长期性的问题，明确了市场价值取向、发展方向和根本路径，为促进期货市场高质量发展奠定了坚实的制度基础。从刑事司法角度看，2023年也出现了多起操纵期货市场的案件。在自律监管上，各期货交易所均公布了多起期货公司工作人员利用其知悉公司账户账号密码等交易信息的便利条件，与自身账户进行交易进而获利的违法、违规行为，既侵害了期货公司的利益，又损害了市场的公平性。因此，在目前监管机关严惩专业机构从业人员违规交易的监管背景下，期货公司从业人员的违规交易行为也将会加强问责。

同时，近年来程序化交易、量化交易在我国快速发展并形成了一定规模，也出现了程序化交易技术风险导致市场大幅波动、利用程序化交易从事违法违规行为等情况。2023年9月，证监会指导上海、深圳、北京证券交易所制定发布了《关于股票程序化交易报告工作有关事项的通知》《关于加强程序化交易管理有关事项的通知》，标志着我国证券市场正式建立起程序化交易报告制度和相应的监管安排。同时，对于违规利用程序化交易操纵市场的行为，也必将从严打击。

五、重新理解证券犯罪

（一）投资者视角下的法益重构

基于"信息—交易"要素二元分析框架，证券犯罪是指行为人对"信息要素"或"交易要素"的非法性利用（行为层面），并破坏了证券市场的正常运行制度或机制（结果层面）。这里的"非法性"不仅是指法条规范层面的违反，还更深入地指向对于证券市场制度的违反，以及由此对于法律规范"保护目的"的损害。就此而言，实践中，需要结合个案的具体情境揭示相应法条背后特定的"保护目的"（或称"立法原意"）。具体而言，第一，双重违法性判断。首先行为人对信息要素或交易要素的利用必须具有行政违法性，其次要进一步判断这种行为的危害性是否达到刑事违法程度。第二，宏微观双层违法性判断。首先行为人对两大要素的利用行为必须违反了某项具体的法律规范的规定内容，其次要进一步判断是否违背制度本意，并破坏了证券市场运行所需具备的基础性制度。① 第三，形式违法性与实质违法性判断相结合。② 有观点提出，基于投资者保护和金融安全保障的刑法保护目标，

---

① "可见，金融诈骗罪中的金融犯罪面向，指向的是刑法对金融系统市场运作机制的保护。这种运作机制是客观的，属于金融市场机制的组成部分，有其客观的运作规律。一旦机制受损，金融市场便难以发挥其资金分配的功能，由此影响经济运行的效率。形象地说，金融系统类似于一个小的生态系统，刑法规定金融诈骗罪，不是为了保护其中某个物种；相反，对于特定物种是否给予保护以及给予何种程度的保护，乃是基于促进整个生态机制的良性运行与发展的考虑。单凭金融系统自身，难以有效地维护其运作机制，故而需要包括刑法在内的法律的介入。这意味着就金融诈骗罪乃至整个金融犯罪体系保护的是什么而言，不应当取决于刑法想要保护什么，而应当主要取决于金融系统需要刑法出面保护什么。金融诈骗罪乃至金融犯罪的保护法益都需要从这个角度进行考虑并展开相应的构建。"参见劳东燕：《金融诈骗罪保护法益的重构与运用》，载《中国刑事法杂志》2021年第4期。

② "归纳起来，对证券领域非法经营行为的认定，司法实务显然采取的是单维度的审查标准，即要么只作形式判断，要么只作实质判断，而不是在形式上违反前置性规定的基础上，进一步用实质判断来限缩非法经营行为的成立范围。换言之，在证券业务领域，无论是形式判断还是实质判断，基本上都被用以扩张入罪而不是发挥限制入罪的功能。这既不符合非法经营罪作为行政犯的一般法理，也不利于行刑关系的合理构建。刑法解释结论的可接受性，恰恰要求同时满足形式判断与实质判断的双重要求，以实现应罚性与需罚性的统一。"参见劳东燕：《非法经营罪中证券业务的限定与出罪》，载《政治与法律》2024年第7期。

针对证券犯罪适用"双重路径认定"进行判断。① 实践场景中，行为人非法利用两大要素的行为形式上可能并不直接对应违反法条字面含义，但可能违反更深层的立法本意，应当进行实质性解释与判断。尤其，站在投资者视角对证券犯罪的法益侵害进行实质性判断。

如果站在投资者角度对证券犯罪的法益侵害进行实质性判断，相应得出的结论即投资者权益是核心保护法益。不过，目前理论解读的一般观点是认为证券犯罪存在多重保护法益，即秩序法益（表现为监管秩序）与个体法益（表现为投资者保护）。依据常识判断，这两种法益往往并不能同时兼容且时常存在冲突。换言之，如何实现不同法益之间的平衡是具体个案不得不重点考虑的问题，包括平衡合法性与合理性。从成熟资本市场的经验和逻辑来看，一般而言，证券市场应当以投资者权益保护为核心，基本的原因在于，投资者才是证券市场的主体，他们的交易行为实现了证券市场的基本功能——融资，如果将证券市场秩序性利益这种抽象性法益具象化表达，其内涵则应当是投资者权益保护。②

2024年4月4日国务院发布《关于加强监管防范风险推动资本市场高质量发展的若干意见》（国发〔2024〕10号），其中明确强调"必须始终践行金融为民的理念，突出以人民为中心的价值取向，更加有效保护投资者特别是中小投资者合法权益，助力更好满足人民群众日益增长的财富管理需求"。2020年2月29日，国务院办公厅发布《关于贯彻实施修订后的证券法有关工作的通知》（国办发〔2020〕5号），要求"有关部门要认真贯彻修订后的证券法，采取有力有效措施，依法保护投资者特别是中小投资者合法权益。要积极配合司法机关，稳妥推进由投资者保护机构代表投资者提起证券民事赔偿诉讼的制

---

① "基于《刑法》对投资者保护和保障金融安全的保护目标，证券犯罪刑事责任认定可遵循欺诈和违反行政法的双重路径，其基本思路为：（1）鉴于操纵证券市场犯罪等证券犯罪多包括虚假陈述性欺诈，可从欺诈的角度认定刑事犯罪。（2）基于法定犯对应于违反证券监管的行政法律，可通过二次违法性评判完成刑事违法性认定，即先依照行政法认定行为的第一次违法性，再根据刑法的规定进行第二次评价，完成刑事违法性的认定。"参见陈晨：《操纵证券市场犯罪要素认定的司法观察》，载黄红元、卢文道主编：《证券法苑》（2017年10月）第二十一卷，法律出版社2017年版，第227页。

② 换言之，在理解证券犯罪相关规定内容的时候，可以站在"立法者"视角，重新解读法条背后的逻辑，比如，透过法律规定条款内容看到隐藏的，是监管者视角倾向还是投资者视角倾向。站在不同视角尝试还原这种法益侵害实质，可能会得出完全不同的结论。

度，推动完善有关司法解释"。2019年10月22日，国务院发布《优化营商环境条例》，其中第十六条规定："国家加大中小投资者权益保护力度，完善中小投资者权益保护机制，保障中小投资者的知情权、参与权，提升中小投资者维护合法权益的便利度。"2013年12月25日，国务院办公厅发布《关于进一步加强资本市场中小投资者合法权益保护工作的意见》，明确强调"维护中小投资者合法权益是证券期货监管工作的重中之重，关系广大人民群众切身利益，是资本市场持续健康发展的基础"。2014年12月，中证中小投资者服务中心有限责任公司（简称投服中心）正式成立，其性质是证券金融类公益机构，归属中国证监会直接管理。投服中心的主要职责包括"受投资者委托，提供调解等纠纷解决服务；为投资者提供公益性诉讼支持及其相关工作；调查、监测投资者意愿和诉求，开展战略研究与规划；代表投资者，向政府机构、监管部门反映诉求"。[1] 据此可知，投资者权益理当是核心保护法益。[2]

从不同的主体利益视角出发，对于证券犯罪法条规定的实体要件内容的理解也会存在差异，进而会导致证据结构、证明规则包括证据分析方面的差异。比如，从监管者视角或者监管者视角背后的公共性秩序法益出发，实践中对行为人是否构成操纵犯罪的定性问题会进行"整体性评价"，可以具体理解为一种"整体性"指控的思维和方法。这种"整体性评价"侧重于首先认定行为人的主观方面。换言之，这种整体性的评价基本是从行为故意、犯意目的等主观要素或者以主观要件为核心组织整个犯罪的指控与认定，实际上就是一种主观主义的认定逻辑和方式，可能存在错误风险。这种指控倾向大致有这样几个方面的原因。第一，刑事司法是一种事后评价。这种事后评价，按照发现真相的基本的逻辑判断，事后倒推事前发生行为的性质，客观上容易以主观要件为线索串联整体指控。从经验常识来判断，事后视角评价一个事前行为，容易滑入整体性的主观角度来认定并可能预设结论。第二，这种整体性评价倾向于从

---

[1] 参见投服中心官网，http://www.isc.com.cn/html/gywm/。
[2] 2020年7月30日，最高人民法院发布《关于证券纠纷代表人诉讼若干问题的规定》，以进一步完善证券集体诉讼制度，便利投资者提起和参加诉讼，降低投资者的维权成本，保护投资者的合法权益，有效惩治资本市场的违法违规行为，维护资本市场的健康稳定发展。2020年7月31日，证监会发布《关于做好投资者保护机构参加证券纠纷特别代表人诉讼相关工作的通知》，规定要求"对于典型重大、社会影响恶劣的证券民事案件，投资者保护机构依法及时启动特别代表人诉讼"。同日，投服中心发布《中证中小投资者服务中心特别代表人诉讼业务规则（试行）》。

主观方面切入的推导方式，也会延续口供中心主义的传统。比如，侦查机关此前并没有办理证券犯罪案件的经验，往往容易从口供入手展开案件分析与侦讯，因为口供这种证据形式容易获取，且口供可以包含犯罪的全部要件内容。也就是说，侦查机关先行获取口供，并以此为核心收集证据、组织整体指控思路。第三，实际考评机制与办案压力。基层侦查机关的工作人员可能没有接触过证券犯罪案件，尤其是市场操纵犯罪具有账户量大、资金量大、交易流水多、行为时间跨度长的特点，由此可以想见实际工作量与工作难度之大。对于基层办案机关而言，在考评机制之下，同步承担办案期限压力，还缺乏证券金融专业知识与市场实践操作经验。这种综合办案压力使具体办案策略是从口供快速切入。基于这些方面的判断，办案压力导致口供中心主义的现象在证券犯罪案件中也较为突出。口供中心主义的现象又依归于前述这种侦查逻辑。因此，正反两方面因果链条导致证券犯罪案件认定的复杂性。[①]

反言之，回到操纵犯罪这种犯罪类型特征，恰好给这种整体主义评价思路提供了可能条件。第一，涉案金额大、违法获利多。这种因素会被直接理解为社会危害性大。[②] 第二，操纵犯罪的外在形式，这些行为手法几乎无法同正常的市场行为区分开来。从外观上看，这种操纵犯罪的合谋与实施过程，行为外观样式几乎和一些正常股民之间的讨论无法区分。比如，合法市值管理与市场操纵犯罪，外观形式几乎相同。在外观形式难以区分的情况下，办案机关启用的便是推定规则，如推定行为人之间具有主观共谋的犯意内容。因此，操纵犯罪案件常见整体主义的、以主观先入为主的评价思路与逻辑，而且随着适用推定规则甚至多重推定的情况，这些因素综合叠加会加重事实认定错误的风险。

[①] 比如，操纵案件的行为模式一般会呈现这种过程：首先，上市公司实控人想高位减持套现，要寻找并确定操盘方，双方商量初步方案，包括推高股价的模式、分工安排、利益分成等核心事项。其次，双方商定具体实施方案。再次，正式开始分头实施计划，包括上市公司配合操盘方的交易行为同步发布利好消息，合力推高股价。最后，选择合适价位，抛售股票，套现离场。前期相当于犯罪预备。相应的侦查思路和指控逻辑是，首先认定双方初次见面即具备操纵犯罪的主观故意，在这种共谋的故意下开始策划犯罪，然后逐步地商量明确计划步骤，最后实施操纵行为并非法获利。这种指控思路是一种整体性评价，即使在这种长时段内，上市公司可能存在合法信息公告发布行为，以及可能合法的基于公司运营需要的股票减持行为，但都会被整体性评价为操纵犯罪行为的一部分，而不会细致进行阶段性区分评价。换言之，只要是在操纵所涉长时段内的全部信息行为与交易行为，都可能会被整体性评价为操纵犯罪。

[②] 社会危害性往往是司法实践中的"第五要件"，第四要件是形式，第五要件是实质。

前述以连续交易型操纵中的利用"信息优势"操纵为例，展示了基于投资者视角对于利用"信息优势"的内涵理解面向，这是一种相对于整体性评价而言的拆分式评价，能减少具体语境中的事实细节遗漏与逻辑偏狭。

简言之，对证券犯罪的法条规范内容理解，并存着从监管者视角与投资者视角出发的不同理解逻辑。如果站在监管者视角或者指控逻辑视角，实践中容易出现整体性的评价倾向，而这种整体性的评价体现在证据规则层面就会首先认定甚至推定行为人有操纵犯罪的故意，然后以此作为核心依据进而认定后续所有行为，都只是在操纵的故意下具体实施的犯罪行为，即使存在合法行为的空间，也可能会制度性地被选择忽略。与此同时，如果站在投资者视角，则不应当进行这种整体性评价，犯罪是具体的，应当将其拆分开来进行一种精细化、具体化的判断和区分，由此可能就会得出不同的结论。

进而，从证券犯罪的法益保护来看，是应当以从监管者视角出发引出的抽象公共秩序性利益为主，还是应当以从投资者视角出发引出的具体投资者个体权益为主？换言之，应当更侧重保护证券市场的正常交易秩序，还是投资者的合法权益？不同的法益保护目的，直接影响认定行为性质的底层逻辑和思维方式。笔者认为，证券市场语境下所要保护的核心法益应当是具体的投资者权益，而不是抽象的证券市场交易秩序。

第一，投资者权益保护的制度优先性。投资者权益保护应优先于市场秩序，整体市场秩序不能完全代表个体权益。证券市场投资者所具有的市场主体的基础性地位，决定了其权益保护应成为制度设计的核心目标。尽管存在"交易秩序优先论"的实践主张，但二者的法益保护存在本质差异，无法简单等同。一方面，主体地位与法益构成差异。投资者是证券市场的核心元素，其资金构成市场运行的源泉。《证券法》第一条明确将"保护投资者合法权益"作为立法宗旨，但市场秩序作为抽象法益，本质上是多元利益的平衡结果，包含国家监管目标、宏观调控需求等非个体权益要素。这种法益构成差异导致整体秩序无法完全涵盖个体权益保护。另一方面，利益平衡的实践矛盾。在资源有限性约束下，市场秩序的形成必然涉及多数与少数利益的妥协。证券市场的制度设计需接受"有序与无序并存"的现实，市场中客观存在不同的竞争性获利机制，比如，具备信息或资金优势的投资者往往通过市场波动获取超额收益，完全有序的市场反而会抑制其获利空间。就法益保护优先级排序而言，当监管利益与个体权益发生冲突时，现行法律已通过代表人诉讼、先行赔付等制度向投资者倾斜。简言之，如果公式化表达整体"秩序法益"的内容构成，即市场秩序法益＝个体权益集合＋监管目标（如宏观调控）＋市场效率要素。[①]

第二，交易秩序法益的抽象性与司法困境。证券市场的正常交易秩序作为抽象法益，因其不可定义性和不可量化性，难以成为刑法保护的有效对象，而投资者权益可量化。一方面，内幕交易罪的法律评价即可体现这种法益界定的理论缺陷。投资者损害可以量化，比如，通过信息不对称导致的非法获利与损失金额可以直接计算。秩序损害难以界定，比如，交易量或价格波动无法直接证明秩序破坏程度。另一方面，注册制改革的法益转向。证券发行注册制弱化了行政介入，市场秩序法益的"管制型"特征逐渐消解。现行刑法更应保护"投资者对证券价格的预期"这一具体法益，而非抽象秩序。投资者权益与市场交易秩序的对比（见表3）。

表3 投资者权益与市场交易秩序的对比

法益类型	可定义性	可量化性	司法适用性
投资者权益	高	高	强
市场交易秩序	低	低	弱

第三，利益平衡视角下的制度优化路径。基于历史贡献与可持续发展需求，需构建以投资者为本位的保护体系。其一，历史贡献的补偿机制。我国证券市场初期以解决国企融资为导向，投资者承担了制度转型成本。《证券法》通过设立投资者保护专章，建立现金分红、举证责任倒置等制度，体现了对历史贡献的利益回馈。其二，民事救济机制的强化。比如，构建特别代表人诉讼，降低中小投资者的诉讼成本；先行赔付制度，缩短损害赔偿周期；支持诉讼制度，提高专业维权能力。其三，秩序与权益的协调模型。构建双层法益保

[①] "关联交易中包含着复杂的多层次法益。第一层次法益是交易当事人之间的、主要由合同确立的交换性利益，这是一种个体性利益；第二层次法益是上市公司股东对上市公司共同拥有的、主要由公司法确立的投资性利益，这是一种团体性利益；第三层次法益是股东之外的其他利益相关者对上市公司拥有的、由包括公司法在内的相关法律有限确认的相关性利益；第四层次法益是影响整个资本市场乃至更广泛的社会经济运行的、主要由证券法确立的秩序性利益，这是一种公共性利益。"参见汪青松：《关联交易规制的世行范式评析与中国范式重构》，载《法学研究》2021年第1期。

护结构，基础层——通过《证券法》规定的制度直接保护投资者权益；衍生层——以市场效率为核心优化交易秩序，如打击操纵市场行为维护定价机制。

概言之，证券市场制度设计需正视投资者权益与交易秩序的法益差异。投资者权益保护具有法律优先性和可操作性，应通过量化救济机制强化；市场秩序需转向"效率导向"，摒弃抽象法益保护模式；历史贡献与可持续发展需求要求制度向投资者倾斜，构建"补偿—发展"的动态平衡。投资者视角的法益保护重构，需要切实从投资者角度的视角理解规范逻辑与实践逻辑，站在真实投资者的角度，充分考虑他们真实的决策心理和投资逻辑并据此进行实质性判断，而非简单的形式性认定，忽略真实的投资者心理和行为逻辑。监管者视角侧重抽象秩序，而投资者视角聚焦个体权益。[①]

（二）证券犯罪治理的转型

从监管到治理。金融监管，主要是指行政领域和行政方式的监管。但是金融领域出现的这些问题，看起来似乎爆发在刑事司法领域，但是病因可能是在金融监管和治理领域。之所以将治理前移，主要是基于刑事司法治理的局限性。刑事司法本身具有不可逆转性和法律刚性，等到犯罪化之后再行处理已经造成较大的社会危害性。而且，似乎大多数时候，刑事司法治理的语境中并没有真正的获益方，被告人、被害人、金融秩序等方面可能都遭受了不可逆转的影响。刑法应当保持克制不能提前介入金融行政监管。但是，站在治理的角度，从刑事司法处在问题处理的最末端、最后端视角往前回溯来观察，可以提出以下三个层面的问题。

首先，金融监管逻辑，从主体监管转向行为监管再转向功能监管，避免监管存在交叉或重合的情况，多头监管等于空白监管。比如，类期货交易平台案

---

① 2024年国务院《关于加强监管防范风险推动资本市场高质量发展的若干意见》中明确"以人民为中心"，要求司法实践更关注投资者损失的计算与补偿问题。

件，① 尽管案件中的行为模式与证据情况相同，但各地方司法机关的定性处理却差异很大，有些法院判定为诈骗罪，有些则判定为非法经营罪。其次，金融监管的形式，统一垂直监管与条块分割监管。如证监会与公安部的关系、地方证监分局与地方政府的关系等，这种现实情形要求建立更高层级的协调机制——国务院金融稳定发展委员会。比如，邮币卡诈骗案②反映出来的现实情况是，这些交易平台最初是地方政府批准，目的是保护现货市场，实际上，建立电子平台化交易的时候，基本上就异化成为投机场甚至赌博场。这种监管空白引发了多方讨论，这种制度安排的初衷是好的，现货有很强的区域性（如山东潍坊寿光的蔬菜），从激活地方经济，节省运输等成本角度看，国家在进行制度设计时，将批准建立现货市场的权限下放给了地方，由各省自行决定，但实践中出现了犯罪异化，拷问的是金融监管的实质有效性。最后，监管监管者的问题。例如，金融领域比较高发和常见的内幕交易问题，信息的最前端源头或第一手消息来源，往往并非来自普通的投资者，而是来自制度内主体。比如，实践中存在的"旋转门"现象。③ 监管是方式，治理是目的，不能仅强调监管手段而忽略治理目的。对于金融领域的问题，并非为了监管而监管，应当

---

① 实践中存在一些未经监管部门批准，宣称从事国外原油、黄金等期货产品交易的投资平台，通过代理商招揽投资者在平台开设账户，进行所谓的国外金融产品交易。实际上，投资者的资金和指令从未真实进入过国外市场，投资者与平台之间形成的是一种赌博关系，决定输赢的标准是国外金融产品的价格涨跌。不过，平台与代理商均不能操控价格，投资者通过软件查看到是真实的价格信息。但是，因为资金量小、交易次数多、手续费高等客观因素，投资者基本处于亏损状态，从而引发了针对平台和代理商的控告。

② 行为人搭建电子交易平台后，招揽投资者在平台开户，进行邮票（实践案例中俗称邮币卡）、茶叶、玉石等产品的"投资"交易。这种平台参照期货交易规则设计交易模式，名义上宣称是现货交易，实际上形成了类期货交易模式。其中，票商（指代一些资金量和持仓量大的投资者）通过自买自卖的方式拉高产品价格后，再卖给其他不知情的投资者，实现非法获利。对此，司法机关倾向于直接认定为诈骗罪。笔者认为这种交易模式实际上就是以价格涨跌为输赢标准的"赌博"，即使其中存在着价格操纵行为，但客观上投资者仍然存在高价卖出获利的空间，未必会存在财产损失，不宜直接评价为诈骗罪。

③ "所谓'旋转门'，是广义上公权力机构与非公权力机构（特别是公权力机构权力行使对象）之间人员流动现象的形象表述。在监管的特定语境下，'旋转门'关注的是监管者与被监管者之间的人员流动。'旋转门'可以是双向的，既包括监管机构人士离任后受雇于被监管机构，也包括被监管机构人士离任后加入监管机构成为专业监管人士。在我国'旋转门'的'转向'以前者较为常见，即监管人士'下海'现象。"习超、曹宁、龚浩川：《"旋转门"影响证券监管执法吗？》，载《清华法学》2018年第4期。该文作者在文章中明确说明，"在本研究中'旋转门'一词是描述性的中性词语，并无价值性的判断倾向"。

强调行政、刑事等各种综合方式，实现综合治理的目的。由此，中国金融市场方可实现长足发展，从而为国家经济的发展提供充足、及时、高效的宏观金融支持。

从打击到治理。对于证券犯罪的理解，除了从刑法自身的视角理解，不可忽视的另外一个理解面向就是，从证券市场自身视角的理解。如果将犯罪理解为社会肌体的某种"病变"或功能"异化"，那么，准确界定这种功能异化的前提是首先能准确界定其正常的功能状态。换言之，准确理解证券犯罪的深层原因，离不开首先对于证券市场正常功能的界定与理解。对于证券市场功能的理解界定不同，当然会引发法律评价的差异，包括证券市场运行的秩序性评价。并且，证券市场的这种功能异化与失序已经不得不动用刑法手段，如果能够通过行政等非刑法手段妥当处理，也无须由刑法介入。换言之，对证券市场的功能的界定不同，就会对证券市场是否出现功能异化的理解不同，再而对异化的性质是否属于犯罪的理解不同。国内制度金融学领域有研究观点认为，证券市场的性质是"宏观金融支持功能"。① 基于这种制度金融学观点，可以认为证券市场的功能就是为国家集中力量办大事，而最重要的力量即资金。证券犯罪所体现的功能异化，即在于通过破坏证券市场的运行制度，直接影响证券市场的有序运行，进而间接影响这种证券性融资功能的有效实现。由于证券市场承担着宏观金融支持功能，证券犯罪领域的刑法评价定位不能简单地规定为传统的打击，而是应当更加强调系统性、综合性治理，在打击制裁犯罪之外更应当注重恢复证券市场的正常功能，不再是一罚了之。

（三）证券犯罪治理的体系化重构

证券犯罪的治理需跳出传统刑法框架，重新构建"信息—交易"要素驱动的分析模型，并以投资者权益为核心重塑法益保护体系。在注册制改革与资本市场开放背景下，唯有通过理论创新与实践迭代，方能弥合规范逻辑与司法现实的缝隙，实现证券市场健康发展的目标。同时，证券犯罪的治理需突破传统"打击—惩戒"思维，转向"预防共治—修复"的综合模式。理论层面，

---

① 参见张杰：《正确看待资本市场的性质与作用》，载《金融博览》2020年第9期。

可以以"信息—交易"框架为基础，构建本土化的证券犯罪解释体系，避免对域外理论的机械移植。技术层面，推动监管科技（RegTech）与司法科技的深度融合，实现"数据驱动型"治理。制度层面，完善投资者赔偿、行刑衔接与国际协作机制，形成"立体化"防护网络。在全面注册制与资本市场双向开放的背景下，证券犯罪治理的范式创新，不仅关乎市场健康，更是全球金融治理"中国方案"的重要实践。

立法与司法的协同改进。刑法修正建议，比如，针对社交媒体时代的信息操纵乱象，可以考虑增设"虚假信息传播罪"（参考欧盟《数字服务法案》对平台责任的规制）。量化损失认定标准，引入"市场吸收法"计算投资者损失，避免传统"实际价值法"的局限性。司法解释细化，明确不同证券犯罪罪名中"信息重大性"的判断标准，结合行业特性与市场反应，如生物医药公司临床数据披露的差异化阈值。统一"实际控制账户"认定规则，借鉴中国香港证监会"一致行动人"穿透监管经验。[①] 优化行刑衔接，建立证监会与司法机关的协同机制，明确"认定函"的司法审查标准。完善信息生成与披露机制，减少行政权对信息认定的过度干预，推动以自愿披露为主的市场化机制。法院设立"金融审判专家库"，聘请量化分析师与会计师辅助事实认定（在某操纵犯罪案中引入算法解释交易模式）。

监管科技与制度创新。区块链赋能信息披露。2023年6月，上交所与多家科技公司合作推进"区块链+监管"项目，涉及ESG［环境（environment）、社会（social）、公司治理（governance）］数据、财报存证等场景，试点"链上财报"，确保财务数据不可篡改且可追溯；上交所也曾提出探索区块链技术在上市公司监管中的应用，包括财务数据存证等领域。[②] 智能合约自动触发违规预警，如关联交易未披露时自动冻结相关账户。跨境协作机制，加入国际证监会组织（IOSCO）多边备忘录，不断拓宽跨境联合监管执法空间。[③] 建立"沪港深"信息共享平台，打击跨境"北水南调"式操纵行为。

---

① 参见2023年9月香港证券及期货事务监察委员会（香港证监会）发布的《公司收购、合并及股份回购守则》。

② 参见闻岳春等：《区块链赋能如何改善证券市场监管有效性——基于博弈论和Matlab仿真的分析》，载《金融监管研究》2022年第10期。

③ 参见《证监会2017年稽查执法工作情况通报》《2023年执法情况综述》等资料。

投资者保护体系的完善。赔偿基金制度，参考美国公平基金（Fair Fund），将行政罚没款优先用于投资者赔偿（如2023年证监会划拨35亿元至投服中心专项账户）。探索"先行赔付"市场化机制，如保荐机构在欺诈发行案中按比例预赔。教育赋能与诉讼支持，投服中心推出"权益360"App，提供实时风险提示与索赔计算工具。强化投资者教育，通过投服中心等机构提升投资者的风险识别能力，减少非理性交易。

第一章

"信息—交易"要素内涵的深化与拓展

基于证券犯罪法律规制的动态视角

一、信息要素的多元维度与动态规制

二、交易要素的演化特征与法律应对

三、"信息—交易"要素互动：机制重构与制度回应

一、信息要素的多元维度与动态规制

信息要素是证券市场的核心。证券市场的制度建构是以信息披露制度为起点与核心。基于信息视角建构社会交往秩序及其深层信任机制，也是金融运行与经济发展的基本要求与前提条件。信息这种特定要素在社会经济金融系统中占据着基础性地位。在证券犯罪中，信息要素是指能够影响证券价格或交易量的信息，包括未公开信息、虚假信息、误导性信息等。这些信息通过操纵市场、内幕交易等方式被利用，一方面对证券市场秩序产生破坏性影响，另一方面对证券市场运行的基础性机制产生结构性影响。比如，《操纵案件司法解释》规定的信息控制型操纵犯罪即表述了行为人形式上合法借用信息披露规则，实质上进行操纵犯罪并非法获利。这种行为的危害性不仅在于对市场秩序性的浅层伤害，更在于对市场运行基础性机制之一——信息披露制度的深层伤害。

内幕交易类犯罪涉及的是实际存在的未公开信息，这些信息通常与发行人的经营、财务状况等密切相关，可能对证券价格产生重大影响。市场操纵类犯罪主要关注"信息优势"或"误导性披露"的行为。与内幕交易类犯罪不同，市场操纵类犯罪的信息来源通常是公开披露的信息，而非未公开信息。因此，其行为方式更侧重于对信息的生成、传播和解读进行操纵，而非直接利用未公开信息获取利益。信息披露类犯罪的核心在于信息披露义务主体是否履行了法定的信息披露义务。这类犯罪通常表现为隐瞒重要信息或提供虚假信息，从而误导投资者。例如，信息披露义务主体可能通过篡改原始凭证、滥用会计规则等方式粉饰财务数据，或者隐瞒公司债务、关联交易等关键信息。

换言之，不同类型的证券犯罪在"信息要素"层面的"非法性利用"的区别如下：内幕交易类犯罪的核心在于未公开信息的性质和利用情况，强调信息的重大性、未公开性和相关性；市场操纵类犯罪的核心在于公开披露信息的控制和误导性披露行为，强调信息的公开性和误导性；信息披露类犯罪的核心在于已公开信息的完整性和真实性，强调信息披露义务的履行情况。易言之，就信息要素而言，内幕交易类犯罪的规制重点在于未公开信息的重大性及其对证券价格的影响。市场操纵类犯罪则更关注通过信息披露或者未披露的信息操纵证券价格的行为，信息披露类犯罪则侧重于关注未披露的重要信息是否对投资者决策具有关键性作用。

（一）主体性：权利边界与责任分层

信息是一种权利。权利具有主体性，信息也当然具有主体性。所有的信息都具有主体性，这种主体性包括信息的所有权与使用权两个方面。比如，关于"非法获取型"内幕交易犯罪，关键问题在于如何认定行为人属于"非法获取"内幕信息的人员。事实上存在"权利说"与"义务说"两种相对的评价逻辑与认定思路。"义务说"认为，行为人获知某信息后要评价其是否承担信息戒绝义务，如果行为人承担这种义务而故意泄露该信息给他人，或者自行利用该信息进行交易，则应当被评价为内幕交易犯罪。"权利说"认为，无须评价行为人是否具有法定的信息戒绝义务，只要行为人没有合法权利获知该信息而获知且利用该信息进行了交易，则可以被评价为内幕交易犯罪。《内幕交易犯罪司法解释》规定了"窃取、骗取、套取、窃听、利诱、刺探或者私下交易"[①] 7种非法获取内幕信息的手段。从文义解释角度，行为人当且仅当采取了这7种手段获取内幕信息的才可以被评价为"非法获取"，除此之外的行为手段获知信息的行为，应当被排除在"非法获取"之外。比如，行为人基于无犯罪故意而无意间获知内幕信息，并利用该信息进行交易的，不应当被评价为内幕交易犯罪。即使认为该种无意获知内幕信息的行为具有一定的违法性，应当作出法律上的否定性评价，则可以根据不同情形予以行政处罚或者民事处理，如没收不当得利。换言之，应当对信息获取行为的"非法性"程度，匹配设置相应的责任层次，而不应当是径行直接全部评价为犯罪。

刑法规定内幕信息有两项法定要件，一是信息未公开性，二是信息重大性。根据这两项要件可以推出"隐藏"的第三个要件——信息利用性。比如，若行为人知悉了具有未公开性与重大性的某内幕信息，但是在实际交易决策时

[①] 《内幕交易犯罪司法解释》第二条规定："具有下列行为的人员应当认定为刑法第一百八十条第一款规定的'非法获取证券、期货交易内幕信息的人员'：（一）利用窃取、骗取、套取、窃听、利诱、刺探或者私下交易等手段获取内幕信息的……"

没有利用该信息，则不构成内幕交易犯罪。因此，内幕交易犯罪的完整要件内容表达是："知悉＋利用"，这两者背后隐藏着行为人这个"主体"。无论是两要件还是三要件，内幕信息的要件本身构建的是信息主体性。相同的信息内容，分配给不同的主体人员，信息的价值发现程度及其在交易决策中的价值利用程度会呈现差异性。比如，不同投资者在公开信息市场中的挖掘能力存在天然差异性，借助调研报告、公告信息，或者股吧讨论等边缘性信息，信息挖掘能力比较强的投资者，更可能通过零散的碎片化信息拼凑出可能的价值投资方向。从这个角度看，信息要素背后隐藏着主体结构，信息要素具有主体性这一属性。比如，有观点认为内幕信息的认定应当注意"主体性差距"问题，不同主体对信息本身的价值性（如信息的具体性、程度性等）认识完全不同，进而导致信息对证券交易的价量影响不同。①

从"人—信息"的互动结构来看，信息主体性的表现之一，即同样的一个信息，在不同行为主体接收到该信息之后所理解挖掘的内容及价值会呈现很大差异。信息主体性的表现之二，即信息的所有权问题。比如，上市公司内部的"财务月报""财务快报"等非正式信息，客观而论具有投资参考价值，尽管这种内部信息不属于法定的内幕信息。如果行为人在正常买入该公司股票并成为前十大股东的情况下，在公司年度业绩预增公告发布之前，通过电话联系公司确认业绩情况并据此继续买入股票，是否可能构成内幕交易犯罪？实践中有观点认为，行为人的这种"提前获知"财务月报或财务快报的行为仍然可能构成内幕交易罪，核心理由在于，公司年度业绩预增公告所体现的增长趋势，是在财务月报或财务快报趋势上的延续，在市场其他投资者不知悉财务月报或财务快报的情况下，行为人通过电话联系的方式"非法获取"了这种信息，也构成内幕交易犯罪。对此种实践观点的正当性与否暂不讨论，仅是论及一点，前述这种情境中容易被忽视的一个细节问题是，行为人作为上市公司的

---

① "内幕信息刑法认定的实践问题：忽视'主体性差距'……司法实践基本忽视了内幕信息的'主体性差距'，即针对同一重大事项，不同的行为主体获知的信息内容可能存在区别，针对信息可能带来的价格影响也有着不同程度的认识和确信。内幕信息独立于其所反映的重大事项，不是对重大事项的客观全面复述，往往只能反映与重大事项相关的部分情况，且存在信息传递偏差，不同的信息来源和获取方式都可能对信息的准确性和完整性产生影响，从而改变信息对证券价格的可能影响。"参见沈伟、陈徐安黎：《行刑交叉视角下内幕信息刑法认定的理论透视与规则重构》，载《证券市场导报》2023年第12期。

"大股东",按照公司章程内容可以经申请查看公司内部的财务月报或财务快报等财务账簿资料,也就是说,从信息所有权角度来看,行为人本身是可以合法知悉该财务月报或财务快报信息的,就此而言,这一细节差异是否会影响刑法评价?毕竟,行为人是该信息的合法所有权人,具有知悉信息权利。①

《公司法》(2023)第五十七条②规定了股东有权查阅、复制公司财务会计报告,会计账簿、会计凭证。证监会《上市公司章程指引》(2023,已修订)第三十三条第(五)项③也规定了公司股东有查阅财务会计报告的权利。上海证券交易所《上市公司自律监管指引第1号——规范运作》④(2023年12月)规定上市公司应当保障股东依法享有的知情权、查阅权。最高人民法院(2020)最高法民再170号"美国阿某斯公司诉河北阿某斯公司股东知情权纠纷案——股东会计账簿查阅权的范围与限度"⑤ 的裁判要旨部分,明确说明了股东可以要求查阅公司会计账簿,包括原始凭证在内的会计账簿。⑥

由此,进一步引申出来的问题是,股东知情权与内幕信息边界的冲突。如

---

① 详见本书第四章的完整分析论证。
② 《公司法》(2023)第五十七条规定:"股东有权查阅、复制公司章程、股东名册、股东会会议记录、董事会会议决议、监事会会议决议和财务会计报告。股东可以要求查阅公司会计账簿、会计凭证。股东要求查阅公司会计账簿、会计凭证的,应当向公司提出书面请求,说明目的。公司有合理根据认为股东查阅会计账簿、会计凭证有不正当目的,可能损害公司合法利益的,可以拒绝提供查阅,并应当自股东提出书面请求之日起十五日内书面答复股东并说明理由。公司拒绝提供查阅的,股东可以向人民法院提起诉讼。股东查阅前款规定的材料,可以委托会计师事务所、律师事务所等中介机构进行。股东及其委托的会计师事务所、律师事务所等中介机构查阅、复制有关材料,应当遵守有关保护国家秘密、商业秘密、个人隐私、个人信息等法律、行政法规的规定。股东要求查阅、复制公司全资子公司相关材料的,适用前四款的规定。"
③ 《上市公司章程指引》(2023,已修订)第三十三条规定:"公司股东享有下列权利:……(五)查阅本章程、股东名册、公司债券存根、股东大会会议记录、董事会会议决议、监事会会议决议、财务会计报告……"
④ 《上海证券交易所上市公司自律监管指引第1号——规范运作》(2023年12月)2.1.1"上市公司应当完善股东大会运作机制,平等对待全体股东,保障股东依法享有的知情权、查阅权、资产收益权、质询权、建议权、股东大会召集权、提案权、表决权等权利,积极为股东行使权利提供便利,切实保障股东特别是中小股东的合法权益"。
⑤ 参见"人民法院案例库",入库编号:2023-10-2-267-001。
⑥ 《公司法》第三十三条第二款规定,股东可以要求查阅公司会计账簿,但并未规定股东可以查阅原始凭证和记账凭证,旨在保障股东查阅权的同时,防止和避免小股东滥用知情权干扰公司的正常经营活动。在中外股东持股比例相同且合资合同约定合资一方有权自行指定审计师审计合资公司账目的情况下,因审计账目必然涉及原始凭证和记账凭证,股东知情权的范围不应加以限缩,否则将与设置股东知情权制度的目的背道而驰。且公司未能举证证明股东查阅会计账簿具有不正当目的,故应当允许合资一方查阅包括原始凭证在内的会计账簿。

果行为人本身具有股东身份，其所"非法获取"的某财务会计信息属于股东知情权所包括的信息范围，即该财务会计信息的所有权本身合法归属于股东，那么，行为人是否仍然属于"非法获取内幕信息"的人员？如果仍然将行为人评价为"非法获取内幕信息"的人员，从危害性层面来看，是否相较于不具有股东合法身份与信息知情权的人员，危害性程度更低？因而能够依法享有更轻的刑罚制裁？易言之，信息具有主体性，这种主体性延伸出来信息的所有权归属问题，值得司法实践给予更加精细化的区分性评价与认定。此处凸显的"可能"问题即股东查阅财务快报行为的刑法评价困境。

概言之，在《公司法》（2023）的背景下，大股东查阅财务快报的行为呈现双重面向：通过最高法（2020）民再170号案可见，当股东行使法定知情权获取的信息与内幕信息产生竞合时，传统的"权利—义务"框架可能遭遇解构。比如，某私募机构通过协议控制成为上市公司的实质股东后，获取季度经营数据的行为是否构成"非法获取"，暴露出"合法权利"与"信息优势"的规范冲突。

（二）价值性：从主观判断到客观量化

如果说主体性是从刑法规范内容中抽象出来的属性特征，是第一个层次，那么第二个层次，回到信息本身，首要的性质是价值性。价值性是主体性的逻辑顺延，价值具有主观性与相对性，相同的信息对于不同主体而言的价值性也存在差异。所谓的信息价值，可以理解为一种可供交易决策的权利或者优势。

信息的价值性具体表现在三个方面：第一，具体性。信息本身是否具体会影响真实投资者的决策心理与决策逻辑。信息越具体，似乎越可靠，相应影响投资者交易决策的程度也不同。第二，程度性。信息从生成到发展再到成熟是一种动态演化的过程，在不同的时间节点，信息本身的生长程度存在很大差异。比如，上市公司的重大收购重组这种法定内幕信息，其是在动议阶段还是在决策阶段，对投资者决策的影响性存在很大差异。投资者基于追逐确定性的本能，天然地会更愿意相信生长程度较高的信息。比如，已经进入收购重组双方正式决策阶段的信息，其具备的价值也必然更加重大。第三，独立性。具有重大价值性的信息，基于其自身蕴含的价值已足够充沛、完整，投资者能够直接据此作出交易决策，而无须再搜寻其他信息进行综合分析判断以用之于交易决策。反言之，如果投资者还需要进一步结合其他信息佐证或辅助进行交易决策，则说明此信息本身的价值性并不具足充沛，不足以单独支撑投资者作出交易决策，那么，这种信息是否需要纳入刑法的保护光谱，值得慎重考量。比如，对此匹配行政法律层面的保护。换言之，这种信息可以被评价为具有一定投资参考价值的"边缘性"信息，而非具有重大性价值的"决策性"信息，未必适合直接纳入刑法的保护范围。信息的价值性区间如同光谱（见图6），在整个信息生成和演变的过程中，不可能跳过民法与行政法的保护光谱带，而要求每一个节点状态的信息都由刑法保护。如果动辄所有价值性状态的信息都由刑法施加保护，整个人类社会交往可能会呈现失衡状态。毕竟信息的价值属于一种主观判断，可以认为所有的信息都有程度大小不一的价值。

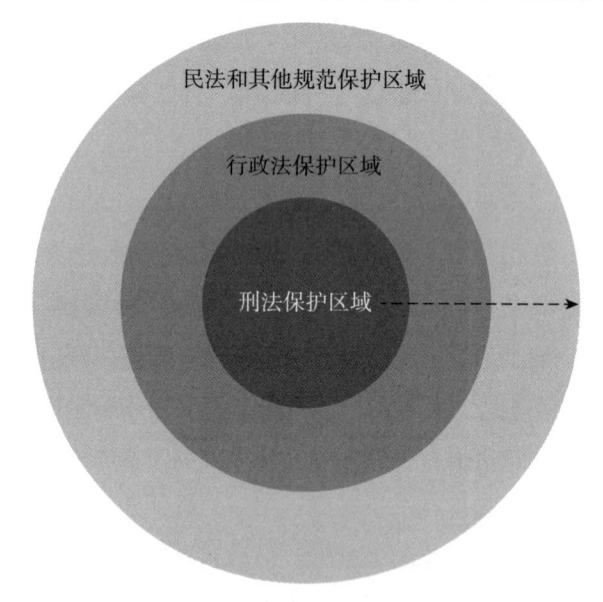

图6 信息价值性光谱

现行法律规范对信息价值重大性的机械二分法划分，与信息实际价值呈现的连续谱系形成冲突，重视载体形式主义倾向（如过度依赖书面文件）而忽视信息的实质价值。对此，应当构建信息价值光谱理论，实行从"边缘性信息"到"决策性信息"的梯度保护。同时，关注信息价值性的动态衰减，建构信息生命周期四阶段理论（信息生成期→整合期→定型期→失效期），引入

"信息成熟度指数"：将信息生命周期量化为萌芽期（0~0.3）、发展期（0.3~0.7）、成熟期（0.7~1）三级阈值，并参照收购重组型内幕信息"可转化性标准"（如在认定内幕信息形成时点时，根据潜在并购意向若具有转化为实质决策的可能性，即使尚未形成书面文件，亦可被认定为内幕信息）构建动态评价体系。

以内幕交易罪为例，信息的价值性表现在内幕信息的构成要件之一——重大性，即具备重大价值性的信息方才可以构成内幕信息。内幕信息的构成要件之二——未公开性，其本身也蕴含着价值性要求。也就是说，如果将未公开性理解为一种"时间角度"的信息价值，那么，重大性就是"内容角度"的信息价值。反言之，如果行为人提前获知的信息并无任何投资参考价值，更不具备重大交易决策价值，那么这种信息也不会被评价为内幕信息并纳入刑法保护范围。如果行为人获知的信息具有重大价值，但其他投资者也在同一时间平等地获知了该信息，这种信息也不能被评价为内幕信息。可见，内幕信息两大要件其实是互为注解、互相蕴含的逻辑关系。

比如，证券市场中的"业绩预增"信息，上市公司可以在该年度还未结束之前提前发布年度业绩预增的信息，这种并未生长成熟、完整的信息之所以可以被评价为内幕信息，关键在于公司提前发布公告的行为补足了这个信息的不完整、不具体或者价值的不确定性。因为上市公司决定发布业绩预增公告是一个严肃的信息披露行为，通过这种法律严格规制的行为补足了信息本身的残缺，相当于公司将自身的主体信用注入并填充了信息本身的质量，从而使它具足了内幕信息的要件标准。

信息的价值性判断是一种主观主义视角，并不认为存在某种客观价值。信息的价值性判断附随于主体性变化而变化，在证券市场语境中即表现为不同投资者对于同一信息的价值性判断也相应存在不同。从经济学理论出发，这种价值客观主义与价值主观主义的观点交锋一直是理论发展的重要部分。比如，马克思主义经济学认为，无差别的人类劳动决定了（商品）价值。在古典经济学中，对价值的认定也是采用"客观主义方法论"，认为商品中存在客观的、无差别的价值。但是，奥地利经济学则提出了相反观点，认为应当采用"主观主义方法论"理解价值。这种价值的理解方式，核心在于认为并不存在一种客观的价值，因为价值本身就是基于人本身的主观主义判断。换言之，马克思主义经济学、古典经济学认为的客观主义价值，价格围绕这种客观存在的价值上下波动，实际上忽略了人本身的主观性。而从奥地利经济学派观点的视角来看，人的真实性就在于其主观性。人本身就是观念的产物。所谓的价值，不可能脱离人本身的主观需求与认知，而泛化存在客观的价值。①

（三）利用性：行为认定与推定规则

信息的主体性、价值性、利用性，这三种信息要素属性隐含的是外部视角。比如，信息的价值性，当然是相对于某一主体而言的价值。信息主体评判价值性之后，则是针对信息（价值）的利用性问题。所以，这三种属性都是一种相对于信息自身的外部评价视角。

比如，行为人"利用"信息优势实施操纵市场的行为，以信息预告为时间节点来进行分析，传统的理解是在这个信息预公告之前，如果行为人具有信息优势的，信息预公告之后则是丧失信息优势的。刑法构成要件的要求是，行为人"利用信息优势+连续交易"。从逻辑上分析，有一种可能是，行为人在信息预公告之前没有交易行为，即"信息优势+无交易"；在预公告之后，行为人没有信息优势，但是有大量交易，即"有交易+无信息优势"。这种行为要件组合，似乎从刑法表面解读来看，行为人不构成犯罪。但是，还存在另一种可能反直觉的理解逻辑，即行为人恰恰是在信息预公告之后，方才真正具有信息优势，原因在于对"利用（信息优势）"的内涵理解不一致。

一方面，所谓利用信息优势，利用的是时间差，指向的是你不知道我知道；另一方面，利用了行动差或决策差，指向的是恰恰在信息预公告之后，形式上所有人都具有了同等的信息之后，实质上，行为人此时"利用"的是我知道你知道这个信息之后你会做交易，因此我通过反向交易获利。换言之，传统"时间差"角度理解的"利用"，是你知道我不知道这个层面，而还有一种真正的利用信息优势的"利用"体现的是我预判了你的预判，我对你知道信息之后的行为做了一个反向利用。因此，如果基于这种主体差或行为差的角度解释"利用"信息优势的含义，恰好是在信息公告之后，行为人实施了大量

---

① 参见朱海就：《真正的市场：行动与规则的视角》，上海三联书店2021年版。

交易，从而完整具足了刑法上的构成要件，可以被评价为市场操纵犯罪。

实践中，对信息利用性的判断主要有两种方法与标准：一是技术标准，二是推定标准。前者是结合具体个案情形进行判断，比如，行为人利用信息优势进行连续交易操纵，交易行为与信息行为两者的时间紧密程度及关联程度会呈现出典型特征，既然任何信息优势都具有时效性，那么交易行为会围绕在具体信息发布节点前后，而不会过分偏离。后者是法律强制性规定，通过交易行为异常反向推定行为人具备并利用了信息优势进行交易，比如，《内幕交易犯罪司法解释》第三条规定的"交易明显异常"情形即属于推定情形。再如，《利用未公开信息交易罪司法解释》第四条规定的"行为人'明示、暗示他人从事相关交易活动'"①的情形，也属于推定情形。不过，推定规则在实践中往往会出现"异化"现象，如二次推定或多次推定。按照基本的法律规则，即使可以适用推定，也禁止二次推定。推定规则依存的前提性事实存在不稳定性，仅是一种盖然性结论，容易引发事实认定错误的法律风险，因此在适用推定规则的同时存在相应的限制性规定。比如，作为推定前提的基础性事实必须有确实、充分的证据证明，保障反驳权利，推定必须符合经验规则等。②

具体而言，实践中内幕交易犯罪的认定存在信息"知悉→确信→利用"的三阶逻辑链断裂风险。换言之，应当构建利用性证明的新路径，即"知悉→确信→利用"的三阶认定模型。

第一层断裂：推定"知悉"等于"利用"信息。以内幕交易为例，行为人"利用"内幕信息进行交易的行为是刑法评价的核心，《证券法》（2019）

---

① 《最高人民法院、最高人民检察院关于办理利用未公开信息交易刑事案件适用法律若干问题的解释》第四条规定："刑法第一百八十条第四款规定的行为人'明示、暗示他人从事相关交易活动'，应当综合以下方面进行认定：（一）行为人具有获取未公开信息的职务便利；（二）行为人获取未公开信息的初始时间与他人从事相关交易活动的初始时间具有关联性；（三）行为人与他人之间具有亲友关系、利益关联、交易终端关联等关联关系；（四）他人从事相关交易的证券、期货品种、交易时间与未公开信息所涉证券、期货品种、交易时间等方面基本一致；（五）他人从事的相关交易活动明显不具有符合交易习惯、专业判断等正当理由；（六）行为人对明示、暗示他人从事相关交易活动没有合理解释。"

② 参见《推定明知须把握基本规则》，载最高人民检察院官网，https://www.spp.gov.cn/llyj/201611/t20161102_171352.shtml。

第五十条①和《刑法》第一百八十条分别规定了对内幕交易行为进行行政处罚和刑事处罚的依据。可知，内幕交易是指行为人"利用内幕信息实施的交易行为"。"信息"是证券市场投资者作出投资决策的重要依据，当所有可能影响股价波动的信息在时间上均等地向所有投资者公开时，可以认为在信息层面，该市场是公平、公正的。反之，有可能影响股价波动的信息不可避免地被一部分投资者优先掌握，而该部分投资者利用"提早知晓信息"的优势，在信息对股价产生影响之前和之后作出相应的交易行为，从而实现获利或者避损，便同时破坏了证券市场的"三公"（公平、公正、公开）原则。因此，法律禁止内幕交易行为，禁止的并不是单纯的交易行为，而是"利用"内幕信息实施的交易行为。在内幕交易罪的评价体系中，行为人客观上实施的交易行为只是"利用内幕信息"的外在行为表现。换言之，刑法打击内幕交易违法犯罪的核心/重点是"利用"内幕信息进行交易的行为。"利用"是一种内在的主观心理状态，对应的交易行为则是一种外在的客观行为表现。尽管行为人的内在心理状态无法观测，但外在的交易行为是可分析推断的。因此，司法实践倾向于通过行为人实施的客观行为推定其内心的主观态度。

不过，实践中，如果直接基于行为人"知悉内幕信息"且"实施了交易"这一事实，推定行为人实施的交易行为是基于"利用内幕信息"的心理状态，进而推定行为人实施的交易行为在性质上属于内幕交易，这种推定的逻辑是不周延的。比如，行为人在知悉但并不真正确信某信息属于内幕信息情况下的试探性买入，②不宜直接推定成立内幕交易行为，如果一定要进行违法性评价，行政处罚责任足可覆盖与消解这种行为的违法性，相应的非法获利据此予以没收。一方面，这种体系性评价与归责认定，符合行刑法律体系及其责任分配的协调性与一致性；另一方面，这种精细化的法律评价，也更符合证券市场真实的生态环境与投资者心理逻辑，以避免法律评价与事实语境之间的"缝隙"。

第二层断裂："确信"信息的认定缺失。进而，需要进一步说明的是，笔

---

① 《证券法》第五十条规定："禁止证券交易内幕信息的知情人和非法获取内幕信息的人利用内幕信息从事证券交易活动。"

② 关于"试探性交易"的性质认定及证明，可以构建"决策权重分析法"，比如，通过交易时点的信息完整性（如是否经过董事会决议）、资金杠杆率（如融资买入比例）、历史交易模式（如突破常规持仓周期）三个维度，构建行为人主观确信的客观化证明路径。

者认为从"知悉"到"利用"内幕信息进行交易的逻辑推导链条中，还应当加入"确信"这一中间环节，即完整的逻辑链条应当是行为人"知悉→确信→利用"内幕信息进行交易。"确信"是"利用"必然包含的前提性要素。①

首先，在内幕交易的认定层面，行为人知悉内幕信息后，实施了相应的交易行为，行为人对内幕信息的"内心确信程度"②，实践中办案机关可能认为只需要达到"强化决策"的程度即可。换言之，只要确认行为人知悉了内幕信息，同时确认行为人实施了交易行为，便可认定行为人实施的是内幕交易。此种推定方式虽然简化了认定犯罪的流程，但是无疑会扩大犯罪圈，将正常的基于投资者个人判断的交易行为认定为内幕交易行为，这是一种不利于行为人（被告人）的推定。笔者认为，严格意义上，只有行为人知悉的内幕信息对其交易行为起到了决定性作用，即行为人不仅知悉了该信息，还"确信"该信息为内幕信息，并由此利用该信息进行交易，才能将其认定为内幕交易行为。

其次，实践中办案机关可能会认为，刑法及司法解释条文中并未明确规定"确信"这一要件内容，并且逻辑上，"知悉"即可等于"利用"，无须额外证明行为人内心或主观层面是否"确信"。但是，这种理解并不能成立。第一，刑法及司法解释的规定当然具有有限性，不可能穷尽列举，但是未规定不等于无要求。这也是刑法解释的必要性所在。"确信"这一要素必然内含于"知悉→利用"的逻辑射程之中。第二，回归到经验常识，要判断行为人是否利用了内幕信息进行交易，无法回避的一个逻辑环节即行为人内心是否确信该信息是内幕信息。一个理性人/投资者，在决策时不会将自己内心不相信的"信息"纳入考量，否则无法被评价为"利用信息"。尤其，此处的决策场景是具

---

① 关于信息"确信度"问题，也存在不同理解与观点。"在内幕信息发生失真的情况下，如果信息接受者一开始有充分理由相信是内幕信息（可从信息来源、信息传播方式、信息保密程度等判断），并据此进行了交易，其主观上有内幕交易的意图，客观上有内幕交易的行为，就可以认定其构成内幕交易。至于信息本身的演变及其后对信息的确信、怀疑或动摇等都是人主观心理对信息确信度的认知程度，是一个次要的技术因素，无关内幕交易认定的大局。"参见蔡奕：《内幕交易的特殊行为形态分析——兼议〈证券法〉内幕交易相关规范的修订》，载徐明等主编：《证券法苑》（2011）第五卷，法律出版社2011年版，第1136~1156页。

② 行为人对信息的确信度，不等于信息本身的确定性程度。前者关注的是还原并分析行为人的决策心理过程，以评价"是否利用了内幕信息"进行交易。

有高风险性的股票交易（不是普通风险水平的实物商品交易），更不可能随意为之。因此，信息传递型内幕交易案件，行为人在接收前手传递的信息时的心理确信程度，是决定行为人在不同交易日节点的交易行为是否构成犯罪的重要因素。

关于"非法获取型"内幕交易案件，实践中对于如何认定《刑法》第一百八十条第一款规定的"非法获取证券、期货交易内幕信息的人员"，主要存在"权利说"与"行为说"两种具体观点。"权利说"认为，行为人没有知悉内幕信息的合法权利而知悉，即为非法获取信息；"行为说"认为，行为人采取"窃取、骗取、套取、窃听、利诱、刺探或者私下交易"等任何一种不正当行为获取知悉了内幕信息，即为非法获取信息。事实上，"行为说"的观点更具有合理性，且符合《内幕交易犯罪司法解释》规定的基本精神。2012年《内幕交易犯罪司法解释》颁行之后，作为该解释起草人的最高人民法院苗有水、刘晓虎同志在《人民司法》专门发表文章（最高人民法院官网也发布了该文章），对该司法解释的理解与适用作出详细解释，明确阐述"从行为人有无内幕信息知情的权利角度认定是否非法获取内幕信息的观点难以在法理上经得住推敲"，即直接否定了这种"权利说"的认定思路与逻辑。并且，该文还明确阐述，"在定罪过程中应当坚持主客观相一致原则。在这一原则主导下，要认定行为人是非法获取内幕信息，除了要求行为人在客观上有利用内幕信息从事证券、期货交易或者明示、暗示、泄露的行为表现，还要求行为人在获悉内幕信息时主观上明知是内幕信息"。[1] 同时，最高人民检察院陈国庆、韩耀元、王文利三位同志在发表的文章中，[2] 也明确阐述了与此完全一致的观点，直接否定了这种"权利说"的认定思路与逻辑。

---

[1] 苗有水、刘晓虎：《〈关于办理内幕交易、泄露内幕信息刑事案件具体应用法律若干问题的解释〉的理解与适用》，载《人民司法（应用）》2012年第15期。

[2] "在起草过程中，有意见认为，任何知情人员以外的人获取内幕信息都属非法获取，应从行为人有无内幕信息知情权的角度界定其获取内幕信息的行为是否非法，建议规定无内幕信息知情权的人被动接受明示、暗示方式而获知内幕信息的，也属于非法获取内幕信息。经研究认为，此种意见不符合刑法主客观相一致的原则，刑法规定的'非法获取'在客观上应有主动行为，主观上必须明知是内幕信息而积极取得，如果对仅是被动知悉的也视为'非法获取'，会不当地扩大打击面。因此，没有采纳此种意见。"参见陈国庆、韩耀元、王文利：《〈最高人民法院、最高人民检察院关于办理内幕交易、泄露内幕信息刑事案件具体应用法律若干问题的解释〉解读》，载《人民检察》2012年第11期。

结合信息的主体性、价值性，不同的主体在相同的信息基础上，利用信息的充分程度以及发挥信息的价值大小同样存在差异。这种差异一是源于行为主体对信息本身内容的理解、挖掘能力的差异。二是源于信息自身不同的价值类型与不同节点的价值状态。比如，重大收购重组信息价值会大于一般的财务信息，行为人对信息的利用程度相应会更高；行为人在更早的时间知悉了信息，据此能够提前安排账户与资金，降低实施非法交易的资金成本，从而获取更大的非法利益。三是源于行为主体与信息之间的空间距离。比如，越是靠近信息源的行为人，所知悉信息的具体性、准确性、完整性越高，其对于信息的利用程度与价值发挥会相应更高；[1] 反之，距离信息源越远的行为人能利用并发挥的信息价值越低。信息在传播与扩散的过程中，天然地会呈现信息耗散状态，包括信息的完整性、准确性等价值特征都会逐步递减。这种现象在内幕信息多层传递过程中尤为典型。

对于信息利用性理解的必要性，还表现在"单纯的泄露内幕信息行为"是否属于泄露内幕信息罪？《刑法》第一百八十条规定的内幕交易、泄露内幕信息罪形式上看是一个选择性罪名，容易被忽视的实质问题是，泄露内幕信息罪的核心逻辑是什么？是否与内幕交易的核心逻辑相同？如果不相同的话，应当如何完整理解泄露内幕信息罪的逻辑？当然，这个问题也涉及对"信息—交易"两者要素之间关系的理解，或者涉及对信息行为与交易行为之间关系的理解。可以设想，所谓的"内幕信息或内幕交易"应当是"古已有之"，在刑法和行政法领域尚未对内幕交易行为进行规制的自然市场状态下，不同市场参与主体天然地存在信息获取的时间差以及据此谋取更大利益的情形。法律规制出现之后，呈现两种似乎矛盾的逻辑：一方面，法律制度性地设计了信息保密制度，要求内幕信息知情人严格保守信息，不得利用内幕信息进行交易；另一方面，同时设计了信息披露制度，要求作为信息产生母体的上市公司严格按时披露信息，以保障市场参与者的知情权。基于此，刑法将内幕交易行为与泄露内幕信息的行为一并列为犯罪。

但是，笔者认为，事实上泄露内幕信息的行为才是法律应当规制的核心行

---

[1] 比如公司实控人、"董监高"等内部人员属于法定知情人，在法律规范层面对这类主体施加更为严格的保密义务及责任状态，便体现了这种不同主体与信息泄露危害大小之间的逻辑关联及区分。

为。原因在于，就理论而言，在内幕信息公开之前的时段内，如果没有发生泄露内幕信息的行为，基于信息保密制度，内幕信息没有流向市场，那么股票价格是市场正常运行所自然呈现的价格状态，价格变动是市场正常因素引发的波动，其中并没有包含任何内幕信息对于价格的刺激上涨，即使此时行为人提前获取了该内幕信息，并且进行了交易行为，也不应当被评价为内幕交易罪。此后，基于信息披露制度，在某个具体时间节点内幕信息公开，市场上所有投资者平等获知该信息后作出相应交易决策，由此形成的股票价格则包含了内幕信息的价值因素。但是，因为此时并不存在任何内幕信息的泄露行为，即使行为人在信息公开之前即已经获知了该信息，其真实的交易效果与信息公开之后入场的交易效果没有任何本质性差异，也不应当被评价为内幕交易罪。

简言之，从非法获利角度来看，内幕交易行为真正可以实现获利的落脚点在于"提前泄露内幕信息"，即在信息公开之前（所谓的敏感期内），行为人不仅自己提前获悉了内幕信息，而且使应当处于保密状态的信息非正常地流入市场，进而引发一部分获取内幕信息人员展开交易，刺激股票价格上涨，由此使股票价格非正常地包含了内幕信息的价值因素。这种非正常的价格状态，持续到信息公开之后股价被正常的市场交易秩序所修复。在当前的制度安排之下，如果没有泄露信息行为，内幕交易行为本身并没有非法获利的可能空间。就此而言，笔者认为泄露信息行为才是刑法规制的重点，实践中相对从轻或者不处罚泄露内幕信息的行为，似乎有违制度本意。

《刑法》第一百八十条规定的内幕交易、泄露内幕信息罪包含了三种行为模式——在获取内幕信息的前提下，行为人（利用内幕信息）自行交易、明示/暗示他人（利用内幕信息）交易、泄露内幕信息。从法条本身的逻辑结构来看，单纯的"泄露内幕信息"行为，自己并未参与内幕交易，即可单独成立本罪。换言之，在法律制度层面可以将一次泄露信息的行为入罪，同时将信息向多人泄露的情形作为加重处罚的情节。如果行为人不仅有自行交易或明示、暗示他人交易的行为，同时还伴随有泄露内幕信息的行为，两者叠加的危害性显然更大，应当处以更为严重的处罚。因此，内幕交易行为因为有制度防护，其社会危害性较小，可以处以较轻的刑罚，而泄露内幕信息罪，行为人破坏了制度藩篱，实现或者提高了内幕交易行为的危害性（表现在实现了内幕交易行为非法获利的可能空间），应当处以较重的刑罚，实现了"严泄密、轻交易"的量刑结果，这样也符合罪刑相适应原则。①

此外，从行为人泄露内幕信息时的主观状态的角度理解，还可以区分为"故意泄露"与"过失泄露"两种情形，前者当然成立泄露内幕信息罪，实践中针对后者存在争议，即行为人过失泄露内幕信息的行为是否成立本罪？笔者认为，应当结合个案中的环境证据②进行判断，尤其需要结合行为人在具体泄露信息场景中的可预期性进行判断。这种可预期性可根据在场人员的职业、身份、学历等个体性信息进行综合判断，比如，在场的人员无论是证券市场的专业选手，还是从未涉足证券市场的普通人员，行为人在无意间泄露内幕信息时，至少对这种信息被非法利用于交易的可能性有大致判断，可能预见到接收信息的人员利用信息进行交易，如果对此持放任态度，则难以被评价为过失泄露内幕信息。信息保密制度要求知情人对此抱持必要的戒备心理，如果置之不理，则需要承担相应的信息泄露责任。

（四）真实性：虚假信息的类型化规制

如果将信息的"主体性、价值性、利用性"理解为信息要素的"外部视角"，那么同时还存在理解信息要素的"内部视角"，即回归到信息自身展开分析。比如，信息的真实性、具体性、程度性即属于这种内部视角。

《刑法》第一百八十一条第一款规定了编造并传播证券、期货交易虚假信息罪，③ 其第二款规定了诱骗投资者买卖证券、期货合约罪，④ 两罪中的信息

---

① 甚至考虑未来的法律安排，可以将内幕交易罪与泄露内幕信息罪分开规定，并适当倾向重点处罚泄露行为及泄露行为、内幕交易行为。由此可以更好地警醒内幕信息知情人尽到保密义务，一方面可以防范内幕信息泄露，另一方面可以防止内幕交易的非法获利。

② "在英美法中，环境证据（也译为'情况证据'）是指通过推理可与事实结论联系起来的证据。已被用来证明对诉讼裁决结果产生影响的事实而非案件争议的事实……学界一般认为，环境证据类似于间接证据。"参见王涛：《环境证据的普通法诠释》，载《人民法院报》2018年9月28日，第8版。

③ 《刑法》第一百八十一条第一款规定："编造并且传播影响证券、期货交易的虚假信息，扰乱证券、期货交易市场，造成严重后果的，处五年以下有期徒刑或者拘役，并处或者单处一万元以上十万元以下罚金。"

④ 《刑法》第一百八十一条第二款规定："证券交易所、期货交易所、证券公司、期货经纪公司的从业人员，证券业协会、期货业协会或者证券期货监督管理部门的工作人员，故意提供虚假信息或者伪造、变造、销毁交易记录，诱骗投资者买卖证券、期货合约，造成严重后果的，处五年以下有期徒刑或者拘役，并处或者单处一万元以上十万元以下罚金；情节特别恶劣的，处五年以上十年以下有期徒刑，并处二万元以上二十万元以下罚金。"

属性即为虚假。就罪名体系性解释角度而言,《刑法》第一百八十二条操纵证券、期货市场罪中有些操纵模式所涉及的信息属性即为真实（如连续交易操纵）。前者体现的是信息虚假性，后者体现的是信息真实性。

具体而言，蛊惑交易操纵是行为人"利用虚假或者不确定的重大信息，诱导投资者进行证券、期货交易"，不过，"虚假信息"与"不确定的信息"是否含义相同？"虚"信息与"假"信息是否含义相同？不同类型的信息的"虚假"与"不确定"如何准确界定？如何认定"诱导"？"虚假信息"与"不确定的信息"的诱导性是否等同？等等。事实上，这种信息的"虚""假""不确定"很难精确量化和界定，一方面，信息本身是一个逐步发展演化的过程；另一方面，伴随信息发展演化的过程，经济活动和商业活动本身存在失败风险，同样存在很大的不确定性。相当于存在信息本身与商业活动的双重不确定性。同时，不同类型、不同价值重大性级别的信息的不确定性的刻度标准,① 也应该进行差异性设置。但是目前法律规范层面并无明确规定。而且，"虚假信息"与"不确定的信息"的诱导性并不等同。从证据标准和证据分析角度来看，并不是有证据认定行为人发布的信息是不确定的或者是虚假的，且有相关交易行为，就能直接得出结论认定诱导了投资者。这种逻辑推导过程欠缺了其他要素，比如应当考虑行为人可能同时存在的其他刺激股价、诱导不知情投资者跟风买入的操纵行为，典型如连续买入，以此制造需求大于供给的繁荣假象，然后再悄悄分散卖出。换言之，尤其是某只整体盘面量大的股票，一般而言，行为人会叠加使用不同的操纵手段，试图实现刺激推高股价的目的。这些过程要素都需要加以核实、证明，而非简单地根据行为人发布了虚假或不确定信息，径行认定成立幌骗交易操纵犯罪。

概括而言，笔者认为，"虚假信息"本身的含义指向两个方面，一方面是信息自身尚不成熟，内容没有确定；另一方面是信息内容的真实性无法确定。

---

① 不同信息类型，其价值重大性标准应当不同。尤其不同类型的信息，在投资者心理的价值分量是不一样的。据此逻辑，对于价值当量较小的信息类型，基于其重大性程度相对不高，那么构成幌骗操纵的信息不确定性要求，则应当更高，不能设置太低的不确定性标准。比如达到70%不确定30%确定的状态。同理，对于信息本身价值当量很大的类型，基于其重大性程度很高，那么构成蛊惑交易操纵的信息不确定性要求，则可以放低，比如达到50%不确定50%确定的状态，仍然可能认定行为人构成幌骗交易操纵。

就此而言，前者信息不成熟的状态可以理解为"虚"，这是信息的程度性；后者信息不真实的状态可以理解为"假"，这是信息的真实性。进一步，如果以财务信息为例展开理解信息的"程度性"，实际是表现为信息的"具体性"，即财务信息有没有发展成熟。因为财务信息相对于经营信息最大的差异性特征是其具有可拆分性特征，比如，年度财务信息无非是 12 个月财务信息的汇总，上市公司在 7 月掌握的前 6 个月财务信息，相较于其在 11 月掌握的前 10 个月财务信息，当然后者的信息成熟度更高，信息的程度性也更完整，毕竟比之于前者而言多出了 4 个月的具体财务信息，从年度财务数据信息的角度来看更具备"具体性"。这种信息的程度性—具体性差异，在实践案例中引发的刑法评价会呈现不同的结论。

"不确定的信息"指向的是信息的成熟度问题，并不等同于信息的真实性问题，即不等于"虚假信息"。具体而言，这种"不确定的信息"，一方面是程序意义上的不成熟，比如，该信息涉及的决策流程节点不同，动议阶段的信息相较于正式决策阶段的信息具有更高的不确定性，信息的成熟度更低；另一方面是实体结果意义上的不确定，比如，该信息涉及的事项最后并没有顺利通过各方主体的决策程序而失败，这种结果意义上的不确定是一种客观存在的商业运作风险，任何商业行为都存在这种概率性问题，因此并不是刑法评价的依据。如同利好型内幕信息（如重大收购重组），如果行为人非法获取了该内幕信息并违法利用信息进行交易，即使最终事实上利好信息并未兑现（如重组失败），行为人仍然可以构成内幕交易罪。换言之，从信息价值性角度评价，"不确定的信息"或者"虚假信息"本身并不意味着不具备投资参考价值，即使程度性或具体性不高的信息也同样具备价值，不过要区分应当匹配行政法保护还是刑法保护，是价值性大小之分而不是价值性有无之区别。

又如，欺诈发行证券罪指向的是行为人在发行文件中"隐瞒重要事实或者编造重大虚假内容"，但是，对于"重要事实""重大虚假内容"中重大性的标准与要求并不明确且统一，同时"虚假内容"指向的"虚"与"假"本身的信息程度性要求也不相同。不同类型的信息，这种虚假与否及重大与否的内涵及外延均存在很大差异，需要结合具体语境进行审慎判断。

再如，违规披露、不披露重要信息罪的一种行为模式表现为，行为人对依法应当披露的其他重要信息"不按照规定披露"。这种"不按照规定披露"的含义指向两个方面，一方面是披露时间不合规定，另一方面是披露内容不合规定。后者在实践中表现的形态更为复杂，其指向的是行为人披露的信息量或者信息内容的程度不符合规定，但是不同类型、不同时间节点的信息所具备的信息量或信息内容差异很大，信息的具体性、程度性差异很大，难以一概而论统一评价行为人披露的信息是否合乎规定。也就是说，信息披露制度中规定的所披露信息的"具体性、程度性"不是整齐划一的状态，那么如何评价行为人信息披露的违法性就成为争议问题。

证监会《上市公司信息披露管理办法》（2025）第四条规定了上市公司应当"保证披露信息的真实、准确、完整，信息披露及时、公平"，其第五十二条要求上市公司董事、监事、高级管理人员"应当对公司信息披露的真实性、准确性、完整性、及时性、公平性负责"，此处表达的即信息的真实性、具体性、程度性要求。对于信息披露"及时"的具体时限要求，《上市公司信息披露管理办法》（2025）明确规定了"及时，是指自起算日起或者触及披露时点的两个交易日内"。同时，该办法中还有多处具体规定了信息披露的时限要求，比如"年度报告应当在每个会计年度结束之日起四个月内，中期报告应当在每个会计年度的上半年结束之日起两个月内，编制完成并披露"，并且明确了未按照时限要求披露可能承担的责任。[①] 尤其，该办法对于"重大事件"这种特定信息的披露时限作出了细致规定，一是原则性规定应当在重大事件发生之时"立即披露"，同时，结合不同事件类型的差异规定了不同披露时间节点，比如"董事会就该重大事件形成决议时"；二是进一步规定了前述常规披露时点之前出现了其他突发风险因素时应当立即披露，比如"该重大事件已经泄露或者市场出现传闻"；[②] 三是还规定提出了重大事件公开之后的持续性

[①]《上市公司信息披露管理办法》（2025）第二十一条规定："上市公司未在规定期限内披露年度报告和中期报告的，中国证监会应当立即立案调查，证券交易所应当按照股票上市规则予以处理。"

[②]《上市公司信息披露管理办法》（2025）第二十五条规定："上市公司应当在最先发生的以下任一时点，及时履行重大事件的信息披露义务：（一）董事会就该重大事件形成决议时；（二）有关各方就该重大事件签署意向书或者协议时；（三）董事、高级管理人员知悉或者应当知悉该重大事件发生时。在前款规定的时点之前出现下列情形之一的，上市公司应当及时披露相关事项的现状、可能影响事件进展的风险因素：（一）该重大事件难以保密；（二）该重大事件已经泄露或者市场出现传闻；（三）公司证券及其衍生品种出现异常交易情况。"

披露要求，比如要求继续"及时披露进展或者变化情况、可能产生的影响"。[①]至于上市公司应当披露的信息范围及披露标准，该办法则是将这种微观的实操细节要求授权给上市公司自行制定相应的信息披露事务管理制度。[②] 上市公司信息披露事务管理制度需要公司董事会审议通过，并报注册地证监局和证券交易所备案，其内容由此转化成为信息披露规范性要求的正式内容，并承担相应的法律义务与合规责任。

反向而言，行为人对信息要素的非法性利用表现之一，即控制信息披露的内容、时点、节奏，包括控制信息的生成，这是司法解释明确规定的操纵犯罪行为模式。[③] 就此而言，行为人控制信息的生成可以表现在信息的真实性、信息的程度性两个方面，前者是行为人制造一个不应当生成的"虚假信息"误导投资者决策；后者是行为人非法控制信息披露的程度进展误导投资者决策，从而对市场交易的价量施加不正当影响。证监会 2007 年 3 月发布的《证券市场操纵行为认定指引（试行）》（已失效）[④]认为，蛊惑交易操纵是行为人利用"不真实、不准确、不完整或不确定的"重大信息，此处表述体现的也是信息真实性、程度性、具体性的含义，并且明确行为人的这种非法利用信息要

[①] 《上市公司信息披露管理办法》（2025）第二十六条规定："上市公司披露重大事件后，已披露的重大事件出现可能对上市公司证券及其衍生品种交易价格产生较大影响的进展或者变化的，上市公司应当及时披露进展或者变化情况、可能产生的影响。"

[②] 《上市公司信息披露管理办法》（2025）第三十一条第一款规定："上市公司应当制定信息披露事务管理制度。信息披露事务管理制度应当包括：（一）明确上市公司应当披露的信息，确定披露标准；（二）未公开信息的传递、审核、披露流程；（三）信息披露事务管理部门及其负责人在信息披露中的职责；（四）董事和董事会、审计委员会成员和审计委员会、高级管理人员等的报告、审议、审核和披露的职责；（五）董事、高级管理人员履行职责的记录和保管制度；（六）未公开信息的保密措施，内幕信息知情人登记管理制度，内幕信息知情人的范围和保密责任；（七）信息披露暂缓、豁免制度；（八）财务管理和会计核算的内部控制及监督机制；（九）对外发布信息的申请、审核、发布流程；与投资者、证券服务机构、媒体等的信息沟通制度；（十）信息披露相关文件、资料的档案管理制度；（十一）涉及子公司的信息披露事务管理和报告制度；（十二）未按规定披露信息的责任追究机制，对违反规定人员的处理措施。"

[③] 最高人民法院、最高人民检察院《操纵案件司法解释》第一条规定："行为人具有下列情形之一的，可以认定为刑法第一百八十二条第一款第四项规定的'以其他方法操纵证券、期货市场'：……（四）通过控制发行人、上市公司信息的生成或者控制信息披露的内容、时点、节奏，误导投资者作出投资决策，影响证券交易价格或者证券交易量，并进行相关交易或者谋取相关利益的……"

[④] 虽然证监会在 2020 年 10 月宣布废止该规范性文件，但是其内容仍然具有学术分析与实践参考价值。

素的行为表现与身份角色，可以是信息的编造者、传播者或散布者。①

（五）具体性：从模糊性到精准化的治理转型

以收购重组与业绩预增这两种具体信息类型为例，从信息"具体性"属性维度展开分析。首先，就信息价值性角度而言，根据一般性市场经验常理，收购重组这种信息的价值性要高于业绩预增信息，对投资者的决策影响更为重大，可能引发的市场交易价量变动更为明显。其次，如果将信息具体性理解为信息价值性的一个子项，信息越具体则信息价值越大，反之则越小。业绩预增信息作为一种财务信息具有可分性特征，即其是 12 个月的月度财务信息的汇总。也就是说，汇总 3 个月与汇总 10 个月的财务信息，后者相对于年度财务信息而言更加具体、完整，因而其价值性更大。就投资者角度而言，其获取了 10 个月的财务信息当然更能准确预判全年度业绩增长的可能性趋势，并据此作出风险更小、收益更大的交易决策。最后，进而可以得出这两种（内幕）信息在信息生成或敏感期的认定层面的不同结论，基于收购重组信息的价值性更大，可以认定其生成内幕信息或敏感期起点的时间应当更早，比如，收购重组事项形成"动议"的时间节点。相较而言，业绩预增信息的敏感期起点的时间应当更晚，比如，应当在上市公司开始汇总分析 12 个月的财务信息并进行数据测算，这种实质"执行"行为的时间节点。

证券市场实践场景中，对于业绩预增这种信息类型，上市公司可以根据情况在该年度尚未完结的时候提前发布年度业绩预增信息。《上海证券交易所股票上市规则》（2014，已修订）中明确规定了对于"业绩预告"这种信息，相应存在强制披露、自愿披露两种情形。具体而言，存在应当进行业绩预告和可以进行业绩预告两种情形，区分这两种情形的核心要素即在于，时间性条件不同，对应的信息具体性或成熟度不同。换言之，对于应当进行业绩预告的情

---

① 《证券市场操纵行为认定指引（试行）》（已失效）第三十三条规定："本指引第三十一条所称'利用不真实、不准确、不完整或不确定的重大信息'具有下列含义：（一）行为人利用的信息是能够对证券市场上一般投资者的投资决策产生影响的不真实、不准确、不完整或不确定的重大信息；（二）行为人具有编造或者传播或者散布不真实、不准确、不完整或不确定的重大信息的行为。行为人可以是不真实、不准确、不完整或不确定的重大信息的编造者，也可以是其传播者或者散布者。对于重大信息，应参照本指引第十九条第二款的规定进行认定。"

形，《上海证券交易所股票上市规则》（2014，已修订）严格限定的时间条件要求是，"应当在会计年度结束后 1 个月内"；对于可以进行业绩预告的情形，相应的时间条件要求则是，"中期和第三季度（业绩）"。① 2025 年 3 月修订的《上海证券交易所科创板上市公司自律监管指引第 2 号——自愿信息披露》明确规定了自愿披露制度。比如，其中明确表述要求，"公司基于保护投资者利益、信息获取充分性、行业监管要求等考虑，在特定情形下进行偶发性的自愿披露，后续如未再出现相应特定情形的，可不对同类事项进行自愿披露。例如，当公司股东所持股份解禁时，公司半年报业绩出现了下滑，公司出于明确投资者预期的考虑，自愿披露了业绩预告，并不必然意味着公司触发了今后持续的半年报业绩预告义务"。同时，2025 年 4 月修订的《上海证券交易所科创板股票上市规则》第二节"业绩预告和业绩快报"规定："6.2.1 上市公司预计年度经营业绩和财务状况将出现下列情形之一的，应当在会计年度结束之日起 1 个月内进行业绩预告：（一）净利润为负值；（二）净利润实现扭亏为盈；（三）净利润与上年同期相比上升或者下降 50% 以上；（四）利润总额、净利润或者扣除非经常性损益后的净利润孰低者为负值，且扣除与主营业务无关的

---

① 需要说明的是，《上海证券交易所股票上市规则》修订较为频繁。此处关于"应当/可以进行业绩预告"的规定——"11.3.1 上市公司预计年度经营业绩将出现下列情形之一的，应当在会计年度结束后一个月内进行业绩预告，预计中期和第三季度业绩将出现下列情形之一的，可以进行业绩预告：（一）净利润为负值；（二）净利润与上年同期相比上升或者下降 50% 以上；（三）实现扭亏为盈"，在 2012 年修订版、2013 年修订版、2018 年修订版、2018 年第二次修订版、2018 年第三次修订版、2019 年修订版、2020 年修订版中均完全保持一致表述（包括条款序号）。其 2022 年修订版删去了关于"可以进行业绩预告"的内容，并调整表述为——"5.1.1 上市公司预计年度经营业绩和财务状况将出现下列情形之一的，应当在会计年度结束后 1 个月内进行预告：（一）净利润为负值；（二）净利润实现扭亏为盈；（三）实现盈利，且净利润与上年同期相比上升或者下降 50% 以上……公司预计半年度经营业绩将出现前款第（一）项至第（三）项情形之一的，应当在半年度结束后 15 日内进行预告"。2023 年第一次修订版、2023 年第二次修订版、2024 年修订版、2025 年修订版中则保持一致表述（包括条款序号）。

不过，这种规定修改并不影响本章的观点表述与论证结构。其一，2022 年修订版本删除了"可以进行业绩预告"的表述内容，但是逻辑上并不否定自愿披露的情形，信息强制披露与自愿披露仍然是证券市场基本的制度安排。也就是说，上市公司仍然可以根据实际运营情况选择在合适的时机自愿进行信息披露。比如，《上海证券交易所科创板股票上市规则（2025 年 4 月修订）》，同样明确规定了上市公司预计半年度或季度经营业绩将出现"净利润与上年同期相比上升或者下降 50% 以上"，可以进行业绩预告。其二，修订版本的这种调整，逻辑上反而更加契合本章所尝试表达的核心含义，即通过信息披露行为确认某项信息是否属于法定内幕信息的权利天然地应当交由上市公司行使。其三，本章此处重点在于展示分析思路与解释逻辑，说明辩护实践中，往往通过如同《上海证券交易所股票上市规则》这样的"小法条"，更可能找寻到有效突破口。

业务收入和不具备商业实质的收入后的营业收入低于1亿元；（五）期末净资产为负值；（六）本所认定的其他情形。上市公司预计半年度或季度经营业绩将出现前款第（一）项至第（三）项情形之一的，可以进行业绩预告……"

此外，深圳证券交易所的相关规定，也对"业绩预告"作出了具体规则安排。比如，深圳证券交易所2016年12月30日发布的《主板上市公司信息披露公告格式第15号——上市公司业绩预告及修正公告格式》，其中明确表述"××××××股份有限公司××年度（半年度、第一季度、前三季度）业绩预告……注：①当年完成重大资产重组的公司，应同时列示重组前、后的上年同期数据；②公司填报的业绩同比变动幅度的，其上下限区间最大不得超过50%，鼓励不超过30%；③三季度业绩预告应同时披露当年7月1日—9月30日期间的业绩与上年同期相比的变动情况；④如当年前3季度业绩与当年半年度业绩发生盈亏变化的，还需要特别注明。"又如，《深圳证券交易所上市公司业绩预告、业绩快报披露工作指引》，针对"业绩预告期间"明确区分了"适用年度业绩预告情形、适用中期业绩预告情形、适用第三季度业绩预告情形"三种具体情形。另外，证监会2025年3月26日发布的《上市公司信息披露管理办法》第十八条对业绩预告作出了原则性规定，"上市公司预计经营业绩发生亏损或者发生大幅变动的，应当及时进行业绩预告"。此处规定也蕴含着"业绩预告"强制披露与自愿披露的二分法逻辑。

综上可知，就信息披露角度而言，业绩预告可以分为强制披露的"业绩预告"与自愿披露的"业绩预告"两种情形。《上海证券交易所股票上市规则》（2014，已修订）之所以通过时间性条件的不同限制区分这两种业绩预告情形，原因即在于，对于应当强制披露的业绩预告，基于其业绩数据，乃是某年这一会计年度结束之后、全年财务数据已经真实形成之后、12个月的财务数据已经准确、完整形成之后的财务数据，达到了信息"真实、准确、完整"的程度要求。对于可以自愿披露的业绩预告，其业绩数据仅是截至"中期和第三季度"的财务数据，是在会计年度并未结束之前、全年财务数据尚未真实形成之前、12个月的财务数据尚未准确/完整形成之前的财务数据，并未达到信息"真实、准确、完整"的程度及要求。《上海证券交易所上市公司信息披露监管问答（第一期）》载称："1.5 上市公司在第三季度报告中已对全年预计业绩进行了披露，是否还需要在次年1月发布业绩预告？根据《股票上市规则》，公司发布年度业绩预告的时间是在次年的1月，主要是考虑到会计年度结束，公司上一年度的经营情况已经确定，即使年报尚未披露，具体的财务数据没有最终确定，管理层对经营业绩已经有比较清晰的了解，能够在一定程度上相对准确地预计上一年的经营情况。但是，公司在会计年度结束前对全年业绩的预测是基于当时公司经营情况作出的，准确性相对较低，且在会计年度结束前，公司的经营情况很可能发生重大变化。为了便于投资者获取重要信息，触及业绩预告披露情形的，公司即使在会计年度内披露了对全年业绩的预测，还是需要在次年1月根据要求发布业绩预告。"换言之，强制披露的业绩预增信息，必须是在会计年度结束后，所依据的业绩信息是已经完整形成的年度12个月的财务数据，当然地符合满足了信息的"真实、准确、完整"要求，因此其属于法定的内幕信息。而自愿披露的业绩预增信息，则可以是基于年中、第三季度的业绩数据预测分析形成的业绩预增信息，因为缺少第四季度的尚未真实发生的业绩数据，所以这种信息本身不可能当然地、必然地符合"真实、准确、完整"的要求。由此，法律规范将是否提前发布业绩预告、是否将"业绩预测"信息转化认定为内幕信息的权力，交由上市公司自行决定，且相应地将信息披露的可能错误及损失责任，亦应交由上市公司自身承担，实现权责对等。

易言之，如果将信披规则明确要求的披露信息应当"真实、准确、完整"，理解为信披义务人公开作出的一种信用承诺，或者将市场投资者愿意相信义务人披露的信息"真实、准确、完整"，视作投资者对于证券市场机制与信披制度的一种信任认可，那么，这种信用承诺或信任认可的来源，对于强制披露的业绩预告与自愿披露的业绩预告这两种"内幕信息"来说，存在差异。对于前者，主要源于法律明确规定的强制效力，属于制度信用或信任；对于后者，主要源于上市公司的信用，属于个体信用或信任。也就是说，对于上市公司自身持久经营发展来说，其所披露的信息背后必然附着公司的个体信用，市场中的投资者会默认上市公司公告披露的信息理当是真实、准确、完整的，否则上市公司不仅将面临违法信披的法律责任，而且会因为丧失基本的市场信用，进而失去持续经营发展的未来，直至被市场淘汰。所以，对于上市公司来说，其一旦（在会计年度尚未结束前）提前发布年度业绩预告，即将这种"业绩预测"信息从公司"内部信息"转化为"内幕信息"，必然会注入公司的个体信用，以此对这种业绩预测信息的"真实、准确、完整"作出信用承诺，并自愿承担由此可能带来的市场反应与法律责任。因此，这种将"业绩预测"信息转化为"内幕信息"的行为，属于上市公司的重大行为事项，必须经过公司内部正式的决策程序（如召开董事会），经过管理层集体讨论后形成正式决策，而非任何公司或个人单方可决定。这种决策程序的意义即在于，上市公司注入公司个体信用或信任，且由法律施加违规信披的惩罚后果，从而补足这种由于"财务数据缺失"所带来的"信息的重大价值性缺失"（具体体现为信息具体性缺失，即缺少了尚未真实发生的几个月财务数据）。

回到信息的价值性角度，业绩预增信息的价值性存在不同层级，其价值性取决于数据/信息具体性。比如，强制披露（预增50%以上）：基于完整会计年度数据，满足"真实、准确、完整"要求，法律效力强。例如，深交所要求重大资产重组后需列示重组前后数据，确保可比性。自愿披露（如略增）：依赖中期或三季度数据，缺乏第四季度验证，信息完整度低。基于财务信息的可分性特征：累计月份越多（如10个月数据），预测全年趋势的准确性越高，价值性随之提升。

简言之，信披规则对信息具体性存在客观约束。收购重组与业绩预增的信息具体性差异，既源于两者对市场影响的本质不同（因为两者的信息价值性不同），同时也受到信披规则与监管逻辑的塑造。基于强制披露的"制度信用"属性，强制业绩预告需满足严格时点（如年报预告次年1月底前）和准确性要求，违规则需发布更正公告。其信用源于"上市规则"的强制力，监管机关通过处罚机制（如对数据遗漏的追责）维护制度的权威。基于自愿披露的"个体信用"属性，自愿预告赋予公司更大的自主权，但需承担信息失真风险。例如，公司可能利用自愿预告进行市值管理或反收购，通过释放积极信号影响市场预期。此类信息的可信度依赖公司声誉，但其质量参差不齐，投资者需进行交叉验证。基于跨市场监管的一致性要求，在跨市场并购中（如上市公司收购新三板公司），监管机关要求重组披露信息与挂牌期间数据一致，存在差异需详细说明并更正，确保信息具体性不被稀释。

构建信息"具体性"的类型化分析框架，可以尝试引入四维具体性评估模型（见表4）。比如，设定内容确定性、时间临近性、影响可测性、主体关联性四个维度展开信息具体性的动态评价，并作为具体案件中刑法评价的参考。在实践中，还可以量化证明体系。比如，根据前述四个维度动态设置不同信息类型的具体性参考指数，分配不同的权重，从而量化达到刑事规制的具体性标准。①

表4 信息"具体性"四维评估模型

维度	评价指标	量化标准示例
内容确定性	关键要素完整度	比如，并购标的估值、对价支付方式等核心条款的完整性大于70%
时间临近性	重大事件发生概率	比如，综合各种环境因素与确定事实评判事件发生的可能性大于60%
影响可测性	价格敏感度	比如，比较预期波动率与行业均值之间的比值结果大于2倍标准差
主体关联性	信息专属程度	比如，综合知情人数范围、公司总人数、签署保密协议的人数进行评价

行政监管领域可以基于信息具体性的差异进行工具创新。第一，建立动态信息披露清单制度，设定"分行业具体性披露指引"，突破传统格式准则的局限性。比如，生物医药行业，可以要求披露临床试验方案关键参数（如入组人数、主要终点指标）；半导体行业，可以明确技术节点、良品率等量化指标披露阈值；新能源行业，可以建立全生命周期碳足迹测算模板，强制披露供应链具体减排措施。第二，智能合约驱动的精准披露机制。在区块链存证平台中嵌入"条件触发式披露"功能。比如，当并购谈判进展达到预设阈值（如尽职调查完成度的80%）时，自动触发重大事项提示公告；实时抓取行业数据，动态调整业绩预告的具体性要求（如光伏企业需随硅料价格波动更新成本预测）。

（六）程度性：动态生命周期与司法认定

从时间维度理解信息的程度性，信息也是有生灭的，会经历从信息的生

---

① 例如，内幕交易案中的信息具体性指数公式为，$0.3 \times$ 内容确定性 $+ 0.25 \times$ 时间临近性 $+ 0.25 \times$ 影响可测性 $+ 0.2 \times$ 主体关联性。当该指数结果 $\geqslant 0.7$ 时，可以认定被告人获取的"集团公司资产重组"信息虽未达刑事追诉标准，但可以进行行政处罚。

成，到信息的传播，再到信息的灭失这样的一个完整过程，它是否成熟，是时间程度的一个侧面。信息传递过程中的价值性也会呈现衰减现象。具体而言，可以从信息内部与信息外部两个层面理解"程度性"，信息内部意义上的程度性，指的是信息生成的时间维度状态，如不同的时间节点信息的成熟程度、确定程度、精确程度存在差异；信息外部意义上的程度性，指的是信息在证券市场中对交易行为或市场秩序的影响程度，这种影响程度可以表现为信息的重要性、敏感性以及其对市场价格或交易量的实际作用。例如，信息控制型操纵通过控制信息披露时点、节奏及内容，直接影响证券的价格和交易量。

概言之，信息生命周期可以划分为四个阶段（见图7）：第一阶段，信息生成期（萌芽阶段），此阶段信息呈现碎片化存在状态，如上市公司研发人员的实验记录、高管未达成的并购意向等；第二阶段，信息整合期（发展阶段），此阶段是关键信息节点形成期间，如董事会备忘录、可行性研究报告初稿等；第三阶段，信息定型期（成熟阶段），如法定信息披露文件（招股书、年报）、证监会核准文件等正式形成；第四阶段，信息失效期（衰退阶段），此阶段是市场充分消化相关信息及其价值之后的信息残留，如属于过去时的财务预测报告等。这种信息的程度性发展过程，一是随着信息本身的确定性、精确性演化的过程（比如，从概率性陈述的"可能""预计"到确定性结论）；二是信息的影响范围及其表现形态也呈现逐层变化（比如，从上市公司某部门级信息→公司级信息→行业级信息→市场级信息的辐射路径）；三是实践场景中的这种信息程度性变化也会引发证据形态及证明力层级的变化（比如，从上市公司内部的口头交流→会议纪要→签批文件→正式公告文件）。实践中，从信息的程度性认定行为人获取与利用信息行为的非法性存在不同争议。比如，关于信息起点，是以知情人首次接触还是文件正式生成作为时间节点？关于信息成熟时点，证监会《证券市场内幕交易行为认定指引（试行）》与司法判例存在时差矛盾。关于信息效力存续问题，信息衰退期的反向交易是否构成犯罪（如利好出尽后减持）？实践中动态监控存在空白，对信息演变过程中的交易行为缺乏明确规制依据，同时有关证据认定存在机械化倾向，如直接将信息载体形式等同于信息实质价值。

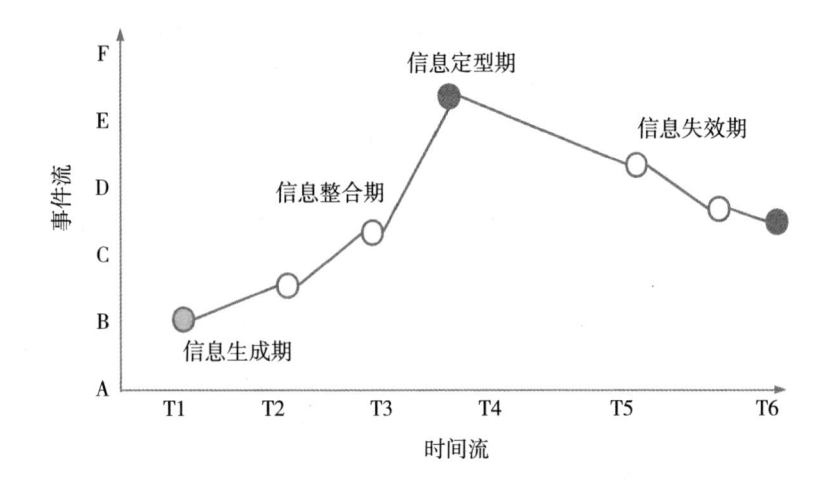

图7 信息生命周期

信息程度性在法律规范层面存在多种表达。比如，《证券法》第五十二条中的"重大事件"采用"可能产生较大影响"的或然性表述，隐含着信息成熟度判断标准及要求。《上市公司信息披露管理办法》（2025）第三十一条区分"筹划阶段"与"决策阶段"的披露义务，确立了信息成熟度的程序性标准。司法实务部门有观点认为，"不论是'重大事件'的发生，还是'计划''方案''政策''决定'等的形成，再或是影响内幕信息形成的人员的动议、筹划、决策或者执行，都必须体现出'相关重大事项已经进入实质操作阶段并具有很大的实现可能性'，因为只有这样的信息才会对证券、期货的交易价格产生重大影响，才能据此认定内幕信息的形成"，[1] 即构建了"实质性操作+实现可能性"的敏感期信息程度性标准，突破了传统书面化形式要件。《关于审理证券行政处罚案件证据若干问题的座谈会纪要》确立了"信息发展链条"规则，认可信息从模糊到清晰的发展过程。上市公司自律监管体系设置"静默期"制度，[2] 比如，默认董事会决议前30日为信息成熟临界期。根据《证券法》第八十五条及司法实践，民事赔偿条款中的"合理期间"主要体现为虚假陈述揭露日（或更正日）至基准日的时间跨度，其核心目的是通

---

[1] 王涛：《内幕信息敏感期的司法认定》，载《中国刑事法杂志》2012年第11期。
[2] 静默期，是指上市公司在特定时期（如重大决策前、定期报告披露前）主动限制信息披露，以避免内幕交易、维护市场公平的惯例或制度性安排。其核心目的是防止信息不对称导致的市场操纵或投资者利益受损。该制度并非完全强制性，部分属于市场管理，交易所通过自律监管规则予以规范。

过法律规则对市场消化虚假信息的影响周期进行量化，以精准界定投资者损失范围。

实践中，信息的程度性、价值性判断时间节点的单一认定，与信息周期曲线不匹配，应当构建关于信息"程度性"的动态认定方式。第一，关于信息形成时点的弹性判断。比如，技术类内幕信息的萌芽期起点应结合研发阶段、市场预期等因素进行综合判断，可以将"研发数据突破实验室阶段"认定为信息萌芽期的起点。同时，构建信息辐射范围的"同心圆模型"来界定信息传播的辐射范围或内幕信息知情人责任层级，其核心逻辑是以信息源为中心，以内幕信息生成点（如公司决策层）为圆心；逐级扩散，根据信息传播链条（如高管→亲属→市场中介→公众）划分责任圈层；责任递减或差异认定，不同圈层的行为人可能承担不同的法律责任（如故意传递、过失泄露、被动接收）。此外，还可以构建"双成熟度标准"综合评价信息要素的程度性，即"信息成熟度+交易行为成熟度"。信息成熟度指向信息是否已经具备足够的明确性和重要性，能够对投资者的决策产生实质性影响；交易行为成熟度则关注交易行为是否已经具备足够的影响力，能够对市场价格产生实际影响（如内幕交易中交易行为的及时性，交易行为是否在信息成熟后迅速发生，从而利用信息优势获利；交易行为的关联性，交易行为是否与内幕信息存在直接关联）。第二，关于信息成熟度的证据规则。比如，构建"信息要素完整性"评估法，要求关键要素（标的、价格、时间）具备两项以上即可。

信息要素的程度性表现之一——重大性（materiality）。在美国证券法中，信息披露的核心概念之一是"重大性"。根据美国最高法院的判例，重大性是指如果一个理智的投资者认为某个信息对其投资决策有重要影响，则该信息就被视为具有重大性。这一标准强调了信息对投资者决策的实际影响程度。日本金融商品交易法对内幕信息的范围进行了详细规定，根据信息性质的不同，设定了四种重要性标准：决定事实、发生事实、决算情报和影响限于重大范围的事实。这些标准体现了信息在不同情境下的重要性程度，例如，企业合并与分立的信息通常被认为比业绩涨跌的信息更重要，因为前者可能对股价造成更大的波动。欧盟和中国香港特别行政区采用的是"价格敏感信息"标准，即只有那些可能对证券价格产生显著影响的信息才需要披露。这种标准同样体现了信息的重大性和程度性，强调了信息对市场价格的潜在影响。

信息要素的程度性表现之二——确定性。比如，内幕信息的"确定性"要求信息必须是明确且可信的，而非模糊或不确定的信息。例如，基于推测或未经证实的消息不能构成内幕信息。就结果层面而言，这种确定性要求仅是一种"可能性"，并不要求结果最终实现的"必然性"，如同利空型信息也同样可以成为内幕信息。

信息要素的程度性表现之三——敏感期设置。"在判断某一非公开信息是否具有重大性时，要考虑非公开信息的'可能性'与'重大程度'两种因素。"[1] 比如，"动议"标志着内幕信息萌芽状态，"筹划"标志着信息初始生成状态，"决策或者执行"标志着信息生成成熟状态。有观点认为，将"动议"认定为内幕信息形成的时间，过于提前，同时将"决策或者执行"认定为内幕信息形成时间，又过于靠后。这种观点的逻辑就在于，如何相对合理地认定某信息发展到"何种程度"方才具备法定意义上的重大性。对信息的程度性判断，在不同信息类型及其内容状态下的判断标准不同。虚假陈述犯罪的判断核心，即在于所披露信息的"程度性"差异。比如，信息披露犯罪的信息程度性问题主要体现在信息的"完整性"和"真实性"两个方面。与内幕交易犯罪和市场操纵犯罪相比，信息披露犯罪的信息来源是已经公开的信息，但这些信息可能存在虚假或遗漏的情况。因此，法律对信息披露犯罪的认定更加注重行为人是否履行了法定的信息披露义务，以及是否存在故意隐瞒或虚假陈述的行为。

信息要素的程度性表现之四——量化标准。比如，欺诈发行证券罪（虚增或者虚减资产达到当期资产总额30%以上、虚增或者虚减营业收入达到当期营业收入总额30%以上、造成投资者直接经济损失数额累计在100万元以上）；违规披露、不披露重要信息罪（虚增或者虚减资产达到当期披露的资产总额30%以上、虚增或者虚减利润达到当期披露的利润总额30%以上）；编造并传播证券、期货交易虚假信息罪（多次编造并传播影响交易的虚假信息）；幌骗交易型操纵（利用虚假或者不确定的重大信息，诱导投资者进行证券交

---

[1] 中国证监会行政处罚委员会：《证券行政处罚案例判解》（第1辑）法律出版社2009年版，第29页，引用美国最高法院的测试标准。转引自肖宪洪：《论内幕信息的认定》，载桂敏杰总编，黄红元、徐明主编：《证券法苑》(2013) 第九卷，法律出版社2013年版，第429页。

易,行为人进行相关证券交易的成交额在 1000 万元以上)、抢帽子型操纵(对证券、证券发行人公开作出评价、预测或者投资建议,同时进行反向证券交易,证券交易成交额在 1000 万元以上的)。

同时,交易要素层面表达的量化标准意义上的"程度性"特征更为直接。比如,交易成交额(如内幕交易案件中,如果证券交易成交额达到 50 万元以上,则可能被认定为情节严重)、期货占用保证金数额(期货市场中,如果占用保证金数额达到 30 万元以上,则可能被认定为情节严重)、获利或避免损失数额(如果内幕交易行为导致获利或避免损失数额达到 50 万元以上,则可能被认定为情节严重)、多次泄露内幕信息(二年内三次以上实施内幕交易、泄露内幕信息行为)等均属于量化标准要求所体现的程度性。此外,《内幕交易犯罪司法解释》明确要求从"时间吻合程度、交易背离程度、利益关联程度"[①]等方面详细论证交易行为异常,这使交易要素的"程度性"特征更加严格。

信息"程度性"特征意在打破传统"静态信息观"的局限,为证券犯罪信息"重大性""虚假信息""误导性信息"等核心概念提供动态分析工具。特别是在高频交易、算法交易盛行的现代市场结构中,"程度性"特征可以更精准地识别异常交易的本质特征,为构建梯度化、精细化的证券监管与刑事制裁体系提供思维支撑。就制度构建而言,基于信息的"程度性"特征,第一,可以构建动态评价体系,引入信息成熟度指数,如设置萌芽期(0~0.3)、发展期(0.3~0.7)、成熟期(0.7~1)三级阈值,建立信息价值衰减函数模型,综合考量市场流动性、投资者结构、信息传播速度等变量。第二,完善程序性规范,设置信息生命周期档案制度,要求上市公司记录关键信息节点,建立信息成熟度异议程序,允许当事人申请第三方机构进行评估,推行"信息沙盒"监管,对高频交易环境下的信息成熟度进行压力测试。第三,推进司法解释革新制定,比如,制定"信息成熟度认定指南",明确不同市场主体的注意义务层级,发布指导性案例确立"信息生长曲线"裁判规则,构建"举

---

① 交易背离程度,比如买入或卖出证券、期货合约的行为是否与平时交易习惯或公开信息反映的基本面明显不符。利益关联程度,比如账户交易资金进出是否与内幕信息知情人员或非法获取人员有关联或有利害关系。

证责任动态分配机制",根据信息成熟阶段调整证明标准。①

二、交易要素的演化特征与法律应对

证券犯罪中的交易行为并非简单的买卖动作集合,而是嵌合市场规则、技术条件与人性博弈的复杂系统。本章从"流变性""时间性""欺骗性"三个维度构建交易要素的深层分析框架,尝试揭示其与证券法规范体系的动态博弈关系。

(一)流变性:金融创新与监管博弈

"流变性"是指金融交易行为本身具有动态变化和流动性的特点。② 这种特性体现在交易过程中,其行为模式、参与主体以及利益分配等方面均呈现高度的灵活性和多样性。例如,金融交易行为可能因市场环境、政策变化或技术进步而发生调整,从而导致交易方式、交易主体和交易结果的不断变化。包括市场层级本身也可能出现流变性,如暗池交易③、跨市场套利、合成资产嵌套等,瓦解了传统"集中竞价市场"的单一监管场景预设。

"流变性"是金融交易行为的核心特征之一,它不仅体现在交易行为本身的动态变化层面上,还反映在多方主体的参与、利益分配的多元性以及法律评价的多样性层面上。这种特性既提升了市场的灵活性和效率,也对现有的法律框架提出了新的要求。因此,在研究和规范金融交易行为时,需要充分考虑其流变性的特点,并构建更加灵活和包容的法律体系以应对未来的挑战。

证券犯罪案件中,交易的"流变性"典型表现为金融交易过程中财物归

---

① 这种规范解构表明,信息"程度性"特征与视角不仅能解释现有法律规范的内在逻辑,更能为穿透式监管提供方法论工具。特别是在处理算法交易、元宇宙空间信息、跨境监管协作等新型问题时,信息成熟度的动态评估可能成为破解法律适用困境的工具。
② 例如"流盘"现象,大量资金或资产在短时间内快速流动和换手,这种现象会导致市场价格的剧烈波动,并增加市场的不确定性和投资风险。
③ 参见张玮婷、李丹:《暗池交易系统的发展及启示》,载上海证券交易所2018年12月27日,http://www.sse.com.cn/aboutus/research/report/c/10056630/files/7845a052af0843cc8e52a6481008cf82.pdf。

属和权利流转的动态变化特性。这种特性主要体现在两个方面：第一，交易链条冗长，金融交易往往涉及很多环节，每个环节都可能涉及不同的主体和复杂的操作，使财物流转路径变得复杂且难以追踪。第二，交易结构复杂，金融交易的结构通常包含多种金融工具、合同以及嵌套的金融产品，如 FOF 基金（专门投资于其他投资基金的基金）、场外期权等，这些都增加了交易的复杂性。进而，这种"流变性"特征直接带来两个方面的问题。一方面，财物归属的"悖论性"，在金融交易中，财物归属看似明确，但实质上可能存在混淆。例如，某一方看似拥有财物的所有权，但实际上可能仅是使用权。另一方面，所有权与使用权的混淆。法律上通常认为所有权具有排他性和稳定性，而使用权则可能因交易环节的变化而改变。然而，在金融交易中，财物流转的动态性和复杂性，所有权与使用权之间的界限变得模糊，导致法律上对财物归属的认定面临挑战。例如，某一方可能通过合同或协议暂时获得某项资产的控制权，但实际上并未拥有其所有权。

尽管"流变性"特征带来了财产权属的不确定性，但刑法评价不能轻易否定这种财物流转的稳定性秩序。如果否认这种动态流转机制，可能会引发交易失序，破坏金融市场运行的效率和秩序。在证券犯罪辩护场景中，"流变性"特征使证据分析变得更加复杂。例如，如何证明财物在不同环节中的归属权、使用权以及是否合法流转。对于金融机构来说，"流变性"特征意味着需要加强合规管理。例如，在设计金融产品时，应充分考虑其可能引发的法律风险，并采取措施规避潜在的违法风险。司法实践中，"流变性"特征可能导致案件事实认定困难。例如，如何判断某一方是否真正拥有财物的所有权或使用权，以及如何界定不同交易环节中的法律责任。

从法律规范与交易"流变性"之间的关系视角看，其核心在于金融交易中物权关系与刑法评价的动态张力。具体可以分为如下三个方面。第一，交易链条延伸引发的权属认定悖论。根据《民法典》第二百四十条，所有权包含占有、使用、收益、处分四项权能。但在金融交易中，高频次、多层级交易导致权能碎片化分离。例如，在证券回购交易中，出质人通过"所有权让渡"方式设立担保，但实质上质权人仅取得阶段性的控制权。这种"法律所有权"与"经济所有权"的背离，导致《刑法》第二百七十条侵占罪中"代为保管财物"的认定困境，当质权人擅自处分质押证券时，其行为性质在民事违约与刑事犯罪之间形成模糊地带。第二，交易结构嵌套引发的法律关系异化。穿透式监管原则在复杂的金融工具中面临适用障碍，以结构化资管计划为例，投资者通过 SPV（特殊目的机构）持有底层资产，形成"名义所有权—实际受益权"的双层结构。当发生资金挪用行为时，《刑法》第一百八十五条之一背信运用受托财产罪的构成要件要求"违背受托义务"，但多层嵌套导致受托义务主体难以穿透识别，使刑事归责面临法律因果关系断裂的难题。第三，动态权属与刑法评价的规范平衡。《刑法》第九十一条第二款将"在国家机关、国有公司、企业、集体企业和人民团体管理、使用或者运输中的私人财产"拟制规定为公共财产，此拟制性规定在流变性交易中可能产生规范冲突。比如，在融资融券业务中，客户担保物虽登记于券商账户，但实质仍属客户财产。[①]此时若券商工作人员挪用担保物，既可能构成《刑法》第一百八十五条挪用资金罪，也可能因权属拟制触发第三百八十四条挪用公款罪，反映出动态权属关系对刑法评价体系的冲击。

规范缝隙的弥合路径。一是构建动态权属识别规则，在《刑法》第九十二条"其他财产"项下确立"实质受益权"认定标准；二是完善《证券法》与《刑法》的衔接机制，明确穿透认定原则在刑事司法中的适用边界；三是通过司法解释确立"风险控制与权责匹配"原则，对形式上合法但实质上规避监管的交易结构进行刑法实质解释。这种交易流变性特征的本质，是金融创新对传统物权法律关系的解构与重构，要求刑事司法在维护交易安全与打击犯罪之间建立动态平衡机制。

1. "流变性"特征的具体表现

第一，交易行为的动态性。金融交易行为本身具有动态变化的特性，即其行为模式和交易方式会随着市场环境、经济形势以及技术进步等因素而不断变化。一是这种变化不仅体现在交易方式上，如直接交易、间接交易、信用交易、信托交易等不同形式；二是还体现在交易主体角色的可变性上，如机构投资者、个人投资者、市场中介等角色在不同情境下的转换；三是这种动态性不仅体现在交易的即时性上，还体现在交易方式的多样性上，如交易可以是现货

---

① 参见《证券公司融资融券业务管理办法》第二十五条。

交易、远期合同交易、期货交易等多种形式。这种动态性使金融交易行为能够适应不同的市场条件和需求。

第二，多方主体的参与性。金融交易涉及多方主体，包括投资者、金融机构、监管机构等。这些主体之间存在复杂的互动关系，使交易行为呈现出多元化的特征。例如，在证券交易中，投资者、券商、交易所、监管机构等多方共同参与，彼此之间通过信息流动和资金流动形成一个动态的生态系统。

第三，利益分配与归属的多元性。由于金融交易行为的流变性，交易过程中产生的利益分配和归属问题呈现出多元性。这种多元性不仅体现在多方主体之间，还体现在交易行为和模式的多样性上。例如，某些金融资产可能同时涉及收益权、抵押权、分配权等多种权利行使。此外，随着数字经济的发展，数据资产的权属问题也变得复杂化，多方主体对数据价值的贡献使利益分配更加多元化。

第四，法律评价的多元性。金融交易行为具有流变性和利益分配多元性的特征，由此使相应的法律评价呈现出多样性。例如，在证券交易中，不同类型的交易行为（如内幕交易、操纵市场等）需要根据具体的市场环境和法律规定进行评估。同时，随着互联网金融的发展，传统法律框架可能无法完全适应新型金融市场的特点，因此需要构建更加灵活的法律体系来应对。

2. "流变性"特征的意义

第一，促进市场效率。金融交易行为的流变性有助于提高市场的灵活性和效率。例如，通过动态调整交易方式和参与主体，可以更好地匹配供需关系，从而提升市场资源配置的效率。金融交易行为的流变性推动了金融市场的发展与创新。例如，通过引入新的交易工具和模式（如量化交易、区块链技术），可以提高市场效率并满足投资者的多样化需求。

第二，增强风险管理能力。流动性使金融机构能够更灵活地应对市场波动和风险事件。例如，通过引入衍生工具（如期货、期权等），金融机构可以对冲风险并优化收益。

第三，推动技术创新。流变性为技术创新提供了动力。例如，在数字经济背景下，区块链技术和隐私计算技术的应用可以更好地保障数据资产的流转安全性和透明度。

第四，挑战现有法律框架。尽管流变性带来了诸多好处，但是也对现有的法律框架提出了挑战。例如，数据资产的权属问题以及新型金融工具的法律适用问题需要进一步明确。同时，在多方主体参与的金融交易中，"流变性"特征要求法律建立有效的利益协调机制。例如，在企业数据财产权益的归属问题上，需要结合数据生成机制和利益分配规则，确保各方权益得到合理保护。而且，法律评价需适应金融交易行为的动态变化。又如，在证券交易中，法律需要根据市场流动性、风险性和收益性的变化调整监管措施。此外，对于高风险的金融交易，法律规制应体现正义观，确保公平合理的利益分配。

3. 高频交易的监管悖论

高频算法交易将传统交易的时间单位从"日"压缩至微秒级（如 NAS-DAQ 的 11 层数据馈送体系），形成"策略迭代速度＞法律响应周期"的监管困境。比如，高频交易引发交易行为本身的复杂性与流变性，冰山订单（iceberg order）、游击单（sniping algorithm）、寄生策略（latency arbitrage）等新型交易形态，根据证监会《证券市场程序化交易管理规定（试行）》第十一条列举的"异常交易行为"[①] 似乎难以直接进行评价认定。同时，这种高频交易引发主体身份流变，因为程序化交易使单一账户衍生出多重交易人格（主策略账户、子策略代理、暗池通道），突破了《证券法》第五十八条"证券交易主体"的确定性边界，产生"账户－行为"的映射断裂。

4. 流变性（fluidity）：交易形态的范式跃迁与法律规制的适应性困境

技术哲学视角的流动性本质。证券市场中，基于高频算法的反向交易系统通过实时解析市场数据动态调整策略，形成了"策略优化→市场反馈→算法迭代"的闭环生态，突破了传统交易中单向因果关系的局限。这种量子化交易模式将连续时空解构为微秒级离散事件流，交易主体呈现多重异化特征：机构账户通过算法集群实施协同交易，智能代理系统执行自主决策，暗池通道承

[①] 《证券市场程序化交易管理规定（试行）》第十一条规定："证券交易所对程序化交易实行实时监测监控，对下列可能影响证券交易所系统安全或者交易秩序的异常交易行为予以重点监控：（一）短时间内申报、撤单的笔数、频率达到一定标准，或者日内申报、撤单的笔数达到一定标准；（二）短时间内大笔、连续或密集申报并成交，导致多只证券交易价格或交易量出现明显异常；（三）短时间内大笔、连续或密集申报并成交，导致证券市场整体运行出现明显异常；（四）证券交易所认为需要重点监控的其他情形。程序化交易异常交易监控标准由证券交易所规定。"

担非公开订单匹配任务,这种复杂的交易身份体系正在模糊《证券法》第五十八条关于"证券交易主体"的法定边界。具体而言,根据《证券市场程序化交易管理规定(试行)》,程序化交易被定义为通过计算机程序自动生成或者下达交易指令在证券交易所进行证券交易的行为,高频交易作为其子类,具有日内申报/撤单频率高、订单流量大等特征。

法律规制中的流动性悖论。具体表现为,动态合规机制试图通过技术手段约束市场流动性,却因制度异化催生出新型规避行为。比如,美国 Reg SCI 规则①与欧盟 MiFID Ⅱ②引入的实时交易监控要求,虽然旨在提升市场透明度,试图以技术措施对抗交易流动性,但客观上却导致"合规性流动"等制度异化的情况。以冰山订单③的变形体为例,使用冰山订单本身不违规,但若用于制造虚假市场信号(如反向挂大单诱导成交)则可能构成违规操纵行为。这种监管悖论的深层原因在于,技术驱动型合规要求改变了市场参与者的博弈策略,促使合规成本向交易结构创新领域转移,制度性响应仍滞后于市场创新速度。

正当性抗辩的逻辑重构。比如,针对《刑法》第一百八十二条操纵市场罪的抗辩,辩护策略可运用复杂系统理论,主张涉案交易行为属于证券市场的

---

① 美国证券交易委员会(SEC)制定的《系统合规与完整性规则》(Regulation Systems Compliance and Integrity,Reg SCI)是一套针对证券市场技术基础设施的监管框架,旨在强化技术系统的稳定性、安全性和市场韧性。其直接动因是应对程序化交易增长和技术故障频发的市场环境(如 2010 年"闪崩"事件)。核心目标包括:减少系统性风险,通过技术标准降低市场中断频率;增强恢复能力,确保系统故障时能快速恢复;提升透明度:要求对重大事件进行报告。参见李臻:《证券期货市场自动化交易的风险与监管研究》,载《金融监管研究》2019 年第 5 期;缪若冰:《美国证券监管规则下的暗池交易》,载北大金融法研究中心 2017 年 6 月 23 日,https://www.finlaw.pku.edu.cn/zxzx/zxwz/239627.htm。

② 《金融工具市场指令》(Markets in Financial Instruments Directive Ⅱ,MiFID Ⅱ)是欧盟的一项重要法规,旨在规范金融市场,特别是交易场所和投资公司。其中,MiFID Ⅱ的监管技术标准对时钟同步和时间戳精度提出了严格要求。参见《境外主要金融市场算法交易重点监管要求》,载中国证券投资基金业协会官网,https://www.amac.org.cn/hyyj/sy/202312/P020231228607112393726.pdf。

③ "实际上,我国冰山订单依然存在。虽然上交所和深交所的交易系统现在都不支持冰山指令,但是我们可以通过一些算法交易平台(如海通算法交易引擎),编程实现该项指令的功能……而我国的冰山订单是通过程序化的交易软件来实现的,其将一个大额订单在下单前拆分为多个,一次下单时就可能只下单一部分,这一部分就相当于国外冰山订单中的暴露量,剩下的订单在之前送达的订单被交易后,由事先设定好的程序送达交易所,如果不考虑传输过程中的延迟,这和国外的冰山订单在效果上并无区别。"参见郑成:《证券期货市场破坏性交易的法律规制》,载曹越主编:《期货及衍生品法律评论》第二卷,法律出版社 2020 年版,第 73~91 页。

自组织现象。① 根据该理论，证券市场作为非线性动力系统，其价格波动具有内在混沌特性，单一主体的交易行为难以与市场整体波动建立直接因果关系。② 这种论证路径旨在解构公诉机关对"操纵行为—价量异常"因果链条的推定，尤其是当交易量占比未达司法解释设定的20%阈值时，可结合行为金融学原理，强调市场噪音交易者和跟风盘对价格形成的叠加影响。再如，针对连续交易操纵的构成要件，辩护方可采用算法驱动的行为分割技术：（1）通过机器学习模型对交易时序进行模式识别，将账户操作解构为多个具有独立投资逻辑的交易单元；（2）运用高频交易数据的时间切片技术，证明各交易时段存在反向操作或风险对冲；（3）结合持仓数据分析，论证交易组合符合正常投资管理特征。这种技术论证的关键在于突破司法机关"建仓—拉抬—出货"的三阶段整体操纵认定模式，③ 通过量化模型证明各交易单元间缺乏操纵连续性。易言之，这种技术正当性抗辩须同时结合法律解释学与金融学，一方面，在规范层面，需援引刑法对市场操纵行为类型化的立法精神，主张新型交易策略超出了刑法明文规定的操纵类型；另一方面，在事实认定层面，则需构建"交易目的正当性—操作技术合规性—市场影响中性"的三阶证明体系，特别是通过持仓周期分析和资金安排记录，反驳"短期反向交易"的非法获利及违法意图推定。④ 值得注意的是，这种抗辩策略的成功实施依赖于对司法实践中关于"滥用优势地位"的"定量—定性"双重标准的精准突破。

5. 交易流变性对普通投资者决策过程的影响

金融交易行为的流变性对普通投资者决策过程的影响可以从多个方面进行分析，包括市场波动性、行为偏差、信息透明度以及资金流动性等。

第一，市场波动性对投资者决策的影响。市场波动性是影响投资者决策的

---

① 参见孙伯灿、章融、罗妍：《证券投资中的复杂性分析与无意羊群行为》，载《浙江大学学报（人文社会科学版）》2007年第1期。

② 参见张超、甘培忠：《市场操纵的规范解构和分析框架维度构建》，载《暨南学报（哲学社会科学版）》2019年第9期；耿佳宁：《操纵证券市场罪归属根基的重塑——以控制信息操纵的评价困境切入》，载《法学家》2022年第4期。

③ 参见陈晨：《操纵证券市场"违法所得"认定的金融机理和法律解释》，载《证券市场导报》2023年第7期。

④ 参见陈晨：《操纵证券市场犯罪要素认定的司法观察》，载黄红元、卢文道主编：《证券法苑》（2017）第二十一卷，法律出版社2017年版，第208~228页。

重要因素之一。市场波动性可以分为牛市和熊市两种情况。在牛市中，市场相对稳定，投资者通常能够获得较高的收益；而在熊市中，市场动荡不安，投资者需要更加谨慎地作出决策。此外，市场波动性还会影响投资者的风险偏好，从而决定其投资规模和进出市场的时机。这种波动性不仅增加了市场的不确定性，还可能导致投资者情绪波动，从而影响其决策过程。

第二，行为偏差对投资者决策的影响。行为金融学的研究表明，投资者在决策过程中经常受到认知偏差和情绪的影响。例如，羊群效应、锚定效应、过度自信和损失厌恶等行为偏差会导致投资者作出非理性决策。这些偏差可能导致市场效率低下，并影响资产价值评估。例如，投资者可能因恐惧或贪婪而引发市场波动，从而影响其投资策略。此外，交易者倾向于跟随市场趋势和模仿他人行为，这可能加剧了市场泡沫和价格波动。

第三，信息透明度对投资者决策的影响。信息透明度是影响投资者决策的另一个关键因素。高透明度的市场能够使投资者及时获取准确的供需、库存和生产成本等数据，从而作出更为理性的投资决策。例如，在期货PP市场（期货聚丙烯市场）中，信息透明度的提高有助于投资者实时跟踪价格变动，调整持仓策略，降低市场风险。相反，如果信息不透明，投资者可能会因缺乏准确数据而作出错误的判断，增加投资风险。

第四，资金流动性对投资者决策的影响。资金流动性也是影响投资者决策的重要因素。例如，主力资金的频繁流入或流出会引发短期价格波动，并引导其他投资者跟随或反向操作。此外，流盘现象（大量资金快速流动）可能导致市场价格剧烈波动，增加市场的不确定性和投资风险。这种情况下，普通投资者可能因无法及时应对而遭受损失。

综合来看，金融交易行为流变性对普通投资者的决策过程具有多方面的影响。风险承受能力：市场波动性和行为偏差增加了投资风险，要求投资者具备更高的风险承受能力。投资策略调整：投资者需要根据市场变化灵活调整投资策略，如通过风险对冲策略应对市场波动。信息获取与分析能力：提高信息透明度和分析能力可以帮助投资者更好地理解市场动态，从而作出更理性的决策。心理因素：克服认知偏差和情绪干扰是提高投资决策质量的关键。

（二）时间性：时序解构与因果证明

在一些案件中，行为人可能通过跨时间段的交易行为来规避法律制裁。例如，在"抢帽子"案件中，行为人将不同时间段的多次交易合并计算，从而达到逃避处罚的效果。[①] 因此，需要合理划分跨时间段的交易行为的性质及其交易量。

上市公司通过发行股票融资的行为具有隐性的"时间性"特征。比如，基于市场时机效应，上市公司通常会根据市场条件选择合适的时机进行股票融资。当公司的股票价格相对较高时，管理层倾向于通过股权融资筹集资金；而当股票价格较低时，则更倾向于使用债务工具进行融资。这种行为反映了上市公司在融资决策中对市场时机的敏感性和利用能力。上市公司会利用有利的市场条件进行差异化"时间"安排，以最大化股东利益。同时，交易的"时间性"特征具有不可逆性。这意味着一旦交易发生，其对市场价格的影响是不可逆转的。这种不可逆性使交易者必须在决策时充分考虑时间因素，避免因错误的时机选择而造成损失。例如，在内幕交易中，交易者利用未公开信息进行交易，其行为的时间点往往成为判断其是否违法的关键因素。

"时间性"特征在证券犯罪中的具体体现。第一，内幕交易中的时间性。内幕交易是一种典型的利用时间性特征的违法行为。内幕交易者通过掌握未公开信息，在特定的时间点进行交易，从而获取非法利益。这种行为的时间性体现在以下几个方面：信息获取的时间点——内幕交易者必须在信息公开前掌握相关信息，这决定了其交易行为的时间起点。交易执行的时间点——内幕交易者通常会选择在市场波动较大或价格敏感期进行交易，以最大化收益。信息传播的时间效应——内幕交易者利用信息传播的时间差，通过提前布局规避监管。第二，操纵市场的时机选择。操纵市场也是一种利用时间性特征的违法行为。操纵者通过制造虚假的市场趋势或价格波动，误导其他投资者进行交易。这种行为的时间性主要体现在以下几个方面：时机的选择——操纵者通常会选择在市场波动较大或投资者情绪高涨时进行操作，以吸引更多的关注和参与。

[①] 参见陈晨：《操纵证券市场犯罪要素认定的司法观察》，载黄红元、卢文道主编：《证券法苑》（2017）第二十一卷，法律出版社2017年版，第221页。

持续时间的控制——操纵行为往往需要持续一段时间才能达到预期效果，因此操纵者会根据市场反应调整操作策略。信息发布的时机——操纵者可能通过提前发布虚假信息或延迟披露重要信息来影响市场价格，从而实现操纵目的。第三，利用时间框架规避监管。一些新型的证券犯罪行为还利用复杂的时间框架规避监管。例如，通过多时间框架分析技术，犯罪分子可以在不同的时间尺度上分散交易行为，从而降低被发现的风险。这种行为不仅增加了监管难度，也使传统的监管手段难以应对新型犯罪形式。"时间性"特征也为证券市场的合规管理提供了新的视角。通过分析交易行为的时间分布和频率，监管机构可以发现潜在的异常交易模式，并采取针对性措施进行干预。例如，利用时间序列分析技术，可以检测出市场中的操纵行为或内幕交易。[①]

证券犯罪案件辩护中"时间性"特征的运用。在证券犯罪案件中，时间性特征的辩护可以从多个角度展开，具体包括内幕信息敏感期的确定、交易行为的时间一致性分析等。

第一，内幕信息敏感期的确定。内幕信息敏感期是指内幕信息从形成到公开的时间段，这一时间段的长短直接关系到内幕交易罪的成立与否。根据《证券法》的规定，内幕信息敏感期的起始时间通常为重大事件的发生时间，而结束时间则为该信息首次公开的时间。在辩护中，可以通过以下方式应用时间性特征：（1）明确敏感期的起始点。通过分析案件中的重大事件发生时间，确保其作为内幕信息敏感期的起点。例如，如果案件涉及并购重组或财务信息披露，则需准确判断这些事件的具体发生时间。（2）分析敏感期内的行为。结合敏感期内的信息动议、筹划、决策或执行的时间点，证明被告的行为是否符合内幕交易的构成要件。例如，被告是否在敏感期内进行了与内幕信息相关的交易行为。（3）结合市场反应进行辩护。敏感期内的信息是否对市场产生了实质性影响也是辩护的重要内容。如果市场反应不明显，则可以质疑内幕交易行为与市场波动之间的因果关系。

第二，交易行为的时间一致性分析。对于交易明显异常的指控，辩护律师

---

① See Ourania Theodosiadou, Alexandros-Michail Koufakis, Theodora Tsikrika, Stefanos Vrochidis and Ioannis Kompatsiari, *Change Point Analysis of Time Series Related to Bitcoin Transactions: Towards the Detection of Illegal Activities*, 16 J. Risk Financial Manag 408 (2023).

可以通过时间一致性分析反驳指控。具体包括：其一，交易时间与内幕信息形成时间的匹配。如果被告人的交易行为与内幕信息的形成、变化或公开时间无法对应，则可以质疑其交易行为是否具有异常性。其二，交易行为与历史交易习惯的一致性。如果被告人在敏感期内的交易行为与之前的历史交易习惯一致，则可以证明其行为并非异常。同时，从交易数量与市场整体表现的关系分析，如果被告人在敏感期内的交易量极小，且与整体市场表现基本一致，则可以进一步削弱指控的可信度。其三，利用时间轴梳理证据。比如，梳理关键时间节点，将案件中的关键事件（如内幕信息形成、公开时间、交易时间等）按照时间顺序进行排列，形成直观的时间轴。对比资金流向与用途，通过时间轴展示资金流向与用途的变化，反驳指控方关于资金流向的指控。例如，如果资金表面上流向被告人，但随后又回流至其他主体，则可以说明资金转移并非被告人主导。揭示交易行为的时间规律，通过时间轴展示被告人在敏感期内的交易行为是否具有规律性，从而证明其行为并非异常。

第三，时空关联度的辩护策略。比如，在证券虚假陈述案件中，时空关联度可作为抗辩的重要切入点。具体而言，首先，在时间维度上，可采取相对宽松的判断标准，允许将数个致害行为的时间关联性扩展至"时间接近"的范畴，即只要多个虚假陈述行为对损害结果的影响时段存在重叠或连续性，即可认定时间关联性。这种判断标准旨在防止将因果关系链条过度延伸，避免对非关联时段的损害结果进行责任归咎。其次，空间维度则需严格遵循"致害范围一致"原则，要求虚假陈述行为的作用场域与投资者受损的市场空间具有直接对应关系。此外，司法实践中应当结合个案特征，对连续性的虚假陈述行为采用动态判断方法，综合分析虚假陈述实施日、揭露日、基准日等关键时间节点的市场影响程度，必要时，可要求特定时段的行为人承担民事责任。这种弹性化的时空判断机制既保障了责任追究的精确性，也避免了责任范围的无限扩大。[①]

第四，司法实践中的多日期认定。针对证券虚假陈述案件的复杂性，司法

---

① 参见李建伟、李欢：《证券虚假陈述比例连带责任的理论证成及其修正适用》，载《证券市场导报》2023年第8期；鲍彩慧：《证券虚假陈述民事赔偿因果关系的规则再述——基于806份判决书的实证分析》，载黄红元、卢文道主编：《证券法苑》（2017）第二十三卷，法律出版社2017年版，第439~463页。

实践中允许对特定时间节点进行多日期认定，这意味着可以在辩护中主张综合分析案情，根据案件的具体情况，选择多个时间节点作为揭露日。避免单一时间节点的局限性，通过多日期认定，可以更全面地反映案件事实，避免因单一时间节点带来的片面性。总体而言，揭露日的选择是综合比较的结果，在符合法律规定的基本构成要件后，选择合法而且合理的时点就可以定为揭露日。这个具备揭露日特征的也就是唯一的首次，首次意味着一个虚假陈述行为仅有一个揭露日，不同的虚假陈述行为存在不同时间的揭露日。[1]

以连续交易型操纵为例，交易要素的三重时间性，引发了法律规范与实践判断之间的缝隙。连续交易的时间性特征具有三重法律内涵。其一，交易行为的时间离散性：个体决策与法律评价的冲突。根据《刑法》第一百八十二条"连续交易操纵"规定，行为须具备"连续"特征，但《证券法》第五十五条对"连续交易"未作具体量化规定。实践中，单日多次交易（如高频交易）可能被纳入"连续"范畴，但《操纵案件司法解释》第二条将"连续十个交易日内"作为重要量化标准。这种时间离散性导致法律评价的困境：一方面，个体时间决策的合法性边界。投资者基于独立判断的日内高频交易可能因时间密度与操纵行为的客观相似性，触发《刑法》第一百八十二条的"异常性"推定。另一方面，法律拟制时间的规范性矛盾，《操纵案件司法解释》将"十个交易日"作为入罪门槛，但未区分市场波动周期（如新股上市首月与常态交易期），导致机械适用可能背离实质正义。

其二，交易连续性的时间叠加：客观行为与主观意图的错位。连续交易操纵的构成需证明"操纵证券市场"的主观故意，但时间叠加效应可能模糊了主客观界限。《操纵案件司法解释》第二条将"持有或实际控制证券的流通股份数达到该证券的实际流通股份总量的百分之十以上"作为入罪条件之一。当行为人通过长期分散建仓（如跨年度缓慢增持）达到阈值时，时间跨度可能消解"操纵故意"的证明强度。若行为人在"十个交易日"临界点前中止交易（如第9日清仓），虽然规避了刑事追责，但是其行为仍可能符合《证券法》第一百九十二条的行政处罚标准，反映了刑行衔接的时间性断层。

其三，构成要件的时间逻辑：规范解释与司法裁量的失衡。《刑法》第一

---

[1] 参见李有星、潘政：《证券市场虚假陈述揭露日的再认识》，载《投资者》2018年第2期。

百八十二条要求的"持仓量""交易量""交易日"三要件存在内在时间逻辑嵌套：（1）时间序列的因果关系。根据《操纵案件司法解释》第二条的规定，需要证明"持仓量变化—交易量异常—价格波动"的时间因果链。但证券市场的多因素联动性（如政策发布、行业周期）可能中断该链条，导致"但书条款"适用困难。（2）时间单元的规范异化。"交易日"作为基本计量单位，与金融实操中的"交易时段""集合竞价期"等微观时间单元存在冲突。例如，在科创板市价申报阶段，开盘集合竞价期间的异常报价可能因时间单元切割（未满1个交易日）而避开了刑事评价。

交易的"时间性"特征引发的规范适用困境。刑事实体法层面：时间要素的规范缺位。（1）"连续"概念的形式化解释。《刑法》第一百八十二条未明确"连续"的时间内涵，而《操纵案件司法解释》第二条采用"十个交易日"的刚性标准，忽视了市场流动性差异（如ST股与蓝筹股的交易活跃度差异），可能造成"实质操纵行为脱罪"或"正常交易行为入罪"的双重风险。（2）时间节点的证明僵局。操纵故意往往通过"建仓—拉抬—出货"的时间节点匹配予以证明，但是《证券法》规定的同时交易反方向操作等客观推定规则，可能因高频交易算法的时间微分化（毫秒级报单）而失效。

时间性特征的三重法律维度解构。第一，交易行为的"时间颗粒度"异化。目前，证券交易的时间单元从"交易日"向"毫秒级"的微观化演进，直接冲击了传统刑法规范的解释框架。比如，高频交易的合法性悖论。《上海证券交易所交易规则》允许的"T+0回转交易"与《刑法》第一百八十二条"连续交易操纵"构成规范冲突。例如，某私募基金利用算法在单日内完成几百次报单撤单，虽然符合证券法规则，但是可能因时间密度达到《操纵案件司法解释》第二条"成交量占比百分之二十"的入罪标准，触发刑事风险。又如，时间单元的规范断层。现行法律以"交易日"为基本计量单位，但是科创板市价申报阶段的"3分钟收盘集合竞价期""10分钟开盘几个竞价时间"[①]已经形成独立的时间单元。在此期间的异常报价行为可能因未跨"交易

[①] 《上海证券交易所交易规则》（2023）第四节规定："2.4.2，采用竞价交易方式的，除本规则另有规定外，每个交易日的9：15至9：25为开盘集合竞价时间，9：30至11：30、13：00至14：57为连续竞价时间，14：57至15：00为收盘集合竞价时间……"

日"而避开了刑事评价。第二,时间链条的"因果稀释"效应。证券价格波动具有多因性与滞后性,导致刑法因果关系证明体系失灵。比如,建仓—拉抬—出货的时间跨度难题。在信息型操纵案件中,行为人可能通过几年的时间周期完成交易优势筹码的收集,但是《刑法》第一百八十二条要求的"操纵证券市场"故意,难以穿透长期分散交易形成的"时间烟雾"。又如,瞬时操纵的技术性脱罪。在"幌骗"交易中,行为人通过纳秒级报撤单诱导市场方向,但因刑事诉讼法要求"排除合理怀疑",司法机关往往无法精准锁定毫秒级交易与价格波动的因果关系。第三,构成要件的"时间权重"失衡。《刑法》第一百八十二条规定的持仓量、交易量、交易日三要件存在内在时间逻辑冲突。其一,时间序列的规范倒置。司法解释要求"持仓量达到百分之十"的连续交易行为引发价量异常,但实践中存在"低持仓高频交易"操纵模式(如ETF成分股尾盘操纵),可能导致要件体系失效。其二,时间密度的评价缺位。比如,现行规范未区分"10个交易日日均交易量占比30%"与"1个交易日瞬时交易量占比90%"的风险差异,实质上纵容了"时间压缩型"操纵行为。

  时间性特征的规范缝隙生成机理。第一,法律文本的"时间盲区"。其一,"连续"概念的形式化困境。《刑法》第一百八十二条未界定"连续"的时间内涵,而《操纵案件司法解释》第二条"十个交易日"标准忽视了个股流动性差异。以ST股为例,其10个交易日的实际交易时间可能不足蓝筹股1个交易日的市场影响力。其二,"即时性"要件的规范真空。我国法律没有类似美国《多德-弗兰克法案》第七百四十七条"禁止扰乱市场交易行为"中"以毫秒为单位"的时效性规制条款,导致高频操纵处于灰色地带。第二,证明体系的"时间坍塌"。其一,电子证据的时间戳失真。基于电子数据相关技术标准,交易所LEVEL-2数据的时间戳误差在某些场景下能达到500毫秒(如计费和警报系统),这可能影响交易顺序的可靠性。在刑事案件中,此类误差若导致电子数据真实性存疑,可依据《最高人民检察院、公安部关于办理刑事案件收集提取和审查判断电子数据若干问题的规定》第二十二条和第二十三条进行审查,从而挑战了依赖"交易顺序"的刑事推定。但刑事推定的适用必须谨慎,以避免违反无罪推定原则。其二,主观故意的"时间溶解"。长期跨度的交易行为(如社保基金年度调仓)可能被《操纵案件司法解释》第三条机械地归入"异常性"范畴，违背《刑法》第十四条"明知"要件的本质内涵。

规范缝隙的弥合路径。第一，构建"动态时间权重"评价体系，引入"市场时间弹性系数"。可以根据证券品种的特性（如 ETF 与个股）、市场周期（牛市/熊市）设定差异化的"连续交易日"标准，避免《操纵案件司法解释》第二条"一刀切"导致的类型化误判。确立"时间密度—价格影响"关联模型，借鉴美国证券交易委员会 Rule 10b-5 中的"价格影响测试"（price impact test），① 通过计量经济学模型分析单位时间内的交易行为对价格波动的贡献率，区分正常投资与市场操纵。第二，完善时间要素的证据规则。明确"算法交易时间"的刑事证据标准，针对程序化交易，应依据《证券法》第四十五条②要求券商具体保存完整的算法日志，并在技术层面增设"算法时间轨迹"的取证规范，解决毫秒级报单的时间认定难题。第三，构建"时间因果关系"的推定规则。可以参考欧盟《市场滥用条例》（MAR）第9条，③ 若行为人控制账户在特定时间窗口（如重大信息披露前1小时）出现异常交易，可以推定其具有操纵故意，但需允许反证推翻。

规范重构：迈向"时间适配型"证券刑法。第一，构建动态时间评价模型。其一，引入"市场影响时间系数"（MITC）。根据证券品种设定差异化的

---

① "价格影响测试"的司法实践源于美国联邦最高法院2013年对"Halliburton Ⅱ"案［即Halliburton Co. v. Erica P. John Fund, Inc., 573 U.S. 258（2014）］的判决。在该案中，联邦最高法院明确将"价格影响"作为 Rule 10b-5 集体诉讼中"信赖推定"（basic presumption）的核心要素。"价格影响测试"主要应用于以下两类案件：（1）证券欺诈集体诉讼，原告需证明虚假陈述与证券价格波动的关联性，以支持"欺诈市场理论"和损失因果关系。（2）市场操纵案件，在 Rule 10b-5 下，若指控操纵行为（如虚假交易或误导性信息），需证明该行为实际影响了市场价格。参见［美］吉尔·E. 费希、［美］约拿·B. 格尔巴赫、［美］乔纳森·克利克，钟俊杰译，刘志伟校：《证券欺诈诉讼中事件研究法应用的逻辑与界限》，载蒋锋、卢文道主编：《证券法苑》（2020）第二十八卷，法律出版社2020年版，第446~513页。

② 《证券法》第四十五条规定："通过计算机程序自动生成或者下达交易指令进行程序化交易的，应当符合国务院证券监督管理机构的规定，并向证券交易所报告，不得影响证券交易所系统安全或者正常交易秩序。"

③ 欧盟《市场滥用条例》（Market Abuse Regulation, MAR）第9条对安定操作（stabilisation operations）进行了定义和规范。欧盟《市场滥用条例》第9条通过一系列严格的规则和监管措施，显著提升了金融市场的完整性和透明度，保护了投资者的利益，并增强了市场的吸引力。参见伍坚：《论证券错误交易处置体系的完善》，载《华东政法大学学报》2024年第6期；龚琳：《欧盟 MiCA 法案评述及启示》，载《福建金融》2024年第2期。

时间评价标准，比如，流动性维度，以过去 30 个交易日平均换手率为基准，计算个股的时间弹性值；波动性维度，结合 Beta 系数与振幅指标,① 动态调整"连续交易日"的认定门槛。其二，确立"时间—价格"关联性证明规则。借鉴欧盟《市场滥用条例》第九条，建立"异常交易时间窗口"与"价格偏离度"的联动分析模型，允许通过计量经济学反事实分析（counterfactual analysis）推定操纵故意。第二，完善技术性证据规则。其一，算法交易时间轨迹全链条固化。依据《证券法》第四十五条，强制要求程序化交易系统记录纳秒级指令日志，并纳入《刑事诉讼法》中的电子证据清单。其二，建立"时间因果关系"阶梯式推定。第一阶，异常交易时间与重大信息发布的关联性；第二阶，交易行为与价格波动的格兰杰因果关系检验；第三阶，行为人历史交易模式的统计学显著性分析。②

理论反思：时间性特征的法哲学本质。证券刑法的"时间性"困境，本质上是金融市场的"时间资本主义"逻辑与刑法"规范时间观"的冲突。金融时间，以"时间价值贴现"为核心，追求非线性、可压缩的时间利益。刑法时间，以"因果连续性"为基础，依赖线性、均质的时间认知。二者的调和需引入"相对时间"观念，即刑事责任的认定不应简单映射物理时间，而应构建与市场时间价值相匹配的规范评价体系。③ 例如，可以将高频操纵行为的交易速度纳入社会危害性评价维度，作为"滥用优势"的可能性分析。

证券交易中的"时间性"本质上是金融自由与刑法父爱主义的价值博弈。一方面，自由维度。投资者基于时间序列的个性化决策，体现了《证券法》第三条"公开、公平、公正"原则下的市场自治。另一方面，安全维度。刑法通过时间要素的规范控制，实现《刑法》第二条"维护社会秩序、经济秩序"的立法目的。二者的平衡需通过比例原则实现，刑事介入应以最小必要

---

① Beta 系数主要用于衡量资产相对于市场基准的波动性敏感度，反映系统性风险。振幅指资产价格日内波动幅度（如最高价与最低价之差），是波动率的直观表现。例如，若大盘日振幅1%，某股票日振幅5%，则其波动率更高。在金融投资中，Beta 系数与振幅指标的结合可量化资产相对于市场的波动敏感度（Beta）及日内波动强度（振幅），为不同投资周期（短/中/长期）的策略制定和风险管理提供依据。

② 参见李彦璐：《交易量—波动率的关系与信息溢出》，厦门大学 2012 年硕士学位论文。

③ 参见王钢在《刑事归责的时间之维——论危害结果延迟发生案件的司法处理》一文中的相关探讨内容。

时间为限（如《操纵案件司法解释》第二条规定的"十个交易日"应随着市场成熟度进行动态调整），避免过度干预金融创新的时间价值。

概言之，对证券犯罪中"时间性"特征的解构，揭示了传统刑法规范在金融数字化时代的认知局限。未来的证券刑法体系应当从"机械计时"转向"弹性时阈"，通过动态时间模型与技术化证据规则的深度融合，实现"市场时间逻辑"与"法律规范价值"的有机统一。这一转型不仅关乎个罪认定的精确性，更是重构金融刑法范式、捍卫资本市场时间正义的必然选择。借助交易"时间性"这一视角来看，未来证券犯罪治理的范式要转型——从静态要件匹配转向动态时间分析。这一视角或将重塑"信息—交易"二元框架的实践生命力，推动证券法的规范体系与金融市场的时间逻辑实现深层耦合。

（三）欺骗性：从信息欺诈到行为欺诈

"信息—交易"二元分析框架下，"欺骗性"作为交易要素的核心特征之一，突破了传统欺诈犯罪中"虚假陈述—信赖受损"的线性逻辑，转而呈现交易行为自身建构虚假市场信号的复杂范式。这种欺骗性不再简单依附于信息载体的形式失真，而是通过交易结构的自反性扭曲价格形成机制。证券市场的欺诈行为正从"信息造假"向"交易造假"甚至"混合造假"进化。而且，交易要素的"欺骗性"特征突破了传统"虚假陈述"的单一维度，表现为通过交易行为本身扭曲市场真实供需关系的新型操纵模式。这种欺骗性是直接利用交易策略的结构性缺陷误导市场参与者。以下从法律规范解释、交易策略解构与刑事证明转型三重维度，系统揭示证券犯罪中交易要素"欺骗性"的独特机理。

交易型操纵如对敲、洗售等行为与正常交易不同，通常具有欺诈意图，这典型地表现出交易要素中的"欺骗性"特征。高频交易中的欺骗性订单，如"幌骗"，即提交虚假订单影响价格后取消，也直接体现了交易行为的欺骗性，其目的是扭曲市场价格，诱使他人交易。洗售、对敲等操纵手段虚构交易，隐瞒真实供求关系，进一步说明了欺骗性在交易中的表现。证监会在判断操纵行为时通常会考虑交易是否异常、是否具有欺诈意图，这为判断交易要素的欺骗性提供了实务标准。需要注意的是，不同行为类型对"欺骗性"的定义和适用范围可能有所不同。例如，相较于一般商业交易，证券市场的欺骗性可能更为复杂，涉及高频交易、市场操纵等形式，需要将这些一般特征与证券犯罪的具体情形结合，突出交易行为中的技术性和隐蔽性。简言之，欺骗性特征在证券交易中的体现包括：（1）使用虚假或误导性交易手段；（2）主观故意诱使他人交易；（3）扭曲市场价格或流动性；（4）造成投资者的损失和市场秩序的破坏。

欺骗性的法律构成要件。第一，手段的虚构性与隐蔽性。欺骗性交易的核心在于通过虚构交易事实或隐瞒真实交易意图，人为制造市场假象。例如，高频交易中的"幌骗"行为，即通过提交大量虚假订单后快速撤单，误导其他投资者对市场供需关系的判断。此类行为符合刑法中"虚构事实、隐瞒真相"的欺诈本质，在技术上具有高度隐蔽性，传统法律框架往往难以有效识别。第二，主观的诱骗故意。行为人需具备"使他人误信"的直接故意，如交易中通过自买自卖制造虚假交易量，其交易行为本身缺乏正常的投资逻辑，可以推定具有欺诈意图。第三，结果的非正当获利性。欺骗性交易通过扭曲市场价格或流动性实现非法利益，比如行为人利用虚假报价诱使跟风交易后反向平仓获利，这种获利模式与投资者损失之间存在直接因果关系。

"欺骗性"特征的法律内涵解构。第一，交易结构的自反性欺骗。传统证券欺诈以《证券法》第五十六条"虚假陈述"为核心要件，而交易型欺骗则通过交易行为的内在结构实现市场误导。例如，高频交易行为人通过"订单簿分层策略"（order book layering），[1] 将大量订单分布于整个订单簿的不同价格层次上，堆砌虚假买卖单，制造流动性充裕的假象，而这些订单的真实意图可能仅是在某一侧达成交易。交易一方可能在低价位挂单，同时另一方在高位挂单，在一方完成交易后，另一方迅速撤销订单，从而误导其他市场参与者对供需关系的判断。[2] 该行为虽然不涉及《刑法》第一百八十一条规定的编造虚假信息，但是通过交易指令的时空分布扭曲市场深度数据，触发跟风交易具有

---

[1] "订单簿分层策略"（order book layering）是一种在金融市场中常见的交易策略，其核心思想是通过将订单分布在多个价格层次上，以达到特定的市场操纵或信息传递目的。这种策略通常被用于误导市场参与者、影响市场价格形成或隐藏交易意图。

[2] 参见张孟霞：《高频交易的频繁报单撤单与市场操纵认定——以美国国债期货"虚假报单操纵"案例为视角》，载《证券市场导报》2016年第5期。

一定的危害性。第二，价格锚定效应操纵。在"幌骗"交易中，行为人通过巨量报单设定价格锚点（如某股票现价10元时挂出9.5元买单价单），诱导其他交易者向目标价位聚集，随后撤单进行反向操作。此类策略利用《刑法》第一百八十二条"连续交易操纵"的规范盲区，实现无虚假信息输入的纯粹交易型欺骗。第三，交易算法的认知剥削。程序化交易系统通过机器学习捕捉市场参与者的行为模式，实施精准欺骗。比如，高频算法通过监测散户订单流的方向与速度，在毫秒级窗口反向狙击散户止损线。这种"捕猎交易"虽然符合法律规范的形式合法性，但是实质上剥夺了中小投资者的公平交易机会。又如，暗池交易（dark pool）中，交易行为人利用信息披露豁免规则，[1]通过"订单流付款"（payment for order flow）[2]将散户订单引流至非公开市场，在获取信息优势后于主市场实施对冲交易，可能构成结构性欺骗。

欺骗性交易的行为范式。第一，技术驱动型操纵。在高频交易环境下，欺骗性交易呈现自动化、瞬时化特征。例如，报价填充（quote stuffing）通过短时间内密集提交/撤销极端价格订单，干扰市场定价机制。此类行为挑战了传统"真实交易"的认定标准，因其订单生成流程与合法交易无异，一般只能根据意图差异进行区分。第二，行为异化型操纵。包括对敲、洗售等经典操纵手段。例如，在麦科特欺诈上市案[3]中，上市公司联合中介机构通过虚假交易虚增业绩，其交易行为虽具有形式真实性，但本质是通过虚构交易背景欺骗监管与投资者。此类行为突破了传统欺诈行为"信息虚假"的单维认定，需从交易目的与市场功能扭曲角度进行实质判断。第三，混合型操纵。信息型操纵与交易型操纵的叠加，如先散布利好信息再配合异常交易拉抬股价。此时交易行为的欺骗性体现在其与虚假信息的协同作用，构成"双重欺骗"结构。

"欺骗性"特征的规范困境。第一，法律要件的认知错位。其一，"欺诈故意"的证明困境。传统欺诈犯罪要求证明行为人具有"明知"的故意，而

---

[1] 2024年12月27日，证监会发布《上市公司信息披露暂缓与豁免管理规定（草案）》。2016年5月30日，上海证券交易所发布《上市公司信息披露暂缓与豁免业务指引》（已失效）。

[2] "订单流付款"（payment for order flow，PFOF）是一种金融交易机制，指市场做市商或交易所通过支付费用的方式，从经纪商处购买零售客户的订单以执行交易。这种模式在零售交易和高频交易中较为常见，但其运作方式和影响引发了广泛的争议。

[3] 参见赵文艳：《证券欺诈犯罪的新特点及其对策研究——从麦科特欺诈上市案谈起》，载《贵州警官职业学院学报》2003年第6期。

算法交易中的欺骗策略可能由机器学习自主生成（如"黑箱算法"）。在 2010 年美股"闪崩"事件中，高频算法基于市场信号自动触发抛售链式反应，无法追溯行为人的主观恶意。其二，市场操纵的类型脱节。《刑法》第一百八十二条列举的"连续交易""约定交易"等操纵类型，难以涵摄量化中的欺骗模式。例如，可能因无法满足"联合买卖"要件而脱罪。同时，构成要件具有滞后性，现行法律对欺骗性的认定大多依赖"交易异常性""违背投资逻辑"等模糊标准，但算法交易的复杂性使行为边界更加模糊。例如，高频策略中的试探性订单（probing orders）与欺骗性订单在技术上高度相似，导致法律适用争议。第二，证据认定的技术壁垒。欺骗性交易往往涉及海量数据与复杂算法，监管部门面临取证技术瓶颈，包括监管科技的规制迟滞问题。交易所使用的"异常交易监测系统"依赖历史数据训练，可能将新型欺骗策略识别为正常市场行为（如 DeFi 市场的闪电贷攻击），形成"算法合谋性盲区"。第三，跨国监管的协调缺失。高频交易的跨境特性导致监管套利，如部分司法管辖区对欺骗性订单的认定标准差异，使跨国操纵团伙可以利用监管洼地实施犯罪。

具体而言，刑法维度："欺骗性"交易的入罪难题。第一，主观故意的证明困境。《刑法》第一百八十二条"操纵证券市场罪"要求行为人具有影响证券交易价格或交易量的故意，但新型交易型欺骗常常披着合法策略的外衣。比如，高频交易的"中性"伪装，程序化交易系统基于数学模型的自动化操作，难以证明操作者存在刑法要求的"明知"心态。交易所显示的异常报撤单行为，可能被评价为"正常风险对冲策略"。又如，被动型操纵的归责争议，做市商通过"订单簿分层"制造流动性假象，虽然在客观上引发了跟风交易，但是行为人可援引"做市商义务"抗辩主观恶性的缺失。① 第二，行为要件的规范脱节。"连续交易"要件的机械适用，《刑法》第一百八十二条将连续交易作为核心要件，但"幌骗"交易通过瞬时挂撤单即可完成价格操纵，可能因未达"连续十个交易日"标准而脱罪。"约定交易"的范围局限，跨市场联合操纵（如利用沪港通与 A 股指期货同步操作）因交易对手方难以特定化，

---

① 参见许荣、田文涛、胡学峰：《量化交易的风险影响与监管体系构建研究》，载《金融监管研究》2025 年第 2 期；王丽华、夏霆：《我国资本市场程序化交易问题审视与监管思考》，载《西南金融》2024 年第 12 期。

无法满足刑法规定的"与他人串通"要件。

行政法维度:"欺骗性"交易的监管盲区。第一,行为定性的标准模糊。合法交易与市场操纵的边界不清。《证券法》第四十五条允许"程序化交易",比如,私募基金通过算法在尾盘集中竞价阶段拉升股价的行为,可能被认定为"正常价格发现"而非违法行为。第二,跨市场操纵的管辖权冲突。在"沪伦通"等跨境交易场景中,境内投资者通过伦敦市场影响A股相关衍生品价格,可能因属地管辖原则而逃避规制。第三,执法手段的技术滞后。数据监控的颗粒度不足,交易所异常交易监测系统以分钟级数据为分析单元,难以捕捉毫秒级欺骗性订单。第四,算法审查的权限缺失。《证券法》第一百七十条赋予证监会检查权,但是《民法典》第一百二十三条[①]对商业秘密的保护可能会限制针对交易策略源码的强制调取,导致行政调查流于表面。

回归到日常的证券市场场景,可以从如下多个角度区分正常交易与具有"欺骗性"特征的交易行为。第一,正常交易的特征。价格波动符合市场规律,正常交易的价格波动通常遵循市场供需关系和经济基本面的变化。例如,证券价格会因公司业绩、宏观经济数据或行业动态而波动,这种波动是市场参与者基于真实信息作出的理性决策。其一,正常交易中交易量和价格的变化是相互匹配的,例如,当市场对某只股票的需求增加时,其价格通常会上涨,同时交易量也会相应增加。这种匹配性反映了市场的公平性和透明性。其二,正常交易行为通常符合投资者的理性逻辑,不会出现明显的价格异常或交易模式异常。例如,投资者不会在没有充分信息的情况下随意进行大量买入或卖出操作。其三,正常交易依赖于充分的信息披露,包括公司财务报告、市场新闻等,这些信息能够帮助投资者作出理性的投资决策,从而维持市场的公平性和秩序。

第二,具有"欺骗性"特征的交易行为。其一,欺骗性交易行为的典型特征是通过虚假陈述或隐瞒重要信息来误导投资者。例如,发行人可能在招股说明书中夸大公司业绩或隐瞒重大风险,导致投资者在不完全信息的情况下作

---

① 《民法典》第一百二十三条规定:"民事主体依法享有知识产权。知识产权是权利人依法就下列客体享有的专有的权利:(一)作品;(二)发明、实用新型、外观设计;(三)商标;(四)地理标志;(五)商业秘密;(六)集成电路布图设计;(七)植物新品种;(八)法律规定的其他客体。"

出投资决策。其二，欺骗性交易行为可能通过人为手段操纵市场价格。例如，通过大量买入或卖出某只股票，制造虚假的市场活跃假象，从而吸引其他投资者跟风交易。这种行为不仅扰乱了市场秩序，还可能导致个股价格的非理性波动。其三，欺骗性交易行为可能通过制造虚假的交易量吸引投资者。例如，通过虚拟账户进行虚假交易，制造出高交易量的假象，从而吸引其他投资者参与。其四，欺骗性交易行为可能通过发布误导性陈述或预测影响投资者决策。例如，某机构或个人可能故意发布虚假的盈利预测或市场趋势分析，误导投资者进行投资。内幕交易也是欺骗性交易行为的一种常见形式。

第三，区分正常交易与欺骗性交易的常见技术标准。其一，分析价格波动与交易量的关系，如果某只股票的价格波动异常剧烈且与基本面不符，或者交易量突然大幅增加但缺乏合理解释，则可能是欺骗性交易行为的表现。其二，检查信息披露的完整性，如果某家上市公司在信息披露中存在遗漏重要信息或夸大事实的情况，则可能存在欺骗性交易行为。其三，观察是否存在操纵市场的迹象，如果某只股票的价格在短时间内出现异常波动，并且随着大量买入或卖出操作，则可能是操纵市场的表现。其四，评估交易行为是否符合逻辑，如果某笔交易的金额、时间或频率明显偏离正常逻辑，则可能是欺骗性交易行为的表现。其五，监控虚假陈述或误导性信息，如果发现某家机构或个人发布了虚假的盈利预测、市场趋势分析或其他误导性信息，则可能存在欺骗性交易行为。简言之，正常交易与欺骗性交易行为可以通过价格波动、交易量、信息披露、市场操纵等多个维度进行区分。正常交易通常遵循市场规律，信息披露充分，而欺骗性交易则往往通过虚假陈述、操纵市场等手段误导投资者。

此外，需要说明的是，操纵证券市场罪与传统诈骗罪两者在交易要素层面均存在"欺骗性"，不过，两种交易欺骗性或欺骗要素存在不同的理解面向。① 操纵欺骗中，欺骗和影响的是投资者的心理预期。投资者再基于自己心理预期的变化而作出交易决策。操纵欺骗并不能直接影响投资者的交易决策。相应地，诈骗之骗，则是直接影响受害人的最后一步交易决策。比如，行为人将假

---

① 比如，在前文述及的邮币卡诈骗案中，这两种交易欺骗性容易混淆且直接导致刑法评价结论的不同。实践案例中，关于邮币卡诈骗案定性存在着"诈骗罪""非法经营罪""操纵证券市场罪"的争议。尽管在法律规范层面直接将"邮币卡"评价为"证券"似乎存在障碍，但是就实质而言，操纵电子交易平台邮币卡价格的内在机理与操纵证券市场完全一致。

手机当作真手机售卖时是直接欺骗受害人,受害人也被欺骗,在这一刻损失也确实发生了。作为投资品的邮票,操纵价格之骗,多出了中间的关键一环,即至多只是影响了投资者的心理预期。简言之,操纵之骗与诈骗之骗,至少存在两个方面的区别:第一,操纵之骗,欺骗的是市场,制造市场价格波动,诈骗之骗,直接欺骗的是个人;第二,操纵之骗,受害人未必发生财产损失,诈骗之骗,受害人必然遭受财产损失。因此,操纵之骗,操纵行为人可盈利可亏损,构成操纵犯罪也无须以盈利为条件。易言之,从欺骗的行为发生过程来看,两者的欺骗内容与欺骗机制不一样。比如,操纵之骗欺骗的是心理,让受骗者产生自己有盈利可能的错误心理。诈骗之骗欺骗的是大脑,错误不是心理层面而是认识层面。"诈骗罪的不法本质是交易基础信息操纵,即创设导致交易决定的错误信息风险,并使该风险实现。"[1] 诈骗罪中的认识错误一定首先是对交易的基础信息产生了认识错误,而不是决策心理出现了错误。决策心理无所谓对错,所有的心理活动都是自发且主观的,不受制于"对错"的评价标准,只有心智认识才有对错之分。交易信息和决策心理两者并不相同,诈骗应当首先骗的是大脑,是基于认识产生的错误,且这种认识一定是对于事实本身而不是心理。

规范调适:行刑衔接的治理路径。第一,重构"欺骗性"的司法认定标准。突破《刑法》第一百八十二条形式要件束缚,建立"交易策略—价格扭曲度—投资者受损"的三阶实质审查标准。比如,交易策略异常性,比对历史交易数据与行业常规模式(如某账户撤单率超过市场均值3倍标准差);价格扭曲客观性,通过事件分析法测算行为对价格波动的贡献率。同时,确立"策略透明度"抗辩规则,允许行为人证明其交易策略符合以下条件以便获得责任豁免:提前向交易所备案算法核心参数;未利用订单簿结构的非对称信息等。第二,完善穿透式监管工具。构建"行为—信息"联动监测系统。升级交易所监控系统功能模块,建立跨部门数据共享机制。打通证监会行政调查与公安机关刑事侦查的数据壁垒,制定"证券犯罪证据移送指引"并在规范层面增加行为人"算法策略说明义务",要求被调查对象提交交易策略白皮书。第三,构建算法审计制度。比如,依据《证券法》《证券市场程序化交易管理

---

[1] 王莹:《诈骗罪重构:交易信息操纵理论之提倡》,载《中国法学》2019年第3期。

规定（试行）》要求程序化交易系统每日上传算法代码哈希值至区块链存证平台，① 重大策略调整需提前 48 小时向监管机构报备。沙盒穿透测试，② 在监管部门设立"算法压力测试实验室"，对高频策略进行如下检测：市场冲击成本是否超过该证券日均波动率，订单存活时间是否短于市场平均反应阈值等。

  证券犯罪中交易要素的"欺骗性"特征，标志着市场操纵从"信息欺诈"向"行为欺诈"乃至"混合欺诈"的模式转型。这一转变要求刑法理论突破"信息中心主义"桎梏，转向"行为—市场"交互关系的系统认知。一方面，在微观层面，需重新诠释《刑法》第一百八十二条中"操纵证券市场"的本质，比如将其界定为"通过交易行为扭曲价格形成机制的公平性"；另一方面，在宏观层面，应承认算法与市场生态的共同演化关系，考虑在刑法修正案中增设"破坏金融市场基础设施罪"（如中国人民银行发布《金融基础设施监督管理办法（征求意见稿）》）③，将针对交易系统的欺骗性攻击纳入规制范围。未来的证券刑法体系应当形成"三维穿透"治理框架：穿透信息表象（信息层）、穿透交易结构（行为层）、穿透"算法黑箱"（技术层），最终实现"欺骗性"要素的全链条治理。交易要素的"欺骗性"特征解构了传统证券欺诈的认定边界，暴露出传统"形式合规"监管范式的结构性缺陷，揭示出法律规范与市场创新的深层冲突。通过"实质穿透型"法律解释方法与"算法共治型"监管科技的融合，迈向"实质穿透型"证券监管，方才可能遏制新型

---

  ① 参考工业和信息化部、中央网络安全和信息化委员会办公室、国家标准化管理委员会联合印发的《区块链和分布式记账技术标准体系建设指南》。
  ② 参见李有星、柯达：《我国监管沙盒的法律制度构建研究》，载《金融监管研究》2017 年第 10 期。
  ③ 中国人民银行《金融基础设施监督管理办法（征求意见稿）》第三十九条第一款规定："【处罚】金融基础设施运营机构有下列情形之一的，由国务院金融管理部门给予警告，责令限期整改，并没收违法所得，对单位处不超过 100 万元罚款；对直接负责的董事（理事）、监事和高级管理人员或直接责任人员，给予警告，并处不超过 100 万元罚款，情节严重的，责令金融基础设施运营机构对其予以撤职直至开除；涉嫌构成犯罪的，移送有关机关依法追究刑事责任：（一）未严格按照本办法规定报经国务院金融管理部门批准的；（二）未严格按照本办法规定向国务院金融管理部门备案的；（三）未严格按照本办法规定向国务院金融管理部门报告的；（四）违反本办法规定，聘任不符合任职条件的董事（理事）、监事和高级管理人员的；（五）无正当理由限制或拒绝为参与者提供金融基础设施服务，或中断、终止金融基础设施业务的；（六）未严格按照本办法有关规定建设、运营和维护金融基础设施的；（七）未按本办法规定进行自我评估，并形成评估报告报送国务院金融管理部门的；（八）违反本办法规定，拒绝、阻碍国务院金融管理部门的询问、检查、调查或者不如实提供有关文件、资料的；（九）存在危害自身或其他金融基础设施稳健运营，以及影响金融市场运行秩序的其他违法违规行为。"

市场操纵行为，捍卫证券市场的博弈公平性与价格真实性。未来的证券犯罪治理需构建"刑行一体"的实质审查体系，通过行为经济学的市场效应分析与法律规范的价值判断相结合，实现从"行为禁止"到"效果规制"的范式转型。这不仅关乎个罪认定的精确性，更是维护证券市场博弈公平性与制度公信力的应然选择。这一转型不仅是技术性修法，更是数字经济时代金融刑法范式的根本性革命。

三、"信息—交易"要素互动：机制重构与制度回应

（一）互动模式：双向映射与风险叠加

《刑法》第一百八十二条第一款规定的是连续交易型操纵，交易行为自身包含操纵市场的属性。比如利用信息优势进行连续交易型操纵，一种面向是利用时间差，另一种面向利用的是行为差或主体差。交易要素与信息要素两者往往呈现相互转化、相互利用的状态。在此意义上，交易要素也可以进一步被归结为信息要素的表现形态之一。证券市场的本质在于信息要素。证券市场的价格发现机制建立在信息与交易的双向映射关系之上。

信息要素和交易要素两者是一种互动的关系，某种程度上形成互证，互相证明彼此的成立。人类对信息的运用是社会生活的基本常态，信息收集、分析、利用等各种形态并存，无法直接凭借信息行为本身认定行为人违法利用信息要素。比如，对内幕信息重大性的判断也是落脚到交易行为，没有引发交易行为的信息价值判断是无效判断。

既然信息要素占据着如此基础性的地位，行为人具备的信息是否越多越好？或者以信息披露为例，是否信息披露越多越好？未必如此，客观存在的一个悖论是，信息数量与信息质量两者之间未必成正比，尤其是信息数量与决策质量之间未必成正比。换言之，信息披露的数量越多，信息本身的质量反而会降低，同时行为人自身的决策质量也未必与占有的信息数量相关，有时决策失误反而是因为信息数量繁杂，无法正确地分析判断并形成有效决策。尤其，当前信息网络技术飞跃发展，人们获取信息的方式早已今非昔比，反而是信息获

取容易形成了信息"茧房"。信息大量涌入市场之后，可能形成的悖论是，一切信息都公开了，也等于什么都没公开，因为信息碎片化之后丧失了整体性意义，而且引发了信息分析验证的成本迅速攀升，反向形成了信息茧房。如同选择的可能性太多，则意味着无从选择，肢解了选择本身的意义。

证券犯罪领域的因果关系认定也是一个困境，实践中基本依靠推定机制和行政"认定函"进行论证。传统犯罪中因果关系相对容易区分，证券犯罪很难在一个特定的时空条件下界定，是不是因为行为人的内幕交易或者操纵行为注入这个市场，从而使市场的交易价格与交易量发生波动，这是典型的多因一果状态，无法做到真空环境中的单一因果评价。

以内幕交易罪为例展开分析，从真实投资者角度来看，"信息—交易"要素互动带来的实际影响是，行为人在"获取信息"与"决策交易"的逻辑链条中还客观存在更为重要且容易被忽视的一个环节——"内心确信"，即行为人对所获取的信息是不是内幕信息的确信程度。换言之，行为人在所谓的敏感期内进行了交易，如果根据案件的具体证据能够还原行为人进行交易时对获悉的信息是否属于内幕信息并不确信时，则应当保持慎重的刑法评价，不应当直接抛开具体证据分析而径行笼统认定为内幕交易。实践中往往忽略这一中间转折环节，但事实上如果不能准确锁定行为人实施交易行为时内心对于"内幕信息"的确信程度，可能会出现判断错误。概括而言，影响行为人内心信息确信度的因素主要包括信息来源层级、泄露信息人员身份、双方情感认同度等。比如，多起信息传递案件中，对于后手的非法获取内幕信息的人员，如果泄露信息的前手人员并未告知其再靠前的信息来源（包括主体身份），仅是泛泛告知其打探到的信息就是内幕信息，站在一个理性投资者的角度看，这种泛泛的信息传递并不具备足够清晰、明确且实质的话语分量，则不能直接推定行为人获知该信息之后即直接据此作出交易。

具体而言，"知悉→确信→利用"（内幕信息）是内幕交易犯罪的完整行为结构。《证券法》第五十条和《刑法》第一百八十条分别规定了对内幕交易行为进行行政处罚和刑事处罚的依据。可知，内幕交易是指行为人"利用内幕信息实施的交易行为"。但是，行为人"确信"是"利用"（内幕信息）必然包含的前提性要素。第一,"知悉"不等于"利用"。①"知悉"是指行为人客观上掌握内幕信息的事实状态,属于客观要件;"利用"是指行为人基于内幕信息实施交易的主观心理状态,属于主观要件。法律明确禁止"利用"行为,但因其难以直接证明,司法实践中需通过客观行为进行反向推定。"知悉"标准降低了举证门槛,强化了监管,但打击面可能过宽,限制了合法交易。并且,这种推定的逻辑是不周延的,一方面,行为人的交易决策很可能更多的是基于自己对标的股票技术面的分析判断。例如,推动行为人买入标的股票的直接/核心的原因,是"没有亏损风险"或"亏损风险较低"的技术判断。因此,客观还原当时行为人的信息环境与决策逻辑,其实施的交易行为应当被认定为正当交易行为,而非内幕交易内在逻辑所要求的非法逐利行为。另一方面,从交易构成比例来看,行为人也可能是在对该信息"将信将疑"的真实心理状态之下作出的一种试探性买入行为。就此而言,实践场景中司法人员可能存在的疑虑是,这种试探性买入的行为似乎也存在一定程度的危害性,如何评价/处置?针对内幕交易中"不确信"状态下的试探性交易行为的法律评价问题,笔者提出以下分析框架,如表5所示,将其作为实现行刑责任分配体系的协调性评价。基于行刑衔接机制,对于存在双重违法性的行为遵循责任并合原则。尤其当行为人处于信息模糊状态时,对其违法性程度可作出如表5所示的具体分层判断。

表5 内幕交易中"不确信"状态下的试探性交易行为的法律评价

主观认识层级	法律责任层级	责任类型匹配
明确知悉	刑事优先	比如,刑事责任+追缴所得
合理怀疑	行政补充刑事	比如,行政处罚折抵刑罚
不确信	行政全覆盖	比如,没收违法所得
无过错	民事调整	不承担责任

第二,"确信"是"利用"必然包含的前提性要素。首先,在内幕交易的认定层面,行为人知悉内幕信息后,实施了相应的交易行为,关于行为人对内

---

① 内幕交易的主观故意认定本质上是"客观行为→主观意图"的司法推定过程。通过"知悉+交易"的举证责任转换,意在寻求打击犯罪与保障合法交易之间的平衡。

幕信息的"内心确信程度",实践中司法机关可能认为只需要达到"强化决策"的程度即可;换言之,只要确认行为人知悉了内幕信息,同时确认行为人实施了交易行为,便可认定行为人实施的是内幕交易。根据现有法律规范和学术观点,内幕交易的认定需满足"知悉内幕信息 + 利用该信息进行交易"的双重要件。然而,司法实践中普遍采用的"知悉 + 交易"推定规则存在理论争议与实践风险,比如忽略"利用要件",将"知悉"直接等同于"利用",可能导致正常的投资决策被误判。"'知悉 + 交易'的法理基础等同于交易者'交易人知悉(内幕信息)即违法,情节严重者构成犯罪',这显然有失正当性,因为交易者主观获悉某种特定信息,这本身并没有违法性和社会危害性,除非他以此为交易依据,在交易当事人内部,'如果一方交易者并不是利用了其知悉的内幕信息来交易的话,那么相对而言,交易的对方并不在交易中处于弱势地位'。回避'利用要件'的'知悉 + 交易'是脆弱的法律构架。"[1]

其次,实践中可能会有观点认为,法律规范层面未明确要求"行为人确信信息为内幕信息"这一主观要素,基于形式解释论可以认为"知悉即利用",通过客观行为推定主观意图。但是,这种理解并不能成立。第一,逻辑必然性。行为人需通过"知悉→确信"的认知过程才能形成交易决策。若仅"知悉"而无"确信",则无法建立与交易行为之间的因果关系。"确信"这一要素必然内含于"知悉→利用"的逻辑流程之中。[2] 第二,经验法则。股票交易属于高风险决策领域,理性投资者不会基于不确定信息进行重大投资。客观而言,对"确信"这种主观心理要素的证明确实存在困难,但至少无法回避的问题是,行为人对内幕信息的"确信"是"利用"必然包含的前提要素。概言之,"确信"作为连接"知悉"与"利用"的逻辑纽带,虽未被明文规定,但通过刑法解释学分析和司法证明规则可知,其必然隐含于犯罪构成要件中。实践中应遵循"主客观相统一"原则,在强化客观证据证明力的同时,

---

[1] 曾洋:《证券内幕交易的"利用要件"》,载《环球法律评论》2013 年第 6 期。
[2] "在这里必须澄清的一个认识误区,不能把证明'知悉'与证明'利用'相混淆。从逻辑顺序与要素构成看,一个内幕交易案件中需要依次分别证明以下三个方面的要件:存在内幕信息、当事人知悉该内幕信息、当事人从事了涉案交易。至于是否还应证明第四个要件也即当事人'利用'了内幕信息、当事人的交易行为与其知悉内幕信息行为存在必然联系,理论上存在重大分歧,立法与执法实践上存在重大差异。"参见张子学:《浅析"知悉"内幕信息的证明》,载徐明等编:《证券法苑》(2011)第四卷,法律出版社 2011 年版,第 165 页。

完善主观要素的间接证明体系。

此外，2012年5月22日最高人民法院、最高人民检察院在联合发布《内幕交易犯罪司法解释》的新闻发言稿中，明确表述称"特殊情况下，要看交易主体对市场预期判断的主要依据是什么，由于影响内幕信息形成的动议、筹划、决策或者执行人员对其行为所带来的市场影响具有较高的确信度，且该类人员往往是在'重大事件''计划''方案''政策'和'决定'形成时间之前就从事相关证券、期货交易，所以其动议、筹划、决策或者执行的初始时间，应当认定为内幕信息的形成之时"。① 据此可知，行为人对于"内幕信息"本身的确信度是内幕交易犯罪评价的重要环节，不可忽视。对于"确信度"判断的具体要素，有观点归纳为身份要素、参与度要素两个方面，并且提出从"事"的角度判断"实质性"、从"人"的角度判断"确信度"，综合两方面判断内幕信息的形成时点。②

刑法构成要件层面的"信息—交易"要素叠加。比如，蛊惑交易型操纵，一方面要求行为人利用虚假或者不确定的重大信息，诱导投资者进行证券交易；另一方面行为人同时进行相关证券交易的成交额在1000万元以上。抢帽子型操纵，一方面要求行为人对证券、证券发行人公开作出评价、预测或者投资建议；另一方面行为人同时进行反向证券交易，证券交易成交额在1000万元以上。此处构成要件的前半部分表述的即"信息要素"，后半部分表述的即"交易要素"。从规范层面来看，这种要素互动的意义体现在，行为人如果仅符合前述信息要素或交易要素之一，则不构成相应的证券犯罪，当且仅当行为人同时具备两种要素之时方才可能成立犯罪，缺一不可。在逻辑层面，信息要素是交易要素的判断前提，交易要素是信息要素的实害结果。换言之，如果仅有信息行为而没有交易行为，则很难将此评价为犯罪。当然，这种交易行为可以表现为个体犯罪（如行为人自行交易、他人代为交易）与共同犯罪（如基于共同犯罪理论可以将同案犯的交易行为归责评价于行为人）两种具体情形。

---

① 参见最高人民法院、最高人民检察院《关于办理内幕交易、泄露内幕介信息刑事案件具体应用法律若干问题的解释》的新闻发言稿：第二章第（五）。转引自肖宪洪：《论内幕信息的认定》，载桂敏杰总编，黄红元、徐明主编：《证券法苑》（2013）第九卷，法律出版社2011年版，第443页。

② 参见肖宪洪：《论内幕信息的认定》，载桂敏杰总编，黄红元、徐明主编：《证券法苑》（2013）第九卷，法律出版社2011年版，第440~445页。

（二）制度回应：动态治理体系的构建

信息要素的规制创新。比如，构建信息动态成熟度标准，根据信息生长曲线赋予相应的法律规范保护力度与保护层级。依据"双成熟度标准"（信息成熟度+交易行为成熟度）评价信息要素，并结合具体案件的情形展开刑法评价。又如，量化评价体系，构建信息要素完整性评估法（关键要素覆盖度），同时引入金融经济学领域专家证人的观点进行辅助判断。针对交易要素的技术嬗变，要从行为规制到系统治理。第一，高频交易的监管悖论与破解路径。比如，量化私募同步操作沪港通与股指期货，传统"交易日"概念完全失效。对于暗池交易的穿透监管，订单流付费（PFOF）模式①的刑事风险，可以借鉴欧盟 MiFID Ⅱ"最佳执行审计"制度，要求券商每月提交订单路径分析报告。②第二，算法操纵与模型归责困境，如"黑箱"算法的"故意"认定标准问题。某 AI 系统自主演化出"闪电攻击策略"（纳斯达克 2022 年异常波动事件③），目前刑法无法进行规制和追责。建议建立算法设计者终身责任制，将模型训练数据的合规性纳入审查范围。跨市场操纵的新型范式，比如，行为人通过伦敦金属交易所影响国内大宗商品期货价格，暴露跨境监管的真空，亟须构建"监管信息共享云"实现多市场数据的毫秒级同步。

监管制度升级，构建"三维穿透"监管框架。信息层：建立全市场信息图谱，追踪敏感信息流转路径，如利用信息技术建立"内幕信息同源词库"，自动识别重组事项等涉嫌内幕交易的痕迹。行为层：运用 AI 监测异常交易模式（如尾盘拉升、高频撤单）。技术层：对算法交易进行沙盒测试，评估市场影响。账户层：构建跨平台资金流向图谱分析，如整合银行、第三方支付、虚拟货币交易所数据。

行政法与刑法的协同规制，实现从分立到融合的治理进阶。第一，行政法维度的预防性监管体系创新，构建风险导向型行政监管。其一，大数据穿透式

---

① 参见宋澜：《股票做市交易发展及法律规制要点研究》，载《证券市场导报》2022 年第 11 期。
② 参见胡锡莎等：《复杂金融产品的投资者利益保护研究——以境外结构化产品的发展经验为鉴》，载《金融市场研究》2025 年第 1 期。
③ 参见上海证券交易所资本市场研究所发布的研究报告《境外交易所对异常交易监管的经验与启示》的相关介绍。

监管。依据《证券法》第一百七十条的授权，监管部门建立监管智能数据系统：(1) 整合上市公司财报、舆情数据、资金流水等多种数据源；(2) 运用知识图谱技术自动识别"关键人—账户—资金"关联网络；(3) 通过机器学习预测高风险行为（如提前预警可能的内幕交易案件）。其二，分类监管的动态调整机制。参考美国证监会"Bad Actor"规则，[1] 建立四类主体档案：红名单（重点监控），如3年内受行政处罚或刑事立案的主体；黄名单（特别关注），如涉及重大诉讼的主体；蓝名单（常规监管），如记录良好的普通主体；白名单（绿色通道），比如ESG评级AAA级的主体。其三，行为资格法的扩张适用。根据证监会《证券市场禁入规定》的内容，进一步细化并增设其他资格限制，比如数据接触禁令（禁止进入证券业数据中心），算法开发禁令（禁止参与交易系统设计），跨境协作禁令（禁止参与沪港通等跨境业务）等。

第二，刑法维度的威慑性规制体系升级。构成要件的实质化解释。其一，信息优势的量化标准。比如，综合考虑行为人持有未公开信息时间、信息价值密度、信息传播层级，如果同时满足三项可以推定具有刑法意义上的信息优势。其二，交易异常的动态认定模型。比如，创设以交易频率偏离度、资金杠杆率、持仓集中度三要素为主的"异常交易指数"，设置自动触发刑事立案审查程序的数值线。其三，算法行为的证据转化规则。针对电子数据取证，建立四步审查法：代码哈希值比对（验证算法一致性）；历史回测数据检验（排除随机策略）；压力测试报告分析（识别操纵特征）；市场冲击成本计算（量化危害程度）。

第三，行刑衔接机制的体系化再造。其一，证据转化的标准化流程。建立"三色证据转化清单"，即绿色通道证据（直接转化）：如交易流水、开户资料等客观证据；黄色审查证据（补充侦查）：如证人证言、情况说明等主观证据；红色排除证据（禁止转化）：如未经法定程序获取的衍生数据。其二，梯度化证明标准体系。比如，构建行政认定与刑事追诉的"三级证明阶梯"，细化共犯层级及区分认定的标准。突破传统"全有或全无"的判断模式，构建动态量化评价体系。其三，双向证据共享平台建设。行政监管部门与刑事侦查

---

[1] 参见赵英杰、张亚秋：《JOBS法案与美国小企业直接融资和监管制度变革研究》，载《金融监管研究》2014年第2期。

部门实现以下数据对接：异常交易预警信息；主体关联图谱；资金穿透分析报告；算法策略备案库；跨境资金流动监测；内幕信息知情人档案。

（三）理论突破：证券刑法范式的数字化转型

法律本体论的重构。突破"行为—结果"的线性因果框架，承认复杂金融系统中的涌现性特征。借鉴系统论中的"耗散结构"理论，将市场操纵视为破坏系统负熵流的行为。归责原则的进化，构建"算法共治"责任体系，第一层：代码开发者的伦理审查义务；第二层：策略使用者的动态监控义务；第三层：交易所的基础设施安全保障义务。正义观的嬗变，从"结果平等"到"机会公平"，考虑将"市场接入权"纳入证券刑法的保护法益，合理保护中小投资者的权利与利益。在Web3.0与量子计算的双重冲击下，证券犯罪规制已进入"数字正义"的新纪元。未来研究需重点关注元宇宙空间中的虚拟资产犯罪、DAO组织（去中心化自治组织）操纵[1]等新型课题，持续推动证券刑法在数字文明时代的范式革命。

在时间资本主义与规范时间观的冲突框架下，资本逻辑通过抽象时间机制实现对个体生命时间的殖民化统治，这种时间异化表现为社会再生产过程中对自由时间的系统性剥夺。[2] 高频交易作为资本增殖的极致形态，其运作机制可借助相对论时空观进行解释——当交易速度逼近技术极限时，市场参与者面临类似"光速限制"的时间膨胀现象，重大利好信息引发的涨停板争夺战需依赖市价单的瞬时成交突破时间壁垒。对此，法律规制体系面临双重挑战：一方面，传统证券期货操纵四要件理论（操纵能力、意图、人为价格、因果关系）难以适应高频交易的自动化特征；另一方面，认知法学需重构类型化判断标准，既要把握幌骗交易中订单流操纵的共性特征（如报撤单频次与成交意愿背离），又要兼顾算法时代市场操纵行为的特殊认知模式。[3] 值得关注的是，

---

[1] 参见刘辉、唐毅：《加密货币统合规制论：基于监管沙箱的原理》，载陈兵主编：《数字经济与法治》2024年第2辑（总第3辑），社会科学文献出版社2024年版。

[2] 参见白刚、王世强：《〈资本论〉的时间辩证法：资本逻辑的时间叙事及其解放》，载《中南大学学报（社会科学版）》2024年第4期。

[3] 参见刘辉、唐毅：《加密货币统合规制论：基于监管沙箱的原理》，载陈兵主编：《数字经济与法治》2024年第2辑（总第3辑），社会科学文献出版社2024年版。

《多德－弗兰克法案》第七百四十七条创造性地将幌骗交易定性为独立违法类型，通过禁止"无成交意图的订单申报"实现了从价格中心主义向市场秩序本位的规制转向。① 此外，这种制度创新暗合神经决策科学的最新发现：高频算法通过制造虚假流动性信号激活交易者的多巴胺奖励回路，其神经学作用机制与传统幌骗行为存在认知路径的深层同构。②

（四）国际合作：跨境协同与标准统一

信息与交易要素的互动既是证券市场的核心机制，也是法律规制的难点。未来需要以动态性、技术性与国际性为视角，推动立法从"事后惩戒"转向"事前预防"，构建适配数字经济时代的证券犯罪治理体系。针对跨境"信息—交易"犯罪治理，建议构建以国际协作与技术赋能为双核心的执法框架，具体可从以下三个维度展开革新：第一，协作机制革新。以国际证券委员会组织（IOSCO）《跨境执法协作指南》为基础，建立协作体系：一方面设立跨境执法联合指挥中心，统筹各国执法资源并制定联合行动计划；另一方面构建多层级协作网络，包括签署多边备忘录、搭建跨境执法成果共享平台，并建立分层管辖规则化解司法冲突。③ 对于跨境证据调取，可以同步完善"国际司法协助＋双边数据协议"的双轨机制，通过区块链存证技术实现证据链的可验证性。第二，技术应用创新。可依托区块链技术打造分布式案件数据库，构建监管联盟链新型模式，将跨境操纵案件涉及的交易记录、通讯数据等关键证据实时上链存证，通过智能合约预设数据调取权限规则，实现各法域监管节点权限

---

① 参见焦增军、李铭：《幌骗交易：类型化解释与期货市场操纵规制》，载《中国社会科学院研究生院学报》2019年第2期。
② "认知法学的研究内容广泛，涉及法学研究与司法实务的各个方面，不仅通过模拟法官审判思维，让机器习得法官作出判断的规则，完善司法预测，同时也通过寻找个人感受的物质基础，为司法裁判中法律赔偿责任和公平正义提供了新的认知思路。认知法学已取得一些前沿研究成果，自2007年以来，已有国内外的学者关注认知智能与法学的结合，认知神经法学运用认知神经科学（脑科学）的知识，并借助核磁共振等仪器对人的神经与大脑进行研究，试图发现立法、司法、犯罪的神经基础，同时，通过脑部多巴胺或内啡肽的分泌情况来衡量受害人的痛苦水平。认知神经法学是认知法学早期的探索，研究涉及犯罪预测、精神病辩护、脑死亡、测谎技术、指纹纠正错案……"参见张妮、蒲亦非：《计量法学、计算法学到认知法学的演进》，载《四川大学学报（自然科学版）》2021年第2期。
③ 参见刘凤元、邱妮：《证券市场跨境监管研究——以EMMoU为视角》，载《金融监管研究》2019年第12期。

的动态管理。① 第三，制度规则突破。可以通过制定"跨境证据互认操作指引"统一证据认定标准，创建"主权豁免清单"明确敏感数据保护边界，试点"数据沙盒"机制在可控范围内突破取证限制。② 针对管辖权冲突，可参考IOSCO 的建议设置"主要监管机构"指定机制，并设置争议快速仲裁程序。

---

① 参见李上：《跨境电子证据取证制度研究》，载《刑事司法科学与治理》2023 年第 1 期。
② 参见郑心洁、刘建华：《物联网视域下警务人员取证困境的思考》，载《刑事司法科学与治理》2022 年第 1 期。

第二章

证券犯罪的法律规范逻辑厘清

一、市场操纵犯罪

二、内幕交易犯罪

三、虚假陈述犯罪

一、市场操纵犯罪

（一）历史沿革与规范变迁

1997年《刑法》第一百八十二条首次规定了操纵证券交易价格罪，明确以"获取不正当利益或转嫁风险"为主观目的要件。2006年《刑法修正案（六）》删除了这一主观要件，转而强调"影响证券交易价格或交易量"的客观行为模式。这一修订使法律适用重心从"主观意图"转向"行为效果"，导致实践中对行为人意图的认定出现争议。比如，某上市公司实际控制人为了高价减持股份，聘请证券从业者提供交易策略咨询，最终通过控制的账户实施连续交易。尽管从业者未参与交易且未获利，但是司法机关仍以其构成"共犯"为由进行追责，认为其发挥了"参谋"作用，凸显了主观要件删除后，司法实践对"操纵故意"的扩张解释倾向。

价量操纵的实质争议。《刑法修正案（十一）》关于操纵犯罪的规定，其中一个明显的变化就是将具体的操纵模式款项中分别规定的"影响证券、期货交易价格或者证券、期货交易量"的构成要件要素，合并同类项后直接规定在《刑法》第一百八十二条的主条文中，即将其放置在操纵犯罪的整体要件内容之中。对此有两种逻辑理解方向，一方面删除主观要件是因操纵行为本身具有市场危害性，符合行为犯的立法趋势；另一方面《刑法》第一百八十二条"操纵"的语义必然包含故意，仅需证明特定操纵目的。监管实践中对于"目的"采用推定规则，比如证监会《证券市场操纵行为认定指引（试行）》（已失效）[①]第十四条列举"异常交易指标"（如交易偏离度、虚拟交易量水平）作为推定基础，但与刑事证明标准存在张力，应当结合市场基本规律与普遍经验进行综合判断。[②]这一修改具有重要意义，可以认为现行《刑

[①]《证券市场操纵行为认定指引（试行）》虽然已经失效，但是在理论分析与技术参考层面仍然具有借鉴价值。

[②]《证券市场操纵行为认定指引（试行）》第十五条规定："证券执法人员可以根据证券市场有关状况或证券市场发展规律，依据普遍的经验法则和证券市场常识，对行为人的行为是否是证券交易价格或者证券交易量变动的重要原因进行判断，并说明判断的依据和结果。"

法》将操纵犯罪的实质界定为一种交易价格或者交易量操纵（简称价量操纵）。如何区分正常市场波动与人为操纵仍存在法律模糊性，需从三个层面判断：第一，波动是否超出正常市场供需范围，需要判断价量波动本身是否属于正常范围。证券市场价格波动的存在并非全然是负面影响，价量的波动变化同时存在有利的一面，比如，活跃市场的交易气氛。第二，波动是否可归责于特定行为，锁定因果关系。即使这种价量波动不正常，还需要进一步界定这种不正常的波动能否归责于具体行为人。第三，社会危害是否达到需刑法介入的严重程度。即使将这种价量波动归责为具体的行为人，仍然要进一步考察其行为的危害程度是否达到了刑事犯罪的标准，以及这种危害性在何种界限和标准上跨过了民事和行政责任，并非单纯因为达到了量化标准即成立犯罪。

价量操纵认定的实践困境。以《刑法》第一百八十二条第一款第一项规定的"连续交易型操纵"为例，若某投资者的资金实力雄厚具备资金优势，基于合理分析连续大额买入某只股票，即使客观上价量异常，若无操纵意图，能否入罪？换言之，行为人没有任何操纵目的，也没有转嫁风险的意图，只是单纯的资金充沛且看好这只股票，进行了多次连续交易。这种行为能否直接认定为连续交易操纵？从基本的常理角度来理解，这种连续交易操作，行为人基于看好某只股票并进行了多次连续交易，即使达到了量化标准也不应当被评价为操纵犯罪。不过，司法实践中存在"结果导向"倾向。对此，应当结合交易目的、市场背景进行综合判断。同时，价量操纵的因果关系论证也存在困境。其一，行业特性对因果关系的差异性影响。小盘股与大盘股的差异，流通市值中小盘个股在操纵案件中的占比更高，其价格更易被单一大额交易影响。高频交易也带来了新挑战，算法交易可能引发"非故意性市场巨震"。其二，双层归因模型的构建可能性。比如，第一层"行为—市场波动"归因，运用事件分析法，[1] 选取合理期间计算异常收益率与累计异常收益率。比如，在操纵案件中采用 T+3 日或 T+10 日为窗口期测算异常收益率，如果计算结果远超同业指数波动水平，则可能被评价为交易行为与市场波动之间存在因果关

---

[1] 参见熊熊、刘诗萌等：《中小板主板合并对中小板股票收益率的影响分析》，载《金融经济学研究》2022 年第 6 期。

系。第二层"市场波动—行为人作用",可以引入格兰杰因果检验,①确认交易行为领先于价格变动。

体系性理解市场操纵犯罪。这种体系性理解具体表现在三个方面。其一,从刑法内部的体系重新理解市场操纵犯罪。比如,《刑法》第一百八十一条第一款规定的是"编造并传播证券、期货交易虚假信息罪",对比条文规定的内容可知,该罪与信息型操纵犯罪存在逻辑交叉。2020年证监会与最高人民检察院联合发布证券犯罪典型案例之六——滕某雄、林某山编造并传播证券交易虚假信息案,该案没有被认定为市场操纵犯罪,而是认定为编造并传播证券交易虚假信息罪,其"典型意义"部分明确表述称:"严格区分编造传播虚假信息和利用虚假信息操纵证券市场行为的法律边界,准确指控犯罪。刑法规定的多个证券期货犯罪罪名与证券交易信息有关,但具体构成要件有所不同。编造并传播证券交易虚假信息和利用虚假信息操纵证券市场(又称'蛊惑交易操纵')客观上均实施了编造、传播虚假信息的行为,且足以造成证券价格的异常波动,但构成操纵证券市场犯罪还要求行为人利用证券价格波动反向交易或谋取相关利益,且刑罚更重。利用虚假信息操纵证券市场是犯罪,编造并传播证券交易虚假信息同样应受刑罚处罚。对于不能证明被告人有操纵证券市场的故意及从中谋取相关利益,但编造并传播证券交易虚假信息扰乱证券市场秩序,造成严重后果的,应当以编造并传播证券交易虚假信息罪追究刑事责任,做到不枉不纵。"② 分析该典型案例的认定逻辑可知,行为人的交易行为造成了股票价格和成交量剧烈波动的影响,究竟是应当认定为操纵犯罪,还是认定为相关联的编造并传播证券交易虚假信息罪,可以在刑法内部进行体系性理解。概言之,信息型操纵具有"双向性"特征:信息传播(通过编造、传播虚假或误导性信息影响制造价格波动)+反向交易(行为人基于信息误导进行反向证券交易,利用波动获利)。相应地,编造传播虚假信息罪则具有单一性特征,即信息传播行为(行为人故意制造并散布的不实信息造成价格异常波动或交易量显著变化,扰乱市场秩序),不需要证明行为人具有操纵市场的

---

① 参见张曦之、汤怀林:《我国商品期货市场价格发现功能再检验——基于频域格兰杰因果关系模型的实证分析》,载《价格理论与实线》2024年第7期。
② 参见《最高检、证监会联合发布证券违法犯罪典型案例》,载最高人民检察院官网,https://www.spp.gov.cn/spp/xwfbh/wsfbh/202011/t20201106_484204.shtml。

主观故意或实际获利。其二,将《刑法》和《证券法》作为整体体系来理解。比如,《刑法》第一百八十二条第一款的连续交易操纵,对于何为连续交易,刑法没有给出具体概念规定。连续交易的概念认定,可以在《证券法》以及证监会颁布的认定指引里寻找概念界定。其三,可以从金融、经济学等更宽广的体系中重新理解市场操纵犯罪。近些年实践中出现的一些案例体现的是信息型操纵,同时信息披露相关的违法犯罪案件数量也逐渐增多。对于这种类型的操纵,仅是以刑法治理角度来理解,呈现更多的是一种事后的、外部性的视角。如果同时从内部视角展开分析,可以发现问题源头大多在于作为信息拥有或者制造主体的上市公司方。因此,针对行为人非法利用信息实施操纵等犯罪问题的治理,需要溯源到公司自身内部治理层面,尤其是公司内部治理中的信息治理角度。

市场操纵犯罪的证据法问题。目前实体法层面的规定已经相对详尽,但在实际案例中如何从证据法或程序方面对操纵行为进行证明,并未达成一致意见。比如,从证据构成的角度,实践中的案例存在两个突出问题：第一,口供问题。在证监会和公安部层面往往先形成信息和线索,再按照程序进行案件移交,然后指定给地方公安机关进行具体侦办。证券犯罪类案件专业知识壁垒较高,加之传统的口供中心主义因素,两者叠加导致操纵犯罪案件同样依赖口供的问题。对这类口供需要更仔细地审查能否达到操纵犯罪要件的内容要求。第二,审计报告问题。操纵案件中的审计报告尽管形式上是由会计师事务所出具,根据案件中公安机关收集的账户交易记录、银行流水记录等客观性证据,进行梳理计算之后得出达到了市场操纵犯罪的立案量化标准的结论。但是,审计报告中往往会大量引用口供、证言等案件材料。按照规范要求,"审计报告"(实际上应当出具"司法会计鉴定")应当是站在中立、专业的角度,严格依据会计账簿资料作出司法鉴定,不得引用刑事案卷的言词证据材料作为鉴定的依据和材料。而且对于银行流水、交易记录等材料,审计报告也仅是简单将数字分析累加起来形成相关价量波动的"结论",缺乏综合证券和刑法专业层面的技术分析。当然,这些刑法分析也不应当是司法会计鉴定的内容。实际上,这种审计报告相当于在侦查机关"给定"前置性结论的情况下第三方机构进行的数据运算,缺乏复合性的专业分析与论证,其合法性与正当性均存在疑问。

另外，实践中，操纵犯罪的证明结构呈现为一种"模糊式证明+推定式证明"的模式。所谓模糊式证明，往往是办案机关首先锁定口供，同时拿到证监会出具的"认定函"，形成定性结论，然后加上前述审计报告的定量分析，三者叠加直接得出成立犯罪的结论。推定式证明在市场操纵犯罪案件中也比较常见，问题在于经常突破推定规则的边界而违法适用二次推定（甚至多次推定），导致作为推定规则适用前提的基础性事实存在错误风险，进而引发事实认定错误的裁判风险。主观故意与客观结果的证明困境。其一，"操纵意图"的间接证据构造。比如，交易数据的异常性推定，实务中通过反向交易、趋同性交易、账户关联性等数据模型推导主观故意；被告人以"长期价值投资"抗辩其控制多账户交易行为，而"合法投资目的"抗辩，往往因账户分散性、交易频繁性等特征而不具有辩解的合理性。其二，"价量影响"的结果要件形式化。"价格偏离率"是实践中论证价量影响程度及因果关系的重要指标，这种计量争议在于未明确计算基准期，同时也没有合理区分标的股票的具体特征。比如，实践中个案选取大盘指数（如沪深300）作为参照基准，无法证明个股的异常波动。对此，可以构建主观故意的阶梯式证明标准，比如，对于目的型操纵需证明直接故意（如提前布局资金链），对于结果型操纵则允许依据交易异常性推定间接故意。目的型操纵强调行为人的获利目的，结果型操纵体现为司法解释中的量化标准及实害结果要求，实践中两者常常被一并适用，既需证明行为人具有操纵目的，又需证明其行为导致价格扭曲或市场秩序破坏的结果。[①]

（二）信息型操纵与交易型操纵

市场操纵犯罪是危害性程度最高的证券犯罪类型。这种危害性不仅体现在对正常证券市场运行秩序的扰乱，也不仅体现在对相应时段内普通投资者的财产损害，更在于反向扭曲塑造了市场定价机制与投资者的理性期待，可以认为破坏了证券市场健康运行的根基。市场操纵犯罪，可以进一步区分为信息型操

[①] 参见肖凯、沈竹莺：《全国首例涉主板市场多手法证券操纵侵权责任案裁判解析——投资者诉鲜某操纵证券交易市场责任纠纷案》，载邱勇总编，蔡建春、王红主编：《证券法苑》（2023）第三十八卷，法律出版社2023年版，第342~355页。

纵与交易型操纵。这两种类型化行为的区别在于，行为人实施操纵犯罪的作用机制。① 基于"信息—交易要素"二元分析框架，可以从信息自身真假、交易行为真假、交易意图真假三个维度拆分理解操纵犯罪的行为实质，包括信息型操纵与交易型操纵的差异实质。

值得注意的是，《操纵案件司法解释》第二条明确列举了"情节严重"（入罪追诉标准）的七种情况，其中第七种情形是"违法所得数额在一百万元以上"。实践中可能存在的情形是，如果行为人并未达到市场操纵犯罪的具体量化标准规定，能否直接适用该种违法所得追诉标准？笔者认为，这种情形不能直接适用违法所得追诉标准。原因在于：第一，违法所得是罪量要素，其适用的前提是行为人的行为首先应当满足罪质要素，两者的判断顺序不能颠倒；第二，违法所得标准是与其他六项标准并列的"兜底性"标准，理当优先适用规定排序在前的六项标准；第三，单纯采用违法所得标准进行刑事追诉，可能会导致定性判断混乱。比如，实践中可能存在的情形是，行为人的操纵交易量远超刑法规定的入罪量化标准，但可能实际上并未获利甚至亏损，对此当然应当进行刑事追诉，这种操纵交易行为具有处罚必要性。反之，也可能存在行为人仅是违法所得数额很高，但实际上交易量占比并未达到入罪追诉的量化标准。②

同时，交易型操纵的不同行为模式之间，尽管规范层面表述的文字用语都是"交易量"，但实际上不同条款与行为模式中的"交易量"的含义并不相

---

① 参见本书导论部分的具体分析。
② 参见由最高人民法院刑事审判第三庭、上海市高级人民法院指导，由上海市第一中级人民法院、上海社会科学院法学研究所主办的"新时代证券期货犯罪刑事惩治与社会治理的理论革新与体系构建"研讨会综述文章——《综述！聚焦证券期货犯罪疑难问题｜实务纪要》。文章中明确提道："与会专家对该问题倾向于认为：第一，我国刑事立法较多采用典型列举加兜底规定的表述方式，2019年《关于办理操纵证券、期货市场刑事案件适用法律若干问题的解释》列举了'情节严重'的7种情况，其中违法所得100万元属于并列的追诉标准之一。但《刑法》第182条规定，操纵证券、期货市场影响证券交易价格或者交易量，'情节严重'的才能构成犯罪。换言之，操纵证券市场罪的成立，一方面涉案行为需属于影响证券交易价量的操纵行为，另一方面涉案行为具有应受刑罚处罚性。其中，违法所得数额100万元等司法解释规定的7种并列情况属于对应受刑罚处罚性。也即是罪量的描述。在适用该入罪标准时，首先需要明确涉案行为属于操纵证券市场行为。第二，实践中应谨慎适用该入罪标准，不能仅依据该标准认定犯罪。违法所得标准与前面几个标准在体系上可能存在不相当的情形，如实践中出现较多的，相同的成交量倍比、类似的成交额，但是违法所得相差巨大；或者有些成交量小，违法所得反而较多。违法所得与行为的社会危害性实际上并不匹配，只能做一个辅助、补充的判断。故而实践中应谨慎适用违法所得标准入罪。"载微信公众号"上海一中院"，https://mp.weixin.qq.com/s/aAR2ubvFeIrNGsQJkLbOVw。

同。比如，《刑法》第一百八十二条第一款第（一）项、第（三）项规定的连续交易操纵、自买自卖操纵（俗称对倒交易），《操纵案件司法解释》规定的量化标准均是"连续十个交易日的累计成交量达到同期该证券总成交量百分之二十以上的"，不过，这两项规定中的"交易量"的实质含义不同，原因在于连续交易操纵与自买自卖操纵两种行为模式存在实质差异，就交易真实性维度而言，前者是真实交易，后者是虚假交易（因为交易双方的账户均是由行为人实际控制）。之所以评价后者是虚假交易，其虚假性并不在于交易行为的外观层面，而是在于交易目的本身的实质虚假层面。这种行为人自己实际控制的两个账户之间自买自卖的模式，虚增了市场的交易量并对其他投资者构成了误导，并可能引发市场的不正常波动。而且两种交易类型的入罪条件不同，连续交易操纵有持仓量要求和资金优势、持仓优势、信息优势的要件要求，而自买自卖操纵没有上述要求；连续交易操纵前端是合法、真实交易，只有交易量达到一定的量化标准方才被认定为操纵，而自买自卖全然是虚假交易，也理应对这两种交易操纵类型进行分别评价。

不过，实践中存在的一种倾向是，基于当前证券犯罪"零容忍"的刑事政策，司法机关在计算连续交易型操纵的交易量占比时，将自买自卖操纵的交易量也理解为一种连续交易的交易量混合叠加进行计算（比如，将对倒交易的交易量单边计入连续交易量），这就导致计算结果很容易超过50%的占比而升高刑档至5年以上。由此，引发的是叠加计算交易量的正当性问题。笔者认为，这种实践倾向的正当性与合理性均存在疑问，应当将两者的交易量分别计算并对照追诉量化标准，如果两者分别均处于第一档刑期5年以下，可以在该刑档之内从重处罚，而不应当通过叠加计算交易量后升高刑档处罚。

进而，基于前述两种交易型操纵的"真实性"属性存在的实质差异，可以进一步解构理解当前规范层面的深层逻辑。从从严打击的刑事政策角度出发，为了实现危害性与量刑的匹配均衡，在设定刑档对应的量化标准时，可以适当降低连续交易型操纵的量化标准，比如，从当前规定的50%调整至30%；或者可以适当升高自买自卖型操纵的量化标准，比如，从当前规定的50%调整至70%。这种逻辑结构调整的核心依据即在于，自买自卖型操纵是虚假交易，连续交易型操纵是真实交易，目前两者的第二档刑期对应的量化标准均是50%，显然不符合两者的危害性差异。行为人通过自买自卖交易，一方面犯罪成本低于连续交易，① 另一方面犯罪危害高于连续交易。自买自卖行为模式对市场的操纵性更强，更可能实现操纵市场的犯罪目的并实现非法获利。简言之，根据当前的实际政策导向，笔者认为，如果行为人采用多种操纵手法且分别应当在 5 年以下刑档之内评价的，综合评价可以在 5 年以下刑档内从重处罚，而不能预设为了苛以 5 年以上刑罚，将完全不同刑法含义的多种操作手法的交易量叠加计算。这种证券犯罪领域的"量刑反制交易量计算"② 的正当性与合理性值得关注，可能有违罪刑法定的基本原则。

新型操纵手段的"穿透式监管"挑战。比如，技术驱动的"幌骗"交易，通过高频程序虚假报单诱导其他交易者跟单，随后快速撤单。又如，数字货币市场的"流动性操纵"。在无明确法律属性的加密货币市场（如比特币交易所），通过关联账户虚增交易量引诱投资者跟单的操纵行为，面临行政法与刑法规制的双重缺位。

（三）实控账户认定问题

形式与实质的冲突。《操纵案件司法解释》第五条规定了实控账户的认定标准，包括行为标准与决策权标准。前者是一种形式判断，后者是一种实质判断，即从交易决策与利益归属角度定义账户的实际控制权。实践中不同的金融场景之下，实控账户问题的判断会面临很多复杂因素。比如，某投资顾问与基金管理人签订一份投资顾问的协议，投资顾问的职责与义务是对基金管理人提出投资建议，如果基金管理人涉嫌市场操纵犯罪，且其所操纵的股票正好是投资顾问建议买卖的股票。问题是，在外观形式上，投资顾问的建议，基金管理人都完全采纳并实施相应的交易，那么是否可以认定投资顾问实质上对账户及其交易具有实际控制权？投资顾问给基金管理人下达指令，是否构成操纵的共犯？如果投资顾问通过强势地位影响基金交易决策，虽无合同授权，是否构成实质控制？

---

① 连续交易型操纵，行为人进行的真实交易客观上承担了高额的成本，比如支付的资金成本。因此实践中呈现的形态是，马甲账户与资金提供者的"金主"获取操纵违法所得的比例很高，这也是行为人实施操纵犯罪却往往并未获利甚至亏损的主要因素。

② 参照理论研究中存在的"量刑反制定罪"提法，笔者在此提出"量刑反制交易量计算"的概念。

按照权利标准，从外观上看，投资顾问与基金管理人签订的是"投资顾问合同"，双方之间依据合同形成民事法律关系，投资顾问只有建议权，没有交易决策权，更没有对相关账户的实际控制权。因此，基金管理人涉嫌市场操纵犯罪与投资顾问无关。但与此同时，还存在一种可能的情形，实践中这种投资顾问往往是一家资产管理公司，且这种投资顾问公司往往具有广泛的资源网络。也就是说，仅从形式标准来看，投资顾问没有交易决策权，对账户没有控制权。但是这种投资顾问面对基金管理人处于强势地位，或者说基金管理人对投资建议都是一应采纳，从不拒绝。因此，从实质标准来看，可以认为投资顾问对交易具有决策权，对相关账户具有实际控制权。客观而言，存在的可能情形是，投资顾问以自己的强势地位操控基金管理人管理的资金和账户实施市场操纵犯罪。此时，如果仅依据形式标准，从外观上得出投资顾问与犯罪无关的结论，则不合理。事实上，投资顾问实际操盘实施操纵犯罪，违背了其作为投资顾问的基本职责义务。

穿透认定的边界。实践中还可能出现的情形是，依据实质标准或穿透审查的逻辑，司法机关直接将证券公司的自营账户认定为行为人的实控账户，这种认定结论也有违证券市场实践常识。证券公司的自营账户是不外借给他人使用的，既然是自营账户，当然就只能是自己经营使用。[1] 如果刑法领域将这种自营账户直接认定为行为人实际控制的账户实施操纵犯罪，可能违背行业惯例并带来其他不可控的风险。比如，实践中可能以查办证券犯罪案件为名，直接冻结证券公司的自营账户并冻结资金，这会影响证券公司正常的经营秩序稳定，引发证券公司客户（投资者）的心理恐慌。因此，对于实控账户问题，需结合账户资金流向、利益归属及决策独立性进行判断，避免机械化认定。

（四）交易量计算方法争议

根据市场操纵犯罪的构成要件内容，行为人的持股比例或资金优势需实质

---

[1] 中国证券业协会《证券公司证券自营业务指引》第九条规定："自营业务必须以证券公司自身名义、通过专用自营席位进行，并由非自营业务部门负责自营账户的管理，包括开户、销户、使用登记等。建立健全自营账户的审核和稽核制度，严禁出借自营账户、使用非自营席位变相自营、账外自营。"

性影响证券交易价格或交易量，但"实质性影响"缺乏量化标准。比如，普通个人投资者利用高频交易控制单日成交量30%，是否构成"优势"仍存争议。对于流动性较低的小盘股（如日均成交量不足100万股），可能3%的持仓即构成"优势"，但《刑法》并未区分市场容量差异，导致量化标准僵化。因此，需要根据证券市场以及司法实践的真实场景，构建"优势地位"的动态性考量。针对"优势地位"与"价量影响"进行量化标准分层，比如，可以根据市场类型（主板/科创板/新三板）设计差异化的持股比例、成交量占比阈值，避免"一刀切"。

1. 连续交易量是否可以包容"自买自卖"[1] 操纵的交易量

就操纵证券市场而言，在行为人同时采用连续交易操纵和对倒操纵[2]的案件中，司法机关会采信"认定函"、分析报告的结论，而径直对二者叠加计算。笔者认为，应当对二者的累计成交量以及相应的累计成交占比分别计算，然后与各自的量刑标准进行比对，而非叠加计算。

第一，基于法条规定的理解，应当分别计算交易量。《刑法》作为打击违法犯罪行为最严厉的法律规定，其权威性和合理性均在于罪刑法定原则。因此，在定罪量刑时，如果要对连续交易操纵和对倒操纵的累计成交占比叠加计算，必须依据《刑法》的明文规定。不过，《刑法》并未对此作出规定。《刑法》第一百八十二条第一款的第（一）项至第（六）项列举式规定了操纵证券市场的六种方法。其中，第（一）项规定的是连续交易操纵，第（三）项规定的是自买自卖操纵（对倒）。《操纵案件司法解释》针对不同操纵手法，分别规定了相应的量刑标准。基于此，不同操纵手法均有与之相对应的"情节严重""情节特别严重"的量刑标准。但无论采取何种解释方法对上述法律条文进行解释，均不能得出可以将两种操纵手法的累计成交量及占比叠加计算，从而进行定罪量刑评价的结论。同时，两种交易类型法条入罪条件不一样（如连续交易有持仓量和资金优势等要求，而对倒交易则没有）。连续交易是

---

[1] 实践中行为人之间约定俗成的说法是"对倒"或"对敲"，对应的刑法概念则是自买自卖型操纵。笔者在行文中采用实践中约定俗成的"对倒"这一说法。

[2] 实践中所谓"对倒"所对应的是《刑法》规定的自买自卖型操纵，其与连续交易型操纵并列为操纵犯罪的不同行为方式与交易模式，刑法及司法解释对两者也明确规定了不同的构成要件内容。既然两者为不同的操纵方式，在计算犯罪交易量时当然应当分别计算，不可混同。

合法且真实的交易，对倒交易是虚假的交易。实践中，证监会的"认定函"对这两种操纵类型也是分别进行评价。

因此，对于行为人同时采用多种操纵手法的案件，应当对每一种操纵手法的累计成交占比分别计算，再根据相应的《操纵案件司法解释》的规定，认定行为人的操纵行为是否构成犯罪、达到何种情节。在计算连续交易的交易量时，扣除对倒交易量是符合罪刑法定原则要求的，否则任意两种构成要件不同的犯罪行为都可以进行混合叠加。证监会"认定函"之所以将连续交易和对倒交易叠加计算成连续交易的交易量，是因为行政处罚并没有《刑法》中5年以上和5年以下的量刑区分。可知，证监会的"认定函"是从行政处罚角度的计算逻辑，并非对应《刑法》操纵证券市场罪的评价逻辑。

第二，基于对"滥用优势地位"的犯罪本质的考量，应当分别计算交易量。操纵证券市场的本质行为人是滥用优势地位非法控制市场。[①]《刑法》第一百八十二条第一款规定的连续交易操纵滥用的是资源优势，[②] 包括资金优势、持股优势、信息优势等实质性优势，这些优势直接作用于操纵犯罪行为而在第三款规定的"在自己实际控制的账户之间进行证券交易"的情形中，行为人相对于市场上只能控制自己的证券账户进行交易的其他投资者，因其控制了多个账户而仅是拥有了账户优势，这种形式化优势，并不能直接助推并实现操纵犯罪行为，其作用力远低于连续交易的多种优势。由此可见，两种操纵方式产生的累计成交量是基于不同优势类型及优势性质实现的。虽然在交易数据层面，看起来都属于"交易量"这一性质，然而二者的"交易量"背后对应的行为所利用的优势的性质是不同的，因此不能叠加计算。

第三，基于对不同操纵手法产生的"交易量"的性质辨析，也应当分别计算交易量。进一步分析连续交易操纵和对倒操纵的本质，可以发现，两种操纵行为在证券市场上产生的"交易量"存在真假之别。"连续交易是在集中资金优势、持股持仓优势、信息优势乃至技术优势的基础上，人为地介入证券、

[①] 参见刘宪权、魏彤：《操纵证券、期货市场罪的规范逻辑与适用》，载《人民检察》2022年第16期。

[②] "刑法第182条明文规定的集中资金优势、持股或者持仓优势以及信息优势属于操纵证券、期货市场的传统手段，理论上将其统称为资源优势。"参见刘宪权、魏彤：《操纵证券、期货市场罪的规范逻辑与适用》，载《人民检察》2022年第16期。

期货市场，通过在一定时间连续买进卖出某种证券、期货，在市场泡沫中诱使无知投资者盲目跟进、作出决策，从而实现控制证券、期货交易价量的结果。"① 换言之，连续交易操纵所产生的交易量，是行为人使用真实的资金，在市场上同其他投资者进行真实交易所产生的真实交易数据。而对倒操纵所产生的交易量是虚假的交易数据。"对倒操纵是不具有实际经济效果且不以证券、期货的真实转移为目的的虚假交易，最终呈现出来的交易价量并不能真实反映交易市场的正常供求关系。"② 鉴于本质上的真假之分，二者各自的交易量不能叠加计算，亦即二者各自的累计成交量以及相应的累计成交占比不能叠加计算。

第四，基于实践中判例的区分认定逻辑，应当分别计算交易量。比如，浙江省湖州市中级人民法院认定的累计成交量占比分子计算方法即减去了"对倒股数"，这具有直接的参考价值。③ 具体而言，其中明确认定，"本案起诉书按照行政认定函认定的成交量占比指控被告人的犯罪行为，即连续十个交易日内被告人实际控制账户组的累计买入量加上累计卖出量，减去对倒数量后，除以十个交易日内的总成交量计算得出的成交量占比，该计算方法符合司法解释的规定"。

所以，无论是基于对法条规定的理解、对"滥用优势地位"的犯罪本质的考量，还是基于对不同操纵手法产生的"交易量"的性质的辨析，以及实践中判例的认定逻辑，均能得出同样的结论，应当分别计算连续交易操纵和对倒操纵各自的累计成交量以及相应的累计成交占比。

2. 静态持仓量的时间性要求

根据刑法及司法解释的规定可知，连续交易型操纵的完整构成要件内容为：连续 10 日 + 持仓量 10% + 交易量 20%。并且，这三者需要同时具备，方可能构成犯罪。计算持仓量，应当要求连续 10 日的每一日均达到占比 10% 以上。

---

① 刘宪权、魏彤：《操纵证券、期货市场罪的规范逻辑与适用》，载《人民检察》2022 年第 16 期。
② 参见钱列阳、谢杰：《证券期货犯罪十六讲》，法律出版社 2019 年版，第 265～266 页。
③ 浙江省湖州市中级人民法院刑事判决书，（2022）浙 05 刑初 2 号。

尽管表6法条在表述层面，并未明确要求连续十个交易日每一日的持仓量也至少应当达到10%的占比，实践中有观点认为，就持仓量而言，仅要求一个交易日以上持股比例超过10%即可。[1] 但是笔者认为，这种理解并不合理。第一，在形式层面，尽管"连续十个交易日"是作为20%动态交易量的定语，但从文义解释角度理解，既然这三个要件内容是同时并存的，其含义上也应当一体具备约束性，即其也属于10%静态持仓量的定语，连续十个交易日每一日的持仓量都必须达到10%。尤其，在《立案追诉标准（二）》（2010）的条文表述中，"持仓量"与"连续十个交易日"之间专门用了一个"且"字。第二，在实质层面，连续交易型操纵相较于信息型操纵最大的差异在于，连续交易本身是真实的，行为人需要动用"真金白银"在二级市场进行真实交易，其成本是极高的，包括资金成本（比如实践中所见的大量"金主"，事实上收取了高额的"利息"）。因此，这一特征使交易型操纵要成立/实现犯罪是有相当难度的，因此刑法对其规定了更为严格的构成要件内容（如前所述，需要同时具备三个要件方可成立犯罪）。所以，此处也应当同样采取更为严格的解释，即连续十个交易日每一日的持仓量都必须达到10%。就此而言，从行政责任与刑事责任界分角度来看，如果不具备这一要件内容，比如连续十个交易日内（行为人）断断续续的持仓量在10%及其以下浮动，则仅应承担行政违法责任。

表6 司法解释对连续日＋持仓量＋交易量的规定

《立案追诉标准（二）》[1]（2010）	《操纵案件司法解释》	《立案追诉标准（二）》（2022）
第三十九条 操纵证券、期货市场，涉嫌下列情形之一的，应予立案追诉：（一）单独或者合谋，持有或者实际控制证券的流通股份数达到该证券的实际流通股份总量百分之三十以上，且在该证券的<u>连续二十</u>	第二条 操纵证券、期货市场，具有下列情形之一的，应当认定为刑法第一百八十二条第一款规定的"情节严重"：（一）持有或者实际控制证券的流通股份数量达到该证券的实际流通股份总量	第三十四条 操纵证券、期货市场，影响证券、期货交易价格或者证券、期货交易量，涉嫌下列情形之一的，应予立案追诉：（一）持有或者实际控制证券的流通股份数量达到该证券的实际流通股份总量

---

[1] 参见《操纵证券市场犯罪案件的审理思路和裁判要点》，载上海市第一中级人民法院2022年5月18日，http://www.a-court.gov.cn/xxfb/no1court_412/docs/202205/d_3840137.html。

续表

《立案追诉标准（二）》（2010）	《操纵案件司法解释》	《立案追诉标准（二）》（2022）
<u>个交易日</u>内联合或者连续买卖股份数累计达到该证券同期总成交量百分之三十以上的	百分之十以上，实施刑法第一百八十二条第一款第一项的操纵证券市场行为，<u>连续十个交易日</u>的累计成交量达到同期该证券总成交量的百分之二十以上的	百分之十以上，实施刑法第一百八十二条第一款第一项的操纵证券市场行为，<u>连续十个交易日</u>的累计成交量达到同期该证券总成交量的百分之二十以上的
—	第四条　具有下列情形之一的，应当认定为刑法第一百八十二条第一款规定的"情节特别严重"： （一）持有或者实际控制证券的流通股份数量达到该证券的实际流通股份总量百分之十以上，实施刑法第一百八十二条第一款第一项的操纵证券市场行为，<u>连续十个交易日</u>的累计成交量达到同期该证券总成交量百分之五十以上的	—

[1] 最高人民检察院、公安部《关于公安机关管辖的刑事案件立案追诉标准的规定（二）》，以下简称《立案追诉标准（二）》。

3. 动态交易量的计算公式问题

目前实践中存在三种计算公式：①累计成交股数/同期市场成交量；②累计成交股数－累计对倒股数/同期市场成交量；③累计成交股数/同期市场成交量×2。笔者认为，这三种计算公式均存在不合理之处。①

（1）公式③累计成交股数/同期市场成交量×2

实践中，测算比对交易数据可知，"累计成交股数"表达的是"买入＋卖出"的双边交易量的统计口径，"同期市场成交量"表达的是"成交量"这一单边交易量的统计口径。因此，公式③的分母将"同期市场成交量"乘以2，在统一分子、分母的计算口径方面，采用了正确的统计方法。不过，公式③往

---

① 这三种计算公式，实践中往往来自证监会或交易所出具的"认定函"，同时"认定函"的附件中会附上相应的数据测算（以 excel 表格的方式呈现），这种"证据材料"会被采信作为案件的核心定案证据。

往在分子选择上存在错误，比如，核对分账户逐日成交、持仓情况可知，公式③是将累计成交股数当作账户组所有的交易数据的汇总，混合叠加了连续交易操纵的累计成交量与对倒操纵的累计成交量，不过"认定函"会直接表述为"连续交易操纵达到×个20%或50%"，但该表述存在错误。原因在于，行政监管部门认为对倒交易也是一种特殊的连续交易，因此其交易量可以一并纳入连续交易量进行计算。仅就行政责任而言，这种理解观点，尚可成立。行政责任条款中，并无刑法中五年以上与五年以下的刑档区分，即使其计算的累计成交量占比偏大，也并不会存在量刑/刑档影响。根据占比公式的计算逻辑，分母是采用单边统计口径还是双边统计口径，会直接影响交易量占比的比值计算结果，进而直接影响量刑刑档。但分子是采用单边还是双边统计口径，一般情况下不会影响刑档。

（2）公式②累计成交股数 – 累计对倒股数/同期市场成交量

实践中，公式②看似是在账户组总的交易数据"累计成交股数"中剔除了对倒交易数据，仅剩下连续交易的数据，实际上并非如此。

公式②的分母选择存在错误。"累计成交股数"是采用双边的计算口径，"同期市场成交量"是采用单边的计算口径。就此而言，应将公式②中的分母乘以2，方才统一了分子分母的计算口径。如同公式③中分母的计算口径。

公式②分子选择存在错误。比如，测算比对交易数据，根据对倒交易明细与累计对倒股数明细可知，实际上公式②中"累计对倒股数"统计的对倒交易量采用的是单边统计口径。因此，公式②中的分子只剔除了一半的对倒交易量，还有一半的对倒交易量混杂在连续交易操纵的交易量中。

换言之，公式②中的数据并非单纯的连续交易操纵的成交占比，甚至因为其分子、分母均出现了错误而不具有参考意义。只有将分子中的"累计对倒股数"乘以2，同时将分母"同期市场成交量"乘以2，得出的结果才是纯粹的连续交易操纵的累计成交占比。

公式①的错误与此类似。实践中，"认定函"并未单独统计连续交易操纵的累计成交量和相应的累计成交占比，进而所得出的结论也是有问题的。

（3）正确的统计方法及公式：统计单独的连续交易操纵的累计成交量和相应的累计成交占比

根据上述内容可知，单独的连续交易操纵的累计成交量的计算公式，分子应当是"累计成交股数－累计对倒股数×2",分母应当是"同期市场成交量×2",相应的完整计算公式应该是"(累计成交股数－累计对倒股数×2)/(同期市场成交量×2)%"。

需要强调的是,实践中争议问题的核心在于分母应当是双边还是单边。① 笔者认为,无论分母是单边还是双边统计口径,连续交易量占比计算都存在以下逻辑前提:第一,由于法条表述一致,连续交易和对倒交易应该适用同一个公式,分子和分母要么都是单边,要么都是双边。《操纵案件司法解释》无论是连续交易还是对倒,都是连续10个交易日的"累计成交量"达到"同期该证券总成交量"20%以上的。第二,计算对倒交易时,分子和分母,要么同步单边,要么同步双边,不应当出现分子双边,分母单边的情况。第三,无论哪种操纵交易方式,适用哪种计算公式,交易量占比的最大结果值只能为100%,不可能超过100%。

如果按照实践案例中司法机关的认定逻辑,在计算连续交易时,分子用双边,分母用单边,将出现以下计算逻辑问题:(1)证监会在计算总交易占比时,分母用的是双边,为何刑法在计算连续交易占比时,分母要用单边?逻辑依据是什么?(2)既然连续交易和对倒交易的公式相同,连续交易分子是"买＋卖",分母为单边同期,那么对倒交易分子也应按照"双边买＋卖"计算,而分母却是单边,对倒的最高交易量则为200%。(3)既然是同一个公式,为何连续交易分子为"双边买＋卖",而对倒交易可以计算单边买/卖?(4)如果分母同期市场成交量为单边,将出现危害更大的对倒交易反而量刑更轻,呈现量刑不均衡的问题。举例说明,假设一天交易500股,连续交易买＋卖一共250股,如果分母同期市场成交量为单边,那么连续交易占比就是250/500＝50%;而对倒250股(买＋卖＝500),交易占比还是50%。一个总交易量只有250股的真实交易,竟然和一个总交易为500股的虚假交易量刑一致,这显然不符合市场的基本逻辑。

---

① 根据占比公式的计算逻辑,分母是采用单边统计口径还是双边统计口径,会直接影响交易量占比的比值计算结果是在50%以上还是以下,进而直接影响量刑刑档。相应地,分子是采用单边还是双边统计口径,一般情况下不会影响刑档。

（4）应当剔除的交易量情形

实践中，"认定函"统计的累计成交量可能还包含了非操纵行为对应的交易量，对此应当予以剔除。比如，操纵团队对"认定函"认定的实控账户的控制能力有限，因此在操纵期间，并非所有的交易行为，都是操纵团队出于操纵故意而实施的，这部分交易行为不应被认定为操纵行为，对应的交易量也不应被纳入账户组的累计成交量的计算之中。根据实践中的具体情形，笔者梳理出十二种应当扣减交易量的情形。

第一，基于不符合主客观相一致原则，应当扣减交易量的情形。犯罪评价应坚持"主客观相一致"原则。以下四种情形，客观上确实形成了交易量，但主观上完全背离操纵团队的"操纵故意"：①更换账户的情形；②减配的情形；③资金重组的情形；④中途退出合作的情形。第二，基于账户失控的客观状态，应当扣减交易量的情形：①平仓的情形；②老鼠仓的情形；③T+0的情形。第三，基于有利于被告人原则，事实证据存疑时，应当扣减交易量的情形：①账户实际使用时间，超过在案言词证据印证的使用时间；②账户决策权存疑的情形；③没有户主、中间人提供证言的账户及其交易。第四，上市公司大股东账户抛售套现的资金以及其他实控账户提盈后的资金，并未全部流回操纵团队继续用于交易，而是由上市公司自行支配使用。这两种情形对应的交易行为也不应被认定为操纵行为，相应地，该部分的交易量也应予以扣减。不过，由于上市公司自行支配使用的资金对应的抛售行为以及提盈行为，在实际案件中往往难以根据在案证据予以准确识别，其对应的交易量也就不容易确定。不过，逻辑上可以对此作出说明，以证实"认定函"统计结果未必全然准确。

（五）预设交易计划

从证券市场的基本要素角度，市场操纵犯罪可以类型化区分为交易型操纵、信息型操纵两种。当然，实践中，行为人往往是叠加使用信息操纵与交易操纵实施犯罪。从交易要素的角度，尤其是从交易要素（资金+股票）中的"资金"角度，市场操纵犯罪可以类型化区分为信托操纵、资管计划操纵、牛散操纵这三种不同的基本类型。所谓的交易要素，无非是行为人利用资金进行股票买卖交易，基本内容也就是资金与股票。对行为人的交易行为是否构成连续交易操纵犯罪的评价，也无非主客观两个方面的评价。也就是说，一方面，评价"交易行为"的正当性；另一方面，评价"交易意思"的正当性。因此，对于利用信托（资金）进行连续交易操纵犯罪的评价，核心即在于行为人所涉"交易行为"正当性的评价。

这种信托操纵，相对于资管计划操纵、牛散操纵而言，从证据分析与逻辑论证角度，属于相对容易作出正当性解释的案件类型。因为信托本身相对于资管计划、牛散这种资金来源，它本身有着更严格、规范的法律要求，无论是信托设立还是信托设立后的实际运行过程，均有着更为规范的形式合法性要求。比如，行为人的相关交易指令，均需要书面留痕，信托计划的投资运行操作有合同条款的明确规制等。就此而言，信托操纵案件中，行为人所涉交易行为的法律评价与证据分析，会更具有清晰、明确的特征，更容易进行法律甄别与判断。

在信托操纵案件中，存在一种典型的出罪抗辩机制，即所谓的"预设交易计划"。也就是说，如果行为人的相关交易行为，均是按照信托设立时的目的与诉求进行的，交易行为符合相关书面合同条款规定的内容，也符合有关的监管规则及法律要求，则不存在任何违法交易行为。那么，即使形式上达到了刑法规定的连续交易操纵的量化标准，也不构成操纵犯罪，而属于按照信托计划进行的正常市场交易操作。比如，笔者代理的某起操纵案件，司法机关认定的唯一"违法"交易行为，是强制平仓交易行为。但是，一方面，强制平仓所涉的交易行为，并非行为人本人所掌控实施的行为，而是融资对手方控制下进行的交易行为；另一方面，强制平仓的行为也完全符合信托计划的合同条款约定，如期触发了强制平仓的条件，这完全符合信托相关合同事先载明的"预设交易计划"，交易行为不具有违法性。

行为目的、行为意图、行为，或者行为目的正当、行为意图正当、行为正当，三者并不等同，在具体案例中的细致区分可能导致不同的刑法评价结论。三者在逻辑认识上容易混淆，三者对应的评价标准也不同。行为意图或行为目的的违法性，不等于行为本身的违法性。换言之，逻辑分析上，行为人意图或目的"不正当"，但是实际实施的行为完全合法且正当，那么，应当慎重进行刑法评价。因为刑法是行为刑法，而非单方面评价思想。比如，上述这种逻辑认识上可能的混淆在实践中表现为，行为人作为企业家意图向有关国家工作人员行贿，但并非直接进行货币行贿，可能采取其他变相隐蔽方式进行利益输送。行为人设立信托等金融产品，通过形式上合法的金融交易操作，将获利私下输送给国家工作人员的近亲属等变相持有。这种形式上的合法金融交易操作，掩盖了实质上的非法利益输送，当然应当予以刑法否定性评价。但是，这种形式合法实质非法的刑法评价，必须建构在证据证实这种事前的共谋利益输送安排的基础上。如果没有这种前提性的否定，就无法直接否定形式上相关金融交易安排的合法性。金融交易本身的稳定性，也是法律保障的重要利益。因此，即使司法机关认为行为人可能存在前述这种非法输送利益的行为，在评价行为人相关金融交易行为的合法性时，也应当避免先入为主的主观推定。在评价行为人金融交易行为的合法性、正当性时，应当警惕以事后性心理简单评价行为人金融交易行为的"正确性"，否则容易将行为人当时交易行为的"意图正当性""目的正当性"与交易行为本身的"正当性"混淆。

（六）审计报告问题

实践中，审计报告的文件依据混乱，业务性质不明，既像注册会计师审计，又像司法会计鉴定，导致司法机关将司法会计鉴定（鉴定意见）作为定案依据。首先需要明确，审计报告是由注册会计师审计后出具，还是由司法会计鉴定人员鉴定后出具，两者是不同类型的业务，开展业务活动所依据的法律准则不同，且两者在证据审查规则、执业主体资质，材料的来源、构成、完整性充分性要求，以及技术方法、目的、类型、发表意见的范围等多方面存在差异。但是，实践中，会计师事务所出具审计报告依据的规范文件，往往既有中国注册会计师审计准则，又有《司法鉴定程序通则》《全国人民代表大会常务委员会关于司法鉴定管理问题的决定》，业务属性混乱。

具体而言，第一，中国注册会计师审计准则适用于审计，并不适用于司法会计鉴定。对审计过程中执行函证、存货监盘、询问、审计抽样、审计调查等符合审计法律或准则，但不符合诉讼法律或司法鉴定程序的审计报告，或者因审计证据不完整、不充分出具有保留意见的审计报告，或者无法表示意见的审计报告，均不能作为司法会计鉴定使用。第二，《司法鉴定程序通则》《全国人民代表大会常务委员会关于司法鉴定管理问题的决定》仅适用于司法会计鉴定，并不适用于审计。也就是说，如果按照中国注册会计师审计准则进行审计，则文件的性质为审计报告；如果按照《司法鉴定程序通则》《全国人民代表大会常务委员会关于司法鉴定管理问题的决定》进行审计，则文件的性质为司法会计鉴定。实践中，审计报告的依据文件既包含中国注册会计师审计准则，又包含《司法鉴定程序通则》《全国人民代表大会常务委员会关于司法鉴定管理问题的决定》。换言之，可能的情形是，审计人员往往对业务属性也没有清晰的认识，或者明知其性质不同而有意为之。

实践中，如果会计师明知从事的是统计报告的工作，既不是司法会计鉴定，也不是注册会计师审计，却违规出具司法会计鉴定，则应当承担相应的责任及其可能后果。比如，"审计报告"被作为会计师事务所隶属的财政主管部门撤销。这类审计报告往往会在"其他需要说明的事项"这一部分载明：上述报告数据是依据××侦查机关提供的涉案资料统计而成，并不代表本会计师事务所及注册会计师对涉案数据真实性、完整性、合法性进行确认，即明确说明审计中的意见系统计而成，实际上，可以理解为是进行数字统计，这些数字即是证券犯罪构成要件内容中相应的各种量化标准，如交易量占比、持仓量等，该统计工作既不属于审计的范畴，也不属于司法会计鉴定的范畴，该统计报告不具有证据效力，不得作为证据使用。

概言之，实践中，审计报告不正当地替代了司法会计鉴定意见。就此而言，可以将这类审计报告的问题归纳为如下方面：其一，**审计报告作为鉴定文书未附签名和执业证书，违反了司法会计鉴定程序要求**。《司法鉴定程序通则》第三十七条规定，司法鉴定意见书应当由司法鉴定人签名。《全国人民代表大会常务委员会关于司法鉴定管理问题的决定》第十条规定，司法鉴定实行鉴定人负责制度。鉴定人应当独立进行鉴定，对鉴定意见负责并在鉴定书上签名或者盖章。多人参加的鉴定，对鉴定意见有不同意见的，应当注明。既然审计报告明确说明按照《全国人民代表大会常务委员会关于司法鉴定管理问题的决定》开展审计工作，就应当在审计实施过程中严格遵守该规定的强制性要求。

其二，鉴定人员不具备从事司法鉴定的资质。根据《全国人民代表大会常务委员会关于司法鉴定管理问题的决定》第四条的规定，除因故意犯罪或者职务过失犯罪受过刑事处罚的，受过开除公职处分的，以及被撤销鉴定人登记的人员外，具备下列条件之一的人员，可以申请登记从事司法鉴定业务：(1) 具有与所申请从事的司法鉴定业务相关的高级专业技术职称；(2) 具有与所申请从事的司法鉴定业务相关的专业执业资格或者高等院校相关专业本科以上学历，从事相关工作5年以上；(3) 具有与所申请从事的司法鉴定业务相关工作10年以上经历，具有较强的专业技能。实践中，如果严格审查出具审计报告的会计师资质年限，可能会发现执业年限不满足5年的硬性要求，不具备从事司法会计鉴定人的资格。

其三，依据未经法庭质证的口供、证人证言进行审计，鉴定方法严重违规，不符合鉴定的规范要求，不具有客观性、公正性。实践中，审计报告在认定"实控账户"时，依据的材料往往会包含侦查机关对涉案人员的询（讯）问笔录。根据最高人民检察院《人民检察院司法会计工作细则（试行）》（高检发技字〔2015〕27号）第二十四条的规定，鉴定意见不得依据犯罪嫌疑人供述、被害人陈述、证人证言等非财务会计资料形成。

其四，超范围鉴定，以鉴代判、代替法院认定实控账户等法律实体问题。比如，市场操纵犯罪的认定前提在于，首先准确认定行为人实际控制并用于涉案交易的账户，实践中司法机关往往将这一前提性认定工作交由审计报告完成。[①] 但是，实控账户的认定并不属于司法会计审计或鉴定的范畴，属于法院法律适用的范畴。司法会计鉴定的对象是财务会计专门性问题，包括资产、负债、所有者权益、收入、费用、利润等，案件事实或者法律判断等非财物问题，不属于司法会计鉴定的范围，比如，"不特定社会公众"不属于财务会计专门性问题，不应当由司法会计鉴定机构判断。《司法鉴定执业分类规定（试行）》（已失效）第九条规定，司法会计鉴定：运用司法会计学的原理和方法，通过检查、计算、验证和鉴证对会计凭证、会计账簿、会计报表和其他会计资

[①] 笔者曾经提出"证券犯罪案件的三角形证据结构与证明结构"的分析框架，即证监会出具的"认定函"承担定性功能，会计师事务所出具的审计报告承担定量功能，侦查机关形成的嫌疑人供述等言词证据承担定案功能（弥合"认定函"与审计报告两者之间的"证明缝隙"）。相应地，笔者在此基础上提出了"证券犯罪案件辩护的三大辩护形态与策略"，即针对证监会"认定函"发起行政诉讼；针对审计报告向主管财政部门提起控告；针对供述等言词证据，充分运用客观数据分析以形成有力反驳，如交易是否异常，是否非法获取并利用内幕信息进行交易等。

料等财务状况进行鉴定。以上部门规章对司法会计鉴定的范围作出了明确规定，即司法会计鉴定只解决资产、负债、所有者权益等与财务会计专业有关的问题，委托方不应该向鉴定人提出非财务会计问题。换言之，实控账户的认定，是一个事实判断，需要法院根据在案证据，根据实控账户的相关法律规定作出判断，而且允许被告人提出反证证明对账户没有交易决策权。实控账户的认定和计算与财务会计问题无关，因此该鉴定事项属于非财务会计专门性问题，不应当由鉴定人判断，鉴定人也无法判断该问题。

其五，不符合鉴定文书的形式要件。《司法部关于印发司法鉴定文书格式的通知》（司发通〔2016〕112号）规定，司法鉴定文书的形式要件包括：声明、文书标题、编号、基本情况（委托人、委托事项、受理日期、鉴定材料）、基本案情、资料摘要、鉴定过程、分析说明、鉴定意见、附件、鉴定人签名及盖章、鉴定文书出具日期、骑缝章。《最高人民法院关于适用〈中华人民共和国刑事诉讼法〉的解释》第九十七条规定："对鉴定意见应当着重审查以下内容：……（四）鉴定意见的形式要件是否完备，是否注明提起鉴定的事由、鉴定委托人、鉴定机构、鉴定要求、鉴定过程、鉴定方法、鉴定日期等相关内容，是否由鉴定机构盖章并由鉴定人签名……"实践中，审计报告往往存在以下不规范之处：未明确列明鉴定委托事项；未列明委托人；未列明受理日期；无骑缝章。

其六，鉴定文书名称不规范，违反司法会计鉴定相关法律要求。实践中，会计师事务所按照司法会计鉴定程序接受委托，开展审计工作，但是出具的文书名称为"审计报告""专项审计报告"，未执行司法鉴定规范出具司法鉴定类文书《鉴定书》或《检验报告》，而是出具审计类文书。《人民检察院司法会计工作细则（试行）》第二十三条规定，鉴定工作完成后，应当根据委托要求出具鉴定文书。仅需要反映财务会计资料客观情况的，应当出具检验报告；能够作出明确鉴定意见的，应当出具鉴定书。《公安机关鉴定规则》第四十五条规定，鉴定文书分为《鉴定书》和《检验报告》两种格式。客观反映鉴定的由来、鉴定过程，经过检验、论证得出鉴定意见/检验结果的，出具《鉴定书》/《检验报告》。鉴定后，鉴定机构应当出具鉴定文书，并由鉴定人及授权签字人在鉴定文书上签名，同时附上鉴定机构和鉴定人的资质证明或者其他证明文件。《司法鉴定程序通则》第三十六条规定，司法鉴定机构和司法鉴定人应当按照统一规定的文本格式制作司法鉴定意见书。《注册会计师业务指导目录（2018）》（中国注册会计师协会编）第三百三十五条为司法鉴定业务，执业依据为《司法鉴定程序通则》（司法部令第132号）。上述规范性内容均明确要求鉴定机构受理司法鉴定，应当执行司法鉴定规范，出具司法鉴定文书。特别是《注册会计师业务指导目录（2018）》，并没有将中国注册会计师审计准则列为司法鉴定执业依据，并明确注册会计师受理司法鉴定业务，应当执行《司法鉴定程序通则》，出具司法鉴定意见书，不应当出具审计类文书。

退言之，即使会计师事务所实质上从事的是统计工作，可能仍然存在统计错误。比如，市场操纵犯罪案件中行为人通过大宗交易合法减持的交易量、交易金额应当剔除。又如，行为人在持股过程中发生崩盘导致金主穿仓，金主收到利息时，审计报告仅显示了收入，亏损部分没有显示。事实上大部分金主都是亏损的状态。再如，关于利息支出，审计报告对于该事项定义并不清晰，补仓款支出和补仓款收入金额也往往不一致，存在逻辑错误。

（七）涉案财物处置问题

财产刑辩护权的弱化。以市场操纵犯罪案件为例，实践中，定罪与量刑程序不分离的法庭审理程序构造，缺失了对财产刑问题尤其是罚金问题的控辩交锋，一方面公诉机关并不必然提出具体的建议判处的罚金数额，即使提出具体数额也仅具有宣告性而不具有实质性，并不会完整、详细地解释建议判处罚金的理由、依据及计算方法；另一方面被告人与辩护律师也无法针对公诉机关的罚金建议展开质证与辩护。事实上，实践中常见的场景是罚金刑问题由审判机关单方面裁量。不过，基于证券犯罪的数量性特征，无论是涉案交易金额还是违法所得数额均远超越常规犯罪案件，由此更加凸显了罚金刑辩护落空这一问题的严肃性。[①]

涉案财物的认定问题。"人员涉案"与"财物涉案"两者的逻辑内涵与外延不一致。行为人即使涉及刑事案件，但是行为人的相关财物未必一定涉及刑事案件。或者财物涉案，但是人员未必涉案。比如，市场操纵犯罪案件中普遍

---

① 比如，青岛市中级人民法院判处徐某犯操纵证券市场罪，并处罚金110亿元。

存在的"账户借用""马甲账户""实控账户"现象,行为人实施市场操纵会大量地借用其他人员的证券账户,问题在于,行为人在实施交易操纵的同时,经常出现主体混同、交易混同以及收益混同的问题。也就是说,犯罪行为人在借用账户长时段内实施交易的同时,账户开户人自己也可能进行交易,合法交易与非法交易、合法所得与违法所得出现长时段内的混同。从法律评价来看,在行政责任层面,随意出借自己账户是违规的,这属于违法/行政责任,并非借用账户即直接成为操纵犯罪共犯因而需要承担刑事责任。

进一步的问题是,是否可以不加区分地直接查扣并没收该账户中的所有本金及收益?出借账户中也有开户人的合法资金与收益,而操纵犯罪往往时间跨度很长(如一至两年),呈现典型的长时段性,那么开户人在此长时段内也可能会进行合法交易,这种合法操作和非法操纵在时空关系上穿插进行,由此带来的收益性质判定就会很复杂,不能直接全部认定为违法所得。顺延带来的问题是操纵犯罪共犯认定的复杂性。在这一长时段内,开户人可能会阶段性地成立操纵共犯,比如,行为人可能会偶发性、间歇性地将正在进行操纵的情况与信息告知开户人,开户人可能会经不住利益诱惑"搭便车"进行交易并非法获利。操纵行为的长时段性、违法所得认定的复杂性、共犯结构的动态性,这三者叠加同时并存在证券犯罪案件中,司法实践层面由此也引发了不少争议与讨论。

实践中很多金融类资金或账户资金的来源是多元化的,比如,私募基金账户中的资金是委托人合法托付给管理人进行投资管理,如果在某操纵犯罪案件中司法机关认定该账户涉案,行为人利用该账户及资金实施了犯罪,可能会直接查扣没收,而不会结合繁杂的案件证据与事实进行细致区分。这种情形在涉众类如非法集资犯罪案件中也客观存在。比如,合法债权问题以及第三人的权利问题。此外,"涉案"涉及的是不是"同一个(刑事)案件"?即案件的同一性。刑事诉讼是国家启动公权力对个人展开追诉,对应着刚性的规则约束,侦查、起诉和审判的案件或事实应当同一。"涉案"的"案"的同一性,究竟是采取"事实同一"还是"法律关系同一"的评价逻辑?以及从什么角度认定事实与法律关系等,这些都是很重要的问题。

如何理解"处置"?比如,实践中出现的很多涉案财物处置问题,实际上潜在地混淆或等同了财物"管理"与财物"处置"问题,包括财物"管理"

的"保管"（侧重涉案财物的证据属性）与"打理"（侧重涉案财物的经济属性）问题。换言之，如果从权力/权利视角重新理解涉案财物处置问题，实际上是查扣权、保管权、处置权三者相统一，同时是程序权利与实体权利相结合的状态。涉案财物处置更核心的其实是"处置权"问题，即如何正当规范处置，尤其是财物处置最核心的要素是财物的价值性，也就是如何认定财物的合理价值。这种管理和处置的区分以及合理界定财物的价值，也都是实践中问题较多的方面。目前实践中包括理论界讨论的涉案财物处置模式，其实是三种制度模式并存演进的状态。第一种是传统的办案机关自管模式，包括公安机关自行管理与现在推行的跨部门集中统一管理；第二种是司法行政部门主导的模式；第三种也是目前制度和实践双向推进的改革模式，即财政部门主导的处置模式。① 从理论和逻辑上来看，每一种模式都会有它的优缺点，制度的演进只可能依靠合力，很难有某种单一的且一劳永逸安逸的制度方案能够解决整体问题。这三种涉案财物处置模式背后折射的是多元制度价值追求及冲突，如财物处置的独立性，财物的保值/增值性等。

如何理解"财物"？"财物"形态本身也有很大的差异性，比如，"证券"这种投资属性的金融产品，它不是实体财物而是虚拟财物，不是侧重使用价值判断而是投资价值判断，这种形态属性本身的差异会直接导致处置方式与要求的差异。例如，如何认定价值？如何选择合适的证券交易处置时点？不同交易时点形成的交易价格不同，其价值性存在于实体财物所不具有的高频波动中。

---

① 《国务院关于公安机关执法规范化建设工作情况的报告》规定："（三）科学建设执法办案场所，打造安全规范的执法环境……三是规范涉案财物管理。公安部部署各地公安机关建设涉案财物专门管理场所，实行管办分离机制，指定专门机构和人员统一管理涉案财物，办案人员不得自行保管；建立运行涉案财物管理信息系统，对涉案财物流转全过程进行实时动态管理，一些地方还推动建立跨部门的涉案财物集中管理场所和工作机制。目前各地公安机关已普遍建成使用涉案财物专门管理场所。"《公安机关涉案财物管理若干规定》（2015）第十一条规定："对于不同案件、不同种类的涉案财物，应当分案、分类保管。涉案财物保管场所和保管措施应当适合被保管财物的特性，符合防火、防盗、防潮、防蛀、防磁、防腐蚀等安全要求。涉案财物保管场所应当安装视频监控设备，并配备必要的储物容器、一次性储物袋、计量工具等物品。有条件的地方，可以会同人民法院、人民检察院等部门，建立多部门共用的涉案财物管理中心，对涉案财物进行统一管理……"《最高人民检察院关于深化检察改革的意见（2013—2017年工作规划）》（2015）规定："36. 配合完善强制执行和涉案财物处置法律制度。规范查封、扣押、冻结、处理涉案财物的司法程序，健全维护当事人或利害关系人合法权益的救济制度。配合建立跨部门的地方涉案财物集中管理信息平台，统一管理辖区内刑事诉讼涉案财物。配合立法机关制定强制执行法。"

关于虚拟货币处置问题，中共中央办公厅、国务院办公厅《关于进一步规范刑事诉讼涉案财物处置工作的意见》要求："完善涉案财物先行处置程序。对易损毁、灭失、变质等不宜长期保存的物品，易贬值的汽车、船艇等物品，或者市场价格波动大的债券、股票、基金份额等财产，有效期即将届满的汇票、本票、支票等，经权利人同意或者申请，并经县级以上公安机关、国家安全机关、人民检察院或者人民法院主要负责人批准，可以依法出售、变现或者先行变卖、拍卖。所得款项统一存入各单位唯一合规账户。"公安部《公安机关涉案财物管理若干规定》（2015）第二十一条第一款规定："对于因自身材质原因易损毁、灭失、腐烂、变质而不宜长期保存的食品、药品及其原材料等物品，长期不使用容易导致机械性能下降、价值贬损的车辆、船舶等物品，市场价格波动大的债券、股票、基金份额等财产和有效期即将届满的汇票、本票、支票等，权利人明确的，经其本人书面同意或者申请，并经县级以上公安机关主要负责人批准，可以依法变卖、拍卖，所得款项存入本单位唯一合规账户；其中，对于冻结的债券、股票、基金份额等财产，有对应的银行账户的，应当将变现后的款项继续冻结在对应账户中。"[1]

二、内幕交易犯罪

内幕交易可能导致个股价格在信息公开前异常波动，印证了市场中的信息不对称现象。内幕信息知情者倾向于在利益驱动下低估风险（如被捕概率），形成"过度自信偏差"。对于内幕交易的危害性存在不同的观点，有观点从支持自由市场的角度，认为内幕交易可能加速价格发现过程，批评"过度监管"妨碍市场效率；也有相反观点认为，内幕交易实质是"信息盗窃"，[2] 破坏社

---

[1] 以市场操纵犯罪案件为例，实践中，对于违法所得计算采取的是穿透原则，可以概括为三层追缴机制：直接所得，即操纵期间非法获利；间接所得，即利用违法所得再投资收益；关联所得，如近亲属账户异常增值部分。

[2] "内幕交易行为人利用提前掌握的内幕信息，在其他投资者通过公开渠道获知信息之前，抢先买入或卖出股票等证券非法谋取利益，这种行为直接违反和破坏信息公平原则，本质上是资本市场的'偷窃'。"参见许志峰：《内幕交易颠覆股市根基——证监会副主席刘新华接受本报独家专访》，载《人民日报》2012年5月25日，第10版。

会对资本市场的信任基础，长期抑制普通投资者参与。

（一）主体认定问题

内幕交易犯罪主体认定问题的主要争议点在于对"非法获取内幕信息人员"的判断，《内幕交易犯罪司法解释》规定的非法获取型、特定身份型、积极联络型三种情形对应形成了不同的认定逻辑与争议问题。比如，对于"特定身份型"情形，除近亲属以外的"其他密切关系人"能够成为犯罪主体，实践中有观点认为，审查的重点在于行为人"能否基于密切关系判断出信息真伪和实现可能性"。① 可见，判断的逻辑不是从形式层面的关系角度，而是透过身份关系关注信息要素的状态（如信息真实性与实现可能性）。这也为实践中判断"被动获取型"（如无意间偶然听到"内幕"信息）情形是否成立犯罪提供了参考标准。

内幕交易罪主体理论的演进，首先出现的是信息平等理论。该理论主要目的在于保护投资者的平等知情权，即通过拥有相同的信息保证投资者间交易的公平性。基于此形成的知悉内幕信息的标准，对该罪的主体范围作了最广义的解释，即知悉内幕信息是判断内幕交易罪主体的核心标准。但是，在长期的实践过程中发现该理论本身还是有缺陷的，比如，信息平等理论的语义射程过远，规制范围过大，有效适用性低，同时也会产生证券交易的寒蝉效应，不利于证券市场的长远发展。随后，出现了信义关系理论，即行为人只有在与交易对方存在信义关系时才应公开或禁止交易，仅是拥有尚未公开的重大信息的人员并不当然地负有该义务。据此，行为人成立内幕交易罪，要求一方基于未履

---

① 参见上海市第一中级人民法院发布的文章《证券内幕交易犯罪案件的审理思路和裁判要点》，网址为 https://www.a‑court.gov.cn/xxfb/no1court_412/docs/201907/d_3541004.html。其中提到了案例"黄某系C公司（系上市公司）总经理。李某与杨某分别为黄某的专职司机和保姆，黄某从未向两人透露过自己的工作位或职务等情况。李某通过长期接送黄某上下班及参加应酬等判断出黄某系C公司的高级管理人员，而杨某对黄某的身份职务等并不知情。李某和杨某偶然听到黄某打电话时谈及C公司重大资产重组的信息，随后二人在该内幕信息敏感期内分买入C公司股票"，并作出分析，"如案例中，专职司机李某和保姆杨某均与内幕信息知情人黄某有密切关系，但李某通过黄的工作单位和职务级别，能够据此判断出黄某谈及的项目内容具有真实性和实现可能性，可以认定其产生了内幕交易的犯罪意，属于非法获取内幕信息的人员。杨某则对黄某的工作、身份一无所知，抱着'试试看'的心态从事相关交易，因此不具有罪故意，不能认定为本罪的适格主体"。

行公开或禁止交易的义务而构成欺诈，最终成立内幕交易。此时如果交易双方不存在信义关系，内幕交易也就不存在了。之后，信义关系理论主要是以信义义务理论、信息传递理论和私企理论为基石，以信义义务联结证券交易欺诈与内幕交易罪，形成违法利用内幕信息进行证券交易成立欺诈再到内幕交易罪的认定思路，将传统内幕人、拟制内幕人、信息受理人、与信息源有联系的外部人作为内幕交易罪的主体。

目前《证券法》主要是以信义关系为基础构建法律规范体系，但是实践中并没有严格依照信义关系认定内幕交易主体，实践中判断行为人能否成为内幕信息罪的犯罪主体，司法人员会更倾向于行为人对内幕信息知悉与否的判断，而不是依据《证券法》与《内幕交易犯罪司法解释》甄别行为人的特定身份，尤其是针对非法获取内幕信息的主体，其认定范围具有模糊性与任意性，使内幕交易犯罪主体的范围呈现扩张趋势。① 事实上，对于内幕交易犯罪主体的认定，应当呈现一定的差异性判断规则。比如，上市公司内部主体并非一个统一整体，而是基于不同主体所处地位与身份不同，进而在获取内幕信息的机会层面存在差别，应当设置不同程度的判断规则，而不是等量齐观。又如，证券监管机构及其工作人员等具有双重身份的主体，② 其很可能更靠近内幕信息源甚至就是内幕信息的生成主体（如基于行政监管职权而知悉的信息），其承担的禁止内幕交易的义务要大于一般内幕交易主体。

内幕交易犯罪的主体认定问题，还包括短线交易的主体判断问题。《证券法》已经扩大了短线交易的认定主体及处罚对象，并且直接将客观行为作为认定短线交易的成立要件，不再强调行为人主观上是否具有利用控制优势和信息优势获取利益的目的与意图，提升了针对短线交易的打击力度，包括"董监高"等内部人员利用他人账户进行交易的行为。但是遗漏的问题是，《证券法》既然已经扩张了短线交易的处罚对象，目前自然人股东的配偶父母子女都已经被认定为短线交易的主体范畴，那么是否有必要规制法人股东的短线交易行为？《证券法》并没有这种延伸扩展，只规定并扩展了自然人股东这一认

---

① 内幕交易犯罪的主体范围并不明晰，比如具有职务关联的离职人员，是否属于内幕交易主体？被动型获知信息的人员，是否属于内幕交易主体？
② 比如《证券法》第五十一条规定："……因法定职责对证券的发行、交易或者对上市公司及其收购、重大资产交易进行管理可以获取内幕信息的有关主管部门、监管机构的工作人员……"

定范围，并没有提及法人股东，就此而言，笔者认为法人股东的主体范畴应当同步扩展，这样才能实现内幕交易打击的勿枉勿纵。此外，值得注意的是，短线交易的客体也从股票扩展至"其他具有股权性质的证券"（如可转债等），以覆盖更多证券类型。①

（二）重大性要件的判断标准

目前理论与实践中并存两种主要的判断标准，即价格敏感性标准（信息公布后是否引发显著价量波动）、理性投资者标准（信息是否影响理性投资者决策）。实践中，价格敏感性标准是判断内幕信息重大性的主要依据。具体而言，内幕信息公布后是否引起证券价格的重大变化，成为判断的关键。例如，复牌后的价格波动情况可以作为判断内幕信息重大性的基本技术指标。理性投资者标准认为如果某信息足以影响理性投资者的决策，则该信息具有重大性。司法实践中倾向于统一适用"价格敏感性"和"理性投资者"双重标准，② 这种倾向的逻辑是认为信息若影响理性投资者决策，必然反映为价格波动。例如，在杜某某内幕交易案③中，法院通过复牌后股价连续涨停的实证情形，直接证明信息对价格的重大影响。类似地，在苏某鸿案中，证监会和法院均强调涉案资产重组信息"对理性投资者决策的重要性"与"对股价的实际影响"并重。换言之，这种认定逻辑既符合"价格敏感性"标准（股价实际波动），也隐含"理性投资者"标准（波动反映投资者决策变化），二者在司法实践中互为支撑。

根据《证券法》的列举性规定可以将内幕信息分为定性型、定量型和裁量型三种类型。其中，定性型和定量型内幕信息可以直接认定为内幕信息，而

---

① 值得肯定的是，《证券法》第四十四条对短线交易客体的认定也进行了扩张性的立法确认。一方面，《证券法》将国务院批准的其他全国性证券交易场所交易的股票纳入短线交易规制的范畴，即将短线交易的规制范围扩展至新三板的股票交易。另一方面，《证券法》将"其他具有股权性质的证券"纳入短线交易规制客体的范围，即短线交易客体将不再仅局限于股票。参见袁康：《短线交易行为认定与〈证券法〉第44条之解释——兼评九龙山国旅案》，载蒋锋、卢文道主编：《证券法苑》（2020）第二十八卷，法律出版社2020年版第308～323页。

② 参见萧鑫：《内幕信息重大性标准及其投资者设定》，载吴清总编，黄红元、卢文道主编：《证券法苑》（2017）第二十卷，法律出版社2017年版，第202～216页。

③ 无锡市中级人民法院刑事判决书，（2011）锡刑二初字第0002号。

裁量型内幕信息则需要结合案件的具体情况进行分析。例如，"公司一年内购买、出售重大资产超过公司资产总额30%"属于定量型，可以直接认定；而"重大变化"或"重大债务"等模糊表述则需要结合案件的具体情况进行裁量。[①] 美国最高法院采用"理智投资者标准"认定信息的重大性，即如果一个理智的投资者认为某一信息对其投资决策具有重要意义，则该信息就具有重大性。我国司法实践中对内幕信息的重大性认定通常以《证券法》等前置性法律法规为依据。

信息重大性，是内幕交易、市场操纵、虚假陈述三类证券犯罪共有的要件内容。不过，这三类"信息重大性"各有其特定内涵，目前理论与实践层面尚没有清晰的区分与界定，容易引发混淆。具体而言，其一，操纵市场犯罪中的信息重大性。操纵市场罪的行为人通过散布对股价有利或不利的信息来影响股价。这种行为的核心在于信息是否能够被市场吸收并反映在证券价格上。例如，通过有目的的传播虚假信息，可以激发投资者的关注和热情，从而诱使投资者买卖股票，进而影响股价。其二，信息披露犯罪中的信息重大性。信息披露犯罪重大性的判断标准通常采用价格敏感性标准，即如果某一信息对证券市场价格有显著影响，则该信息被认定为具有重大性。例如，根据《最高人民法院关于审理证券市场虚假陈述侵权民事赔偿案的若干规定》第十条的规定，价格敏感性标准是判断虚假陈述重大性的核心尺度。其三，中性信息与可罚性的关系。在虚假陈述犯罪中，如果虚假陈述的信息不具有重大性，则可能被认定为中性信息，[②] 不满足侵权条件，法院将驳回投资者的诉讼请求。质言之，信息披露犯罪和内幕交易犯罪的信息重大性通常采用价格敏感性标准；而操纵市场犯罪的信息影响则体现在其对证券价格的实际诱导作用上。同时，新《证券法》第五十二条和第八十条均采用了价格敏感性标准作为判断重大性的核心尺度。这表明，在涉及发行人的经营、财务信息时，如果这些信息对证券市场价格有重大影响，则应统一采用重大性的判断标准。

关于敏感期的认定问题。敏感期认定也是理论与实践争议比较集中的问

---

① 参见王志明等：《新〈证券法〉内幕信息重大性的立法表达与适用逻辑》，载邱勇总编，蔡建春、王红主编：《证券法苑》（2023）第三十八卷，法律出版社2023年版，第421页。

② 参见缪因知：《证券虚假陈述与投资者损失因果关系否定的司法路径》，载黄红元总编，蔡建春、卢文道主编：《证券法苑》（2020年）第三十卷，法律出版社2020年版。

题。实践中已有司法实务观点，对内幕信息形成及其敏感期构建了"实质操作性＋实现可能性"的双重判断标准。① 比如，杭萧钢构案中，"具体到案件本身，不论是接触洽谈还是三轮谈判，中基公司与杭萧钢构均未对合同的主要内容达成合意，直至2007年2月8日，双方高层就项目的价格、数量、工期、付款方式等内容基本达成一致，才表明该项目'已经进入实质操作阶段并具有很大的实现可能性'，至于后续的签订合同和合同生效，只是将该项目实现的可能性从法律层面上予以保障"。② 同时，还可以根据内幕信息的主动生成或被动形成的不同形态，相应设置不同敏感期标准。比如，将内幕信息分为"生成型"（如并购计划启动）与"触发型"（如重大合同签署）。生成型内幕信息指源于公司内部主动决策过程的信息，如计划启动、动议筹划或初步意向形成。这类信息通常由公司高管或决策层通过内部会议、文件草拟等方式主动生成，强调信息的"源头"和"初始阶段"。例如，并购计划启动时，公司高层开始讨论目标或框架。触发型内幕信息指由外部事件或被动因素促成的信息，如合同签署、交易达成或突发事件。这类信息强调"事件驱动"，通常在多方互动中形成，信息在特定时点（如协议签署）才具有完整性和可操作性。例如，重大合同签署或并购交易达成原则性共识。内幕信息按形态分类（生成型与触发型）能反映信息形成过程的主动性与被动性，避免敏感期界定过宽或过窄。生成型侧重内部决策的早期阶段，触发型侧重外部事件的完成点，这也符合信息重大性的"明确而具体"标准。这是基于证据支持的分类逻辑和敏感期标准，同时这种设置强化了内幕交易防控的精准性，但需注意证据间的补充，如"大小内幕信息"细分，以及类型化构建需结合个案。

（三）多层传递的刑事可罚性问题

关于内幕信息多层传递的刑事可罚性问题，在立法模式层面，各国（地

---

① "不论是'重大事件'的发生，还是'计划''方案''政策''决定'等的形成，再或是影响内幕信息形成的人员的动议、筹划、决策或者执行，都必须体现出'相关重大事项已经进入实质操作阶段并具有很大的实现可能性'，因为只有这样的信息才会对证券、期货的交易价格产生重大影响，才能据此认定内幕信息的形成。"参见王涛：《内幕信息敏感期的司法认定》，载《中国刑事法杂志》2012年第11期。

② 参见王涛：《内幕信息敏感期的司法认定》，载《中国刑事法杂志》2012年第11期。

区）的法律规定与实践判断存在显著差异，主要体现为信息内容模式与传递身份模式的对比。比如，美国采用"信息内容模式"，只要传递链条中存在可识别关系（如亲属、同事等），即可推定行为人明知内幕信息并追究刑事责任，且追责层级不受限制。例如，IBM收购莲花公司案中，第六手信息接收者仍被追责。这种模式基于资本市场复杂性，通过扩大打击范围强化威慑。欧盟采取传递身份模式，仅对二手以上传递者施以行政处罚，未追究刑事责任，理由在于认为后续层级缺乏明确信赖义务且打击范围模糊。日本更将规制范围严格限定于第一手信息接收人，认为后续层级缺乏明确信赖义务且打击范围模糊。日本学界有观点指出，无限追责会破坏法律安定性。[①]

我国司法实践中的处理情形存在分歧。刑事层面虽未明文排除二手以上追责，但需严格证明主观明知。实务中已有追究第三手传递者的案例，如通过微信表情暗示交易时点的案件。最高人民法院支持"明知即追责"原则[②]，但部分实务观点基于刑法谦抑性主张限制打击范围。行政监管则更为积极，证监会曾在贾某林案中对间接传递者作出处罚[③]。这种行刑衔接的差异反映了不同价值取向。"在对传递型内幕交易行为进行刑法规制时，能否将二手以上的内幕信息接受者、传递者认定为内幕交易的帮助犯？一般来说，帮助犯是指帮助正犯者，单纯对帮助犯进行帮助，而没有对正犯起到帮助作用的，并不成立帮助犯，难以受到刑罚处罚。二手以上传递人员，由于帮助的是一手传递者，而一手传递者本身也只是内幕交易的帮助犯，故而，内幕信息的多手传递人员不构成内幕交易罪的帮助犯。司法实践中，对于内幕信息知情人、密切关系人、二

---

① 参见赵靓：《内幕交易案件审判实务若干难点探析》，载《上海证券报》2016年5月18日，第10版。

② 参见苗有水、刘晓虎：《〈关于办理内幕交易、泄露内幕信息刑事案件具体应用法律若干问题的解释〉的理解与适用》，载《人民司法》2012年第15期。

③ "连带责任规则能否同样适用于间接信息传递情形可能有争议……对此的分歧同样存在于我国。有观点提出，'泄露人应当仅对其直接泄露对象的行为具有认知，否则在可能无限延展的内幕信息传递链条上，各个环节的泄露人都将承担泄露责任，有打击范围过宽之嫌'。相反的观点则主张，'如果内幕信息泄露人、传递人明知自己泄露或传递内幕信息后，该信息会被进一步传递或扩散，那么，就应对后续所有人的传递、交易行为承担责任'。在行政执法领域，证监会并未以传递人的直接受领人从事实际交易作为对其处罚的限制条件，如在贾某林泄露内幕信息案中，内幕人贾某林将内幕信息泄露给其朋友周某鹏，后者又泄露给姚某、张某祯，证监会认定贾某林构成泄露内幕信息。"参见曹理：《证券内幕交易民事责任认定与承担的规则构建》，载《财经法学》2025年第1期。

次内幕信息接收人员及二手以上内幕信息传递者之间的共同犯罪故意，往往因为调查难度极大无法认定，加之内幕信息经多次传递后可能失真或公开化，导致犯罪事实的认定更加复杂。因此，除一些能够通过证据查实基于共同犯罪故意而有组织、有分工地多手传递内幕信息的内幕交易行为可认定为集团犯罪外，其他多手传递不能'一刀切'地认定为共同犯罪，需要差别化处理。"[1]

对此问题，理论争议聚焦于三个维度：首先是主观明知的推定难题。直接传递者因与信息源存在信赖关系，主观恶意较易认定；二手以上传递者需通过交易时间异常、信息保密性等间接证据推定。美国通过"可识别关系链条"简化证明。其次是信赖义务的稀释效应。学界普遍认为，随着传递层级增加，行为人与信息源的信赖关系递减，社会危害性降低。例如，信息经多次传递可能失真，若仅剩交易建议而无具体内容，则难以认定犯罪。[2] "事实上，内幕信息经过多级传递，时效性、完整性、确定性已逐步降低，甚至在有些情况下，内幕信息经过层层传递，已经变成市场传言。因此，在判断当事人经过多级传递内幕信息之后，是否仍然知悉并利用该信息进行交易，应更为谨慎。由于推定规则在适用过程中更多依靠经验法则，即以内幕信息敏感期内交易主体与知情人的接触联络作为起点，结合交易主体的交易行为与内幕信息的吻合程度等异常情况，推定其行为的不法程度已经达到需要行政处罚的该当性，裁判者不可避免地存在主观擅断的可能。因此，在二次以上传递的内幕交易案件中，应严格区分推定规则的适用界限。当前，实务界达成共识的是推定规则只能在传递型内幕交易案件中适用一次，不存在二次推定的问题。"[3] 最后是打

---

[1] 参见许恋天：《依据"差别化"处理传递型内幕交易》，载最高人民检察院官网，https://www.spp.gov.cn/llyj/201712/t20171213_206657.shtml。

[2] "所谓'多级传递'，是指内幕信息经同一信息源出现层次性的次第传递，即'上下手次第传递'。在这种传递型内幕交易中三手以后的信息接受者与信息源之间可能并无直接关联，在信息传递过程中可能会产生'失真'和信息确度下降等问题……多层次传递的特殊态势衍生出复杂的法律问题：对于连续传递传信息的内幕交易，是否应该追究传递链上的所有主体？多层次传递的内幕信息最终可能扭曲失真，是否影响相关受领者责任的认定？深度挖掘和完整复原多层次传递的所有链条需要耗费大量的调查人力和物力，是否能在追究违法者和执法经济性之间找到合理的平衡？"参见蔡奕：《内幕交易的特殊行为形态分析——兼议〈证券法〉内幕交易相关规范的修订》，载徐明等主编：《证券法苑》（2011）第五卷，法律出版社2011年版，第1136~1156页。

[3] 参见高振翔：《传递型内幕交易中推定规则的理解与适用——从苏嘉鸿案谈起》，载《证券法苑》（2019）第二十七卷，第231~253页。

击范围的平衡难题。支持者强调维护市场公平,反对者担忧扩大追责可能误伤正常交易,主张以行政处罚为主。"我们认为,在传递型内幕交易犯罪中,对于二手以上人员不宜再追究刑事责任,这样既能体现刑法的谦抑性,也不会出现打击面扩大的问题。从内幕交易罪立法本意来看,主要打击的是内幕信息知情人员及其近亲属、关系密切人(如秘书、情人)、与知情人员联络、接触的人员利用内幕信息进行交易的行为,从加强信息控制和预防犯罪的角度出发,对上述人员从源头上给予刑事处罚可以起到应有的效果。此外,值得强调的是,利用偶然听到的内幕消息进行交易,因不存在非法窃取、刺探内幕信息的主观恶性,也不宜追究刑事责任,这种做法也被世界大多数国家所认同。"①

同时,实务中呈现三方面新趋势:一是刑事推定技术的突破。在"零口供"案件中,司法机关通过交易时间吻合度、利益关联性等构建证据链,如某内幕交易案中微信聊天记录成为关键证据。二是行刑衔接的扩张。行政执法已突破"密切关系人"限制,对二次传递接收者进行处罚。三是责任层级的突破。比如,证监会认定泄露者明知信息扩散而未制止时需对最终交易担责,体现了"可预见性"归责原则。"认定间接传递中传递人责任的条件与直接传递不应有所区别,即仍以其对所传递的信息会被进一步传递是否具有可预见性作为根本归责依据,而与信息被再次传递多少层级、最终的实际交易人是谁无关,如此才能严防内幕信息扩散从而有效遏制内幕交易。诚如权威司法观点所指出:'如果泄露内幕信息的人员知晓有二传、三传乃至之后的人在利用其泄露的内幕信息进行交易而不加制止或未有效制止,那么其就应当对这些从事内幕交易的扩散行为承担责任'……"②

对此,笔者认为可以从三方面完善:一是细化主观明知标准,引入"异常交易+身份关系"综合判断规则;二是区分刑行责任,对源头传递者重点打击,二手以上以行政处罚为主,避免连带责任过重;③ 三是借鉴按份责任规则,在民事责任层面按过错程度分担,避免连带责任过重。"间接传递中传递

---

① 赵靓:《内幕交易案件审判实务若干难点探析》,载《上海证券报》2016年5月18日,第10版。

② 曹理:《证券内幕交易民事责任认定与承担的规则构建》,载《财经法学》2025年第1期。

③ 参见赵姗姗:《法益视角下证券内幕交易罪主体范围的规范构造》,载《政治与法律》2018年第10期。

人与实际交易的间接受领人并无共同意思结合,其对后者的交易决策仅具有间接影响,如仍科以连带责任似乎过重。对此,或可考虑适用《民法典》第1172条关于无意思联络分别侵权行为承担按份责任之规定:传递人与间接受领人分别实施的违法行为均不足以单独造成损害,而是偶然结合在一起造成了同一损害,故传递人应根据其过错程度及对交易行为影响力大小承担相应份额的责任,而交易人则与其直接传递人对其余部分损害承担连带责任。无论内幕信息经过多少层级传递均可适用这一责任分担规则,以符合'罚当其过'的公平原则。"① 这些观点旨在平衡市场秩序维护与司法理性,防范打击范围过度扩张。

(四)违法所得计算问题

内幕交易违法所得的计算,涉及计算方法的选取,以及被选择的计算方法的具体应用。首先,需要在计算方法上达成一致,即实际所得法、② 市场吸收法、③ 拟制所得法④的取舍。目前,实践中就并用实际所得法和拟制所得法的统计方法基本达成了共识。其次,需要确定的是具体如何适用这两种方法,比如,针对行为人在敏感期买入(或卖出)的股票,哪部分适用实际所得法计算获利,哪部分适用拟制所得法(此为基准日的确定)。此外,还需解决的问题是,适用拟制所得法时应选取什么价格作为拟制价格(此为基准价的确定)。

综合关于上述问题的理论观点及司法实践,笔者认为在确定计算内幕交易

---

① 曹理:《证券内幕交易民事责任认定与承担的规则构建》,载《财经法学》2025年第1期。
② 实际所得法,又称净利法或者差额法,以卖出金额减去买入金额及相关交易费用后的余额作为违法所得。司法实践中,对于行为人获悉利好型内幕信息后买入股票,并在信息公开前后卖出的,多采用实际所得法。
③ 市场吸收法,又称关联所得法,强调股价涨跌变化与内幕信息公开之间必须具有相当关联性。在具体计算时,首先要确认内幕信息公开后市场完全吸收该信息的合理期间,然后判断内幕信息在该期间内对股价涨跌变化的实际影响,并据此认定违法所得。对于与内幕信息无关的其他市场因素对股价的影响,则予以排除。
④ 拟制所得法,将内幕信息公开后特定交易期间的交易价格拟制为市场基准价格,并以其与内幕信息公开前买入或卖出股票价格的差额作为计算违法所得的基础。拟制所得法直接设立特定交易期间作为市场完全吸收内幕信息的合理期间并统一适用于所有案件。例如,我国台湾地区将内幕信息公开后10个交易日收盘平均价格拟制为市场基准价格。司法实践中,对于行为人获悉内幕信息后买入股票,在信息公开后未卖出,或者超出特定交易期间卖出,多采用拟制所得法计算违法所得。

违法所得所适用的基准日、基准价标准时，存在以下四种合理的选择。

1. 以内幕信息公开后的复牌日为基准日，并以当日收盘价为基准价

"内幕交易的实质在于行为人利用内幕信息对股价的影响实现利益的定向输送。所以，违法交易行为的获利或者避损，只有在经济上与内幕信息价值具有因果联系时，才能够在法律上将其认定为内幕交易的违法所得。"[①] 换言之，内幕交易的违法所得，是行为人利用了"自己知道而他人不知道"的信息优势，在内幕信息影响股价波动的基础上，通过其实施的交易行为获取的违法所得。内幕信息被公众充分知悉之后，行为人便不再拥有信息优势。因而，应据此确定基准日。

如何确定内幕信息被公众充分知悉的时间点？笔者认为，以下三处法律规定，暗含了立法者确定的内幕信息被公众充分知悉的时间点。（1）T+0：股东减持新规规定的"窗口期"。《上市公司董事、监事和高级管理人员所持本公司股份及其变动管理规则》（2024）第十三条规定："上市公司董事、监事和高级管理人员在下列期间不得买卖本公司股票：（一）上市公司年度报告、半年度报告公告前十五日内；（二）上市公司季度报告、业绩预告、业绩快报公告前五日内；（三）自可能对本公司证券及其衍生品种交易价格产生较大影响的重大事件发生之日起或者在决策过程中，至依法披露之日止；（四）证券交易所规定的其他期间。"根据上述股东减持新规可知，2024年最新的规定已经认为，对股价有较大影响的重大事件在依法披露之日便已经可以被市场公众充分知悉。（2）信息公开后5日：《证券法》规定的"窗口期"。《证券法》第四十二条第二款规定，为发行人及其控股股东、实际控制人，或者收购人、重大资产交易方出具审计报告或者法律意见书等文件的证券服务机构和人员，自接受委托之日起至上述文件公开后5日内，不得买卖该证券。为了防止上市公司"董监高"及中介机构等人员利用信息优势实施内幕交易行为，在相关信息被公告公开后，此处设置了5日的期限以保证内幕信息公开并被一般投资者所知悉、理解，消解上述人员和社会公众对信息掌握程度的差异，保障市场公平。基于此，可以认定《证券法》认为市场公众在上述文件公开5日后已

[①] 参见刘宪权：《内幕交易违法所得司法判断规则研究》，载《中国法学》2015年第6期。

经充分知悉相关内幕信息。(3) 复牌后 10 个交易日：交易所规定的重组事项停牌时间。《上海证券交易所上市公司自律监管指引第 4 号——停复牌》(2025) 第八条规定，上市公司筹划发行股份购买资产，可以根据实际情况申请短期停牌，停牌时间不超过 10 个交易日。停牌期间更换重组标的的，其累计停牌时间也不得超过 10 个交易日。

证券市场设置停复牌制度的目的，是消除市场上的信息不对称，使投资者可以有足够的时间评估价格敏感信息，并基于此调整投资策略，从而提高股票及其衍生品的价格发现效率，维护市场稳定。经过投资者在停牌期间对股票价格的重新评估，复牌后，因为投资者调整了投资决策，所以股价会回归合理区间，不会因为某一重大信息而剧烈波动，从而保证了证券市场的有序进行。上海证券交易所将上市公司因重组事项而停牌的时间限制在 10 个交易日，默认了该停牌时间足够让市场公众充分知悉该重大信息，复牌之时，该重大信息已被市场充分吸收。可知，以上三处条文规定分别暗含了立法者推定证券市场公众消化吸收重大信息的时长，分别为信息公开之时、信息公开后 5 个自然日，以及信息公开后 10 个交易日。其中，时间最长的是信息公开后 10 个交易日，对重组事项而言，亦是复牌之日。

2. 以复牌日为基准日，并以复牌后连续 10 个交易日收盘价的平均价为基准价

如前文所述，根据相关证券法律规定，认定内幕信息公开后的复牌日为基准日是合理的。关于基准价的确定，笔者认为，除选择复牌日的收盘价外，还可以考虑复牌后连续 10 个交易日收盘价的平均价，通过"平均"的方式，剔除更多市场因素的影响，从而精准认定内幕信息对股价波动的直接影响。法律理论、金融立法、实务判决中比较一致的观点是，重大信息对金融商品市场交易价格的影响持续期间通常为 10 个交易日。[1] 有学者认为，"在司法判断层面构建统一的规则，以信息公开后 10 个交易日市场平均价格作为认定内幕交易者未平仓金融商品违法所得的基准价格，不仅充分考量了内幕交易违法所得与重大信息之间的关联性，而且保证了拟制违法所得司法核定的便捷性与可操作性"。[2]

---

[1] 参见刘宪权：《内幕交易违法所得司法判断规则研究》，载《中国法学》2015 年第 6 期。
[2] 刘宪权：《内幕交易违法所得司法判断规则研究》，载《中国法学》2015 年第 6 期。

实践中，我国台湾地区对于内幕交易民事损害赔偿额的计算采取拟制性交易所得计算公式，其之所以选定消息公开后10个交易日的收盘平均价格为市场合理的基准交易价格，乃是根据台湾地区的证券交易实践，内幕信息对上市公司股价的影响大约为10个交易日，10日过后股价若仍有不正常的涨跌，通常是由于其他因素所致，与内幕信息无因果关系。[①] 因此，笔者认为，目前以内幕信息公开后10个交易日收盘价的平均价为基准价，核算内幕交易的违法所得，是司法实践中在缺少实际成交价格的条件下对信息市场价格化表现的一种相对合理的推算。

3. 以复牌后最后一个涨停日为基准日，并以该涨停价作为基准价

如果认为内幕信息是在复牌后随着市场交易的进行，方才逐步被市场公众充分知悉，那么，可以认为标的股票复牌后的最后一个涨停日，是该利好信息被市场充分吸收之日。具体而言，在微观层面，可以结合标的股票的日K线、分时图展开分析；在宏观层面，可以结合涨停板打开之后标的股票的价量变动趋势进行分析。比如，选取一定时段内标的股票日K线的对比分析以及分时图的对比分析。因此，可以认为，在股票市场的利好信息兑现过程中，最后一个涨停板是利好信息被市场充分吸收的标志。换言之，"涨停板打开"是投资者消化了利好信息之后，基于一种理性判断继续实施交易行为的表现，而非投资者充分消化利好信息的标志。

4. 以复牌后涨停板打开之日为基准日，并以当日收盘价为基准价

司法实践中，还存在计算违法所得的基准日与基准价相分离的案例情形。就此而言，笔者认为以"股价无力攀升涨停板"作为内幕信息被市场充分吸收的标志，虽然也有一定的合理性，但是，即使认可这种判断，在基准日和基准价的选择上也应当体现统一性。换言之，基准日和基准价分别是内幕信息被市场充分吸收的时间和空间标准，二者不可割裂。如果确定基准价为复牌后涨停板打开之日的收盘价，则该基准价内在地要求基准日必须是该价格出现的当日，即复牌后涨停打开之日。需要重点说明的是，在证券行政监管中也几乎未

[①] 参见汤欣、高海涛：《我国内幕交易案件中违法所得的算定及判罚——兼论域外法律实践及其启示》，载《证券法律评论》2015年第10期。

见"基准日与基准价相分离"的处罚情形。当然，可能有观点会认为，实践中这种"基准日与基准价相分离的"计算方法导致的"误差"可能对刑法评价的影响不大，但是笔者认为，刑法评价本身具有严肃性，应当精确、科学、合理地进行分析评价，不能因为不同方法导致的"误差"不大而予以忽视。

此外，应当区分计算作为追缴对象的违法所得与作为罚金基准的违法所得。内幕交易违法所得的性质具有双重性。在内幕交易罪中，违法所得不仅是追缴的对象，还是作为罚金刑处罚的依据。一方面，"违法所得"具有追缴方面的功能。在经济犯罪中，违法所得均应予以追缴，内幕交易的违法所得也不例外。因此，在内幕交易罪中，作为追缴对象的违法所得应是行为人利用内幕信息获取的全部利益（或避免的全部损失）。但这并不应作为罚金基础，即定罪量刑基础的违法所得。另一方面，"违法所得"具有定罪量刑方面的功能。最高人民法院、最高人民检察院《内幕交易犯罪司法解释》第九条第一款规定，同一案件中，成交额、占用保证金额、获利或者避免损失额（"违法所得"）分别构成情节严重、情节特别严重的，按照处罚较重的数额定罪处罚。刑法明确规定，对内幕交易人应并处违法所得1倍以上5倍以下的罚金（情节特别严重）。然而，并处罚金的违法所得不应笼统地定义为获利数额或者避免损失数额。内幕交易中，与内幕交易行为直接相关的违法所得，指的是行为人因为内幕信息直接获得或者避免损失的数额，其关键点在于获利或者避免损失的数额仅仅因为内幕信息对证券市场的影响。同时，应当剔除其他市场或政策因素导致的价格上涨而获利的部分。换言之，内幕信息被市场充分吸收后，股票本身的延续获利（包括其他因市场因素而获利）不能作为定罪量刑的基础。因此，司法实践中，真正可以作为定罪量刑基础的被告人的获利数额，应当是截至内幕信息被市场充分吸收之时涉案账户中的获利数额。

（五）审计报告问题

实践中，在形式层面，根据《注册会计师法》《会计师事务所执业许可和监督管理办法》的规定，审计报告往往存在两个方面的问题：第一，会计师事务所作为财务会计领域的专业机构，无论是出具注册会计师审计意见，还是司法会计鉴定意见，均没有资质对刑法领域的法律实体问题进行判断。比如，在内幕交易罪案件中，包括但不限于计算内幕交易违法所得时基准日和基准价的选取。一方面，侦查机关根据《刑事诉讼法》第一百四十六条的规定，聘请会计师事务所出具鉴定意见。《刑事诉讼法》第一百四十六条规定：为了查明案情，需要解决案件中某些专门性问题的时候，应当指派、聘请有专门知识的人进行鉴定。根据该规定可知，侦查机关聘请会计师事务所进行鉴定，是为了解决某些"专门性问题"，但该"专门性问题"不包括法律问题。会计师事务所的专业人员主要是注册会计师，他们具有财务会计知识，但并不具备针对法律问题进行认定/鉴定的资质/能力。尤其，内幕交易作为典型的证券犯罪类型，其法律判断更是需要具备证券法、刑法等复合型法律专业知识与金融实操经验的人员。

另一方面，《人民检察院司法会计工作细则（试行）》（高检发技字〔2015〕27号）第八条规定，司法会计鉴定是指在诉讼活动中，为了查明案情，由具有专门知识的人员，对案件中涉及的财务会计资料及相关材料进行检验，对需要解决的财务会计问题进行鉴别判断，并提供意见的一项活动。司法会计鉴定的对象是财务会计专门性问题。司法会计鉴定的鉴定主体不应对非财务会计问题进行鉴定。**即使要超越鉴定范围，针对非财务会计问题出具鉴定意见，至少也应当作出特别提示或说明，否则应当承担可能的误导性责任**。尤其，刑事案件的正确处理涉及当事人的基本权利与自由，更应当审慎。侦查机关委托的事项是针对内幕信息交易金额、获利情况的数据测算，可以由注册会计师事务所承担；对涉案证券账户、银行账户资金流转及交易行为的比对分析，也尚在注册会计师事务所的资质/能力范围之内。但是，在计算内幕信息交易金额、获利情况时，必然涉及内幕信息交易的基准日（价）的选择，这无疑属于法律问题。换言之，选择不同的基准日（价）进行计算，会得出不同的内幕信息交易金额、获利数额，这两者直接关系作为内幕交易罪的重要定罪量刑依据的违法所得数额认定。然而，内幕信息交易的基准日（价）的择定标准在于内幕信息何时被证券市场充分吸收，这无疑也是一个法律问题。关于基准价的选择问题，刑法、证券法的理论界及实务界也一直争论不休，并无定论。

作为具有财务会计专业知识的机构，注册会计师事务所在受理侦查机关委托的鉴定事项时，应审慎对待所有非财务会计专业知识。比如，在统计内幕交易金额、获利数额时，更严谨且负责任的做法应当是——穷尽当前在理论界及实务界有争议的基准日（价）标准，逐一测算，并得出相应的统计结果，以供办案机关甄别判断，从而为案件的核心问题/争议提供有力的专业说明与支持，辅助审判机关最终作出准确/公正的定罪量刑裁判。

此外，值得注意/强调的是，在内幕交易案中，如果存在期初持股的情形（涉案账户在敏感期之前就已经持有标的股票），在计算违法所得时，在股价波动的影响下，对涉案账户的交易行为选用先进先出法还是后进先出法会得出不同的结果。具体而言，由于交易比较复杂，难以确定卖出的股票中哪些是在知悉内幕信息后买入，哪些是在知悉内幕信息前持有，这两种不确定情形发生的概率是相同的，由此产生的利益应参照存疑有利于被告人的原则，根据先进先出法和后进先出法分别计算后，就低认定。据此可知，先进先出法和后进先出法的选择，也是一项法律实体问题。

第二，即使认可《审计报告》属于司法会计鉴定，其往往仍然会存在这些方面的问题：（1）超范围鉴定，以鉴代判，代替法院认定内幕交易违法所得的计算方法之法律实体问题；（2）鉴定人员不具备从事司法鉴定的资质；[①]（3）鉴定过程中直接采用未经法庭质证的口供等言词证据作为鉴定依据，严重违反直接言词原则及鉴定程序合法性要求，所采用的方法既不符合科学性、规范性标准，亦导致鉴定结果丧失客观性与公正性基础；[②]（4）鉴定文书名称

[①] 《全国人民代表大会常务委员会关于司法鉴定管理问题的决定》第四条规定，除因故意犯罪或者职务过失犯罪受过刑事处罚的，受过开除公职处分的，以及被撤销鉴定人登记的人员外，具备下列条件之一的人员，可以申请登记从事司法鉴定业务：（1）具有与所申请从事的司法鉴定业务相关的高级专业技术职称；（2）具有与所申请从事的司法鉴定业务相关的专业执业资格或者高等院校相关专业本科以上学历，从事相关工作5年以上；（3）具有与所申请从事的司法鉴定业务相关工作10年以上经历，具有较强的专业技能。

[②] 《人民检察院司法会计工作细则（试行）》第二十四条第（二）项规定，鉴定意见不得依据犯罪嫌疑人供述、被害人陈述、证人证言等非财务会计资料形成。《司法鉴定执业分类规定（试行）》（司发通〔2000〕159号，已失效）第九条规定，司法会计鉴定：运用司法会计学的原理和方法，通过检查、计算、验证和鉴证对会计凭证、会计账簿、会计报表和其他会计资料等财务状况进行鉴定。

不规范，违反司法会计鉴定相关法律要求。①

事实上，实践中根据侦查机关鉴定聘请书的委托事项，往往可以推定会计师事务所出具的审计报告本质上只是一份数据统计报告。一般而言，侦查机关会委托会计师事务所针对两部分内容进行鉴定，一部分是内幕信息交易金额、获利情况，另一部分是涉案证券账户、银行账户资金流转及交易行为的比对分析。其中，前者显然是一份纯粹的数据统计，后者也并非典型的注册会计师审计工作内容。实际上，证券账户、银行账户的资金流转及交易行为的比对分析，本质上也属于数据统计分析。注册会计师审计应依据中国注册会计师审计准则作出，司法会计鉴定意见应依据《司法鉴定程序通则》《全国人民代表大会常务委员会关于司法鉴定管理问题的决定》作出。上述三份规范性文件，是分别作出审计和司法会计鉴定的规范基础。实践中常见的情形是，会计师事务所出具的审计报告所列明的适用依据并无上述三份规范文件，而是"审计鉴定程序通则""中国注册会计师准则及规范"这种泛泛的体系性规范，这种含糊其词的表述方式，客观上可能也是为了规避监管风险。因此，如果认为会计师事务所出具的审计报告本质上只是一份数据统计报告，也应当在审计报告中对此予以明确说明，以供司法机关甄别判断。

（六）刑事政策问题

第一，"涉案金额"并非唯一的评价要素。虽然"涉案金额"是评价内幕交易犯罪行为的重要指标之一，但并非唯一决定因素。首先，内幕交易行为的

---

① 《人民检察院司法会计工作细则（试行）》第二十三条规定，鉴定工作完成后，应当根据委托要求出具鉴定文书。仅需要反映财务会计资料客观情况的，应当出具检验报告；能够作出明确鉴定意见的，应当出具鉴定书。《公安机关鉴定规则》第四十五条规定，鉴定文书分为《鉴定书》和《检验报告》两种格式。客观反映鉴定的由来、鉴定过程，经过检验、论证得出鉴定意见的，出具《鉴定书》。客观反映鉴定的由来、鉴定过程，经过检验直接得出检验结果的，出具《检验报告》。鉴定后，鉴定机构应当出具鉴定文书，并由鉴定人及授权签字人在鉴定文书上签名，同时附上鉴定机构和鉴定人的资质证明或者其他证明文件。《司法鉴定程序通则》（司法部令第132号）第三十六条规定，司法鉴定机构和司法鉴定人应当按照统一规定的文本格式制作司法鉴定意见书。《注册会计师业务指导目录（2018）》（中国注册会计师协会编）第三百三十五条为司法鉴定业务，执业依据为《司法鉴定程序通则》（司法部令第132号）。上述规定内容均明确要求鉴定机构受理司法鉴定，应当执行司法鉴定规范，出具司法鉴定文书。实践中，会计师事务所出具的文书名称可能是"审计报告""审计报告的补充报告"，未按照司法鉴定规范要求出具司法鉴定类文书（《鉴定书》或《检验报告》），因此鉴定文书名称也不规范，违反了司法会计鉴定相关法律要求。

违法所得是评价其犯罪性质和量刑的依据之一。作为定罪量刑基础的违法所得,并非行为人在内幕交易行为中的全部获利数额,而仅仅是与内幕信息有直接因果关系的获利数额。实践中,审计报告计算的违法所得数额,是按照查封时涉案账户的结算金额计算出来的结果,但该结果可能包含了内幕信息以外的其他市场因素对股价的影响,应将该部分予以剔除。其次,涉案金额并非决定性因素。内幕交易案件中涉案金额的计算可能存在争议或模糊性,金额只是证据链的一部分,而非绝对标准。同时,涉案金额的真实性和关联性更需要关注,而非单纯数值大小。同时,涉案金额不能完全反映犯罪的本质,例如,小金额内幕交易案件若涉及系统性腐败或对投资者信心的严重损害,其危害可能更大。最后,内幕交易犯罪的评价需综合多维度因素。比如,犯罪情节和主观恶性:包括犯罪手段、动机和持续时间。情节恶劣者,如利用内幕信息牟取暴利或造成市场恐慌,即使金额较小,也可能从重处罚。又如,在共同犯罪中的作用,主犯责任基于组织、策划或实际控制交易,而非单纯金额大小,体现"作用重于金额"的原则。再如,社会危害和市场影响,内幕交易破坏资本市场公平性和投资者信心,涉案金额虽能量化部分危害,但非金额因素,如信息泄露范围、对股价波动的实际影响、是否涉及公共利益(如上市公司高管犯罪),更能体现整体危害。此外,唯金额论可能忽视犯罪的预防和修复功能,尤其是可能忽略对市场秩序的长期修复。

第二,"全案平衡"也应当注意"个体正义"。在内幕交易共同犯罪案件中,各共犯的地位、作用以及参与程度往往存在显著差异。在量刑时,需要综合考虑这些因素,以实现全案的量刑平衡。尽管,就司法实践而言,全案平衡是"必要"的,但是个体正义同样不可忽视。个体正义强调在量刑过程中应当充分考虑每个共犯的具体情况,包括其在犯罪中的角色、主观恶性、人身危险性等因素。罪责刑相适应原则也要求刑罚必须与犯罪行为的法益侵害性和行为人的人身危险性相匹配。

第三,"从严打击"也不是唯一的刑事政策导向。当前刑事政策对证券犯罪采取了"零容忍"的态度,并且在司法实践中强调依法从严打击证券违法犯罪,但是"从严打击"并非唯一的政策导向。在处理证券犯罪案件时,以下政策和原则也应兼顾:其一,宽严相济的刑事政策。尽管"零容忍"是当前处理证券犯罪的基本原则,但是在实际操作中,司法机关也强调宽严相济的刑事政策。这意味着在打击证券犯罪的同时，也要根据案件的具体情况，合理运用从宽处理的政策。例如，对于积极配合调查、如实供述犯罪事实、主动退赃退赔的被告人，可以依法从宽处罚，以确保法律效果和社会效果的统一。其二，系统治理与综合施策。证券犯罪的打击不仅依赖于刑事手段，还需要结合行政、经济等多种手段进行综合治理。这表明，刑事政策并非孤立存在，而是需要与其他治理措施相结合，形成多元化的治理体系。例如，与内幕信息直接相关的获利可以作为刑事处罚的基础，但由于其他市场因素而获利的行为，以及不能评价为犯罪的其他交易行为，完全可以运用行政手段予以评价。其三，罪刑法定原则。在处理证券犯罪时，必须严格遵循罪刑法定原则，准确把握交易行为的罪与非罪的界限。这意味着在适用刑法时，必须严格按照法律规定的犯罪类型和构成要件进行判断，不能随意扩张犯罪圈。

如果将社会治理包括刑事司法治理当作一种外部视角理解，那么，对内幕交易犯罪的问题，还包括从上市公司自身出发这一内部视角，即公司治理角度。内幕交易犯罪的产生根源或者场域在于上市公司。上市公司运行过程中产生各种有价值或重大价值的信息，并从中衍生出来非法利用信息实施犯罪。如果从公司的治理层面理解内幕交易犯罪治理，其一，上市公司应当转变利润增长机制。转变公司增长的短线逻辑与结构，实行一种长期主义的价值投资。上市公司作为信息生成母体，如果直接简单粗暴地参与内幕交易实现非法利益获取，引发的现实危害与长远打击是不可估量的。比如，上市公司实控人作为内幕信息的制造者，如果其只是意图人为制造信息优势，进而直接攫取该信息所蕴含的市场价值，其所引发的负面失范效应可能远非形式上的违法所得可以估量。因此，站在公司治理层面，第一个维度就是增长的逻辑和结构是应当从短期主义视角转变到以价值投资或者价值经营为主的长期主义视角。这种增长逻辑的转变，实现内幕交易犯罪的有效治理。同时，上市公司应当从信息生成机制的角度，通过完善公司治理，有效控制信息生成的数量与质量。以信息披露为例，一方面应当注重披露信息的数量，另一方面更应当注重信息披露的质量，包括信息披露的及时、真实、完整。其二，上市公司应当强化诚信机制建设。可以设想，若上市公司公开发行股票筹集资金进行发展，但是其自身的诚信机制建设本身存在缺失，这种"内生性"不足可能更容易出现内幕交易违法犯罪现象。其三，上市公司应当明确建构利益退出机制。实践中很多证券犯罪的诱发因素都是上市公司的实控人等意欲退出上市公司，由此本能地追逐高价位减持抛售股票，变现离场。在公司治理层面应当有相应的有效制度安排，以平衡实控人利益与投资者利益。

三、虚假陈述犯罪

从信息真实性角度来看，披露真信息、披露假信息、不披露真信息三种组合类型，是否均可能构成犯罪？第一种情形，可能构成信息控制型操纵，如控制信息生成与控制信息披露的内容、时点、节奏；第二种情形，可能构成蛊惑交易操纵，如利用虚假或者不确定的重大信息诱导投资者交易；第三种情形，可能构成违规不披露重要信息罪以及欺诈发行证券罪，如隐瞒重要事实。虚假陈述犯罪的责任主体主要是发行人（上市公司）、上市公司董监高（直接负责的主管人员和其他直接责任人员）。此外，证券服务机构（如证券公司、会计师事务所、律师事务所、资产评估机构）及其从业人员如果未能勤勉尽责，出具含有虚假记载、误导性陈述或重大遗漏的文件（如招股说明书、审计报告、法律意见书），也可能成为虚假陈述犯罪共犯。

（一）虚假陈述的基本分析

注册制下的信息披露问题。科创板试点注册制后，多家招股书因"选择性披露核心技术风险"被问询，根据《上海证券交易所科创板股票上市规则（2025年4月修订）》的要求，企业需详细披露核心技术的来源、保护措施、技术先进性、迭代风险以及对业务的影响等，并且风险因素需"针对性地体现科创企业的特有风险"，而非泛泛而谈。

虚假陈述常见类型。根据行为方式和内容的不同，虚假陈述犯罪常见类型为：财务造假（虚假记载）、信息披露违规、预测性信息误导等。具体而言，（1）财务造假，如虚增收入、隐藏负债。（2）信息披露违规，如未及时披露重大风险；披露内容表述不完整、模糊或夸大，导致投资者误判（如以偏概全、盲目预测）；未按规定时间、方式披露信息；未披露法定重要信息（如关联交易、股权质押、重大担保等）。（3）预测性误导，如过度夸大技术前景。（4）技术驱动的虚假陈述新形式。①算法生成的误导性数据，比如使用 AI 伪造用户增长曲线，使审计机构难以通过传统抽样识别。深度伪造（deepfake）财报会议录音、篡改 PDF 财报关键数据列（如利用生成式 AI 伪造审计师签名）。②区块链技术的"双刃剑"。正面应用：联盟链存证供应链数据防止篡改（如蚂蚁链应用于财报审计）。[①] 负面风险：借助 DAO 匿名性发布虚假项目白皮书（如 2022 年 TerraUSD 稳定币因信披不实崩盘）。[②] 另外，按照行为目的分类，可以分为诱多型虚假陈述（发布虚假利好诱导买入）与诱空型虚假陈述（掩盖利好或制造利空诱导卖出）。按照主观状态，还可以分为欺诈性虚假陈述（如明知虚假仍故意陈述，诱导他人）、过失性虚假陈述（如未尽合理注意义务，草率作出不实陈述）、无恶意虚假陈述（如无故意或过失，但因认知错误导致陈述失实）。

　　虚假陈述的社会成本。（1）资本市场信任损耗。重大虚假陈述事件可能会导致新增投资者减少，破坏证券市场的生态，影响市场的流动性和活跃度，同时还可能导致股票价格的异常波动。例如，在 ST 银广夏的虚假陈述案件中，公司通过虚假业绩报告误导投资者，导致股价暴涨暴跌，给广大中小投资者造成巨大损失。这种价格波动不仅影响了市场的稳定性，还可能引发市场恐慌，进一步加剧投资者的损失。（2）资本成本上升，诚信危机导致企业融资利率上浮。

　　企业虚假陈述的商业动机。（1）短期利益驱动。比如市值管理，为避免股价暴跌延迟披露风险。（2）融资需求，IPO 或发债前美化财务报表（如 2023 年某科创板企业虚报专利数量获取高估值）。（3）系统性文化问题。比如"沉默的董事会"现象，"'沉默董事会'或多或少是因为公司内部叠床架屋的决策机制，或是因'好人文化'所导致的'不敢挑战董事长、总经理之权威'，这样的决策权配置就是'高成本—低效率'的"。[③] 又如，董事会迫于业

[①] 参见鄢志娟、李潜：《区块链赋能政府部门财务报告审计高质量发展研究》，载《中国注册会计师》2023 年第 9 期。

[②] 参见鄢志娟、李潜：《区块链赋能政府部门财务报告审计高质量发展研究》，载《中国注册会计师》2023 年第 9 期。

[③] 蒋大兴：《公司法改革的文化拘束》，载《中国法学》2021 年第 2 期。

绩压力默许管理层虚报利润。（4）KPI异化，销售团队为达成业绩目标虚构合同。

跨学科视角分析。信息经济学视角，虚假陈述本质是"柠檬市场"问题的升级——劣质信息驱逐优质信息，导致市场失灵；组织行为学观察视角，基于"滚雪球效应"，上市公司初期小规模造假因未被发现而升级，形成路径依赖；认知心理学解释，基于"自我合理化"机制，上市公司高管将造假视为临时性手段，可能借由"拯救企业"的使命感消解道德负罪感。

（二）跨事项累计计算问题

根据《立案追诉标准（二）》（2022）第六条的规定，信息披露义务人违规披露、不披露重大事项的追诉标准为"未按照规定披露的重大诉讼、仲裁、担保、关联交易或者其他重大事项所涉及的数额或者连续十二个月的累计数额占净资产百分之五十以上"。该条文中，信息披露义务人违规披露、不披露各重大事项的占比应单独计算，而非累加计算。尽管最高人民检察院经济犯罪检察厅于2024年8月16日印发《关于办理财务造假犯罪案件有关问题的解答》，其中明确规定临时披露重大事项违规比例的计算方法——采用跨事项累计计算。① 但是，笔者认为这种认定逻辑存在合理性质疑。

首先，从文义解释角度，《立案追诉标准（二）》第六条第（五）项中顿号后面使用的是"或者"，因此表达的是并列关系。如果要表达各重大事项之间的累加关系，应该使用"和"或者"与"。换言之，该条文的表述为"所涉及的数额"，而非"所涉及的累计数额"。虽然条文后半段出现了"累计数额"，但该"累计数额"表达的意思是单一的重大事项在连续12个月的累计数额，而不是重大事项的占比数额累计。

同时，如果适用跨事项累计计算犯罪数额的方法，将行为人未披露的担保和关联交易数额加总，以确定违规披露数额，有违证券市场中信息披露制度的基本内涵。信息披露制度的核心要义，一方面在于为投资方提供充分的信息，以辅助其作出理性投资决策；另一方面在于不过分增加融资方，即信息披露义

---

① 参见《关于办理财务造假犯罪案件有关问题的解答》，载最高人民检察院官网，https://www.spp.gov.cn/xwfbh/wsfbt/202408/t20240816_663301.shtml#2。

务的披露成本。此外，及时的信息披露可以减少内幕交易的机会。如果将《立案追诉标准（二）》（2022）第六条第（五）项中所涉全部重大事项，不予以分类，而是直接相加，并据以认定犯罪，一方面可能会误导投资者，使其误以为上述信息之间存在某种内在的关联性，并根据这种误解作出投资决策；另一方面可能会过分增加上市公司的信息披露成本。例如，若 A 公司在 2023 年 1 月提供重大担保的数额占净资产的 30%，在 2023 年 12 月关联交易的数额占净资产的 30%，按照跨事项累计计算方法，意味着该公司在 2023 年末实施关联交易的同时，需要一并披露该关联交易的相关信息以及年初的提供担保的相关信息。显然，此时 A 公司对重大担保的披露已经失去了时效性，丧失了遏制违法交易的可能性。因此，对于该担保信息的披露，只是徒增上市公司的信息披露成本。此外，这样两个信息同时披露，还会产生一定的迷惑性，误导投资者认为这两个信息是否存在某种内在联系，从而影响投资决策。

另外，通过证监会网站检索到的 6 份证监会作出的行政处罚决定书，[1] 在信息披露义务人同时违规披露重大担保事项以及关联交易事项时，行政机关并未将上述两个事项涉及的数额相加，以说明信息披露义务人的违法程度，而是分别论证未披露的重大担保所占最近一期披露的净资产的比例以及未披露的关联交易所占最近一期披露的净资产的比例，并据此作出行政处罚。实践中，司法机关直接将两类违规披露事项进行相加的结果，并非遵循市场实践的先例。这种计算方法，相较于证监会、证监局的计算方法，无疑是更为严苛的，也缺乏合理性。《刑法》是其他法律的保障法，《刑法》第一百六十一条规定的违规披露重要信息罪属于行政犯罪，即信息披露义务人因为违反前置法，如《证券法》《上市公司信息披露管理办法》等规定，首先构成了违法行为，由上述法律予以调整。只有当违规披露的行为超过一定的严重程度，突破了行政违法的范畴时，才能构成犯罪。按照这种逻辑，司法机关追究犯罪的口径与证

---

[1] 中国证监会行政处罚决定书（成都华泽钴镍材料股份有限公司、王某、王某虎等 18 名责任人员）〔2018〕8 号，中国证监会行政处罚决定书（海航投资及相关责任人员）〔2022〕71 号，中国证监会行政处罚决定书（豫金刚石及相关责任人员）〔2022〕57 号，中国证监会行政处罚决定书（神雾环保、吴某洪 6 名责任主体）〔2022〕12 号，中国证监会行政处罚决定书（宏达矿业、颜某刚、崔某火、朱某民、吕某东）〔2021〕96 号，中国证监会行政处罚决定书（天润数娱、赖某锋等 7 名责任主体）〔2022〕22 号。

监会、证监局作出行政处罚的口径应当是一致的。换言之，证监会、证监局将信息披露义务人违规披露的重大担保数额、关联交易数额分别加总计算，那么司法机关在追究刑事责任时也应当将二者分别计算，而不能将二者相加。

其次，从体系解释角度，《立案追诉标准（二）》（2022）第六条第（二）项至第（四）项同时规定了，信息披露义务人在财务会计报告中对资产、营业收入、利润进行虚假陈述的追诉标准。因为资产、营业收入、利润对投资人投资决策的影响较大，所以《立案追诉标准（二）》（2022）将其量化占比规定为30％。其第六条第（五）项所涉及的重大事项，包括担保、关联交易等，对投资人作出投资决策来说，其重要性次于上述会计科目，因此《立案追诉标准（二）》（2022）将其量化占比放松规定为50％。如果将第（五）项涉及的五类重大事项进行累加计算确定是否应当追诉，逻辑上，则意味着平均每个重大事项的占比为10％，即可达到追诉标准，这种理解并不符合立法本意。

再次，从立法技术角度，《立案追诉标准（二）》（2022）第六条第（五）项列举的这五类重大事项，本来应当分别规定为不同款项，之所以合并规定为同一项，一方面是基于这些重大事项具有相同的占比计算分母（"净资产"），另一方面是基于条文精简的考虑。也就是说，如果此处再单独分开规定，则《立案追诉标准（二）》（2022）第六条第（五）项的内容就会"一分为五"，此条将会共计14项规定，显得条文冗长。

最后，从各重大事项的性质角度来看，信息披露义务人应披露的各类重大事项，如重大诉讼、仲裁、担保以及关联交易，具有不同的性质，不应当混合在一起进行累加计算。具体而言：第一，重大诉讼和仲裁本质上都属于商业纠纷，该类重大事项的发生对信息披露义务人而言可能形成负债（如信息披露义务人为被告），也可能形成应收账款（如信息披露义务人为原告）。第二，《立案追诉标准（二）》（2022）并未明确此处"担保"指的是对外担保，还是自己作为债务人接受的担保。通常来说，信息披露义务人自己作为债务人接受的担保不需要以临时报告的形式立即披露，需要临时报告的是对外担保，因为对外担保才会形成信息披露义务人的或有负债。第三，关联交易的种类很多，但其本质是一种交易，且未必会形成信息披露义务人的资产或负债。

综上所述，上述各类重大事项在本质上并不相同。在将行为人违规披露、不披露重大事项的行为予以量化、从而确定是否应予追诉时，如果涉及连续

12 个月违规披露、不披露的累计数额，应先将各类重大事项所涉数额分别加总，再将得出的结果分别除以最近一期披露的净资产数额，即将每一类重大事项各自求和后，再将其各自占净资产的比例与 50% 进行比对，以确定是否符合追诉标准，而不是直接跨事项累加计算。

犯罪是侵害法益的行为，这里的侵害法益是指社会危害性。违规披露、不披露重要信息罪要求"严重损害股东或者其他人利益"，或者"有其他严重情节"，而不仅是要求达到 50% 占比的量化标准。行为人实施的违规披露、不披露重要信息的行为要造成一定的严重后果才能入罪，才可以被评价为具有法益侵害性。如前述，若累加计算各重大事项的占比，则只需每个重大事项所涉及的数额占最近一期披露的净资产 10%，即可达到 50% 占比。但实际上，这种违规披露、不披露的行为并没有达到本罪构成要件要求的"严重后果"，不具有犯罪的社会危害性，不应被当作犯罪予以追诉。

此外，值得注意的是，《立案追诉标准（二）》（2022）第六条第（五）项规定的"担保"应当将"实际发生额"作为计算口径。《立案追诉标准（二）》（2022）规定了违规披露、不披露担保行为的量化标准，该量化标准为"担保数额/最近一期披露的净资产"。实践中，与上述"担保数额"有关的数据不只一项，因而存在不同理解及计算口径。比如，"担保数额"可能有两种计算口径：第一种是将担保合同约定的数额纳入"担保数额"；第二种是将担保实际发生额纳入"担保数额"。不过，无论是从学理角度解释，还是参照证券行政监管实践中的做法，都应当采用第二种计算口径。

首先，从学理角度，按照担保合同约定额度认定担保数额不符合《刑法》中违规披露、不披露重要信息罪的要求。对外担保对担保人来说意味着或有负债，因此对股东或者其他债权人意味着风险。但该风险仅限于担保的实际发生额。《民法典》第三百八十六条规定："担保物权人在债务人不履行到期债务或者发生当事人约定的实现担保物权的情形，依法享有就担保财产优先受偿的权利，但是法律另有规定的除外。"如果担保人与担保物权人之间发生诉讼纠纷，该担保物权人只能针对担保实际发生额提起诉讼，而不可能针对担保合同中的约定额提起诉讼。因此并不需要将担保合同中约定的、但并未发生的数额算作担保数额，《刑法》也无须将其纳入规制保护范围。

其次，从监管实践角度，《中国证监会行政处罚决定书（海航基础及相关责任人员)》(〔2022〕51号)① 明确认定,海航基础应当在发生相关关联担保后及时披露。可见,实践中,证监会在认定担保数额时也是将担保实际发生额作为计算口径。因此,关于违规披露、不披露的担保数额的计算口径,应当以实际发生额为准。

再次,需要注意的是担保的类型,针对不同的具体担保方式,可能会得出不同的法律评价结论。如果行为人对外提供担保的方式为最高额抵押担保,根据《民法典》第四百二十条第一款的规定,为担保债务的履行,债务人或者第三人对一定期间内将要连续发生的债权提供担保财产的,债务人不履行到期债务或者发生当事人约定的实现抵押权的情形,抵押权人有权在最高债权额限度内就该担保财产优先受偿。可见,最高额抵押担保的特点在于为未发生的债务提供担保。

因此,实践中,即使行为人与各方签订了最高额抵押担保合同,但此时被担保的债务尚未发生。《上市公司信息披露管理办法》②(2007,已失效)第三十条通过概括式和列举式并用的方法界定了信息披露义务人应当予以披露的"重大事件",显然,其中第(十七)项"对外提供重大担保"应与概括式表述的内容逻辑一致,即信息披露义务人应披露的"对外提供重大担保"应当"可能对上市公司证券及其衍生品种交易价格产生重大影响",并且已经"发生"。即使行为人签订了最高额抵押担保合同,一方面,从《刑法》谦抑性原则考虑,被担保债务尚未发生,不应将此时签订的最高额抵押担保合同解释为重大事件的"发生";另一方面,被担保债务尚未发生,也不能推定该合同的签订可能对上市公司证券及其衍生品种交易价格产生重大影响。根据《中国证监会行政处罚决定书(宏达矿业、颜某刚、崔某火、朱某民、吕某东)》(〔2021〕96号),③ 证监会明确表述认定,"上市公司在相关定期报告披露过

---

① 参见证监会官网2022年9月19日,http://www.csrc.gov.cn/csrc/c101928/c5913552/content.shtml。
② 《上市公司信息披露管理办法》(2021)第二十二条、《上市公司信息披露管理办法》(2025)第二十三条,均明确规定了信息披露义务人应当予以披露的"重大事件",其第(一)项规定"《证券法》第八十条第二款规定的重大事件";而《证券法》第八十条第二款也规定了"公司提供重大担保"。因此,《上市公司信息披露管理办法》的修订并不影响此处的分析。
③ 参见证监会官网2021年12月4日,http://www.csrc.gov.cn/csrc/c101928/c1608426/content.shtml。

程中应按要求分别披露担保余额和发生额,本案以发生额作为统计口径进行认定"。实践中,如果地方证监局采用的统计口径与此不一致,证监会的认定方法显然更为权威。

最后,实践中,还需要注意甄别行为人对外担保的实质意义,可能存在形式上属于担保而实质上属于非担保。比如,实践中,行为人转让应收账款提供的"担保"很可能本质上不是担保行为。担保行为的目的是保障既定债权的实现,其实质在于分散风险。具体而言,在担保关系涉及的债权人、债务人、担保人这三方主体中,担保人因对债务人的债务承担着兜底责任,而背负了实质意义上的负债。上市公司的负债情况无疑会影响公司的运转,并基于此,影响着投资方的决策。因此,信息披露制度要求信息披露义务人按照规定披露重大担保事项。

举例而言,某母公司对A公司及B公司负有应收账款,该两家公司以转让应收账款的名义分别向C信托公司折价转让负债,子公司为上述交易提供担保。该担保关系的实质在于,为保障债权人C信托公司债权的实现,子公司与A公司、B公司共担偿债风险。这笔负债的根源在于母公司所负债的应收账款。因此,实际上是子公司为母公司提供担保,在母公司无法偿还负债时,子公司代替母公司进行偿债,而后有权向母公司追偿。这种债务关系因为存在子公司替母公司担保的情形而不同于传统意义上的担保,呈现出如下特点:首先,母公司负有的负债,如果子公司替其偿还,之后向母公司追偿,那么不影响母公司的负债数额,母公司仍然背负相应的负债;如果子公司不替其偿还,母公司的负债不变。显然,子公司提供的这笔担保,实质上并不影响母公司的债务情况。信息披露制度之所以将子公司对外提供重大担保规定为重大事项,并赋予上市公司信息披露义务,是考虑子公司的对外担保可能会影响上市公司的财务状况。事实上,经过上述分析可知,因为子公司是为母公司提供的担保,所以并不影响母公司的运营情况。因此该两笔担保不能被视为重大事项中的"担保",相应的担保数额应从违规披露的数额中扣除。此外,需要说明的是,《刑法》第一百六十一条规定的"违规披露、不披露重要信息罪",明确要求"严重损害股东或者其他人利益,或者有其他严重情节"。如前述,子公司提供的这笔担保,实质上并不影响母公司的债务情况,一方面并未影响股东利益,另一方面也没有违反信息披露制度从而影响投资者利益。因此,不应当对此作为违规信披犯罪处理。

(三) 重大性的差异性内涵

信息重大性的类型化区分。 虚假陈述、内幕交易与市场操纵对"重大性"的要求存在差异：虚假陈述侧重信息对投资者决策的影响，内幕交易强调信息对价量的实际影响，市场操纵关注信息对市场预期的影响。

重大性判断的刑民分立与协调障碍。 第一，刑事审查能否援引民事前置程序？行政处罚决定可以作为民事案件的证据，但是刑事领域仍然奉行独立审查原则。基于法律规范差异与证据标准不同，行政处罚中使用的证据标准较低，而刑事诉讼要求证据必须经过严格的查证和核实，刑事诉讼对证据的要求更为严格，需满足"排除合理怀疑"的标准，而民事诉讼则更注重"高度盖然性"。同时，基于证据收集主体的不一致，行政执法机关在调查过程中收集的证据，往往不能直接用于刑事诉讼，行政证据的可靠性、合法性需要进一步核实，需要经过司法机关的二次审查和转换。第二，案例彰显分立立场。在"康美药业案"中，法院虽然将证监会行政处罚决定书作为线索，但是仍然独立审查财务造假金额是否达到刑事立案标准。第三，反向影响难题。一种可能情形是，若刑事案件认定重大性缺失（如无罪判决），则可能导致已生效的民事赔偿案件启动再审。另一种可能的情形是，刑事审判尚未结束，但民事诉讼已先行判决并进入执行阶段，这种程序倒挂的现象会引发法律冲突。刑事审判尚未明确责任主体的具体犯罪事实和量刑结果，如果民事赔偿责任却先行确定，这可能导致后续刑事审判结果对民事赔偿责任产生影响，从而引发法律适用上的冲突和不确定性。这种程序倒挂的风险与影响，主要集中体现在法律适用冲突、执行难度增加、市场示范效应三个方面。

预测性信息的安全港规则缺位。 第一，"理性谨慎陈述"抗辩缺失。美国《私人证券诉讼改革法案》（PSLRA）明确"前瞻性声明"在符合"警示性语言"要求时可豁免责任，[①] 不过，我国《刑法》未区分事实陈述与预测信息。

[①] "该法案使发表前瞻性声明（对发行人未来前景作出说明）的发行人免予诉讼，只要这些声明采用了有意义的警示性语言。PSLRA 法案的立法史表明，这种警示性的语言不能仅仅是标准文本，而是足以保护发行人免受诉讼的具体披露信息。"参见 [美] 杰勒米·麦克莱恩：《标准文本及其对证券市场信息披露的影响》，邹莹等译，载黄红元总编，蒋锋、卢文道主编：《证券法苑》（2019）第二十七卷，法律出版社 2019 年版，第 17 页。

根据 PSLRA 的规定,"前瞻性声明"包含预测、估计或假设的声明,这些声明通常涉及未来事件或结果,如收入、利润、资本支出等财务信息。这些声明需要以书面形式发布,并附有明确的警示性语言,以提醒投资者这些信息具有不确定性。① 第二,根据行业特性构建排除条款。比如,科创板生物医药企业研发管线估值结果常因临床进展波动,若要求其对研发风险完全披露,可能抑制创新。科创板信息披露制度理当强调系统化和差异化,针对不同行业、不同规模的科创企业制定差异化的披露规则。对于规模较小的企业,重点披露其核心指标,使投资者能够快速了解企业的经营状况和投资价值。同时,科创板还可以结合企业的技术迭代快、信息价值高等特点,允许企业在非交易时间发布重大信息,以保持商业竞争力。② 同时,科创板信息披露制度应以投资者需求为导向,贯穿于上市审核、发行承销及上市后的监管全过程。例如,要求科创企业充分披露行业特点、业务模式、公司治理、发展战略、经营政策、会计政策等信息,并揭示可能对公司核心竞争力、经营稳定性产生重大影响的风险因素。这种以投资者需求为核心的制度设计,旨在帮助投资者全面了解企业动态,从而作出更为理性的投资决策。

责任主体范围的扩张与限缩之争。在虚假陈述刑事案件中,责任主体的认定往往牵涉单位与个人责任交织、前置法义务与刑事违法性的联动关系,司法实践中存在从"严打"向"精准追责"的转向争议。第一,独立董事刑事责任的边界争议。(1)"形式审查免责"的抗辩困境,《证券法》第八十五条明确,独立董事证明已尽勤勉义务"证明自己没有过错的"可以免责,而刑事领域采用更高的注意义务标准。例如,"2019 年的徐某案,则进一步完善了有关免责事由的认定。该案中,公司通过虚构业务收入(以法院裁定调解的方式达成形式上的违约金收入)以及虚构政府补助(有政府补助公文)的方式进行财务造假,进而虚假披露信息。原告在诉讼中主张,基于对法院裁定书和

---

① 新修订的《证券法》增加了第八十四条的自愿性信息披露,不过并未明确预测性信息披露的范围以及披露不实的法律后果。最高人民法院《关于审理证券市场虚假陈述侵权民事赔偿案件的若干规定》第六条规定了预测性信息安全港制度,填补了法律空白。参见汤欣、李卓卓:《新修虚假陈述民事赔偿司法解释评析》,载《法律适用》2022 年第 3 期。

② 参见朱嘉诚:《科创板视野下我国差异化信息披露制度构建的进与退》,载《财经法学》2019 年第 3 期。

政府补助公文的信任而应免责。但法院则认为：勤勉义务是过程性义务和积极的注意义务。独立董事应当对公司生产经营情况、财务状况和公司已经发生的或者可能发生的重大事件及其影响予以了解并持续关注，在审慎全面调查的基础上，基于自己的独立判断履行职责，对公司的重要事项进行确认。法院结合公司信息披露违法行为的整个实施过程，认为在涉案两项重大收入事项存在多个明显、高度异常，且原告知悉公司业绩下滑、可能存在财务舞弊的情况下，没有证据证明原告对涉案收入事项进行了持续关注和审慎监督，不能仅凭确认违约协议调解书效力的民事裁定书和财政补助文件来主张免责"。① （2）行刑衔接的证明矛盾。《刑法》第二百二十九条"提供虚假证明文件罪"要求审计机构"故意"出具虚假报告，但行政领域适用过错推定原则，比如以审计程序缺失推定过错，刑事程序中公诉机关则需证明审计师"明知"财务造假。（3）"重要性与普遍性"区分技术。比如，审计机构仅对个别科目存在瑕疵（如存货盘点疏漏），通常作为行政违法处理；但系统性造假（如收入全链条虚构）则推定刑事明知。第二，控股股东与实际控制人的穿透追责。"双重身份"下的责任竞合，实际控制人可能同时构成违规披露重要信息罪（单位犯罪直接责任人）与背信损害上市公司利益罪。此外，还有"非正式指示"的证明难题。控股股东通过非书面方式（如口头授意或暗示）指使财务造假，需通过间接证据锁链认定。比如，根据财务总监证言、资金回流记录等，认定行为人构成"隐性操控"，突破直接证据缺失的障碍。第三，责任扩张与限缩的理论争议。扩张论立场，以"功能主义刑法观"支持扩大追责范围，认为金融市场秩序保护需通过严惩"看门人"，实现一般预防。限缩论立场，主张"法益恢复可能性"理论，对认罪认罚、主动缴纳罚金且补偿投资者的主体适用出罪化处理，避免刑事制裁过度威慑市场活力。

（四）主观过错的举证困境与推定规则

虚假陈述犯罪的主观要件（故意或过失）的证明问题，是刑事实务的核心争议之一。实践中存在"客观归罪"倾向，过度依赖推定规则以降低证明

---

① 参见张婷婷：《独立董事勤勉义务的边界与追责标准——基于15件独立董事未尽勤勉义务行政处罚案的分析》，载《法律适用》2020年第2期。

难度，引发对罪刑法定原则的冲击。

第一，"明知"要件的证明标准异化。（1）举证责任倒置风险，《刑法》第一百六十条"欺诈发行证券罪"及第一百六十一条"违规披露重要信息罪"要求行为人"故意"进行虚假陈述。但实务中，司法机关通常通过"职位关联性"和"参与行为"直接推定"明知"。比如，公司高管以"未直接签署财报"为由抗辩无主观故意，但司法机关可能以"参与业绩汇报会议记录"推定其明知造假。有观点批评此类推定忽视"形式参与"与"实质操控"的差异，可能将过失行为升格为刑事犯罪。（2）"过失"与"故意"的混同，《证券法》第八十五条对虚假陈述民事责任采用过错推定原则，但刑法领域未建立过失免责机制。实务中常以"未履行核查义务"等同于故意，实践中可能将财务总监的"重大疏忽"认定为纵容造假的主观故意。

第二，主观要件证明规则的未来路径。（1）可以引入阶梯式证明标准，根据虚假陈述行为类型（如会计造假、预测信息夸大）设定差异化的"明知或过失"证明标准，避免"一刀切"推定。（2）类型化场景的区分，对技术性环节（如签字流程）适用"合理怀疑排除规则"；对核心造假环节（如资金循环虚构）适用"高度盖然性标准"。对虚假陈述犯罪主观过错的认定，需回归责任主义原则，严格区分民事过错推定与刑事故意证明的界限，避免以保护市场秩序为名不当扩张刑事责任范围。未来的司法改革应通过类型化规则和阶梯式证明标准，平衡法益保护与行为人权利保障之间的张力。（3）推定规则的正当性危机。虚假陈述案件中"明知"可采用事实推定，但实务中存在过度适用的趋势。例如，实践中可能以"参与讨论会议"推定实控人明知虚增收入，却无直接证据证明其授意或核准造假。（4）推定规则的泛化风险，若仅依赖间接证据链（如默认签字、职务身份），可能将无实质过错的"签字工具人"纳入刑事追责，引发对"消极不作为"入罪化的争议。例如，监事可能因未对年报提出异议而被纳入追诉范围。（5）刑事推定与民事推定的联动效应。同一事实的不同效力问题，比如民事裁判以"推定过错"判决高管连带赔偿，但刑事案件可能因无法证明"故意"而撤回起诉，导致刑民结论之间存在矛盾。（6）程序倒挂的负面影响，若民事诉讼先行推定过错成立并判决赔偿，可能对刑事审判形成不当压力，损害被告人"不自证其罪"的权利。

第三，过失责任的扩张风险。（1）"注意义务"的泛化解释，民法领域对过失的认定以"一般理性人"为标准,但刑事责任中对"勤勉尽责"的认定趋向严苛。例如,实践中,独立董事可能因未发现关联交易而被认定为"重大过失",此处应当区分会计专业能力与普通理性人标准的界限。(2)行政法过错推定向刑法的渗透,《证券法》第八十五条规定虚假陈述的"过错推定"不直接适用于刑法,但部分法院可能采纳行政程序中的过错结论,变相降低了刑事证明标准。在当前证券犯罪"零容忍"的刑事政策导向之下,司法机关可能倾向于直接将证监会行政处罚决定书中的过失结论认定作为刑事定案依据。

(五)信息披露的类型化拆分理解

第一,从信息披露的义务承担主体看,可以分为单方承担与多方承担。比如,收购行为,双方都有公告义务;持股比例变动达到5%,应当公告披露,双方都有义务;财务信息中的业绩预增,仅是上市公司自己披露即可。第二,从信息披露的时间性看,可以分为单次披露与多次持续披露。后者如财务型信息,前者如经营型信息。比如,持股比例变动的披露制度,根据笔者的分析观点,每达到5%的重大节点,公司应当披露,达到10%时再披露,中间变化朝向达到10%比例的过程中,上市公司无须时时披露。因为信息甄别及错误风险,由投资者自行承担。[①] 第三,从信息披露的要求严格程度看,可以分为强制披露与选择披露。这些信息披露的区分源于信息本身价值属性的大小,以及法律规范保护的力度。从制度设计的宏观视角来看,信息作为证券市场的核心要素,其识别与判断过程中必然存在主体认知偏差。这种系统性偏差需要通过法律框架的构建,将信息错误风险及其损失在不同市场参与主体之间进行合理配置。该机制遵循以下逻辑路径:信息不对称→认知偏差→风险产生→责任划分→损失分担。法律通过设定差异化的注意义务标准(如普通投资者与专业机构的义务差异),建立多层次的救济渠道(包括行政监管、民事诉讼和交易所自律监管),最终实现风险成本的优化配置。这种制度安排既承认市场主体的有限理性,又通过责任机制引导各方提升信息处理能力,具体见表7。

[①] 具体参见本书第三章的分析。

表 7　信息错误风险分配与法律应对机制

要素	描述	法律应对机制
信息质量	比如，市场信息的真实性、完整性要求	比如，强制信息披露制度
主体能力	比如，投资者处理信息能力差异	比如，适当性义务
责任边界	比如，不同主体的注意义务标准	比如，民事赔偿制度
损失分担	比如，风险后果的最终承担方式	比如，代表人诉讼机制

概言之，法律范围内的评价及其责任分担所指向的首先是，该行为主体承担法定的制度义务，其次是该行为主体通过实施违法行为不正当转移或回避了法定的义务与责任。根据法律制度设计中的错误风险分配与责任分担的规范逻辑，法定责任与义务无法也不应当由单一主体全程独立承担，其分配需满足效率优化与风险控制的双重目标。这是基本常识，也是法律作为人类理性制度安排方案的基本内涵之所在。

第三章

信息风险的分配问题

以"持股比例"型内幕信息的认定规则为例

一、持股比例型内幕信息的认定路径：重大事件的判断逻辑

二、持股比例型内幕信息的体系性理解：静态标准与动态标准

三、持股比例型内幕信息的认定逻辑：基于信息错误风险分配的规则考量

四、余论：实现证券市场金融资金支持的功能

证券市场中,内幕交易犯罪问题是法律治理的核心命题。持股比例变动作为内幕信息的重要类型,其认定标准直接影响市场公平与效率。《证券法》虽以"较大变化"界定重大事件,但规范表述的模糊性导致司法实践中长期存在关于静态标准与动态标准的争议。监管机关倾向于动态标准(持股5%后的每次变动均构成重大事件型内幕信息),而规范逻辑更支持静态标准(每5%的整倍数变动方才构成重大事件)。这一矛盾不仅引发法律适用混乱,更导致信息错误风险分配失衡。本章以规范解释为起点,结合实践场景,探讨持股比例型内幕信息的认定逻辑及其对证券市场的影响。

现行法律规范层面,持股比例型内幕信息的认定路径,是通过认定持股比例的"较大变化"构成重大事件,进而据此认定为内幕信息。但是,对于"较大变化"的内容与标准,并无规定。规范层面的多元化理解,与实践层面的单一化认定之间形成冲突,实践层面的处理思路与认定逻辑欠缺明确的规范适用依据。因此,需要首先理顺法律规范的逻辑,通过体系性解释的方法,对规范内容作出合乎金融逻辑与治理目的的解释。这种微观层面的持股比例型内幕信息的规范解释,直接影响证券市场信息错误风险分配规则建构,进而影响宏观层面证券市场为经济发展提供金融资金支撑[1]的根本性功能之实现。当持股比例首次达到"举牌线"引发市场敏感性,并与后续持续增持股份的信息披露模糊性形成对冲时,行政监管与刑事司法的逻辑混乱可能会反向削弱内幕交易治理的制度基础与实际效果。

一、持股比例型内幕信息的认定路径:重大事件的判断逻辑

《证券法》(2019)第五十二条第一款概括性规定了内幕信息的含义,其第二款规定"重大事件"为内幕信息。《证券法》(2019)第八十条第二款进一步具体列举了11种"重大事件"类型,其中第八种为"持股比例变动"型

---

[1] 参见张杰:《正确看待资本市场的性质与作用》,载《金融博览》2020年第9期。

重大事件。① 笔者将此种特定的重大事件型内幕信息概称为"持股比例"型内幕信息。基于此处的规定可知，持股比例型内幕信息的认定路径，是经由界定"重大事件"进行认定。而且，持股比例型内幕信息本身具有双重属性要求，一是主体要求（静态要求），"持有公司百分之五以上股份的股东或者实际控制人"；二是比例要求（动态要求），"持有股份或者控制公司的情况发生较大变化"。②

关于内幕信息形成时间、内幕信息敏感期等基本内容，《证券法》并未作出规定，需要援引其他规定进行体系性理解，如《内幕交易犯罪司法解释》。③由此，从内幕交易行政违法与刑事犯罪的认定角度来看，《证券法》和《内幕交易犯罪司法解释》的这种体例结构意味着要准确认定持股比例型内幕信息，必须援引不同的规范内容且体系性理解相关规定，才能准确得出持股比例型内幕信息的法定含义及认定标准。内幕信息判断逻辑层次（见图8）。

---

① 《证券法》第八十条第二款、第三款规定："前款所称重大事件包括：（一）公司的经营方针和经营范围的重大变化；（二）公司的重大投资行为，公司在一年内购买、出售重大资产超过公司资产总额百分之三十，或者公司营业用主要资产的抵押、质押、出售或者报废一次超过该资产的百分之三十；（三）公司订立重要合同、提供重大担保或者从事关联交易，可能对公司的资产、负债、权益和经营成果产生重要影响；（四）公司发生重大债务和未能清偿到期重大债务的违约情况；（五）公司发生重大亏损或者重大损失；（六）公司生产经营的外部条件发生的重大变化；（七）公司的董事、三分之一以上监事或者经理发生变动，董事长或者经理无法履行职责；（八）持有公司百分之五以上股份的股东或者实际控制人持有股份或者控制公司的情况发生较大变化，公司的实际控制人及其控制的其他企业从事与公司相同或者相似业务的情况发生较大变化；（九）公司分配股利、增资的计划，公司股权结构的重要变化，公司减资、合并、分立、解散及申请破产的决定，或者依法进入破产程序、被责令关闭；（十）涉及公司的重大诉讼、仲裁，股东大会、董事会决议被依法撤销或者宣告无效；（十一）公司涉嫌犯罪被依法立案调查，公司的控股股东、实际控制人、董事、监事、高级管理人员涉嫌犯罪被依法采取强制措施；（十二）国务院证券监督管理机构规定的其他事项。公司的控股股东或者实际控制人对重大事件的发生、进展产生较大影响的，应当及时将其知悉的有关情况书面告知公司，并配合公司履行信息披露义务。"

② 《证券法》（2014）关于"重大事件""内幕信息"的规定体例、方式均与《证券法》（2019）相同。

③ 《内幕交易犯罪司法解释》第五条第一、二、三款规定："本解释所称'内幕信息敏感期'是指内幕信息自形成至公开的期间。证券法第六十七条第二款所列'重大事件'的发生时间……应当认定为内幕信息的形成之时。影响内幕信息形成的动议、筹划、决策或者执行人员，其动议、筹划、决策或者执行初始时间，应当认定为内幕信息的形成之时。"

```
内幕信息判断的逻辑层次 ─┬─ 原则性规定 ─┬─ 重大性
                      │             └─ 未公开性
                      ├─ 明示性列举 ─┬─ 列举11种"重大事件"为内幕信息
                      │             └─ 其中第8种为"持股比例变动"型重大事件
                      └─ 兜底性条款 ─┬─ 证监会"认定"[《证券法》(2014)]
                                    └─ 证监会"规定"[《证券法》(2019)]
```

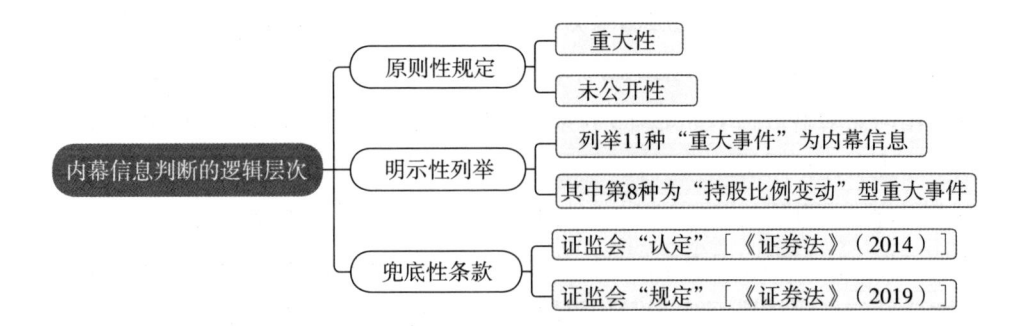

图 8　内幕信息判断的逻辑层次

不过，目前规范理解层面的问题是，《证券法》规定"持股比例发生较大变化"方才成立"重大事件"，"较大变化"则成为界分信息是否属于重大事件型内幕信息的法定标准。但是，何种幅度的持股比例变化属于"较大变化"，《证券法》及《内幕交易犯罪司法解释》并未明确规定。比如，"持股比例由5%变更为10%"是否属于内幕信息？对此，现行规范层面并无明确规定，实践中监管机关作出行政处罚决定直接将其认定为内幕信息，[①] 但是并未进行规范层面的阐释与说理，存在规范依据的合法性与正当性不足的问题。就此而言，规范层面与实践层面存在明显的认定逻辑脱节。

由此，进一步引发了持股比例型内幕交易的行政处罚与刑事制裁相衔接的问题。原因在于，实践中几乎不会存在符合行政处罚标准，同时没有达到刑事立案标准的情形。实践中普遍存在"行政处罚＋立案标准"的内幕交易犯罪认定思路，基本排除了仅构成行政处罚而没有达到犯罪标准的可能情形。因为，刑事立案标准中的"数额规定"缺乏"现实想象力"，证券市场实践中产生的各种形式的数额，基本远超立案标准规定的"数额"。比如，立案标准中规定的内幕交易罪入罪标准为，证券成交额累计在50万元以上、获利或者避免损失数额累计在15万元以上等。[②] 此类入罪数额规定与现实情形存在严重脱节。

[①] 参见中国证监会〔2020〕63号、〔2020〕64号、〔2020〕65号、〔2020〕66号、〔2021〕9号行政处罚决定书，中国证监会〔2021〕33号行政复议决定书。

[②] 参见最高人民检察院、公安部《立案追诉标准（二）》（2022）第三十五条的规定。

从《证券法》的规范层面来分析，如果将前述这种持股比例变动型的重大事件认定为内幕信息，至少暗含着两个前提设定：第一，在信息属性层面，持股比例变动型信息本身是一个持续发生的动态过程，不是静态的信息生成及点状静止事件；① 第二，在信息逻辑层面，基于持股比例信息本身的持续性动态变化过程，也使持股比例从 5% 向 10% 迸发变动的每一次增持买入，都构成重大事件，因而都属于内幕信息。换言之，行为人持股比例达到 5% 这一标准线之后的每一次交易，都会引发其持股比例的变动，每一次变动又都属于重大事件型内幕信息。逻辑上，如果行为人在持股比例达到 5% 之后，继续进行了 n 次交易方才达到 10% 的持股比例，那么，行为人交易的全过程则相应地存在 n 个重大事件、n 个内幕信息。同时，结合《内幕交易犯罪司法解释》的规范内容来理解，也由此存在 n 个内幕信息敏感期、n 个内幕信息的起点与终点。进而，回归到信息披露的角度，行为人作为信息披露义务人，也必须发布 n 次信息公告。

但是，实践中针对持股比例型内幕交易的行政处罚决定，从其处罚内容与逻辑来看，监管机关仅认定存在一个内幕信息及敏感期。可见，监管机关的认定逻辑与规范逻辑存在矛盾②（实践案例的逻辑结构如图 9 所示）。原因在于，如前所述，《证券法》仅规定了"持股比例发生较大变化"的方才为"重大事件"，属于内幕信息，但是并未规定何种比例或幅度的变化属于"较大变化"。因此，首先应当从法律规范层面进行自洽的体系性解释，以统一法律适用层面的认定标准与认定规则。

---

① 此处讨论排除了行为人在持股比例达到 5% 后，直接通过一次性买入股票使持股比例达到 10% 的情形。

② 参见中国证监会〔2020〕63 号、〔2020〕64 号、〔2020〕65 号、〔2020〕66 号、〔2021〕9 号行政处罚决定书，中国证监会〔2021〕33 号行政复议决定书。

图9 内幕信息逻辑结构一

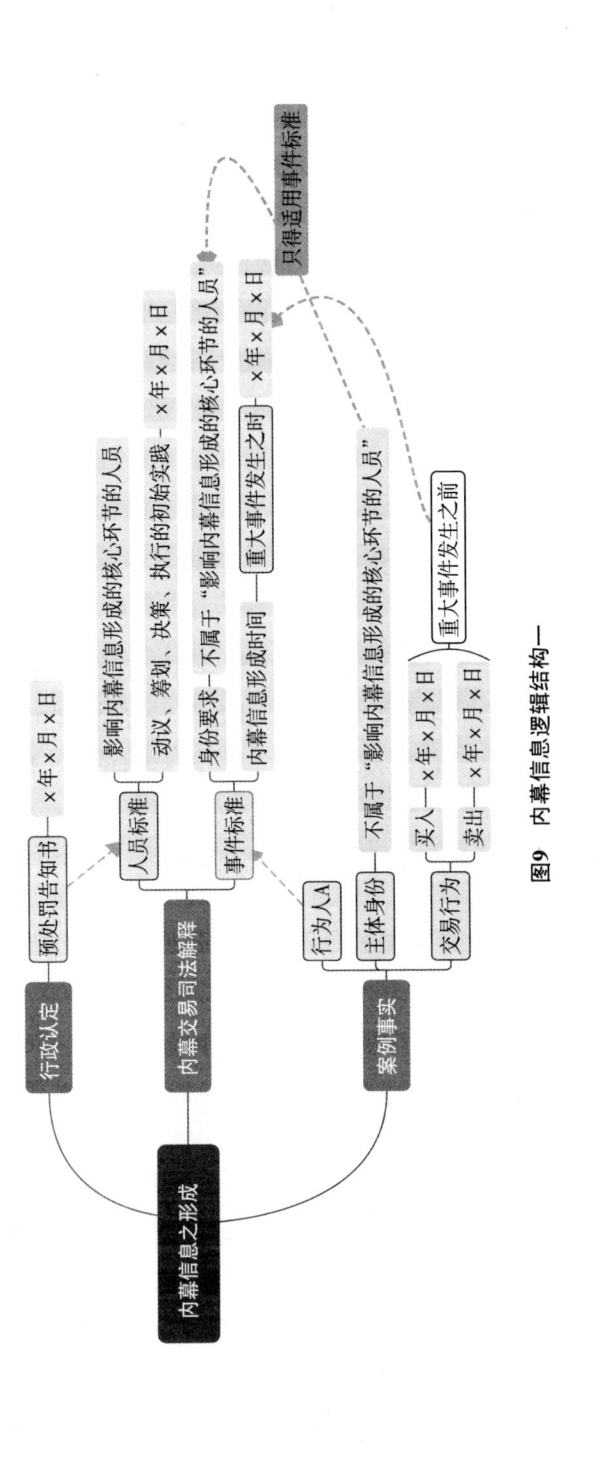

概言之,《证券法》的模糊表述与实践扩张解释两者之间存在矛盾。《证券法》将"持股比例发生较大变化"列为重大事件,但未明确"较大变化"的具体幅度。实践中,监管机关通过行政处罚案例将其解释为"5%后的任何比例变动",形成动态标准。然而,这一逻辑缺乏直接的法律依据,且与《证券法》规定的信息披露规则相矛盾。《证券法》规定持股5%后"每增减5%"需履行信息披露义务。文义上,"每"指向整倍数变动(如5%→10%),而非任意幅度(如5%→5.1%/5.3%/6%等)。《内幕交易犯罪司法解释》虽然规定"重大事件发生时间即内幕信息形成时间",但是未回应"较大变化"的具体刻度,导致司法裁量的不确定性。

二、持股比例型内幕信息的体系性理解:静态标准与动态标准

关于持股比例"较大变化"的含义理解,首先需要厘清规范自身的逻辑,进而再讨论规范与实践的逻辑悖反问题。比如,"持股比例由5%变更为10%"这一事项,是否属于持股情况发生"较大变化"因而性质上属于重大事件型的内幕信息?以此为例展开分析,会得出规范解释层面自身的逻辑首先不能自洽的结论,存在多元化的标准与理解。因为《证券法》并未明确"较大变化"的内涵与外延,这种持股比例型内幕信息的规范内容,同时包含着静态标准与动态标准两种相互冲突的解释逻辑。

(一)规范内容同时包含静态标准与动态标准

根据文义解释,"持股比例由5%变更为10%"这一"重大事件"的逻辑是,行为人一次性买入股票,持股比例由5%直接变为10%从而构成内幕信息。此"重大事件"指向的是行为人一次性买入股票达到10%比例这个静态的点状事件,而不是行为人分多次、持续买入股票后渐进达到10%的持股比例。就此而言,这是认定持股比例型内幕信息的静态标准。

不过,引发规范解释层面逻辑冲突的情形,并不是这种静态标准,而是动态标准。这种标准本身没有认定难度,简单统计即可确认持股比例是否达到

10%的量化标准。按照信息披露规则要求，行为人在持股比例达到5%时会进行初次举牌公告，之后一次性买入5%比例的该股票使其持有的股票比例达到10%，此时根据规则再次进行公告披露即可。问题在于，这种理想情形并不符合证券市场中的实践操作情形。实践中更普遍、真实的操作情形是，行为人在持股5%举牌公告后，几乎不会继续一次性买入5%占比的股票从而直接达到10%的总持股比例，而是会根据实际情况在不同的时间节点、不同的价位持续、渐进增持买入，最后在某次操作买入股票之后达到10%的比例，触发规则要求从而再行披露信息，对市场宣告行为人的持股比例变动情况。①

在这种渐进增持股票的情境中，能推导出的结论是，比如某年某月某日，行为人第n次买入操作完成的那一刹那，其持股比例变更为10%的那一刻，所谓的重大事件才发生，内幕信息方才形成。换言之，如果按照前述静态标准，在该年该月该日第n次买入操作之前的所有时间段内，持股比例变为10%这一重大事件均尚未发生，内幕信息均尚未形成。但是，实践中的认定逻辑并非如此。比如，实践案例中，② 监管机关认定，"内幕信息敏感期为2018年4月20日至7月5日"。根据《内幕交易犯罪司法解释》第五条第一款的规定③可知，此处认定2018年4月20日内幕信息即已经形成，而不是2018年7月4日。此处表述的实际逻辑是，将行为人初次举牌公告后的第1次买入到第n次买入，持股比例由5%逐渐增长至达到10%的连续过程中的每一次变动，都认定为重大事件，也都认定为内幕信息。就此而言，这是认定持股比例型内幕信息的动态标准。显然，这两种标准的认定逻辑及结论存在冲突（见图10）。

---

① 一般而言，行为人选择继续增持某只股票，一方面，其会充分考量增持买入股票的资金成本，根据股票的价格情况适时选择增持买入；另一方面，其之所以大额持有某只股票并持续增持，往往是对应着特定的经营目的。比如，根据产业结构调整，行为人会高度关注上下游产业链条中的供需状况，以尽可能控制自身的生产成本，提高利润，因而会选择增持某只股票的方式增强在该公司的话语权。尤其是，行为人会通过此种方式控制自身生产制造所需关键原材料或零配件的稳定供应，以保证自身的经营发展战略。

② 参见中国证监会〔2020〕63号、〔2020〕64号、〔2020〕65号、〔2020〕66号、〔2021〕9号行政处罚决定书，中国证监会〔2021〕33号行政复议决定书。

③ "本解释所称'内幕信息敏感期'是指内幕信息自形成至公开的期间。"

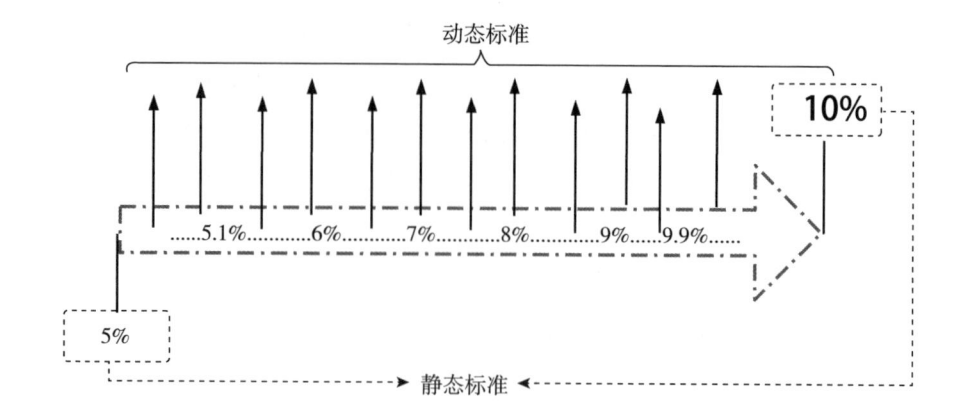

图 10　静态标准与动态标准

回归到规范层面，"较大变化"是认定持股比例型信息是否属于重大事件型内幕信息的关键所在，但这种模糊性表述使静态标准与动态标准的均可被概括解释于其含义之中，因而这种解释矛盾也就无法在规范层面得到妥当解决。因为"较大变化"并未相应地明确持股比例变动构成内幕信息的具体"刻度尺"。比如，按照前述静态标准，认定持股比例变动的"刻度尺"明确要求是每5%，只有从5%的持股比例达到10%之时（或者，以此类推从10%达到15%等），方才属于重大事件。在持股比例达到5%后继续渐进增持买入的比例变动，并非重大事件，仅是一般的未公开信息，不构成重大事件型内幕信息。按照前述动态标准，并没有明确要求认定持股比例变动的"刻度尺"是"每5%"，也就是达到5%持股比例后的任何一次增持买入所导致的变动，都属于重大事件，也因而都属于重大事件型的内幕信息。

此外，除规范层面并未明确规定"较大变化"的具体刻度尺，使内容上可以同时包含相互矛盾的静态标准与动态标准外，《内幕交易犯罪司法解释》关于重大事件型内幕信息形成时间的规定，也没有明确对于持股比例型的内幕信息认定应当是采用何种标准，反而进一步加剧了这种规范解释层面的矛盾。《内幕交易犯罪司法解释》第五条，专门单列第二款规定了重大事件的发生时间，应当认定为内幕信息的形成之时。如果按照静态标准，则重大事件仅是指持股比例达到10%这一静态事件，也就只有一个内幕信息；如果按照动态标准，则重大事件是指持股比例达到5%后继续渐进、连续增持买入所带来的每一次持股比例变动（包括最后达到的10%），也就是存在多个内幕信息。比如，5.1%、5.6%、6.3%等持股比例，一直到第n次买入后持股比例所达到的10%。

简言之，规范层面与实践层面的认定逻辑与解释路径存在矛盾，原因在于，规范层面的认定逻辑中同时包含着认定持股比例型内幕信息的两种相互矛盾的标准。静态标准即行为人持股比例达到10%的那一刻，才构成重大事件，才形成内幕信息；动态标准即行为人持股比例超过5%之后，每一次买入所导致的持股比例变动都是重大事件，均是内幕信息。

（二）适用静态标准认定持股比例型内幕信息的规范依据[①]

《证券法》（2014）第六十七条第二款，明确规定了持股比例变动型重大事件的内容，"下列情况为前款所称重大事件：（一）公司的经营方针和经营范围的重大变化；（二）公司的重大投资行为和重大的购置财产的决定……（八）持有公司百分之五以上股份的股东或者实际控制人，其持有股份或者控制公司的情况发生较大变化……"

可知，此条款是对持股比例型重大事件的具体内容规定，明确了两项内容：（1）已持有5%以上股份；（2）持股情况发生较大变化。不过，如前所述，问题在于此处并未明确"较大变化"的明确含义，也并未明确应当采用何种标准认定内幕信息。在实践层面，监管机关直接采用动态标准认定重大事件与内幕信息，从而认定行为人构成内幕交易，但并无明确法律规定的支持。

[①] 重大事件型内幕信息规定在《证券法》第五章"信息披露"部分，由此逻辑上可以认定，重大事件型内幕信息的判断逻辑，应当包含于"信息披露"制度逻辑范畴之内，包括应当引用信息披露相关规范性文件的细节规定充实、完整理解重大事件型信息是否属于内幕信息。不过，也有观点认为，应当将内幕信息重大性判断与强制信息披露标准分开理解，不可等同视之。比如，"自我国1998年《证券法》出台以来，内幕信息的立法表达一直都采用'概括+列举'模式。但由于概括性规定中关于内幕信息重大性的界定较为抽象、模糊，而列举性规定又转引了临时报告披露中的'重大事项'，以致理论和实务中常将内幕信息重大性判断与强制信息披露标准'熔于一炉'，甚至等同视之，如认为内幕信息披露属于强制信息披露制度的组成部分，统一适用于整体强制信息披露中的重大性标准也应适用于内幕信息的判断，实践中也多认为构成信息披露中的'重大事件'就当然符合内幕信息重大性要求。然而，这种理解和认定逻辑未能充分考虑内幕信息规制与强制信息披露法律制度设计和规则体系之间的差异，也未能充分关注到内幕信息重力性自身在制度功能、价值平衡等方面的独特机理"。参见王志明：《新〈证券法〉内幕信息重大性的立法表达与适用逻辑》，载邱勇总编，蔡建春、王红主编：《证券法苑》（2023）第三十八卷，法律出版社2023年版，第406页。

对于此款规定的"较大变化",其含义究竟是指在达到5%的持股比例之后,每一次任意增持比例的变动,均构成重大事件;还是指在达到5%的持股比例之后,每5%的增持比例变动,才构成重大事件,则需要进一步援引《证券法》(2014)第八十六条的规定内容,进行体系性理解以便得出自洽的结论。

1. 《证券法》(2014)第六十七条第一款,对重大事件进行了原则性规定,界定了两项形式标准

《证券法》(2014)第六十七条第一款规定:"发生可能对上市公司股票交易价格产生较大影响的重大事件,投资者尚未得知时,上市公司应当立即将有关该重大事件的情况向国务院证券监督管理机构和证券交易所报送临时报告,并予公告,说明事件的起因、目前的状态和可能产生的法律后果。"

可知,此条款是对重大事件的原则性规定,对《证券法》(2014)列举的七种重大事件类型均适用。并且,该条款明确规定了某事件能构成"重大事件"的两项程序性的形式标准:(1)向证监会、交易所报送临时报告;(2)公告。① 当然,这两项形式标准也属于信息披露规则的内容要求。换言之,逻辑上,如果某事件发生后,相关法律明确规定要求相应的主体按照前述两项标准履行信息披露义务,则说明该事件属于内幕信息意义上的重大事件;反之则否。

2. 分析《证券法》(2014)第八十六条的规定内容及逻辑可得出结论,即持股5%以后每增(减)5%的比例方才构成重大事件

《证券法》(2014)第八十六条规定:"通过证券交易所的证券交易,投资者持有或者通过协议、其他安排与他人共同持有一个上市公司已发行的股份达到百分之五时,应当在该事实发生之日起三日内,向国务院证券监督管理机构、证券交易所作出书面报告,通知该上市公司,并予公告;在上述期限内,不得再行买卖该上市公司的股票。

投资者持有或者通过协议、其他安排与他人共同持有一个上市公司已发行的股份达到百分之五后,其所持该上市公司已发行的股份比例每增加或者减少百分之五,应当依照前款规定进行报告和公告。在报告期限内和作出报告、公

---

① 实质性标准即为成立内幕信息所要求的"重大性",可能对证券的市场价格产生较大影响。

告后二日内,不得再行买卖该上市公司的股票。"

由此,通过对《证券法》(2014)规定的内容进行体系性理解,上述两种标准的争论,可以在第八十六条所规定的内容及逻辑框架中得出结论。

首先,第八十六条第一款,对于"持股达到5%"这一"重大事件",规定了四项程序性的形式标准,具体为:①3日内;②向证监会、交易所书面报告;③通知上市公司并公告;④禁止在此期限内再买卖该股票。

其次,第八十六条第二款,对于"持股5%后,继续每增/减持5%(5%的整倍数)"这一"重大事件",也规定了与第一款相同的四项程序标准,仅是对于禁止买卖该股票的时间这一"慢走规则"的内容要求更加明确而已(此处进一步具体表述为"二日内",第一款仅是简单表述为"在上述期限内")。可知,此条款明确规定了持股比例达到5%后每次再增减5%整倍数比例的股票才是重大事件(因而成立内幕信息),而没有规定5%~10%比例区间内的每一次变动,都构成重大事件。并且,此处第一款与第二款的规定,对于持股比例型内幕信息的认定标准(前述四项程序性的形式标准),保持了内容与逻辑的一致性。

换言之,对比《证券法》(2014)第六十七条和第八十六条的规定内容并进行体系性理解,能够清晰得出的结论是:第六十七条第二款第八项中模糊表述的"较大变化"的含义,指向的是运用第八十六条第二款所规定的"每增加或减少5%"的具体内容来填充理解,且重点在于此处规定的"每"。可知,对持股比例变动型重大事件的界定,应当采用静态标准。因此,对于持股比例型内幕信息的界定,也应当采用静态标准的理解,即行为人在第n次操作买入之后,其持股达到10%的那一刻,此重大事件才发生,内幕信息方才形成。①

---

① "较大变化"的模糊性问题,转换为"每(增加或者减少百分之五)"的模糊性问题,更具体的是此处"每"的模糊性问题应当采取时点式理解还是时段式理解?如何精确理解"每"?引发此处理解混乱的原因在于,这样双重差异性的叠加导致的多元化理解。第一重差异是,时间要素本身理解的差异性;第二重差异是,法律规定与市场实操之间的差异性。具体而言,在文义解释角度,"每"字包含的时间要素理解之差异。"每增加或者减少百分之五"应当理解为一次性、完整的持股比例变动幅度是5%,而不包含多次累计达到持股比例变动幅度为5%的情况。比如,前一种情形是,变动前持股比例为5%,经过一次交易,直接使持股比例变动为10%;后一种情形是,变动是持股比例为5%,经过n次交易,间断连续使持股比例在最后一次交易后最终变动为10%。在市场实操角度,持股比例变动的非规范性,即不可能每一次变动都是《证券法》规定的标准的"每百分之五"。也就是说,持股比例变动在实际操作中的时间要素,并不是一次而是多次、并不是完整的而是渐续的交易,方才导致持股比例在n次交

（三）《证券法》的修改逻辑印证了适用静态标准的合理性

《证券法》（2019）第八十条对"重大事件"的规定，与《证券法》（2014）第六十七条对"重大事件"的规定基本保持了内容与逻辑一致。《证券法》（2019）第六十三条具体规定了持股比例变动的信息披露规则。①

《证券法》（2019）第六十三条第一款、第二款、第三款规定："通过证券交易所的证券交易，投资者持有或者通过协议、其他安排与他人共同持有一个

易的最后一次，最终达致变动为10%。在司法解释角度，规定含义本身的歧义性。《内幕交易犯罪司法解释》第五条，《证券法》第六十七条第二款所列"重大事件"的发生时间……应当认定为内幕信息的形成之时。也就是说，一方面，重大事件本身的发生时间，那个特定的时间点，就是内幕信息形成的时间节点，似乎并没有什么含义的歧义性。但问题在于，另一方面，"持股比例变动"这种特定的重大事件类型之一，其具有的差异性或独特性在于，市场实操中并不是一次而是多次，并不是完整的而是渐续的交易，方才导致持股比例在n次交易的最后一次，最终达致变动为10%。因此，在整个过程中，存在n次交易，引发n次持股比例变动，即n个重大事件及其发生时间，亦即n个内幕信息及其形成时间。一言以蔽之，《内幕交易犯罪司法解释》规定本身的歧义性在于，没有精细区分规范逻辑与实操逻辑，或者没有区分法律规范的标准化逻辑与实操的非标准逻辑，混淆了理论与实践。

① 此处需要补充说明两点。第一，《证券法》第四章"上市公司收购"中规定所体现的"较大变化"是持股"比例每增加或者减少百分之五"。那么，第四章收购制度与第五章信披制度之间的逻辑关系是什么？笔者认为，上市公司收购的制度内涵，其立足点在于上市公司自身的经营需求，即可以被理解为内部性行为。信息披露的制度内涵，其立足点不仅在于上市公司自身的经营，而且在于市场与投资者、监管者等第三方主体的投资或监管需求，即可以被理解为外部性行为。换言之，虽然都是"持股比例变动"这一行为或信息，但是放置在《证券法》上市公司收购与信息披露不同篇章结构中，其表达的制度内涵是不同的，进而引发的法律性质、责任属性也是不同的。比如，"持股比例变动"在上市公司收购制度的语境下，如果行为人没有按照规定进行报告和公告，引发的责任后果，仅是剥夺对应变动股份的表决权，即"（违反第一款、第二款规定买入上市公司有表决权的股份的，在买入后的三十六个月内）对该超过规定比例部分的股份不得行使表决权"。"持股比例变动"在信息披露制度的语境下，如果行为人（信息披露义务人）没有按照规定进行披露，引发的责任后果是违规信息披露的责任，即"信息披露义务人未按照规定披露信息，或者公告的证券发行文件、定期报告、临时报告及其他信息披露资料存在虚假记载、误导性陈述或者重大遗漏，致使投资者在证券交易中遭受损失的，信息披露义务人应当承担赔偿责任；发行人的控股股东、实际控制人、董事、监事、高级管理人员和其他直接责任人员以及保荐人、承销的证券公司及其直接责任人员，应当与发行人承担连带赔偿责任，但是能够证明自己没有过错的除外"。第二，收购制度、信息披露制度与内幕交易（禁止）制度之间的逻辑关系是什么？笔者认为，三者之间在逻辑上是一种顺延关系。上市公司基于自身经营需求进行收购行为，引发持股比例变动，进而触发信息披露的制度条件及其要求，再而如果上市公司作为信息披露义务人不履行信息披露义务，则使该持股比例变动信息成为法定内幕信息（具有重大性+未公开性）。更具体地讲，此处"信息"重大性的价值来源与信息披露制度本身的属性要求是同一的，也就是说，如果该"持股比例变动"信息本身没有重大性价值的话，则法律规范层面不会对其施加信息披露的制度规范要求。此处"信息"未公开性的判断与信息披露行为本身是同一的，也就是说，如果上市公司依照信息披露制度要求进行了及时披露，则法律规范层面该信息就丧失了未公开性。简言之，将"持股比例变动"信息是否属于"内幕信息"的逻辑判断，转换为其在收购制度、信息披露制度框架下的逻辑判断的思考路径便具有了正当性。

上市公司已发行的有表决权股份达到百分之五时，应当在该事实发生之日起三日内，向国务院证券监督管理机构、证券交易所作出书面报告，通知该上市公司，并予公告，在上述期限内不得再行买卖该上市公司的股票，但国务院证券监督管理机构规定的情形除外。

投资者持有或者通过协议、其他安排与他人共同持有一个上市公司已发行的有表决权股份达到百分之五后，其所持该上市公司已发行的有表决权股份比例每增加或者减少百分之五，应当依照前款规定进行报告和公告，在该事实发生之日起至公告后三日内，不得再行买卖该上市公司的股票，但国务院证券监督管理机构规定的情形除外。

投资者持有或者通过协议、其他安排与他人共同持有一个上市公司已发行的有表决权股份达到百分之五后，其所持该上市公司已发行的有表决权股份比例每增加或者减少百分之一，应当在该事实发生的次日通知该上市公司，并予公告。"

首先，上述第六十三条第一款，对于"持股比例达到5%"这一"重大事件"，规定了与《证券法》（2014）相同的四项程序性的形式标准，具体为：（1）3日内；（2）向证监会、交易所书面报告；（3）通知上市公司并公告；（4）禁止上述期限内再行买卖该股票。

其次，第六十三条第二款，对于"持股5%后，继续每增/减持5%（5%的整倍数）"这一"重大事件"，也规定了四项程序性的形式标准，内容基本同于第一款的规定，仅是更清晰地表述了禁止在"在该事实发生之日起至公告后三日内"再行买卖该股票，而第一款是简单表述为禁止"在上述期限内"再行买卖该股票。

最后，第六十三条第三款为《证券法》（2019）修订增加的规定，对于"持股5%后，每增/减持1%"这一"非重大事件"，仅规定了公告要求。根据前两款的规定，对于重大事件，《证券法》（2019）明确规定有四项程序性的形式标准，而该款仅规定了其中之一的"公告要求"，并没有规定其他三项严格的形式标准。可知，此处法条规定的逻辑为，"每增/减持1%"并不构成内幕信息意义上的重大事件，不属于内幕信息。因此，仅简单规定了通知上市公司以及进行公告的单一程序性的形式标准。

换言之，如果此处"持股5%后，每增/减持1%"的持股比例变动也构成重大事件的话，《证券法》（2019）应当如同前两款的规定一样（形式要件保持一致），通过法律明确规定的四项程序标准，赋予严格的信息披露义务与要求，而不是仅简单地规定在事实发生的次日通知上市公司并进行公告即可。

因此，在此意义上，《证券法》（2019）明确规定了"持股5%后，每增/减持1%的"的内容，填补了此前《证券法》的规定空白，印证了本章前述规范解释的逻辑与结论的合理性，即对于"持股5%以上每增减5%"的"重大事件"型内幕信息，应当采用静态标准进行认定。换言之，只有行为人的持股比例达到10%的那一刻，才成为重大事件型的内幕信息，而不是持股5%后的每增/减持，均构成重大事件型的内幕信息（据此，前述实践案例的认定逻辑结构如图11所示）。

简言之，信息本身存在内幕信息与非内幕信息（一般的未公开信息）的区分，这种区分的标准属于法律的"拟制性"规定。因此，某重大事件或信息必须符合法律明确规定的标准与特征，才能被认定为内幕信息，否则只能归为一般的未公开信息。也就是说，如前所述，某信息是否属于重大事件型的内幕信息，从规范层面来看，应当审查是否符合规定的四项程序性的形式标准。故而，持股比例型内幕信息的认定应当采用静态标准，行为人持股比例达到10%的那一刻，方才是重大事件的发生时间，也才是内幕信息的形成之时。

概言之，以上论述通过体系解释，经由信息披露规则厘清了"较大变化"的规范内涵。第一，《证券法》（2019）第六十三条［《证券法》（2014）第八十六条］的"刻度尺"功能。[①] 就此而言，可以认为信息披露制度是内幕信息

[①] 证监会于2025年1月10日正式发布的《证券期货法律适用意见第19号——〈上市公司收购管理办法〉第十三条、第十四条的适用意见》，对"持股比例变动"的信息披露规则及义务内容，明确了采用"刻度说"而非"幅度说"。不过，该办法的"刻度说"与本书所述及的"刻度尺"等内容所面对的"问题意识"及论证结论并不相同。"《上市公司收购管理办法》规定，投资者及其一致行动人持股达到5%后，其所持股份比例每增加或者减少5%，应当报告与公告，在该事实发生之日起至公告后三日内，不得再行买卖该上市公司的股票。长期以来，对前述要求存在刻度、幅度两种理解，'刻度说'认为，持股比例达到5%及其整数倍时（如10%、15%、20%、25%、30%等），暂停交易并披露；'幅度说'认为，持股比例增减量达到5%时（如6%增至11%、12%减至7%），暂停交易并披露。从监管实践和境外经验来看，'刻度说''幅度说'本质上并无优劣之分，但两种理解长期存在，不便于投资者理解和操作，容易产生一些问题。考虑到'刻度说'在计算权益变动披露和暂停时点时更便捷，有利于减少实践中投资者无意违规的情形，也有利于市场快速掌握重要股东的持股信息，更能体现收购预警意义，因此，我们制定《证券期货法律适用意见第19号——〈上市公司收购管理办法〉第十三条、第十四条的适用意见》，对《收购办法》第十三条、第十四条进行解释，明确刻度标准。"参见证监会关于《证券期货法律适用意见第19号〈上市公司收购管理办法〉第十三条、第十四条的适用意见》的立法说明。

图11 内幕信息逻辑结构二

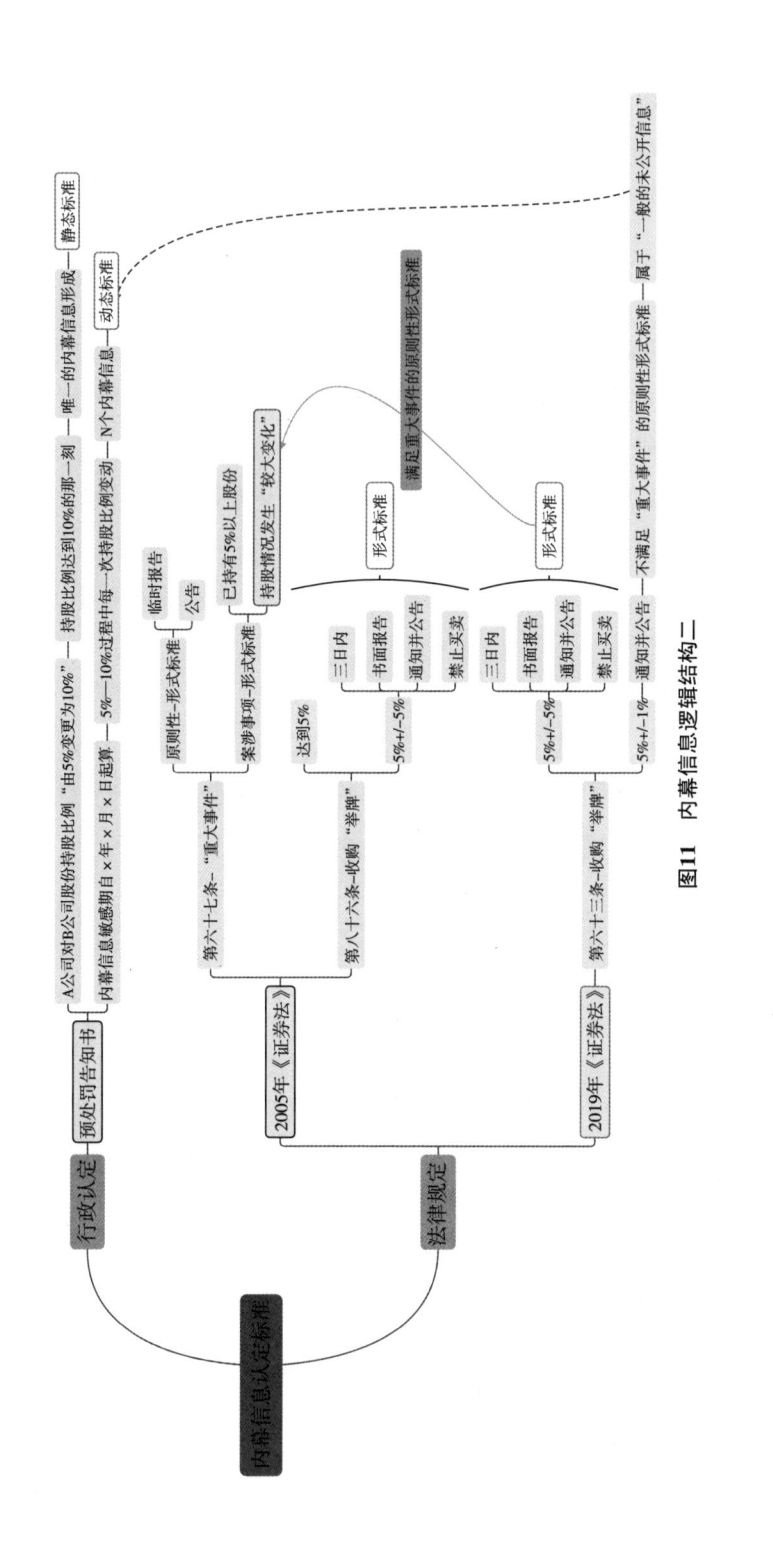

认定的前置性规则。① 根据《证券法》的规定，首次触发点（持股达5%时需公告，并暂停交易3日）；后续触发点（每增减5%需再次公告，并暂停交易2日）；1%变动规则［《证券法》（2019）增加的内容］，持股5%后每增减1%仅需次日公告，无暂停交易要求。第二，逻辑推演。5%整倍数变动，因涉及"慢走规则"和严格披露义务，符合"重大事件"的实质要件；1%或其他非整倍数变动仅需简易公告，表明其"重大性"不足，不属于内幕信息范畴。第三，刑事司法的谦抑性要求。内幕交易罪的成立需满足"利用未公开的重大信息"，若将前文所述"动态标准"引入刑法，可能导致以下问题：其一，过度犯罪化，5%后的每次交易均可能构成犯罪，违背刑法的最后手段性原则；其二，举证难题，司法机关需证明每次交易的"信息敏感性"，实践中几无可能；其三，责任失衡，投资者因跟随非重大信息交易被追责，与市场风险自担原则相冲突。

三、持股比例型内幕信息的认定逻辑：基于信息错误风险分配的规则考量

信息披露规则所要求的形式标准及宽松程度不同，指向的是信息本身的价值大小不同。信息的价值性区分，相应地匹配法律保护的程度性区分，而不是对所有价值大小不一的信息进行等同性法律规范保护。比如，前述《证券法》（2019）第六十三条前两款，对于持股5%以及每增加5%的比例的重大事件信息，明确规定了四项程序性的形式标准要求，以区分于该条第三款规定的每增加1%持股比例的"非重大事件"情形。这种不同的形式标准要求及信息披露规则要求，所体现的即规范层面认定信息价值大小的逻辑。同时，证券立法对信息进行"强制披露—自愿披露"类型化处理背后反映了风险分配的精细化

---

① 也有观点认为，信息披露制度和内幕交易规制有不同的制度目标和价值取向。例如，信息披露侧重"信息公开"的强制要求，而内幕交易规制则强调"交易行为"的限制。这说明两者的核心功能不同，可能导致它们在重大性标准上存在差异。因此，实践中将两者等同的做法并不妥当。参见王志明：《新〈证券法〉内幕信息重大性的立法表达与适用逻辑》，载邱永总编，蔡建春、王红主编：《证券法苑》（2023）第三十八卷，法律出版社2023年版，第405~430页。

要求，持股比例型信息的分级处理机制，实质上也是对上市公司自主经营权与投资者知情权的利益调衡。

（一）信息类型及其区分性规范保护

信息本身存在不同类型，比如，《证券法》（2019）规定的11种重大事件型的内幕信息类型。信息本身的类型与内容不同，其本身的价值也不同。不同价值重大性程度的信息，理当匹配不同严格程度的规范保护及要求。比如，针对不同的信息类型，区分为强制披露与自愿披露，[1] 且设置不同严格程度的具体披露要求。法律规范层面针对内幕交易的违法及犯罪行为作出了禁止性规定，其目的即在于只对具备"重大性"与"未公开性"[2] 要件的内幕信息，施加法律层面的专门性保护，提示市场中的行为主体注意利用内幕信息违法交易的惩罚性后果，以保障证券市场信息环境的公平。再如，针对信息披露义务的时间性要求，区分为证券发行时的信息披露与发行后的持续信息披露。这种持续信息披露制度，包括定期信息披露和临时信息披露。这种区分性的规范保护，从更为宏观的视角来看，乃是基于信息作为证券市场的基础要素，投资者对市场中信息的甄别判断必然存在错误，这种必然存在的错误，需要通过法律机制设计合理分配至不同参与主体，进而由此合理分配信息错误风险带来的损失。

从市场运行来看，信息本身的属性即包含了价值程度的必然区分。[3] 证券市场作为人类社会经济发展的制度性安排，其底层逻辑中必然存在的假设前提是，基于社会经济发展的资金融通配置等功能性要求，市场参与主体必然会对

---

[1] "自愿披露是与强制披露相对应的一项制度。强制披露即义务人必须根据法律规定，履行信息披露义务，且披露的信息必须满足法律规定的所有条件。自愿披露是一种以市场激励为动机的披露形式，指信息披露义务人除应该承担强制性信息披露义务外，还可以依据自愿原则，选择披露法定披露信息之外的信息。"参见郭锋等：《中华人民共和国证券法制度精义与条文评注》（上册），中国法制出版社2020年版，第392页。

[2] 实际上，未公开性要件与重大性要件二者互为内涵之一。比如，信息的未公开性也是信息重大性的内涵之一。站在投资者角度，某信息对于其投资而言是否具有重大性，非常重要的因素之一即在于获取该信息的时间差。也就是说，行为人相对于其他人而言，提前获取了非公开的信息。待该信息正常公开在市场中后，所有投资者都可以平等、轻易地获取该信息，那么，实际上该信息本身的重大性即因为时间差或时间优势的丧失而丧失。

[3] 参见本书第一章中关于信息要素"价值性""程度性"等分析内容。

证券市场运行中产生的原生信息进行筛选后再利用，如剔除错误信息等噪声信息、筛选真正体现投资价值的信息。这种功能性目的设定，也必然带来法律规范对市场中信息的价值进行区分，而不可能对所有的市场信息进行同等化的法律保护。从法律治理层面来看，基于治理资源的有限性这一客观约束条件，也不可能对证券市场中所有的信息均一体适用相同的法律规范保护，必然要作出区分性保护。

因此，对证券市场中的信息进行类型化区分，进而匹配不同的法律规范保护，符合证券市场运行、法律治理的双重目的要求。就此而言，对于持股比例型内幕信息，规范层面仅要求行为人达到5%的持股比例时必须按照规则进行公告披露，之后如继续增持，每达到5%的比例时，方才要按照信息披露规则进行公告。原因在于，持股比例达到5%及继续增持每5%的比例，这种达到固定比例节点的信息具有特定的重大性价值，蕴含着更多的信息内容。行为人持续大额增持相关股票一般意味着其经营安排的重要变动，在证券市场中更可能会引发相关股票价格的波动，影响证券市场的交易秩序。所以，法律规范强制性要求行为人进行信息披露，明确提示市场投资者充分关注其持股比例变动情况，进而充分关注投资时的风险判断与审慎交易。

（二）时点式内幕信息与静态标准的逻辑统一

内幕信息本身存在时段式、时点式两种不同理解逻辑，其背后体现的也正是法律规范针对不同信息类型的区分性保护。这种区分性保护的核心内容与底层逻辑，意在通过建构信息错误风险分配规则，合理分配证券市场运行中客观存在的信息错误风险。

之所以存在时段式内幕信息的理解逻辑，原因在于，证券市场中的增持股份往往不是一次交易完成的，而是连续、渐进发生的交易操作。也就是说，持股比例的变动是持续发生的存在状态。时段式的内幕信息理解逻辑，对应的是持股比例型内幕信息认定的动态标准。时点式的内幕信息理解逻辑，对应的是持股比例型内幕信息认定的静态标准。而时点式的内幕信息理解逻辑则与静态标准的内在逻辑相统一，其对应的内容实质上是信息错误风险的分配规则。

首先，法律明确规定行为人在持股比例达到5%时，因其属于重大事件，必须严格按照信息披露规则进行公告。此时，法律规范是将信息错误风险分配给了作为披露义务人的行为人，因为行为人的持股比例达到了5%的特定节点，其在证券市场的这种操作必然是服务于其公司运营层面的特定目的，这会引发公司运营状况的变化，进而影响投资者的交易决策及其所伴随的盈亏风险变动。所以，既然这种因果影响发端于行为人持股比例的变动行为，法律规范则要求行为人严格按照规则进行信息披露。换言之，法律规范将信息错误风险主要分配给行为人，表现为要求行为人承担信息披露义务，如不严格履行此义务则承担相应的违法信披责任，包括刑事责任。

其次，行为人公告持股5%比例的信息后，如再行继续增持股份，在未达到法定的每增（减）5%的比例幅度时，法律规定的披露规则要求及形式标准更为宽松。原因在于，在此过程中，法律规范将信息错误风险主要分配给了持有行为人股票的投资者。换言之，法律规范的逻辑在于，在达到5%持股比例的这一特定节点，行为人按照规则要求严格进行信息披露后，既然投资者选择继续跟进持有行为人的股票，那么，理性的投资者则应当更加积极主动地关注行为人的公司经营状况等各方面信息，且在行为人已披露持股5%比例的信息基础上，分析行为人可能的继续增持（或者减持）股票的行为轨迹与经营目的等信息，从而理性作出投资决策。

换言之，此过程中，法律规范基于行为人（上市公司）自身正常运营的需求，不可能苛责其在随时可能的增持行为后进行披露，这会使行为人疲于信息披露，干扰行为人正常的公司运营。同时，从合理分配信息错误风险的角度来看，法律规范也应当在此阶段交替性地将信息甄别判断的责任主要分配给投资者，以体现证券市场投资风险与收益平衡的规则要求。也就是说，投资者意欲通过交易行为人的股票获取收益，当然应该自行承担规则范围内的信息筛选判断责任，而不可能完全依赖行为人的单方信息披露。

反言之，时段式的内幕信息理解、动态标准并不合乎信息错误风险分配规则的逻辑。如果采用时段式、动态标准的内幕信息认定逻辑，则意味着几乎将"持股比例变动"所可能蕴含的信息错误风险完全分配给了行为人，使投资者仅享受法律规范赋予的"父爱主义"保护，而不必承担自行分析判断信息的责任及其可能带来的损失风险。就实践角度而言，如在持续增持过程中，行为人进行了n次交易操作，则会引发n次持股比例变动，需要进行n次公告披露，而不论持股比例变动的幅度大小，以及是否会影响股价波动。这种无限制的公告要求，一方面完全不符合基本的经济与效率规则，因为信息披露也存在时间、人力等成本；另一方面还会使行为人疲于"应付"信息披露，无法根据自身的经营需要自由选择增持股票的时点与价格，进而影响证券市场的基本运行秩序。此外，这种无限制的信息披露要求，形式上似乎增加了信息披露的数量，但披露的信息质量未必达到预期的程度，反而可能加剧市场的信息环境噪声，扭曲市场信息机制，更不利于投资者的合法权益保护。毕竟，证券市场中充斥的信息数量越多，并不必然意味着信息质量越高，更不意味着市场的信息环境越优良。证券市场的效率提升，正向关联的是信息质量提升，而非纯粹的信息数量增加。

综上所述，在厘清规范逻辑之后，进而在尊重并理解实践逻辑的基础上，重新系统、清晰归纳"持股比例变动"这种特定"重大事件"型内幕信息的评价逻辑路径。第一步，区分规范层面同时存在的"静态标准"与"动态标准"。第二步，区分实践层面真实存在的"非标准化"市场交易操作，即并不是一次而是 n 次，并不是完整的而是持续的交易形态。第三步，在前述区分规范与理解实践的基础上展开刑法评价可以得出的结论是，就刑法意义上的内幕信息而言，当且仅当采取的是"静态标准"及其所表达的"时点式"内幕信息。至于"动态标准"及其所表达的"时点式"内幕信息，仍旧是具备投资价值性与法律规制必要的，不过应当划归行政法律及违法责任保护的区间范畴，而不是不加精细区分地笼统划归刑事法律及犯罪责任的保护范围之列。简言之，信息价值性大小光谱，对应着法律保护程度光谱，进而也对应着责任性质变化光谱。

（三）信息错误风险分配[①]的规则与逻辑

前已述及，针对不同类型的信息，法律规范匹配不同的保护要求及力度。比如，持股比例达到 5% 时以及此后继续增持每达到 5% 的比例时，该信息属于强制性披露的范围，行为人必须及时按照信息披露规则进行公告，以引起投

[①] 参见王莹：《诈骗罪重构：交易信息操纵理论之提倡》，载《中国法学》2019 年第 3 期。

资者充分关注投资风险。对于这种持股比例节点之外，持续发展过程中的持股比例变动，比如5.1%、5.6%、6.7%等持股比例，性质上不属于具有重大性的内幕信息，只是一般未公开信息，法律规范施加的要求更为宽和。那么，如何理解此处的规范目的？为何认为持股比例达到5%进行公告后，继续增持过程中的持股比例变动不属于内幕信息，仅在达到每5%的特定比例节点时，方才被法律规范认定为重大事件，属于内幕信息？换言之，这种时点式的内幕信息认定，法律规范的底层逻辑是什么？为何时段式的信息不属于规范界定的内幕信息？就此而言，笔者尝试建构的是一种持股比例变动的信息披露阶梯规则（见表8）。

表8 持股比例变动的信息披露阶梯规则

触发阈值	披露义务内容	风险分配指向
≥5%	三日内完整报告并暂停交易	上市公司/大股东
±5%整数倍	参照首次举牌标准强化披露	市场整体秩序调控
±1%	次日简易通知	投资者自主判断区

首先，需要理解分配信息错误风险并建构信息错误风险分配规则的原因及目的。一是信息是证券市场的基本存在要素。证券市场无法剥离信息错误风险而独立存在。因此，这种信息错误风险只能在一定时空场域范围内按照规则进行合理分配，进而分配可能的投资损失。二是风险即收益。尤其是就证券市场而言，风险本身是中性的，甚至风险本身也是市场的活力来源。正是市场中不同投资主体的不同风险偏好，带来了投资的活跃度与匹配度。三是法律治理的目的之一即在于合理分配风险。证券市场中的信息错误风险客观上无法消除，必须且只能通过制度安排在市场参与主体之间进行合理分配。

换言之，证券市场本身必然存在信息错误风险，这是法律规范或法律治理层面无法解决的难题，也是基本的经济规律。风险伴生于现代社会而客观存在，人类社会的各种治理方式无法完全消除风险，所能实现的相对合理状态则是分配风险，包括在不同的主体之间分配风险、在不同的时空范围内分配风险。这也是金融经济的本质。进而，基于法律制度设计的信息错误风险分配与责任分担逻辑，不可能将所有的责任与风险均完全交由同一主体承担，并且该主体从始至终一直单方承担。这是证券市场的基本常识，也是法律作为人类理性制度设计与安排的基本内涵。任何风险分配与责任分担都是相对的，且处于动态调整变化之中。

其次，从信息甄别与判断的角度看，除市场中客观存在的信息错误风险外，投资者在对信息进行甄别判断并决策投资时，也必然存在主观的信息误判风险。比如，投资者可能会依据虚假信息或者价值扭曲的信息作出错误的投资决策。证券市场本身就是信息的市场，信息的生产与传播的全链条流程中，必然存在数量庞杂、参差不齐的信息。投资者在进行投资时，必然要对充斥在市场中的各种信息进行甄别与判断，以获取真实且有价值的信息供投资决策。从法律治理的层面来看，证券市场的法律规范所欲实现的治理目的是，一方面，正向引导，以减少或降低风险的产生，包括信息错误风险，保障证券市场公平、公正、公开地运行，实现证券市场应当发挥的功能性目的；另一方面，反向分配，以降低风险的影响，将无法消除的信息错误风险及损失责任公平合理地分配给市场的各方参与主体。

最后，法律规范在上市公司和投资者之间进行信息错误风险分配，也必然存在相对的公平与合理性，基于市场的平衡发展需求，这种风险的分配也必然遵从多方博弈后的均衡要求。如果采取时段式、动态标准的内幕信息认定逻辑与规则，则会突破信息错误风险分配的基本均衡。一是对于上市公司来说则无法正常经营。在达到5%持股比例后的任何一次增持买入操作，都会导致持股比例变动，因而都是重大事件，需要无限次地进行公告披露；二是对于部分投资者来说则不存在合法的"信息挖掘"行为，否定了证券市场中智商、经验等个人能力层面的合理差异及其带来的投资收益区分，这会打击交易的活跃性和积极性，不利于证券市场的正常有序发展；三是对于其他投资者而言，他们在这种"父爱主义"的过度保护之下，无法经由自行承担信息甄别判断、自行审慎决策交易而锤炼成长为理性、成熟的投资者，也无法建立成熟的证券市场。

换言之，在时点式、静态标准的内幕信息认定规则之下，各方市场主体之间合理分担信息错误风险。一是可以维护上市公司的正常经营活动与发展活力；二是实现了对优质投资者的个人能力和素养这种合法优势的认可，且尊重个体差异性与创造性在证券市场中的合法利益获取，维护市场的交易活力；三是还可以充分培育投资者自行分析信息的能力，提高理性决策交易能力，培育成熟合格的投资者群体，进而推动整个证券市场的成熟。①

概言之，构建信息的风险分配规则意在实现法律拟制与市场理性的平衡。第一，信息错误风险的分配逻辑。上市公司责任范围（对5%整倍数变动信息承担强制披露义务，确保市场公平）；投资者责任范围（对非整倍数变动信息进行自行判断，并承担投资风险）。第二，制度功能。培育成熟投资者，通过风险分配倒逼投资者提高信息分析能力；维护市场效率，避免上市公司因频繁披露负担而影响正常经营。第三，"动态标准"的治理弊端。若采用动态标准，将导致披露成本激增，上市公司需对每次微小变动进行公告，耗费资源；市场"噪声"加剧，过量信息淹没核心信号，损害投资者利益；被告人的权利空间压缩，难以针对"敏感期"提出有效抗辩。就此而言，可以围绕"静态标准"构建如下抗辩路径：其一，"较大变化"的规范内涵：援引《证券法》的规定，主张仅5%整倍数变动构成"重大事件"（内幕信息）；其二，敏感期的限缩解释，以内幕信息形成时间为单一节点，否定监管机关扩张的敏感期认定；其三，主观明知的反驳，即当事人无法预见非整倍数变动也属于内幕信息。

四、余论：实现证券市场金融资金支持的功能

信息是证券市场正常运行的基础性要素，而信息本身又必然存在着真假判断的问题。在此意义上，《证券法》等法律规范将信息真假判断错误的风险与责任，通过信息差异化区分保护及信息披露制度分配给投资者与上市公司等各方主体，并由此形成各自的市场责任。比如，对于上市公司，《证券法》规定其必须真实、准确、完整地公告相关重大信息，如果上市公司进行了不合法的信息披露，误导投资者参与市场并造成损失，则应当承担相应的法律责任。对于投资者，《证券法》也分配了相应的信息判断责任与信息错误风险损失，对

---

① 简言之，基于信息错误风险分配视角，可以认为持股比例变动型内幕信息之"时点式"的理解逻辑表达了三重制度功能：第一，信息风险及错误问题；第二，信息责任分配问题；第三，市场运行逻辑的必然要求，包括上市公司的合理市场主体定位，培育市场理性投资者问题。

于非法定的上市公司应当披露的一般未公开信息，则投资者应当以审慎、负责的态度自行搜集、分析，进而理性投资决策。《证券法》并非将所有的信息错误风险都苛加于上市公司，也不可能不加任何区分地要求上市公司对正常经营中产生的所有信息均进行公告披露，否则不仅违背基本的经济逻辑，也会使上市公司无法正常开展经营。

从法律治理的角度来看，对于持股比例型内幕信息的认定及内幕交易犯罪治理，如采用时点式、静态标准的认定逻辑与规则，那么，证券市场实践层面存在的（增持股票）"搭便车"[①] 的行为不具有刑事违法性。比如，监管机关的行政处罚案例中，[②] 实际上相对人进行交易所利用的信息，并非为行为人持有某公司股票占比达到10%的"内幕信息"，仅是行为人继续增持股票这种一般的未公开信息。具体而言，相对人的交易行为，实则是在自行分析得出行为人可能增持的计划后，跟随行为人的增持行为而进行交易，并在其增持计划完成前离场的"搭便车"行为。这种行为是正常的投资行为，并未对证券市场上的其他投资者造成损害，并不属于《证券法》上禁止的交易行为，也无须进行内幕交易的刑法评价。从市场上广大投资者的角度来看，相对人的交易行为不仅不会对他们的利益造成损害，反而是相对人在"内幕信息"公开前卖出股票的行为，给予市场上其他投资者在该信息公开之前进场的机会，降低了买入成本，进而增加了获利可能。

回归信息错误风险分配规则的视角，其所导向的社会治理目的是培养成熟的投资者与证券市场。尤其是，投资者作为证券市场的主要参与者，他们在信息甄别与判断等方面的能力所体现出来的成熟度，是衡量证券市场成熟度的重要指标。如果一个证券市场中的投资者都是盲目、狂热的非理性投资者，不仅追求短期的个人利益，还忽视整体的社会利益，那么这个证券市场很难被评价为成熟与理性，更遑论要其充分发挥证券市场的资源配置作用，为经济的持续发展提供宏观的金融资金支持。

[①] 即跟随"庄家"享受其增持红利的行为。
[②] 参见中国证监会〔2020〕63号、〔2020〕64号、〔2020〕65号、〔2020〕66号、〔2021〕9号行政处罚决定书，中国证监会〔2021〕33号行政复议决定书。

最后，规范层面与实践层面应当统一持股比例型内幕信息认定规则与逻辑。① 这种微观层面的规则逻辑，会直接影响证券市场信息错误风险分配规则与责任分担规则的合理建构，进而会影响宏观层面成熟证券市场的建构与资源配置功能的发挥，以及为国家经济发展提供金融资金支持②的根本性功能实现。因此，在此意义上，本章所展开的分析或可能是一种有益的思路借鉴。

---

① 信息风险分配的合理性直接关系着证券市场的资源配置效率。未来可能需要通过立法或司法解释明确"较大变化＝5%整倍数变动"，终结静态与动态标准的理解争议。一方面，消除规范缝隙，统一行政与司法认定标准，实现法律逻辑自洽；另一方面，提振市场信心，增强投资者对规则稳定性的预期。

② 参见张杰：《正确看待资本市场的性质与作用》，载《金融博览》2020年第9期。

第四章
信息的具体性问题
以"业绩预增"型内幕信息的实质性判断与认定为例

一、内幕信息的二分类型：财务信息与经营信息的差异逻辑

二、重新理解证券市场语境中的"内幕信息"

三、内幕信息的"具体性"特征表达与内涵界定

四、"具体性"特征对非公开性与重大性的实质影响

五、信息价值判断权与信息错误分配机制

六、构建基于投资者视角的内幕信息实质判断规则

证券市场中，内幕信息的认定标准会直接影响刑事责任的边界与市场公平的维系。《证券法》与《刑法》虽然将"重大性"与"未公开性"作为内幕信息的核心要件，但是司法实践中对"业绩预增"型财务信息的认定存在争议：若上市公司已通过季度报告披露大部分财务数据，年度业绩预增公告是否仍具备"未公开性"与"重大性"？司法机关常以形式化标准认定其构成内幕信息，但忽视了投资者视角下的信息价值消解问题。本章以"具体性"要件为切入点，结合证券法与刑法理论，探讨"业绩预增"型内幕信息的实质判断规则。

比如，某起内幕交易案例，司法机关认定涉案上市公司 2025 年 1 月 26 日公告的《2024 年度业绩预增公告》为内幕信息，敏感期起点不晚于 2024 年 11 月 5 日，终点为 2025 年 1 月 26 日。同时，司法机关认定被告人李某在 2024 年 12 月频繁与该上市公司财务总监电话联系，以利诱的方式获取了该内幕信息，并在敏感期内进行交易，实现了非法获利。《2024 年度业绩预增公告》的主要内容是 2024 年度实现归属于上市公司股东的净利润、归属于上市公司股东的扣除非经常性损益的净利润。换言之，该案例所涉内幕信息为两项财务数据。不过，该上市公司在 2024 年年度内正常公告发布了《第一季度报告》《半年度报告》《第三季度报告》，其中明确包含了《2024 年度业绩预增公告》中所载的财务数据信息。以《第三季度报告》为例，报告内容完整披露了该公司 2024 年 1~9 月的财务数据，包括《2024 年度业绩预增公告》中所载的财务数据。换言之，《2024 年度业绩预增公告》，无非是对上市公司 2024 年度内 12 个月的财务数据加总计算得出的"业绩预增"结论，而此前上市公司已经完整公开了其中 9 个月的财务数据。那么，《2024 年度业绩预增公告》能否仍然被认为具有"未公开性"和"重大性"的内幕信息？

在现行法律规范层面，对内幕信息的类型及形成时间的概括性规定，无法完整准确界定"财务型"信息与"经营型"信息本身的信息属性特质。尤其，业绩预增型的财务信息本身具有的可拆分性特征，使其相较于经营信息而言具有独特的"具体性"特征。当然，这种"具体性"特征，通过文义解释可知其本即包含于规范内容中，同时也内含于这种特定财务信息的信息属性特质之中。因此，在对业绩预增型信息的"未公开性""重大性"要件进行判断时，必然会受到这种特定财务信息作为信息属性特质本身所隐性存在的"具体性"特征影响，使这两方面要件的分析路径与判断逻辑，与经营型内幕信息的要件认定存在很大差异，应当建构以"具体性"特征为指引的内幕信息认定路径。

一、内幕信息的二分类型：财务信息与经营信息的差异逻辑

信息属性差异：可分性与不可分性。根据《证券法》第八十条的规定，内幕信息包括经营信息与财务信息两类，二者在信息属性与生成逻辑上存在本质差异：经营信息（如重大资产重组）具有不可分性，其形成时点通常为动议、筹划等初期阶段，信息价值具有整体性与前瞻性；财务信息（如年度业绩预增）具有可分性，其构成基于连续时段的财务数据汇总，信息价值需依赖具体数值的完整形成（如12个月的数据汇总）。具体而言，《刑法》第一百八十条原则性规定了内幕信息的重大性和未公开性要件，对于具体何种信息应当被认定为内幕信息，《刑法》明确规定了援引"法律、行政法规的规定确定"，即直接援引《证券法》的规定。《证券法》第五十二条重新强调了《刑法》对内幕信息的重大性、未公开性要件规定，不过同样为原则性规定。《证券法》第八十条则明示列举具体规定了十一种内幕信息。由此，实践中存在两种内幕信息的认定逻辑与情形。第一种情形，如果案例所涉信息属于《证券法》第八十条明示列举的十一种信息之一，则当然地属于内幕信息，无须再进行信息具有重大性和未公开性的论证。第二种情形，如果案例所涉信息不属于《证券法》第八十条明示列举的十一种信息之一，则需要回到《刑法》和《证券法》原则性规定的"重大性"和"未公开性"要件进行判断。换言之，对于第二种情形，应当根据构成内幕信息的要件内容进行实质性判断，相较而言，第一种情形仅是参照法律规定进行形式性认定。案例中的"业绩预增"型财务信息，即不属于《证券法》第八十条明示列举的内幕信息类型。

目前《证券法》明确规定的内幕信息类型，仅包括经营信息、财务信息两类。① 由此，基于内幕信息本身存在不同的类型与特征，进而对内幕信息重大性和未公开性的认定，也应当适用不同的判断规则与逻辑。进而，信息属性差异，引发信息价值性差异。基于财务信息与经营信息是否具备可分性特征，其价值性来源（包括价值有无、价值大小）与信息本身的"具体性"具有强关联。比如，业绩预增型财务信息，其无非是12个月财务数据的简单计算加总，那么3个月的财务数据相较于10个月的财务数据，两者的价值性是存在差异的，这种差异性即表现为"具体性"。经营信息与财务信息价值评估维度（见表9）。

表9 经营信息与财务信息价值评估维度

信息价值评估维度	经营信息	财务信息
影响持续性	比如，3～5年战略影响	比如，即时财务反映
决策相关性	未来盈利预期	历史财务确认
验证可能性	比如，商业计划书等"过程文件"	比如，原始凭证等"结果文书"

二、重新理解证券市场语境中的"内幕信息"

对于内幕信息的理解，存在"公开性"与"价值性"两个基本维度，即信息是否处于未公开状态、信息是否具有价值。"价值性"维度，一方面必然预设包含的是主体性视角，即对谁而言有价值，并不存在对所有人都有价值等同性的信息；另一方面预设存在价值差异性区分，即信息具有重大性价值与一般性价值。对于内幕信息的理解，结合"公开性"与"价值性"两个基本维度，可以拆分/组合出如下四种理解面向（公开且有价值、公开且无价值、未公开且有价值、未公开且无价值），刑法对内幕信息的要件要求仅指向"未公开且有价值"这种状态。同时，这四种面向的内幕信息理解可以概称为如下四个标准。

---

① 《证券法》第五十二条第一款规定："证券交易活动中，涉及发行人的经营、财务或者对该发行人证券的市场价格有重大影响的尚未公开的信息，为内幕信息。"

第一，公开性标准：并非所有的信息都会公开。如果某种信息不存在法律强制要求披露公开的情形，则该信息就属于无须公开的信息。那么，这种信息因为不存在需要公开的法律要求，也即不存在所谓的"未公开性"的法律要件属性，自然也不属于"内幕信息"法律规制的讨论范围。比如，上市公司财务部门基于经营管理的需要，根据公司的财务报告等财务数据进行的内部性预测分析，从而形成相关财务数据结论。这种公司内部进行的财务数据分析，并不属于法律强制要求披露的范围，公司一般也不可能自行选择对外公告披露，那么该信息事实上就属于未公开的信息。这种未公开信息，就不属于法律规范层面的"内幕信息"范围。法律规范层面要求"内幕信息"必须具备"未公开性要件"，事实上指向的是要求该信息属于法律规定的应当公告发布的信息，如果行为人利用非法方式提前获取了该信息并进行交易获利，影响了市场的正常交易秩序，则具有刑事违法性。换言之，如果该信息属于公司不需要公开的信息，事实上因为其不可能对其他投资者造成普遍性影响，所以不属于法律规范层面需要介入评价的范围。

对此，可能会存在的质疑是：如果行为人提前获取了这种公司根本不会公开的"内部信息"①并据此进行交易获利，是否存在刑事违法性？这种质疑所表述的情形实际疑虑的问题在于行为人非法"获利"，即评价的重点在于行为人据此"内部信息"获利是否具有正当性。但是，问题在于，行为人获利是否具有正当性，与行为人获利行为本身是否违反法律，两者并不等同。也就是说，刑法中内幕交易罪所禁止的是行为人利用非法方式获取了"内幕信息"并利用该信息交易，即刑法评价的核心在于行为本身的违法性，以及这种违法性行为本身对市场正常交易秩序带来的破坏，获利与否并非刑法评价的要件内容。内幕交易罪构成要件中也并无任何"获利"要求。因此，现实中即使存在行为人利用这种"内部信息"获利的情形，这种行为并不属于刑法需要评价的范围。进一步，真实的证券市场运行状态，健康有序的交易市场中必然存在这种空间。这不仅是刑法的罪刑法定或谦抑性原则的体现，实际上也是证券市场存在本身所必然带来的客观情形，是证券市场运行过程中必然存在的伴生

---

① 比如，公司内部的财务状况、员工变动等，这些信息虽然重要且具有一定的投资参考，但并不直接影响证券交易价格或交易量。

物。这种利益来源及其评价的多元性，也使刑法评价应当更精细谨慎。市场的归市场，刑法的归刑法，并非所有的利益分配问题都需要刑法评价。一个正常的证券市场，基于资本本身的逐利性，也必然在逻辑上应当允许存在合理搏杀的利益空间，无须刑法介入。刑法应当包容证券市场中的参与者在不违反刑法的情况下，穷尽规则而正当获取利益。

第二，主体性标准：并非所有的信息都有价值。价值必然具有主体性，即对谁而言是有价值的。这种信息价值的主体性，并不难理解。比如，基本的情形是，上市公司相关的各种经营、财务信息等，只有对计划交易该公司股票的投资者而言，才具有价值意义，对于其他并无交易计划或者非股票投资者而言，并无任何价值。换言之，这种信息价值的主体性特质也可以理解为信息功用的特定性，只有投资者在计划交易特定公司的股票时，该信息才会显示其价值。信息价值必然是针对特定主体的特定事项而言的。

第三，价值性标准：并非所有的未公开信息都有价值。既然并非所有的信息都属于未公开信息，同样并非所有的信息都有价值，那么可以得出的逻辑结论则是，并非所有的未公开信息都有价值。原因在于，还原上市公司现实的公司治理运营的真实语境，随时随地都会产生无限的信息，这些信息并非都是法律要求披露公开的，其背后的逻辑定位在于考察某信息是否会对投资者的真实交易产生影响或者重大影响。如果该信息事实上对投资者不产生重大影响，则其不具有影响投资的重大价值性。比如，如前所述，公司的财务部门根据公司的日常经营要求，对相关的财务数据情况进行内部测算并形成内部预估数据，以供公司的管理者进行日常管理决策。再如，公司的人员每日上班打卡信息，也属于公司内部的未公开信息，这类信息并不会对投资者交易该公司股票产生重大影响，因而不属于法律规范要求的"内幕信息"范围。

回顾法律规范中对于"内幕信息"的界定。《证券法》第八十条规定，"发生可能对上市公司、股票在国务院批准的其他全国性证券交易场所交易的公司的股票交易价格产生较大影响的重大事件，投资者尚未得知时……"通过基本文义解释即可知，法律规定本身隐含着对于信息价值的区分性判断，具有重大性价值的未公开信息，方才为内幕信息，并非所有的未公开信息都是内幕信息。这种未公开信息的重大性价值，即表现在"可能对股票交易价格产生较大影响"。换言之，并非所有的未公开信息都有（投资参考）价值。内部信息，并非一定都有投资参考价值。而内幕信息，一定是对投资者具有重大投资参考价值。比如，案例中公司内部财务部门估算形成的"业绩预测"信息，如果投资者完全可以根据公开市场信息推算得知，那么这种"业绩预测"信息也不具有参考价值。客观而言，当下的证券市场被投资者普遍认为是"政策市""消息市",[①]市场中的各种所谓"内部消息""内幕消息"充斥于耳，实际上反而成为信息"噪声"，干扰了投资决策与市场交易秩序。

第四，重大性标准：并非所有的有价值的未公开信息都是内幕信息。如前所述，即使未公开信息本身存在价值，这种价值也存在程度性区分。"内部信息"具有价值性，但是这种价值性与"内幕信息"的重大性并不相同。"内部信息"客观上具有一定价值，这也是案例中司法机关认定行为人可能意图"非法获取内幕信息"的动机所在。但是，内幕信息的"重大性"所要求的信息价值是有着严格的程度性要求的。

具体而言，"未公开信息"不等于"内幕信息"。首先，在范围上，两者存在区别。未公开信息的范围大于内幕信息，两者是包含与被包含的关系。如果从法律规范对于"内幕信息"的保护角度来看，并非所有的未公开信息都需要/值得被法律保护，从而成为法律规范意义上的"内幕信息"。信息具有无限生成特性（公司经营活动中随时随处都在生产信息），包括公司及其内部人员在实施具体经营行为时，必然会不断生成大量信息。这些信息价值参差不齐，有的无实质意义，有的则关乎重大利益。换言之，从信息披露角度来看，一方面，法律并非不加区分地要求披露所有的信息，而是规定了某些特定范围与信息类型；另一方面，法律规范也并非不加区分地一律强制性要求披露信息，而是在制度规范层面区分为强制性信息披露与选择性信息披露。比如，"业绩预增"型财务信息即可以属于选择性披露范围。法律保护存在成本，不可能无限制地对所有的未公开信息都施加同等性保护，事实上也不可能实现同等性保护。其次，在构成要素上，两者存在区别。如前文所述，基于公司运营中实际生成信息的无限性，同时法律规范保护成本带来的治理有限性，"内幕信息"的要件内容除"未公开性"之外，还要求必须具有"重大性"。

[①] 参见《证监会投资者保护局负责人答复人民网网友两会建言》，载证监会官网 2012 年 3 月 16 日，http://www.csrc.gov.cn/csrc/c100028/c1002533/content.shtml。

有价值的（未公开）信息不等于有重大性的内幕信息。重大价值不等于重大性，"重大价值"的判断具有主体性视角差异。首先，价值判断的主观视角。对于重大性的理解，实质在于对信息本身价值大小的理解与判断。这种信息价值大小的判断，必然存在主体性视角差异。价值判断属于主观判断，对于任何一种事物价值大小的判断，都必然内生性包含着潜在判断者/观察者的主体性视角。"价值"本身即相对于特定主体而言，逻辑上几乎不存在普适性的客观价值。对于不同的主体，同一客观事物是否具有价值，可能存在不同结论；并且，即使对于同一主体，同一客观事物在不同的时间节点，其是否具有价值及其价值大小，也可能存在不同的判断结论。比如，在具体的语境场景中，对于信息价值大小的判断，投资者与监管者很可能会得出不同甚至相反的结论。以"业绩预增公告"为例，从自然时间属性角度，在进行业绩预增公告时，该公告所涉及的财务年度已经属于过去时，那么此种信息本身，对于投资者而言价值不大，因为信息属于过去时，而投资决策面向的是未来时。

对此，可能存在的疑问是，为何法律规范层面还会对"业绩预增公告"施加"内幕信息"的保护性限制呢？逻辑上，在业绩预增信息形成之时至业绩预增公告之间存在一定的时间段，在该时间段内基于法律规范保护目的，设定了此种限制性保护。那么，问题就在于界定业绩预增信息形成的标准是什么？根据现行法律规范可知，业绩预增的信息形成之时，应当界定在该公司全年完整的业绩数据正式形成的那一刻，即该公司第12个月的财务数据正式形成的那一刻，方才具备了计算全年业绩的数据基础，因此，此时才能在法律规范意义上认定具有重大性的"业绩预增"信息的基础数据客观、具体、完整，而不是实践中可能模糊性认为的，只要根据10月或者11月的数据能够大致判断"业绩增长的趋势"，即可以认为内幕信息已经正式形成。原因在于，这种模糊性判断隐含着两个前提，第一，隐含着趋势性判断视角，而非具体性（业绩增长数值）判断视角；第二，隐含着事后性判断视角，而非当时性判断视角。但是，刑法评价应当采纳的是当时性判断视角、具体性判断视角。并且，这种当时性、具体性判断视角隐含的共同前提是"投资者视角"而非"监管者视角"。

具体而言，其一，投资者视角，而非监管者视角。这两种视角本身的差异，首先从"业绩预增公告"的名称本身即可知其一二。比如，该上市公司

2025年1月26日发布该公司《2024年度业绩预增公告》，注意此处的时间点差异。从自然时间看，在2025年1月26日发布公告的时刻，2024年度的自然时间已经属于过去时，2024年度全年的财务数据已经完整且具体形成了。也就是说，此时公司业绩是否增长应当是实在确定的状态，而不应当是预（计）/预估增长状态，理当发布"业绩（实增）公告"而非"业绩预增公告"。换言之，从逻辑推理角度，既然有此份业绩"预"增公告，必定相对应地存在另外一份业绩"实"增公告。实际上，之所以在公司的自然年度已经属于过去时，财务数据已经具体完整形成的情况下，仍然"谨慎"地称为预增公告，原因在于其是相对于正式的经过严格会计核算之后形成的"年度报告"而言的。换言之，业绩"预"增公告这种"名实不符"的特定称谓，是因为信息披露及监管规则所要求的正式年度报告尚未形成，因此称为业绩"预告"。[①] 其二，（投资者）当时视角，而非（监管者）事后视角。再进一步从投资者的交易行为逻辑来看，实际上业绩预增公告，对投资者而言并不具有重大价值，不会对其交易行为产生重大影响，不具备刑法意义上的"重大性"。回到投资者的个体经验层面，其真实的投资逻辑是"面向未来"，而不是面向过去。比如，前述案例中，2025年1月26日公告的《2024年度业绩预增公告》，从时间上看其所传达的信息内容，实际上是对上市公司过去一年的业绩情况的"事后总结"，而投资者在考虑是否买卖其股票时，更关注的信息内容是上市公司未来的运营及利润等情况。客观而言，这种对过去一年上市公司的业绩总结并不能代表其未来的业绩情况，其对投资者面向未来的决策，实际价值意义不大，至少无法达到内幕信息"重大性"所要求的价值影响程度。

以重大事件型信息为例，对比解释业绩预增型信息的实质特征。比如，假定行为人在2024年12月，同时提前获知了某上市公司所涉两个内幕信息，一个内幕信息是如前述《2024年度业绩预增公告》，另一个内幕信息是该上市公司将在几个月后进行重大资产收购重组，且假定这两项内幕信息均是在2025年1月方才对外公告发布。那么，对于2025年1月公告时才知晓这两个内幕

[①] 证券市场中较为常见的情形是，某公司发布业绩预告之后，会再发布业绩预告的修正报告，对此前发布的业绩预告的相关数值进行会计调整，以符合监管规则所要求的严格财务会计审核要求，俗称"业绩变脸"。

信息的其他投资者而言，是否会对他们的交易行为造成不同影响？如果还原到实际投资者的经验事实层面来看，后一内幕信息本身所蕴含的信息价值更大，其他投资者更可能会根据这一资产重组的信息"面向未来"作出预判，认定该公司未来可能的经营状况会给其带来更大的投资收益。相应地，投资者会通过买入该公司股票的方式，表达其对该公司进行投资以获取未来回报的合理预期。相较而言，前一"内幕信息"本身仅是该上市公司对过去一年的财务数据加总得出的增长结论，该结论属于过去时，其他投资者在2025年1月通过公告得知这一信息时，该信息本身所蕴含的价值并不大。原因在于，投资者面向未来的基本投资逻辑之下，该公司过去一年的财务数据，并不能使投资者对于其未来的经营状况产生更大的合理预期，至多只是参考意义。在投资者无法通过该"内幕信息"解读出更多关于该公司未来的潜在经营状况的情况下，也相当于投资者无法据此信息对于未来可能的投资收益回报产生合理预期，进而投资者也不可能据此作出具体的交易决策和交易行为。概言之，还原到投资者的真实决策和交易行为层面，其是一种"面向未来"的投资逻辑，而非"回望过去"。

价值判断的双重维度。其一，时间上的价值。未公开性与重大性之间存在互动关系。互动关系侧面之一，即信息在时间轴上的价值属于信息重大性的内涵。比如，行为人比其他投资者提前知晓了某信息，这种时间上的优先性属于信息价值重大性的一部分。反言之，如果行为人知晓的某信息，其他投资者也同时同步知晓，则该信息对行为人而言则不具有价值性。[①] 内幕信息会经历一个从产生、发展到消灭的过程。内幕信息本身的"未公开性"就是对其"重大性"从时间维度进行的内涵解释。从这个意义上来讲，内幕信息"重大性"的实质意义，其中之一即表现为行为人在该信息并未公开之前已提前知晓，作

[①] 举例类比其中的逻辑，如甲乙都是服装店老板，双方存在商业竞争关系，而甲通过自己的社会关系，找到了某款畅销衣服的更便宜的进货渠道，乙暂时不知道。那么，可能就此而言，甲会比乙能赚取更高的利润。不过，经过一定时间后，乙也会通过各种方式，最终同样找到更便宜的进货渠道，从而抵销甲的优势。其中，更便宜的进货渠道，就相当于"信息的重大性"，因为有或无这个消息，对甲和乙的利益有直接、重要影响。那么，这个"信息重大性"本身就包含着时间差所带来的价值，甲之所以此前能比乙多赚到利润，就是因为自己知道这个便宜的进货渠道消息，而乙不知道，这个渠道信息具有"未公开性"。但是，经过一段时间之后，甲和乙之间就此畅销衣物的进货渠道优势，会基本持平，相当于信息的重大性和未公开性，会同时处于减损状态，最终达到基本平衡状态。这是商业中信息的基本流转逻辑，证券市场信息的逻辑也是如此。

出了建仓等相应的交易安排，然后等该信息公开后引发其他投资者的大量交易，交易价格上涨，行为人再作出反向交易从而获利。概言之，如果某"内幕信息"确实具有重大性，但是市场上所有的投资者都是同时知晓的，即意味着该信息不具有"未公开性"，那么此时行为人也不可能基于提前获取该信息并作出相应的交易安排，从而获取这种因信息的"未公开性"蕴含的时间差所可能带来的价值收益。其二，内容上的价值。未公开性与重大性之间的互动关系侧面之二，即信息内容本身的重大性价值，同时也属于信息未公开性这一价值的内涵。换言之，行为人虽然比其他投资者提前知晓了某信息，具有时间上的优先性，但是如果该信息本身没有任何投资价值，更谈不上具有重大价值，那么，此时行为人客观上也无法将这种信息知晓的时间性优势现实转化为交易本身的优势，等同于该信息并无价值效用。比如，前述提到的"上市公司员工上班打卡"属于未公开的内部信息，但是，该信息本身并非投资者在交易决策时所关注的重要信息，其不会对交易行为产生影响，因此该信息对于投资者而言便不具有任何价值。

三、内幕信息的"具体性"特征表达与内涵界定

《内幕交易犯罪司法解释》第五条第一款、第二款、第三款规定："本解释所称'内幕信息敏感期'是指内幕信息自形成至公开的期间。证券法第六十七条第二款所列'重大事件'的发生时间，第七十五条规定的'计划'、'方案'以及期货交易管理条例第八十五条第十一项规定的'政策'、'决定'等的形成时间，应当认定为内幕信息的形成之时。影响内幕信息形成的动议、筹划、决策或者执行人员，其动议、筹划、决策或者执行初始时间，应当认定为内幕信息的形成之时。"据此，该条第二款规定的内幕信息形成时间，是以"重大事件""计划""方案""政策""决定"等的形成时间为标准，可以概称为事件标准。该条第三款规定的内幕信息形成时间，是以"动议、筹划、决策或者执行"的初始时间为标准，可以概称为执行标准。尽管此处的规定非常宽泛且模糊，基于文义解释的角度，无论是"计划""方案"还是"政策""决定"这些规范性表述的实际含义，在证券市场的复杂多元语境之下，

均可能对应不同的含义解读，因此很难有统一化的、明确的司法判断标准，而只具有原则性的指示意义。不过，该条规定内容中的"动议、筹划、决策或者执行"的语词表述，从信息本身的生成过程来看，即指向的是信息本身从不确定/不具体，逐步生产、发展、演变为确定/具体的过程。此处司法解释的规定虽然表现了信息本身生成的"具体性"要求，但是基于成文法的固有约束，即仅能描述原则性要求，无法细化为实际操作认定中的具体性规则。因此，这种成文法的不足必然要求在司法实践中运用技艺进行合乎法律条文逻辑的解释性运用，而不能直接进行机械性适用，不能仅简单以"法律没有明确规定"为由，拒绝结合千差万别的具体个案情况，对法律规范作出符合个案证据与事实状况的认定。尤其，如果加入财务信息的可分性特征与经营信息的不可分性特征，那么，这两种信息类型的生产、发展、演变的逻辑过程是不一样的，具体判断规则实质上也是不同的。

财务型内幕信息本身蕴含着"具体性"要求。首先，从信息构成内容来看，经营信息在逻辑上是一个不可拆分的整体，是全有或全无的判断关系；财务信息在逻辑上可以拆分为具体的部分，不是全有或全无的判断关系。比如，上市公司的"业绩预增"信息在内容构成上，可以拆分为12个月的月度财务数据信息。相较而言，上市公司的经营信息则不具有这种具体的可拆分性特征。其次，从信息内容理解来看，财务信息更要求信息内容本身的具体性，而经营信息则无须此要求。比如，重大收购重组信息作为典型的经营信息，其本身在筹划、动议等初期阶段，即使信息本身还未具体成型稳定，但是基于该信息本身的不可拆分性特质及其重大价值性特征，在最开始的筹划、动议的初期阶段，即可认定为内幕信息。而财务信息本身的特征，更加要求信息形成本身的具体性。换言之，对于财务信息不能如同重大收购重组信息一样在初期的模糊性阶段即可直接认定为内幕信息即已告形成，不能是在筹划、动议等初期性阶段即直接认定信息已经形成，而是应当在财务信息的具体数值/数字形成后，才能认定为具有重大性的内幕信息已经形成。

财务信息与经营信息，不仅信息生成的逻辑不同，而且信息发展、演变的过程也不相同。前者比如，仅从公司内部一般的部门职能设置来看，财务信息的生成，首先是在作为后端的财务部门内部，而关于公司的经营信息则一般是在前端的业务部门。后者比如，财务信息自身的构成有典型的时间属性与可分性特征，年度财务报告中的数据是基于公司每个月的财务数据汇总形成。相较而言，公司的经营信息则没有这种可分性特征与时间属性。这种差异性的客观存在，当然会增加司法实践中对"内幕信息"判断的复杂性。换言之，财务信息的动议、筹划认定，与经营信息的动议、筹划，是否均可以直接作为内幕信息的形成时点，则不可同一而论，因为这两种信息本身的"具体性"形成时点不同。所以，应当根据信息类型配置不同的内幕信息形成时间判断规则，包括信息的形成时刻与证据表现。比如，重大收购重组信息，在公开披露后即一次性消解，不存在就此收购紧接着立刻形成新的内幕信息。而如前所述，业绩预增型的财务信息本身，是可能在第三季度报告公告超过50%业绩增长幅度的内幕信息之后，紧接着因为10月继续增长的数值幅度信息而重新成为"内幕信息"。又如，经营信息，动议阶段即具备重大性，因其直接关系着公司未来的经营方向；财务信息，需待具体数值形成后方具备重大性，因其价值依赖于数据的客观性与完整性，因此，证券法对财务信息披露提出阶段性、持续性要求。司法实践中基本将财务信息与经营信息等同对待，导致"业绩预增"信息被过早地认定为内幕信息，忽视了其可分性特征。

  简言之，正是基于财务信息这种特有的"可分性"特征，因而在财务信息本身的生成、发展与演变过程中，存在相对于"经营信息型"内幕信息判断所不具有的隐含要件，即"具体性"。就此而言，在具体语境中判断财务信息的生成并足以被认定为内幕信息形成之时，除常规的两方面要件之外，还应当进一步考察其是否真实满足了"具体性"要件。换言之，"财务信息型"内幕信息形成之时，其具体相关数值标准已经基本形成，而不能简单地以可能性增长/下跌趋势已经足可预见，即直接等同替代以"具体财务数值/数字"为核心要素所代表的内幕信息已经正式形成。易言之，对于财务信息的生成理解，不同于经营信息的生成之理解，应当更加精细化、具体化。经营型内幕信息的动议、筹划等行为外化表现，可以相对模糊、笼统，比如，以重大资产收购重组为例，双方初步会面磋商并达成战略意向的那一刻，即可以认为内幕信息已经形成。[①] 一方面，这种经营信息本身在逻辑上不可拆分；另一方面，这

---

① 此处不用"纠结"这种收购重组的战略意向究竟达到了何种可能性程度，如1/3可能收购重组成功还是1/2成功。

种重大资产收购重组信息所蕴含的价值性非常重大，一旦公开，对市场交易的影响非常之大。因此，法律规范层面理当对其施加更为严格的保护性要求，即使这种经营型信息还仅是战略初期，甚至存在很高的失败可能性的时刻，便可以按照法律认定为具足了内幕信息所具备的要件。相较而言，财务型内幕信息，在信息价值重大性层面不可与经营型内幕信息相比，所以法律规范对于财务型内幕信息施加的保护会更为宽泛，不能直接参照经营型内幕信息的生成及其认定标准进行判断。换言之，财务型内幕信息的动议、筹划的认定时间节点，应当晚于经营型内幕信息的动议、筹划的认定。两者虽然形式上都遵循"动议、筹划"的内幕信息生成标准，但是对标准的具体情境判断当然存在差异。概言之，财务信息本身可拆分性特征，导致信息生成的具体性程度要求不同，进而导致内幕信息生成的判断节点不同。

四、"具体性"特征对未公开性与重大性的实质影响

既然财务信息，相较于经营信息的特征之一即具有可分性。比如，"业绩预增"型财务信息是上市公司全年12个月财务数据的汇总，在业绩预增公告前，其中9个月的财务数据已经完整公开，所有投资者均可平等获取，仅最后3个月的财务数据处于未公开状态。那么，这种"业绩预增"信息是否属于内幕信息？本章认为，从投资者视角展开分析，这种"业绩预增"信息不具有实质的未公开性与重大性，因而不属于内幕信息。

（一）未公开性的消解：投资者视角的穿透分析

本章所述案例中，该公司的三季度报告中财务数据清晰显示，净利润与上年同期相比上升160%。可知，按照信息披露规范要求，该公司显然已经达到业绩预增公告的标准。因此，该公司发布年度业绩预增公告是投资者正常预期与判断中的大概率事件。进而，投资者足可据此作出交易决策及行为。那么，此时根据三季度报告的市场公开信息，根据交易所的信息披露规则，该公司发布业绩预告是投资者正常预期之中的"事件"，其还具有所谓内幕信息必须具

备的"未公开性"及"重大性"吗？

就"未公开性"而言，投资者根据公开的三季度报告和交易所信息披露规范要求，都可以正常预期判断该公司会再发布业绩预增公告。因此，应当认为，该信息不具有未公开性。就"重大性"而言，如前所述，该信息本身的重大性，在达到交易所信息披露规范要求的50%这一增长幅度数值的那一刻，即具有了重大性。但是，这种重大性在第三季度报告公开的那一刻，也同时即告消解。这种重大性消解的原因即在于，一方面，该信息正常的在市场中公开了，投资者均可以平等公开获取；另一方面，投资者基于该信息公开后，足可据此作出具体交易决策及行为，也即相当于该重大性信息被投资者以切实的交易决策与行为得以消化体现，实现了信息本身的价值功能。而且，根据公司此前公告的这些财务数据内容，简单加总计算即可得出《业绩预增公告》中的两项财务数据（即使形式上不完整，缺少1/4时间段的数据，但实际上并不影响投资者得出业绩增长的判断），并不需要很复杂的会计计算。换言之，一个基本理性的投资者都可以根据这些公告的财务数据得出上市公司业绩增长的结论，而《业绩预增公告》的内容，无非就是公司该年度业绩是增长的结论。

需要强调的是，根据信息披露的相关规则要求，上市公司会定期公布季度报告、半年度报告，其中完整包含了相关的月度财务数据信息。业绩预增信息本身的可分性特征与披露规则结合之后，所形成的真实市场情况是，在此种业绩预增信息公告前，投资者便可以公开获取其中9个月的完整财务数据信息。比如，案例中所涉业绩预增公告中的两项财务数据，无非是该上市公司按照信息披露的规则要求，对2024年全年12个月的财务数据进行计算后得出的"业绩预增"结论。但是，问题在于，该上市公司早在此"内幕"信息公告之前，已通过《2024年第一季度报告》（如2024年4月25日公告）、《2024年半年度报告》（如2024年8月20日公告）、《2024年第三季度报告》（如2024年10月26日公告）披露了相关的财务数据，且披露的内容完整包含了2024年度1~9月的详细财务数据，所有投资者都可以公开、平等地获取这些财务数据信息。这些季度报告、半年度报告，均明确列举了归属于上市公司股东的净利润、归属于上市公司股东的扣除非经常性损益的净利润这两项财务数据，与"内幕信息"《2024年度业绩预增公告》中的财务数据保持了统计口径的一致。那么，此时业绩预增信息是否仍然具有构成内幕信息所要求的"未公开性"？从监管者与投资者的不同视角考察，则会得出不同的结论。从监管者视角来看，上市公司一般是在下一年度的一月公告上一年度的"业绩预增"情况，这种制度安排是为了配合监管所要求的会计规则，在完成对上一年度财务数据的会计审核之后，上市公司才能进行公告披露。据此，只要在公告披露之前，该业绩预增信息均属于未公开的内幕信息。不过，从投资者视角来看，如同案例中的情形，他们可以公开、平等地获取该上市公司2024年度3/4时间段内的完整财务数据信息，且对财务数据简单加总计算即可得出《2024年度业绩预增公告》中的两项财务数据，并不需要进行复杂的会计计算。进而，即使形式上缺少1/4时间段的财务数据，但实际上并不影响投资者得出业绩增长的判断结论。换言之，一个理性的投资者完全可以根据这些公告的财务数据，分析得出该上市公司业绩增长的结论。因此，《2024年度业绩预增公告》这一"内幕信息"，实质上并不具有未公开性。一般而言，如果仅从形式上判断内幕信息的"未公开性"，认定逻辑非常简单，仅根据该内幕信息的公告时间往前回溯即可得出结论，只要是处于内幕信息形成之后至公告之前这一敏感期内的信息，均具有未公开性。不过，这种形式性认定内幕信息未公开性的方式，并不符合内幕交易罪的基本逻辑，至少应当根据信息的具体内容判断其是否具有未公开性。比如，案例中"内幕信息"的具体内容即为两项财务数据，应当实质性判断这两项财务数据是否具有未公开性。这种实质性判断，所预设的是与形式性判断不同的观察视角与认定逻辑。

不过，实践中有观点认为，即使如前所述一般理性投资者根据公开的3/4时间段的财务数据，可以分析得出上市公司业绩预增的结论，但是行为人如果提前非法获取了上市公司后几个月的财务数据，即比其他投资者多掌握了1/4的"未公开"财务数据，具备了不正当的信息优势并非法交易获利，同样可以由此成立内幕交易犯罪。不过，此种观点仅是形式上似乎可以成立，实质上并不符合真实的交易逻辑与场景。因为内幕交易要评价的并非仅是行为人获取内幕信息的行为，而是利用内幕信息进行交易的行为。换言之，内幕交易所要评价的核心是此种"内幕信息"是否真实影响了行为人的投资决策及行为。对此，需要进一步考察的问题是，如同案例中所展示的情况，投资者是否需要在完整得到该上市公司12个月的财务数据之后，才能得出2025年业绩增长的结论？进而才能据此进行相应的投资交易？或者说，投资者是不是只有在获取

100%确定的财务数据之后,方才会作出具体的交易决策?

如果从投资者角度出发展开分析,实际上并非如此。一方面,如前文所述,投资者在作出投资决策时,几乎不可能完全获取所需的信息,因为信息的变动和演化是持续进行的,真假难辨,信息的不完全性和不对称性是客观存在的必然状态;① 另一方面,事实上投资者也不可能是在100%获取信息后再进行交易决策,而是在信息不完全的状态下进行决策交易。② 因此,内幕信息所要求的未公开性,应当从市场中真实投资者的角度出发进行判断,依据信息的具体内容进行实质性认定,由此才可能得出更符合内幕交易基本逻辑的结论。在此意义上,内幕交易罪的设立并非仅是为了保护秘密性信息本身,而是更深层次地保护投资者之间的信息公平与平等,以及证券市场的秩序性利益。具体而言,刑法设定内幕交易罪旨在维护证券市场的正常运行秩序,确保所有投资者在获取信息时处于平等地位,从而保障市场的公平性和透明度。故而,内幕信息"未公开性"的实质性含义,是相对于获取内幕信息的行为人和其他投资者而言的,并不是简单依据所谓内幕信息的公告时间进行判定的。后者仅是从监管者视角出发的事后视角,而不是如同前者从投资者视角出发的当时视角。

概言之,《证券法》第八十条要求内幕信息需"投资者尚未得知",但若信息内容可以通过已公开数据推导得出,则实质上丧失了未公开性。比如,案例中上市公司该年第三季度报告显示净利润同比上升160%,投资者据此可以推算年度业绩增长及业绩预告。尽管年度预增公告于次年1月发布,但其内容仅为前三季度数据的延伸,未提供实质性增量信息。

(二)重大性的弱化:面向未来的投资逻辑

《证券法》并未规定"业绩预增"型信息成为内幕信息的重大性标准。证

---

① 信息不完全是指市场参与者无法获得所有与经济环境相关的知识和信息,包括绝对意义上的信息缺失和相对意义上的信息配置不足。信息不对称则是指不同经济主体拥有的信息量不均等,一方可能掌握对决策有重要影响的私人信息,从而形成信息优势。

② 金融经济活动本身都是在信息不完全与不对称的状态下进行的,现实中的各种制度安排,就是为了尽可能消除信息不对称状态。比如银行、证券公司等中介服务机构的存在,是为了减少各方主体之间的信息不对称,减少因信息不完全所带来的信息获取成本。不过,信息不对称状态无法完全消除。

监会《上市公司信息披露管理办法》第十七条规定,"上市公司预计经营业绩发生亏损或者发生大幅变动的,应当及时进行业绩预告"。① 对于此处"大幅变动"的具体标准,并未作出细化规定。交易所层面的相关规范性文件,则进一步对此作出了标准性规定,即"净利润与上年同期相比上升或者下降50%以上"。比如,《上海证券交易所科创板股票上市规则》(2025年4月修订)6.2.1规定:"上市公司预计年度经营业绩和财务状况将出现下列情形之一的,应当在会计年度结束之日起1个月内进行业绩预告:(一)净利润为负值;(二)净利润实现扭亏为盈;(三)净利润与上年同期相比上升或者下降50%以上;(四)利润总额、净利润或者扣除非经常性损益后的净利润孰低者为负值,且扣除与主营业务无关的业务收入和不具备商业实质的收入后的营业收入低于1亿元;期末净资产为负值;(五)本所认定的其他情形。上市公司预计半年度或季度经营业绩将出现前款第一项至第三项情形之一的,可以进行业绩预告。上市公司董事、高级管理人员应当及时、全面了解和关注公司经营情况和财务信息,并和会计师事务所进行必要的沟通,审慎判断是否达到本条规定情形。"2025年4月修订的《上海证券交易所股票上市规则》5.1.1规定:"上市公司预计年度经营业绩和财务状况将出现下列情形之一的,应当在会计年度结束后1个月内进行预告:(一)净利润为负值;(二)净利润实现扭亏为盈;(三)实现盈利,且净利润与上年同期相比上升或者下降50%以上;(四)利润总额、净利润或者扣除非经常性损益后的净利润孰低者为负值,且扣除与主营业务无关的业务收入和不具备商业实质的收入后的营业收入低于3亿元;(五)期末净资产为负值;(六)本所认定的其他情形。公司预计半年度经营业绩将出现前款第(一)项至第(三)项情形之一的,应当在半年度结束后15日内进行预告。"《深圳证券交易所上市公司业绩预告、业绩快报披露工作指引》第四条规定:"上市公司董事会应当密切关注公司经营情况,出现以下情形之一的,应当及时进行业绩预告:(一)预计公司本报告期或未来报告期(预计时点距报告期末不应超过12个月)业绩将出现亏损、实现扭亏为盈或者与上年同期相比业绩出现大幅变动(上升或者下降50%以上)

---

① 证监会2025年修订的《上市公司信息披露管理办法》(7月1日生效实施)第十八条作出了同样的规定。

的；（二）在公司会计年度结束后1个月内，经财务核算或初步审计确认，公司该年度经营业绩将出现亏损、实现扭亏为盈、与上年同期相比业绩出现大幅变动（上升或者下降50%以上）的；（三）其他本所认为应披露的情形。业绩预告的具体披露格式见附件一——《上市公司业绩预告公告格式》。上市公司在对其第三季度报告的经营业绩进行业绩预告及修正时，应同时披露公司年初至本报告期末以及第三季度本季度的业绩情况。"

因此，根据上述规定内容进行体系性解释，逐步追溯找寻业绩预增公告相关的法定要求，可以确定前述"净利润与上年同期相比上升或者下降50%以上"，即为业绩预增信息"重大性"的法定判断标准。①

同时，交易所层面的披露规范内容，也明确了这种"业绩预增"型内幕信息的法定敏感期间，即"业绩预告披露前五日内"。比如，证监会《上市公司董事和高级管理人员所持本公司股份及其变动管理规则》（2025年修正）第十三条规定："上市公司董事和高级管理人员在下列期间不得买卖本公司股票：（一）上市公司年度报告、半年度报告公告前十五日内；（二）上市公司季度报告、业绩预告、业绩快报公告前五日内；（三）自可能对本公司证券及其衍生品种交易价格产生较大影响的重大事件发生之日起或者在决策过程中，至依法披露之日止；（四）证券交易所规定的其他期间。"《上海证券交易所上市公司自律监管指引第8号——股份变动管理》（2025年4月修订）第九条规定："上市公司董事、高级管理人员在下列期间不得买卖本公司股份：（一）公司年度报告、半年度报告公告前15日内，因特殊原因推迟年度报告、半年度报告公告日期的，自原预约公告日前15日起算，至公告前1日；（二）公司季度报告、业绩预告、业绩快报公告前5日内；（三）自可能对本公司股票及其衍生品种交易价格产生较大影响的重大事件发生之日或者进入决策程序之日，至依法披露之日；（四）中国证监会及本所规定的其他期间。"

---

① 需要说明的是，从更严格的理论逻辑上分析，笔者所持观点是，此处的"净利润与上年同期相比上升或者下降50%以上"，也仅是信息披露层面的一种"量化标准"指引，并不必然等同于该信息本身即具有了成立内幕信息所要求具备的"重大性"。换言之，内幕信息的"重大性"要件内容属于刑事法律的规范性判断内容，同时这种规范性判断还应当结合个案语境进行准确判断。比如，理论与实践中，一般认为存在"影响决策"与"影响市场"两种信息"重大性"判断标准。不过，即使具备了"净利润与上年同期相比上升或者下降50%以上"标准内容的财务信息，是否必然能够"影响（投资者）决策"或"影响市场"，从而具备"重大性"，仍然需要进行个案分析与证据认定。

《深圳证券交易所上市公司自律监管指引第 10 号——股份变动管理》（2025 年修订）第十二条规定："上市公司董事、高级管理人员在下列期间不得买卖本公司股份：（一）公司年度报告、半年度报告公告前十五日内，因特殊原因推迟公告日期的，自原预约公告日前十五日起算；（二）公司季度报告、业绩预告、业绩快报公告前五日内；（三）自可能对本公司股票及其衍生品种交易价格产生较大影响的重大事件发生之日或者进入决策程序之日至依法披露之日；（四）中国证监会及本所规定的其他期间。"《北京证券交易所上市公司持续监管指引第 13 号——股份变动管理》第六条规定："上市公司董事、高级管理人员在下列期间不得买卖本公司股份：（一）上市公司年度报告、半年度报告公告前 15 日内；（二）上市公司季度报告、业绩预告、业绩快报公告前 5 日内；（三）自可能对本公司证券交易价格、投资者决策产生较大影响的重大事件发生之日或者进入决策程序之日，至依法披露之日内；（四）中国证监会、本所认定的其他期间。因特殊原因推迟年度报告、半年度报告公告日期的，自原预约公告日前 15 日起算，直至公告日。"《上海证券交易所科创板上市公司自律监管指引第 4 号——询价转让和配售》（2025 年 3 月修订）第六条规定："第六条科创公司董事、高级管理人员不得在下列期间内启动、实施或者参与询价转让：（一）科创公司年度报告、半年度报告公告前 15 日内；（二）科创公司季度报告、业绩预告、业绩快报公告前 5 日内；（三）自可能对科创公司股票的交易价格产生较大影响的重大事件发生之日或者在决策过程中，至依法披露之日内；（四）中国证监会及本所规定的其他期间。"

需要说明的是，上述规范性文件要求的"在业绩预告前五日内不得交易"，其所针对的特定主体是上市公司董事、高级管理人员，而非一般普通投资者。换言之，此处隐含的两个前提性考量是，一方面，上市公司董事、高级管理人员作为公司内部且有管理权力的人员，更可能、更容易获取这种业绩预增型内幕信息，因此有必要对这类特定主体作出严格规制要求；另一方面，这里限定特定主体交易的时限性要求是"预告前五日内"，而不是无限期或更长的时限约束，这也体现了法律规范层面对这类业绩预增型内幕信息价值性大小的判断。换言之，从信息本身价值性大小，与法律规制的严格性程度来看，信息价值越重大的内幕信息，匹配越严格的规范保护要求，也即匹配越长时段的禁止交易期。

由此，就一般的普通投资者而言，在法律规范层面，针对这类业绩预增型内幕信息的规制性保护程度及要求，理当低于对于上市公司董事、高级管理人员这类特定主体的程度要求。换言之，从法律规范判断层面，一般普通投资者可能非法获取该内幕信息敏感期的时段期限，不应当宽于或多于"预告前五日内"。否则，无法体现法律规范对于业绩预增型内幕信息规制保护的合理性、正当性。毕竟，在理论逻辑上，上市公司在参与市场活动中生成的信息产权，① 不仅简单归属于上市公司自身，还应当同时部分归属于市场及其投资参与者。在实践逻辑上，证券市场的正常有序运行的基础之一，即在于信息本身的合理正当生成、发展与流转。任何信息均不可能永远处于法律无限制的规制保护范围之内，而必然存在合理的披露公告节点。内幕交易犯罪的刑法评价本身，对于内幕信息的保护范围应当限于更为核心、重要的那一部分信息，从逻辑上推导，刑法所保护的内幕信息范围应当小于行政法律规范所保护的范围。

换言之，内幕信息所要求具备的"重大性"是就信息本身所具有的价值而言的，这种信息价值的外化表现为，对投资者是否决定进行相应股票交易会产生重要甚至决定性的影响。从投资者决策角度来看，案例中《2024年度业绩预增公告》的财务数据信息，实质上对投资者而言并不具有重大价值，不会对投资者是否选择交易该股票形成重大影响，进而也不会对该股票的价格产生重大影响。因此，此种业绩预增信息不具备成立内幕信息所要求的"重大性"。此外，案例中的交易数据也证实了该信息对投资者的交易影响很小。比如，2025年1月26日公告当天，该上市公司的股票价格反而下跌，跌幅为4%。并且，当天的交易量相较于前后几日，未见明显上涨。对比该上市公司2024年1月25日发布的《2023年度业绩预增公告》、2023年1月20日发布《2022年度业绩预增公告》后的交易情况，价格也呈现下跌状态。

内幕信息的未公开性和重大性在法律实践中相互关联并共同影响内幕交易的认定。未公开性确保了信息的内部性和保密性，而重大性则确保了信息对市场的影响程度。而且，"未公开性"与"重大性"在证券法体系下具有明确的互动逻辑与协同作用（见表10）。这种协同作用体现为，重大性赋予信息经济价值，未公开性提供价值实现的时点窗口。

---

① 参见本书第一章关于信息要素"主体性"部分的内容分析。

表 10　内幕信息的基本要素

要件	基本定义	功能定位
重大性	信息具有导致证券价量显著波动的潜在影响力	界定信息的经济价值属性
未公开性	信息处于未通过法定形式披露且未被市场消化的状态	确定信息的时间独占性

概言之，内幕信息的"重大性"判断应当实质性考察信息是否会对投资者真实的决策心理和投资行为产生重大影响。从投资者视角来看，投资决策基于未来预期，而非历史业绩总结。年度预增公告反映的是过去的经营成果，对股价的短期影响常被市场提前消化（如案例中公告当日股价下跌4%）；从刑事法益视角来看，内幕交易罪保护的是信息平等权，若信息无法引导投资者的交易行为，则不具备实质"重大性"。如果投资者能通过此前相关公开信息推断知晓"内幕信息"的内容，则即使在公告之前，该信息实质上也不具有未公开性。从投资者视角出发的规则建构，可能更符合真实世界的经验与逻辑。

（三）"具体性"对"重大性"判断的再影响

如前所述，在第三季度报告中，业绩增长达到160%的"重大性"信息，基于正常的信息披露，即告消解。但是，问题在于，在紧接着的10~12月的3个月中，该公司的业绩在此基础上继续上涨，至12月结束时业绩总增幅达到390%。也就是说，第四季度的3个月该公司业绩增长幅度继续超过200%，那么，这3个月的业绩增长属于未公开的信息，是否再次形成具有"重大性"的内幕信息呢？逻辑上，是否可以将第四季度的业绩继续上升形成的增长，理解为新的具有重大性的内幕信息呢？进一步的问题是，如果可以将第四季度的业绩增长认定为内幕信息，那么，此处的内幕信息在内容的形式表现上，是应当以具体增长的数值为内容表现？还是仅以业绩继续增长的趋势为内容表现呢？换言之，就内幕信息获取而言，行为人是必须明确知晓业绩增长的具体数值幅度，才可认定为获取了该内幕信息？还是说，行为人只要获知了业绩是在继续增长的趋势/可能，而不需要知道业绩增长的具体数值，就可认定为获取了该内幕信息？

笔者认为，对于行为人是否非法获取内幕信息的认定而言，应当区分行为人所获取信息的具体内容，尤其是信息的"具体性"程度如何。综上所述，究竟是要求行为人从内幕信息知情人处获取"具体的"业绩增长数值，还是要求行为人仅从知情人处获取"大概的"业绩增长趋势可能，会引发对行为人是否获取内幕信息这一定性问题的不同认定结论。因此，必须予以准确区分。笔者的观点是，基于前述业绩预增型内幕信息特有的"具体性"要件要求，应当认为，确定的、具体的、清晰的业绩预增的数值/数字，才是此处刑法意义上的"内幕信息"，而非财务预测/预估得出的业绩趋势性结论。因为，这种"具体性"要求才是符合业绩预增型信息本身的生成、发展与演化规律的法律判断。否则，基于业绩预增财务信息本身的可分性逻辑，以及财务信息本身包含的时间属性，如果将过于宽泛的财务趋势性分析与判断，也不加区分地认定为内幕信息，那么这种法律规范层面的规制性保护则过于严格、宽泛与笼统，会导致司法打击面过大。

对于证券市场中"信息"这一基础性要素的保护，必然存在法律规制性保护的限度。这不仅要考量法律保护及法律治理的成本，还要尊重证券市场自身的规律属性，否则过于严苛的法律规制会破坏证券市场的信息机制，扰乱证券市场中投资者基于信息披露制度规范要求所构建的合理预期与信任机制，进而阻碍证券市场的良性发展。

（四）内幕信息重大性与未公开性的互动影响

还原到经验层面，评价某信息是否具有"重大性"，还存在时间维度的判断。比如，投资者比其他人提前获知了某信息，且该信息还具有投资参考价值，那么该信息可能就具有重大性。证券市场、金融市场或者商业活动的本质是时间差与信息优势。在以信息为基础建构起来的证券市场中，这种信息本身蕴含的时间差，就是其重大性的内涵特征之一。反言之，在内幕信息公开这个特定时间节点上，信息"重大性"即告消解，市场中每一个潜在投资者都能平等、公开地获取该信息。换言之，这种内幕信息所要求的重大性本身就必然包含着时间维度的意义，即未公开性。

内幕交易等证券犯罪，并不是单纯地通过刑法保障某个信息，而要穿透形式上的内幕信息这个介质，保护背后的信息接收者或者持有者。换言之，要保障的是站在信息背后的人，信息只有达到作为主体性的人，通过人这个行为主体运用信息的行为，方能发挥其价值含义。信息与信息之间不是在真空中存在的，而必然是在持有信息的人及其行为之间存在，并发生相应的价值功效。就此而言，内幕交易罪保护的是行为主体之间的信息平等权。①

"未公开性"本身也蕴含着从信息价值维度的内涵理解。如果一个信息因为具有未公开性而可能被评价为内幕信息的话，那么这个信息本身必须具有重大性，行为人如果提前知道这个有价值的信息能够通过利用这个信息实现非法获利。如果这个信息本身不具有重大价值，公开与否也不会影响其他投资者的投资心理和决策行为，那么这种所谓的信息"未公开性"本身也没有意义。换言之，如果一个未公开的信息，实际上没有利用价值，投资者根本不会关心该信息，更不会根据该信息进行实际股票交易，那么即使这种信息具有形式意义上的"未公开性"，也没有任何实际意义。内幕信息的重大性和未公开性的要件，其落脚点在于该内幕信息如果公开后，会显著影响其他投资者的实际决策行为，进而影响市场的交易价格和交易量。易言之，内幕交易罪并不是无差别地同等保护所有的信息及信息持有者的信息平等权利，而是保护其中有重大价值的信息。②

五、信息价值判断权与信息错误分配机制

综观现行证券法律规范体系，有以下三种认定内幕信息的方式：第一种方

---

① 基于这种分析视角，从信息平等的角度来看，诈骗罪的行为人也正是人为制造了一种信息不对称，并利用这种不对称的信息优势骗取被害人，进而使被害人产生错误认识从而交付财物。甚至可以继续以此视角分析《刑法》第三章所涉及的其他金融经济类犯罪。而站在辩护的角度，从信息平等或信息优势视角出发，如果能通过证据和事实，解释出在所谓的诈骗进程中，行为人自以为通过编造虚假事实或隐瞒真相的方式制造了相对于被害人的信息优势，而实际上被害人交付财物时并不是基于被"蒙骗"而处于信息劣势的地位，双方在交付财物时并不存在人为的信息不对等，那么诈骗罪在这个环节上是无法成立的。

② 此外，回到证券市场或者生活事实层面，理论上不可能存在，在特定时空条件下所有人对于某信息都是平等享有的情形。即使忽略时间和空间的限制，仅从个体对信息的理解和运用能力层面来看，也是千差万别的，比如，同样具有重大性和未公开性的某个金融信息，不同的投资者个体对该信息的理解和运用会完全不同。

式,《证券法》直接予以规定;第二种方式,证监会"规"定(而非证监会"认"定);第三种方式,(作为信息披露义务人的)上市公司自行决定。① 实践中,似乎时常被遗忘或者忽视的是第三种方式,上市公司其实才是天然的信息价值性判断的正当主体。如果将是否把某类型的信息评价为具有价值重大性的内幕信息,理解为一种信息价值判断权,那么,根据目前内幕信息认定的规范体系可知,相应存在信息价值判断权分配问题和信息权利问题。

(一)"业绩预增"未被直接规定为内幕信息

第一,《证券法》没有规定"业绩预测"信息为内幕信息。《刑法》第一百八十条第三款规定:"内幕信息、知情人员的范围,依照法律、行政法规的规定确定。"此处明确表述的是,依据相关法律、行政法规的规定确定。《证券法》作为规范证券市场领域的基本法律,对"内幕信息"等核心内容作出了规定。但《证券法》从未规定"业绩预增"信息属于内幕信息。

第二,证监会没有规定"业绩预增"信息为内幕信息。对比《证券法》法条可知,《证券法》(2014)在第七十五条的兜底性条款中,赋予证监会"认定"内幕信息的权力;同时,其第六十七条的兜底性条款中,又赋予证监会"规定"内幕信息的权力。《证券法》(2014)的这两处条文规定显然存在自相矛盾之处。因为,"规定"与"认定"虽然只有一字之差,但是法律含义截然不同。② 比如,相对于"认定",证监会"规定"至少应当是事先的、明确的、清晰的,且经过行政部门规章制定程序所形成的一般性规范内容,而不是"认定"(证监会"认定函")这种事后的、模糊的、笼统的,且未经严格法定程序所形成的个案性结论内容。《证券法》(2014)这种相互矛盾的情形,在《证券法》(2019)中得以修订解决,其第五十二条的规定直接删除了《证

---

① 从权力(利)分配的逻辑角度来看,第二种方式表达的是"证监会限权",《证券法》(2019)删除"认定权"条款,要求内幕信息范围需通过规章明确规定,避免个案裁量滥用;第三种方式表达的是"上市公司自主权",自愿披露制度赋予公司信息认定权,监管应尊重其基于经营需求的判断。

② 可以参见《立法法》第九十一条规定:"国务院各部、委员会、中国人民银行、审计署和具有行政管理职能的直属机构以及法律规定的机构,可以根据法律和国务院的行政法规、决定、命令,在本部门的权限范围内,制定规章。部门规章规定的事项应当属于执行法律或者国务院的行政法规、决定、命令的事项。没有法律或者国务院的行政法规、决定、命令的依据,部门规章不得设定减损公民、法人和其他组织权利或者增加其义务的规范,不得增加本部门的权力或者减少本部门的法定职责。"

券法》（2014）中赋予证监会对于内幕信息的"认定权"条款，而是在第八十条的兜底条款中明确表述，仅赋予证监会"规定"内幕信息的权力。

尽管依据《关于办理证券期货违法犯罪案件工作若干问题的意见》[①] 规定，证监会可以向司法机关出具"认定意见"，但是，需要注意的是，一方面，从效力层级来看，该司法解释的规范效力，显然低于经由全国人大常委会修订颁行的《证券法》(2019)。《证券法》是证券法律规范体系中的基本法。另一方面，从时间效力来看，《关于办理证券期货违法犯罪案件工作若干问题的意见》颁行于2011年4月，而《证券法》（2019）生效于2020年3月1日，也当然应当适用《证券法》（2019）。[②] 截至2025年7月，证监会没有颁行任何部门规章"规定"本章所涉这种"业绩预增"信息属于内幕信息。因此，实践中将"业绩预增"信息直接认定为内幕信息，没有任何法律依据。此外，应当注意的是，《证券法》赋予这种"规定"内幕信息的权力行使主体，在法条中明确表述的是"国务院证券监督管理部门"，对此，应当严格限缩解释主体仅指向"证监会"，而不包括证监会派出机构。原因在于，《证券法》通过兜底性条款所赋予的这种"规定"内幕信息的权力，相当于"准立法"性质的权力，无论从法律本身的稳定性，还是从行使主体的权威性，抑或从扩大打击范围的风险防范性角度来看，均应当对此权力行使主体予以严格限定。就此而言，地方证监局没有任何法定权力超越《证券法》，自行随意扩大认定内幕信息的范围。[③]

[①] 2024年4月16日，最高人民法院、最高人民检察院、公安部、中国证券监督管理委员会联合发布《关于办理证券期货违法犯罪案件工作若干问题的意见》，其中明确规定"公安机关、人民检察院、人民法院可以就案件涉及的证券期货专业问题，商请证券期货监管机构出具专业认定意见，作为认定案件事实的参考"。

[②] 需要说明的是，可以体现证监会有权在证券犯罪案件中出具"认定意见"的相关规范性文件，在效力上也均低于《证券法》，时间上也早于《证券法》（2019）。因此，此处当然适用《证券法》（2019）的规定。比如，1999年2月，证监会、公安部联合下发《关于在查处证券期货违法犯罪案件中加强协调配合的通知》；2001年7月，国务院颁布《行政执法机关移送涉嫌犯罪案件的规定》（已修订）；2006年3月，证监会发布《关于在打击证券期货违法犯罪中加强执法协作的通知》；2010年11月，国务院办公厅转发证监会等部门《关于依法打击和防控资本市场内幕交易意见的通知》；2011年4月，最高人民法院、最高人民检察院、公安部、证监会联合颁布《关于办理证券期货违法犯罪案件工作若干问题的意见》（已失效）；2012年3月，最高人民法院、最高人民检察院再次发布《关于贯彻执行〈关于办理证券期货违法犯罪案件工作若干问题的意见〉有关问题的通知》；2012年5月，证监会发布《关于贯彻落实打击证券期货违法犯罪两个司法文件的通知》等。

[③] 比如，中国证券监督管理委员会山东监管局行政处罚决定书（〔2020〕3号）。

第三，（案例中）上市公司也未将"业绩预增"信息（由公司"内部信息"转化）认定为"内幕信息"。对于某信息是否为内幕信息，除前述两种方式（证券法规定、证监会规定）以外，作为信息披露义务人的上市公司有权自行决定，是否将某项信息认定为内幕信息。这种上市公司自行决定，主要表现为基于自愿披露制度，上市公司通过内部正式决策程序后发布公告的行为。也就是说，案例中所涉"业绩预增"信息，上市公司如果在2024年第四季度的某月某日，经过公司内部的正式程序后，提前发布全年度业绩预增公告，这种"内部预测"信息方才可以转化为内幕信息。如果上市公司没有在第四季度某月某日进行正式公告，那么，无论财务部门根据第四季度的业绩数据分析后，得出全年度业绩如何"大幅增长"的预测性结论，这种"业绩预测"信息也仅属于"内部信息"。因为，此处界定内幕信息的核心要素，并非司法机关所认定的这种"业绩大幅增长"（的数值或趋势），而在于上市公司是否决定提前发布业绩公告的行为。就此而言，"业绩大幅增长"超过50%，按照信息披露的相关规定，仅是上市公司决定发布业绩预增公告的条件之一。所以，决定这种信息能够成为内幕信息的核心要素，并非"业绩大幅增长"的那个数值，而是上市公司的那个公告发布行为。[①]

对此，实践中可能存在的疑问是，上市公司何以具有这种决定内幕信息与否的权力？这是否有法律依据？首先，从常识角度看，一个信息的生产、发展、演变的过程，几乎都是孕育、发生于上市公司这个"母体"之中，没有任何主体比上市公司自身更清楚、更了解某个信息是否会对市场和投资者产生重大影响，是否应当界定为内幕信息。比如，上市公司财务部门人员，在第四季度的10月、11月、12月这三个月中，收集、汇总、统计了各种详尽的财务数据，并分析预测年度的业绩增长趋势与增长数值，他们当然比任何人都了解这些信息是否会对市场和投资者产生重大影响。就此而言，上市公司相比任何法律规定、监管部门都更有权力评价和认定这些信息是否应当归属为内幕信息。

[①] 在此意义上，就案例中上市公司发布《2024年度业绩预增公告》而言，笔者认为，实质上是上市公司的发布行为而非纯粹的公告内容，方才构成法律规范意义上的内幕信息。这两者存在逻辑上的微观差别。尽管，实践中往往并不加以具体区分，似乎发布（或决定发布）公告的行为与公告内容本身可以等同理解。

其次，上市公司自行决定某信息是否为内幕信息的权力，也明确源于证券法及相关规章等规范文件的授权。表现在：第一，《上市公司信息披露管理办法》（2025），其中明确规定了信息披露（当然包括业绩预增信息披露）的两种不同情形，即强制披露、自愿披露信息，且同等要求披露的信息"应当""真实、准确、完整"。[①] 也就是说，基于自愿披露的制度规定，上市公司拥有是否披露某项信息的自主决定权，可以不披露某项信息，但是一旦决定披露某项信息，则对于披露信息的"真实、准确、完整"要求，完全同于法律规定应当强制披露的信息要求。如果上市公司自愿披露的信息，不符合"真实、准确、完整"要求，同样要承担违规信披的法律责任，包括刑事责任，如违规披露、不披露重要信息罪。第二，证券交易所层面的规范性文件明确规定了强制披露、自愿披露"业绩预告"信息相应的条件要求。具体而言，存在应当进行业绩预告、可以进行业绩预告两种情形。区分这两种类型的核心要素就在于，时间性条件不同。对于前者，《上海证券交易所股票上市规则》规定"应当在会计年度结束后1个月内"；对于后者《上海证券交易所股票上市规则》则没有明确的时间限定。强制披露的业绩预告需基于会计年度结束后已经形成的完整财务数据，确保信息"真实、准确、完整"。对于自愿披露的业绩预告，虽然未达到强制披露的触发条件，业绩数据仅是截至"中期和第三季度"的财务数据，但是上市公司认为该业绩信息对投资者决策有重大影响。[②] 这种信息披露规则设置旨在平衡信息披露的及时性与准确性，保障投资

[①] 证监会《上市公司信息披露管理办法》（2025）第三条第一款规定："信息披露义务人应当及时依法履行信息披露义务，披露的信息应当真实、准确、完整，简明清晰、通俗易懂，不得有虚假记载、误导性陈述或者重大遗漏。"第五条第一款、第二款规定："除依法需要披露的信息之外，信息披露义务人可以自愿披露与投资者作出价值判断和投资决策有关的信息，但不得与依法披露的信息相冲突，不得误导投资者。信息披露义务人自愿披露的信息应当真实、准确、完整。自愿性信息披露应当遵守公平原则，保持信息披露的持续性和一致性，不得进行选择性披露。"

[②] 比如，《上海证券交易所上市公司信息披露监管问答（第一期）》，"1.5 上市公司在第三季度报告中已对全年预计业绩进行了披露，是否还需要在次年1月发布业绩预告？根据《股票上市规则》，公司发布年度业绩预告的时间是在次年的1月，主要是考虑到会计年度结束，公司上一年度的经营情况已经确定，即使年报尚未披露，具体的财务数据没有最终确定，管理层对经营业绩已经有比较清晰的了解，能够在一定程度上相对准确地预计上一年的经营情况。但是，公司在会计年度结束前对全年业绩的预测是基于当时公司经营情况作出的，准确性相对较低，且在会计年度结束前，公司的经营情况很可能发生重大变化。为了便于投资者获取重要信息，触及业绩预告披露情形的，公司即使在会计年度内披露了对全年业绩的预测，还是需要在次年1月根据要求发布业绩预告。"

者权益。

换言之，强制披露与自愿披露的业绩预增信息在数据完整性要求及权责划分上存在以下核心差异（见表11）。由此，法律规范赋予上市公司基于战略需求选择是否自愿披露预测信息的权利（就披露动机角度而言，可能旨在提升公司形象、增强市场信心、提振股价和市值，以及传递管理层对公司未来发展的信心），基于权责对等规则，上市公司也需要承担相应的责任。比如，需遵循真实性、公平性原则，禁止选择性披露，若信息误导投资者，公司及管理层需承担相应的法律责任。

表11 业绩预增信息强制披露与自愿披露

对比维度	强制披露的业绩预增信息	自愿披露的业绩预增信息
时间节点	基于会计年度结束后已形成的完整12个月财务数据	可以基于年终或季度（如第三季度）的预测性数据，缺少第四季度的实际数据
法律属性	属于法定内幕信息，需满足"真实、准确、完整"的强制性要求	属于公司自主决策范畴，需声明预测假设及不确定性，并承担披露错误的责任
信息质量	需披露净利润范围、变动幅度及原因，与实际数据差异超过相应比例的需要进行合理说明	需履行内部审计程序，说明风险假设，并及时修正预测偏差

因此，强制披露的"业绩预告"，属于法定的内幕信息；自愿披露的"业绩预告"，属于（上市公司）自定的内幕信息。根据《上市公司信息披露管理办法》，信息披露义务人需遵循"真实、准确、完整、及时"的核心原则。这一要求可以视为上市公司对市场作出的制度性信用承诺，其效力源于《证券法》等法律规范的强制约束力。具体而言，强制披露业绩预告，其信用基础源于法律强制力，如《上市公司信息披露管理办法》（2025）明确要求"重大事项需经董事会审议并披露"。投资者的信任建立在对证券监管制度的认可，属于制度信任范畴。信息披露违法将触发行政处罚及刑事追责。自愿披露业绩预告，其信用基础依赖上市公司的个体信用，表现为：必须保持披露的持续性与一致性；需通过管理层集体决策程序注入公司信用；违反承诺将导致市场信用评级下降、融资成本上升等后果。具体特征表现及其差异如表12所示。

表 12　强制披露与自愿披露的信息维度

信用维度	制度信用（强制披露）	个体信用（自愿披露）
约束来源	法律效力（如《证券法》第八十二条）	公司信誉/市场信任机制
责任类型	行政/刑事责任	民事赔偿/市场信用损失等
披露动机	法定义务	市值管理、投资者关系维护等
信息属性	对已发生事实的确认	对未来政策信息的承诺

概言之，基于法律规范要求，上市公司可以自行决定通过"自愿披露"的方式，将未达到"准确、完整"的"业绩预增"信息转化为法定内幕信息。这种信息性质转化过程，本质上是信用承诺的具象化。强制披露依靠制度信用形成刚性约束，自愿披露则通过个体信用构建柔性承诺。两类披露均需通过上市公司集体决策程序，既是对市场信任的回应，也是防控内幕交易的关键机制。这种双重信用机制的运作，体现了资本市场"法治信用＋市场信用"的协同治理逻辑。因此，本章所述案例，不可能仅经由公司财务部门人员分析预测（而未经集体决策并正式公告），便得出如司法机关认为的"2025 年度业绩会大幅增长"的财务数据或财务文件报告等形成之后，便自动成为刑法意义上的内幕信息。

易言之，从内幕信息的"重大性"角度理解，业绩预告所依据的财务数据是否"真实、准确、完整"，就是这种信息"重大性"的内涵所在。案例中的这种信息，因为是在会计年度结束之前的"不准确、不完整"财务数据基础之上的预测性分析，所以并不当然地具有"重大性"，而是需要上市公司注入公司个体信用或信任，且由法律施加违规信披的惩罚后果，从而补足这种由于"财务数据缺失"所带来的"信息重大性缺失"。这也可以再次证实，上市公司在第四季度提前发布业绩预告行为本身的重要意义，这种行为本身才是"2025 年度业绩会大幅增长"的预测信息能够转化成为内幕信息的关键要素所在。业绩预增转化为内幕信息的决策程序要求及流程，如图 12 所示。

最后，在证券市场实践中，上市公司在第四季度（比如 10 月或 11 月、12 月的某日）经过正式公司决策程序后提前发布年度业绩预告，从而将"业绩预测"信息从公司"内部信息"转化为"内幕信息"的行为，也是常见的惯例做法。通过巨潮资讯网①的简单检索便可搜集到几百份不同上市公司提前发布的业绩预告，而且很多上市公司在当年的 10 月即发布了全年业绩预告。反言之，如果上市公司并未经过公司决策程序，并正式发布业绩预告，那么如同案例中的这些"业绩预测"信息，则仅属于公司的"内部信息"。因为这种"内部信息"一方面并非法定的强制应当披露信息，另一方面上市公司也并未经过正式决策程序选择自愿披露，则其当然的仅属于不需要、不可能对外公开披露的信息，而非法律意义上的"内幕信息"。

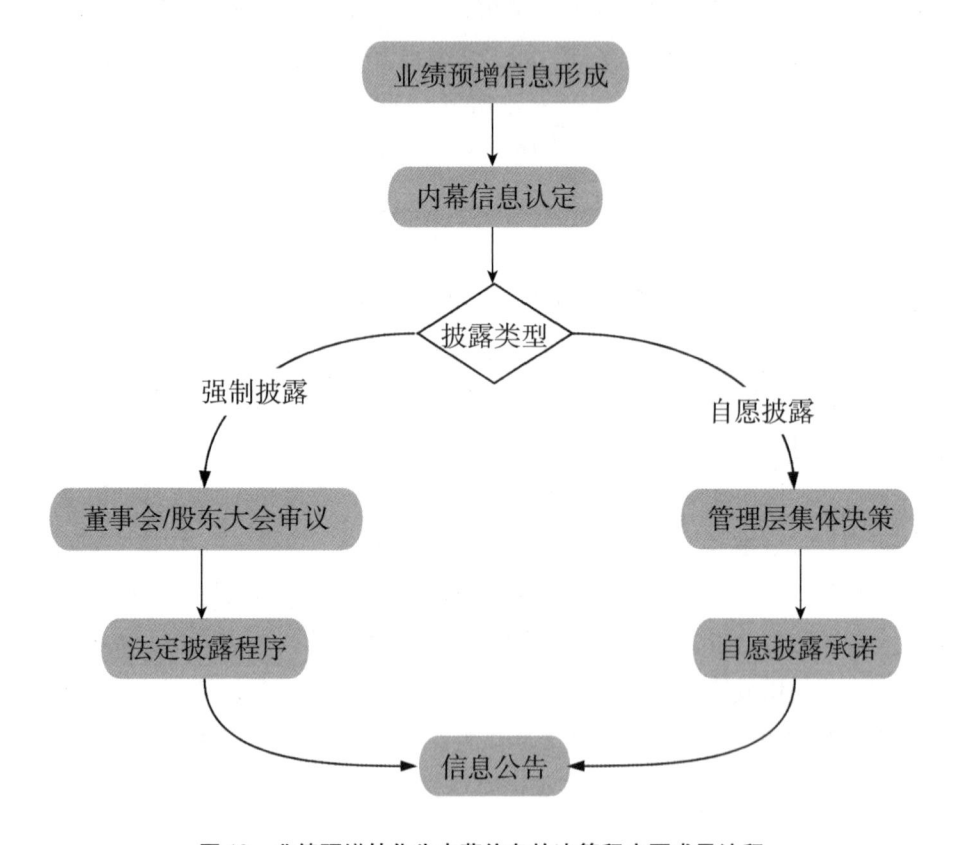

图 12　业绩预增转化为内幕信息的决策程序要求及流程

---

① 巨潮资讯网是中国证券监督管理委员会指定的上市公司信息披露网站，是国内最早的证券信息专业网站，同时亦是国内首家全面披露深沪 2500 多家上市公司公告信息和市场数据的大型证券专业网站。

（二）信息价值判断权与信息错误分配机制

信息是证券市场的基础性要素，无须多言其重要意义。基于此，证券法及证券市场监管机制的核心在于信息披露制度。信息披露制度本身必然首先设定的是这种披露制度的标准。这种标准从行为机制视角看分为强制披露与自愿披露两种，从信息价值视角看分为重大性与非重大性信息披露两种。一般意义上，强制披露属于法定的具有重大性的信息，自愿披露的信息重大性范围可以相对宽松，将信息价值重大性与否的判断交由披露义务主体的上市公司自行判断。不过，根据《证券法》及《上市公司信息披露管理办法》（2025）等规范性内容可知，上市公司如果选择自愿披露相关信息，则对于披露信息本身的真实性、完整性、正确性的要求同于强制披露的信息，两者无差别地对待。

信息权利的法理分析——注册制背景下证监会权力收缩与市场主体权利扩张的正当性。让市场的回归市场，监管的回归监管，二者不可功能错位。市场无法解决或者市场失序时，才是监管介入的时刻。市场主体才是信息权利的天然所有者，证监会作为监管机构本身不应当具有信息权力，监管的逻辑与功能定位，应当是在信息权利归属不明确导致市场多方主体之间发生争议，此时才由作为超然于市场各方主体利益之上的、代表证券市场整体性秩序利益的证监会出场，在法定规则框架内进行规则性分配。或者，市场多方主体之间基于信息权利归属争议行为，超越了双方个体利益的边界从而危害市场整体性秩序利益之时，证监会针对市场主体在争议中使用的违法争夺行为手段进行行政规制，以明确个体利益与整体公共利益的边界。而不应当是目前司法实践中所展现的，证监会作为监管执法者，同步参与市场主体之间的信息权利归属争议，实质上意图获取信息归属权，即表现为直接"认定"某信息为内幕信息，并在这种行政权力认定之下，直接进行针对市场主体的行政与刑事法律责任的评价。此时证监会实际上不仅充当了监管者、裁判者的角色，还同时充当了运动员的角色，其行为当然存在合法性与正当性的双重疑问。

证券法本身并未规定为内幕信息的信息，证券法授权证监会便宜行事的乃是"规定权"而不再是此前的"认定权"。由此，证券法未规定、证监会也未规定的信息属性，即其是否属于内幕信息，这种判断权必然且只能归属于作为信息披露主体的上市公司。这种判断权归属同时具有合法性依据与正当性依据。上市公司拥有内幕信息判断权的合法性依据，表现为自愿披露信息制度本身。上市公司拥有内幕信息判断权的正当性依据，表现为其作为信息生产的"母体"，天然具有优势足可判断某信息是否属于内幕信息，这种母体性的特殊主体身份是监管者或其他市场主体客观不可能具备的天然性优势。

信息权利归属及其性质判断的利益代表视角。证监会代表的监管利益、投资者代表的投资利益、上市公司代表的经营利益、市场自身代表的整体性秩序利益，简单来理解，前三种利益综合形成的更为宏观的国家利益，如证券市场承担的为国家经济发展提供宏观金融资金支持的功能。对于某项信息是否属于内幕信息的判断，必然包含着这种多元利益混合的博弈。证监会的外部视角，投资者的外部视角，以及证监会代表的整体性秩序利益，这种视角差异、利益差异必然会影响对某项信息是否属于内幕信息的判断结论。因此，证券法本身作为根本性的整体性秩序利益或公共利益的立法呈现，应明确规定内幕信息及其范围。相应地，证券法授权证监会规定内幕信息的权力，考量的是除整体性利益秩序之外的行政监管利益。因此，除证券法、证监会规定内幕信息的范围之外，某项信息是否属于内幕信息的判断权力及其利益分配或利益倾斜，则应当都归属于上市公司自身。基于上市公司自身的内部和个体利益平等性分配的视角，相对于由证监会进行权力性分配信息权利与利益分配，交由上市公司与市场投资者进行平等性的信息权利分配与利益分配，是更为可行的选择，也符合法律监管的逻辑，匹配注册制放权让利的思路。在上市公司自身与投资者之间发生信息权利归属争议或者利益分配失衡时，作为监管者的证监会再行介入进行规则性定分止争，方是制度安排中证券行政监管的功能目的所在。

概言之，某项信息是否属于内幕信息的判断权背后，必然涉及不同的视角及更深层次的利益分配博弈。比如，从信息本体视角出发来看，证监会代表的是外部视角、监管利益，上市公司自身方才代表内部视角、个体利益。正当的监管逻辑应是具有层次性区分的状态，首先应当是作为平等性主体的上市公司与投资者之间进行权利互动、利益博弈，其次才是前者权利互动失序、利益博弈显著失衡之时，作为权威监管权力代表的证监会方才介入，以权力要素加入此前权利互动博弈的局面，以整体性秩序利益的正当性名义进行居中裁判，定分止争。权利互动与权力介入，各守边界，各行其道，这才是证券市场良性健康发展的基础。多元主体互动之下的共治形态，应当是证监会、投资者与上市公司多元主体共治，且应当以市场主体为共治主体，在市场主体之间发生权利争议或者个体行为超越边界危害整体性公共利益之时，证监会作为法律治理的行政监管权力主体才可以介入。日常监管应当将更多的市场运行自由空间交还给市场主体之间的平行互动，保持纵向权力介入的审慎克制。这也是证券市场全面推行注册制改革的基本逻辑与功能目的所在，缩减行政监管权力而扩展市场主体权利，激发市场活力。

六、构建基于投资者视角的内幕信息实质判断规则

（一）内幕信息不同审查要求和标准的逻辑分析

回到《证券法》第五十二条的原则性规定，相较于《刑法》的规定更为具体，至少明确说明了"重大性"信息的相对范围，即"涉及发行人的经营、财务或者对该发行人证券的市场价格有重大影响的尚未公开的信息"。由此，可以将具有"重大性"的信息范围理解为，经营信息、财务信息和其他信息（对证券的市场价格有重大影响的信息）。

无论是从投资者视角出发，还是从监管者视角出发，对于经营信息、财务信息的重大性、未公开性判断也存在不同理解。[①] 如果从监管者视角出发，其更关注的是形式上的有无公告、是否及时公告、是否完整公告等。而从投资者视角出发，其并不关注形式上有无公告与是否及时公告，其更关注的是实质上的价值有无与价值大小。主要的原因在于，二者的利益诉求不同，监管者更关注的是整体性的市场交易秩序平稳有序，而投资者更关注的是个体收益的最大化。从逐利心理和可能的情形来看，必定是有些投资者更擅长也更希望从混乱无序的市场中，最大化获取个人利益，其中就包括投资者可能会利用"内幕

[①] 比如，符合会计标准和监管要求的"重大性"财务信息，未必也符合对投资者真实决策心理和行为影响的"重大性"。对此应当准确区分对待，不能用父爱主义的监管视角理解证券市场中所有的信息真假和价值大小，而应当回归到市场和投资者本身的逻辑中，甄别某信息是否真的因为具有重大性和未公开性而成为内幕信息。

信息"实现个人获利，即使是以扰乱整体市场正常交易秩序和其他投资者不当受损为代价。这种投资者心理和行为本身是中性的，我们应当更客观地看待和预防，并不能因其可能存在此种"非道德"的逐利心理和行为就对其直接进行刑法否定性评价。

简言之，这是证券市场本身所带有的天然属性，证券市场本身所利用的也是投资者逐利的心理和行为实现其基本的融资功能，进而调整资源配置。当制度设计想要以此获取整体社会利益更大化的时候，那么相应的也必须承担可能同时放大的投机心理和逐利行为导致的代价。市场有序和无序，规范与不规范，本身即一体两面，无法分开，二者是相对应存在的。同样地，对于利益及追求利益的考量，其本身也无绝对的正义与否的区分，而是应当相对地看利益分配与获取的合理程度。这种必要的限度典型体现在，刑法通过设定法益保护目标，据此划定相应的利益分配范围与界限，并通过刑事政策进行具体时空条件下的微调，以最大限度地弥合社会整体利益和个体投资者利益之间的平衡。客观上，这两者之间的相互侵犯和矛盾是无法完全消除的。所以本质上看，投资者权益保护和监管秩序利益要求，二者在客观上是存在相互冲突的，不可同时兼得。就像证券市场"三公原则"也只能是制度设定的理想状态而已。如果市场本身就已经处在"三公原则"的状态，则无须通过法律这种治理方式强调"三公原则"，并进行各种相互冲突的利益诉求之间的博弈与平衡。

既然投资者更关心的是信息本身的内容所包含的实质价值的大小，而不是形式上的重大性要件和未公开性要件，这种评价视角与心理逻辑也会影响对经营信息、财务信息是否属于内幕信息的判定。以"未公开性"要件的认定为例，从投资者角度出发，基于前已述及的财务信息的可分性，其实际的决策心理和投资行为并不需要等到信息完全充分、对称的情况下才能、才会进行股票交易。比如案例中，投资者在公开获取上市公司6个月或者9个月的财务信息之后，即可对上市公司整个年度的业绩情况作出大致判断，并进而作出相应的投资。那么在这种情况下，即使该公司整个年度的业绩情况是在隔年的1月才正式对外公开，具有形式上的"未公开性"，但是该信息的实际内容投资者通过此前公开的信息即已知晓，那么该信息实质上对投资者而言也不具有"未公开性"。也正因为投资者自行通过此前已经公开的9个月财务数据信息，足以得出趋势判断和投资所需要的信息，其实际上也不具备很高的投资参考，所以不具备重大性。站在监管者角度，上市公司的年度业绩情况当然需要严格监管，并要求进行严格的会计审核和计算。年度报告是可以延迟到会计报告年度的第二年初对外公告，这种时间上的延迟性，满足的是监管者利益诉求下的重大性，而不具有投资者实际投资所要求的即时性。[1] 换言之，监管者角度要求形式上的完备性与严谨性，即使丧失信息的即时性。当然，这种"滞后性"本身也是任何一个国家的监管实践中必然存在的现象。

因此，基于不同类型的内幕信息，投资者视角和监管者视角的差异化，这些因素都会对内幕信息的重大性与未公开性的认定规则产生影响，并导向不同的解释进路进而得出不同的结论。其中蕴含利益博弈与利益平衡问题，需要"相对合理主义"[2]的微调。由此可以得出的一个相对合理的结论是，对于证券市场的违法问题，尤其是行政处罚与刑事制裁交叉存在的情况下，更适宜行政处罚的手段在前、刑事制裁在后，并承认刑法治理手段在证券这个最具有创新性的活跃领域中的客观局限性。

（二）投资者视角的正当性分析

从刑法设定内幕交易罪的规范保护目的来看，尽管存在投资者权益保护与市场正常交易秩序两种法益，但是更应当侧重保护的是投资者权益，应当说这才是内幕交易犯罪的规范保护的实质。

第一，证券市场中的投资者是真实、具体的存在，他们是构成证券市场的主体部分。投资者权益保护理当是基础的制度目的及正当诉求。实践中，可能会有观点认为，应当优先保护证券市场的交易秩序，如果不能先行构建并保障正常的市场交易秩序，投资者权益及其保护则无所依存。在逻辑上这种说法似乎是成立的，但是其中隐含的一个前提就是，保护证券市场正常的交易制度的话，就是在保护投资者权益，二者是画等号的。或者进一步说，所有投资者权益加总起来就等于证券交易市场整体的秩序利益，所以保护证券市场的整体秩序利益，就是保护每一个投资者的个体权益。不过，这个前提并不能真正成

---

[1] 有种说法是，当一个信息产生的时候，其实它已经过时了。这种说法背后的逻辑揭示了信息的延时性与投资的即时性两者之间。

[2] 参见龙宗智：《相对合理主义》，中国政法大学出版社1999年版。

立。一是证券市场的整体秩序利益，并不是所有投资者个体权益加总得出，其中必然包含着其他利益目的。比如，从监管者角度出发的利益考虑，或者从国家宏观调控目的意义上出发的利益考量，这些与投资者个体权益的保护有时并不一致，甚至是冲突的。二是在一定的客观条件约束下，包括资源本身的有限性限定之下，就整体内部而言，所谓的整体性利益必然只能是这个整体内部的个体之间利益的平衡，也就是说必然是存在少数与多数的关系，所达成的利益平衡局面只可能符合最大多数的利益，而不可能所有个体利益都同等地得到保护。尽管这是人类社会的追求，但是难以实现。这种利益平衡必然是在牺牲少部分人的利益基础之上所达成的妥协。所以符合整体性秩序利益的状态，不会是这种整体性之下每个个体权益都能得到保护。三是从真实的证券市场投资来看，因为每个投资者本身的条件不同，包括智力条件、资金条件等，所以每个投资者真正地获取利润的方式，本质上是存在差异化或不平等的。也就是说，证券市场的交易秩序在客观上也不可能随时都是符合理想状态的有序进行，必然存在相对混乱，从这种相对混乱的秩序中攫取最大化的利益，就是一部分自身条件较好的投资者生存的本能和获取利益的客观场景所在。换言之，对于有部分自身能力和条件更强的投资者来说，他们本身就是在相对无序的市场秩序中获取最大化的利益的，反而在给定的完全有序的整体市场场景中，他们可能无法获取利益或者获取的利益是很少的。这种客观存在的竞争状态和生存获利状态，本身是证券市场中投资者逐利心态的激发与利用，其本身是中性的。既然制度设计层面需要运用证券市场实现宏观的目的，那么就得同时接受这种具体微观运作中的无序混乱。

第二，证券市场的正常交易秩序是法益保护目的之一，但问题在于这种整体性的抽象法益，实际上是无法定义的。对于一个无法定义的法益保护目的，实际上约等于不存在。具体而言，证券市场的"正常交易秩序"是什么？何种交易秩序又是"不正常"的呢？或者说，是否可以量化行为人的内幕交易行为达到什么程度才能导致交易秩序"不正常"呢？实际上，市场交易秩序正常与不正常本质上是相对而言的，也是相互依存存在的状态。因此，对于一个实际上不可能存在的法益状态，刑法似乎没有必要专门为此设定罪名进行保护。相较而言，投资者权益保护这个法益目的，本身就是客观存在且可以量化的。比如，行为人非法获取内幕信息并利用其进行交易获利，那么这种非法获利行为实际上就是人为制造了一种信息不对称，并且这种信息不对称也利用了不明真相的（因为不知道内幕信息）其他投资者的交易行为，这实际上就是行为人对其他投资者的一种欺诈，而且这种欺诈给行为人带来的非法收益及其导致其他投资者的损失，基本可以量化并进行精确的刑法评价。

第三，从利益平衡的角度出发，也应当更加侧重保护投资者权益。因为从中国证券市场的成立和发展的历史角度来看，这些真实的投资者是在证券市场中用自己的真金白银投资，从而实现了证券市场的融资功能。尤其是在最初的制度安排下，证券市场成立的目的首先是解决国有企业融资难的问题。从投资者所做的历史贡献的角度来看，在刑事司法政策上也应当更加倾斜地保护投资者的权益。这样才是符合利益平衡考量，也是保持证券市场更加长远发展的意义所在。

简言之，刑法规范应当侧重保护投资者的合法权益。基于此，应当从投资者角度出发实质性认定内幕信息的重大性与未公开性。换言之，应当切实站在真实投资者的角度，充分考虑其真实的决策心理和投资行为逻辑。

（三）面向未来的投资决策与定价机制

投资是面向未来的判断与决策。针对过去信息的总结仅代表过去，其对投资者的真实投资行为而言，所具有的价值不大甚至没有价值，这是从刑法意义上理解和判断内幕信息的重大性与未公开性时，应当把握的基本金融机理和投资逻辑，即应当从投资者角度进行实质判断。任何投资活动都是面向未来的，会有或多或少的风险。投资者买卖股票，是面向未来的抉择，即决定投资者现在是否买卖某只股票的核心因素，是其对某上市公司未来可能盈利及盈利大小的预期，这也是市场定价机制的逻辑所在。

比如，案例中2025年1月26日公告的《2024年度业绩预增公告》，实质上是对上市公司去年一年经营财务情况的事后汇总，并非形式上的"预增"。站在投资者的心理和决策角度，基本的金融机理是，投资者买卖某只股票，实际上代表的是其对这家上市公司未来的增长盈利空间的预期和期待。也就是说，投资者会根据现在的信息或者过去的上市公司各种信息（包括运营财务数据），形成预判。但是，本质上，证券市场的运作逻辑是不关心过去和现在的信息，而是面向未来、关心未来。投资者在决定用"真金白银"买入某只上市公司股票的那一刻，所发生的定价机制即意味着投资者此时此刻的买入行为，代表着其相信在未来或长或短的时间内，上市公司的经营业绩会更好，因而公司股价会更高。越多的投资者买入某只股票，也就意味着越多的投资者对该上市公司的运营发展有信心。简言之，投资者通过买入或者卖出股票的方式，传达着市场对该股票和该公司的期待和定价。

实践中，内幕交易犯罪或者证券犯罪案件在处理过程中，对于"危害性"往往是法感觉化的模糊理解，缺乏对证券犯罪法益的实质理解。《刑法》第三章规定的这些犯罪都包含着抽象的社会法益和相对具体的个人法益。因此，实践中，对于案件的具体处理与评价，应当透过刑事法条的形式规定本身，穿透到背后的实质法益保护层面，并且能够在具体案件中对其予以清晰、准确地解释。简言之，刑法评价应当还原到具体的投资者角度，而不是抽象的"投资者"，或者抽象的秩序法益层面。证券市场有着特殊性，证券市场中的参与主体，有着其特定的行为心理和逻辑。由此，对证券市场运作逻辑的理解和把握，不能脱离具体投资者的真实投资心理和行为逻辑泛泛而谈，否则无法实现有效治理。

第五章

交易的流变性问题
以债券交易背景下"单位财物"的理解为例

一、金融交易特性对传统刑法概念的解构

二、财物归属的确定性问题：从静态到动态的转变

三、财物归属的合法性问题之一——获取财物的合法性

四、财物归属的合法性问题之二——支付财物的合法性

五、理论与实践的双重反思：刑法谦抑性与金融创新的平衡

一、金融交易特性对传统刑法概念的解构

在某起职务侵占罪案例中,被告人张某任甲资产管理公司(以下简称甲公司)投资总监。乙企业欲发行 5 亿元债券,聘请甲公司作为顾问推介第三方购买该债券,并约定支付债券发行总额 10% 的财务顾问费。后甲公司仅成功推介某机构认购了 1 亿元债券,乙企业面临发行失败的风险。因此,乙企业私下找到张某请求帮助推介机构购买余下的 4 亿元债券,并愿意同等支付 10% 的财务顾问费。进而张某私下找到某证券机构,最终认购了 4 亿元债券,帮助乙企业成功融资。后张某离职,甲公司在内部审计中发现了乙企业支付张某财务顾问费的线索,向公安机关提出控告,认为张某收取的财务顾问费应当归公司所有,张某是利用投资总监的职务便利非法占有了该财务顾问费,因而构成职务侵占罪。

《刑法》第二百七十一条[1]规定的职务侵占罪,要求行为人利用职务上的便利,将本单位的财物非法占为己有。结合职务侵占罪的客体为单位财物的所有权,以及《刑法》第九十二条[2]对"公民私人所有财产的范围"的规定可知,此处"单位财物"的理解至少存在两个方面的含义:一方面,行为人利用职务便利占为己有的财物,应当是已经确定归单位所有的财物,否则也谈不上侵占本单位的财物;另一方面,行为人利用职务便利非法占为己有的财物,应当是合法地归单位所有的财物,否则也谈不上行为人占有行为的非法性。那么,本章所述案例中的财务顾问费是否确定、合法地归甲公司所有,因此属于"单位财物"成为关键问题。债券发行特有的流程复杂性(发审周期长、主体关联多)与传统刑法"单位财物"概念设定的确定性要件形成冲突。

---

[1] 《刑法》第二百七十一条第一款规定:"公司、企业或者其他单位的工作人员,利用职务上的便利,将本单位财物非法占为己有,数额较大的,处三年以下有期徒刑或者拘役,并处罚金;数额巨大的,处三年以上十年以下有期徒刑,并处罚金;数额特别巨大的,处十年以上有期徒刑或者无期徒刑,并处罚金。"

[2] 《刑法》第九十二条规定:"本法所称公民私人所有的财产,是指下列财产:(一)公民的合法收入、储蓄、房屋和其他生活资料;(二)依法归个人、家庭所有的生产资料;(三)个体户和私营企业的合法财产;(四)依法归个人所有的股份、股票、债券和其他财产。"

传统案件中,"单位财物"的认定通常以归属的确定性与合法性为基础,而且"单位财物"的认定依赖静态权属关系(如资金到账、合同约定)。但是在金融交易背景下,这一逻辑面临挑战。金融交易具有流变性(交易过程长、环节多)和利益分配的多元性(多方主体参与、权利义务复杂),导致财物的归属状态可能呈现动态性与模糊性。本章以债券交易为切入点,结合实践案例与监管规则,探讨金融交易对职务侵占罪中"单位财物"认定的冲击,揭示刑法与证券法交叉领域的规范缝隙。

具体而言,"单位财物"有两个方面的含义:一是财物已经确定归单位所有,即归属的确定性;二是财物合法地归单位所有,即归属的合法性。如果财物并不确定归单位所有,则不能评价行为人是占有了单位的财物。实践中对于"单位财物"的理解较少存在分歧,不过,在叠加了金融因素的案件中,则可能会成为争议焦点。常规而论,职务侵占罪的评价逻辑起点是财物确定归单位所有,这是基础性前提事实。而在金融交易的背景下,这个常规不成为问题的基础性事实,恰好成为问题讨论的起点,即需要在复杂的金融交易结构与流程中首先评价是否属于单位所有的财物。

金融交易本身至少具有两个特性,使职务侵占罪的前提逻辑发生了偏转。第一,金融交易行为本身有流变性(交易过程非即时性,如需历经认购、交割、结算等阶段,财物归属随流程而动态变化)。常规的职务侵占行为是一次性、确定性发生的状态。[①] 金融交易的长时段、连续性、流变性,使财物本身是不是在那一刻确定了归公司所有存在疑问,需要展开细致的评价。第二,金融交易的流变性导致在这个过程中产生的利益分配及归属问题呈现多元性。多元性表现为多方主体,同时交易行为和模式多元,从而利益分配和归属以及法律评价呈现多元性(发行人、承销商、投资顾问等多方主体参与分配,权责边界模糊化)。交易的流变性是行为本身,利益归属与分配的多元性是结果状态。因此,流变性加多元性就直接冲击了传统职务侵占罪成立要求的一次性与确定性(见图13)。实践中,财物"动态归属"的认定标准不一,需结合交易

[①] 比如,某笔资金汇入公司账户,财务总监将这笔钱据为己有,这种侵占过程是一次性的、即时性完成。资金一旦进入公司账户就确切地属于公司所有。

惯例与实质控制力进行综合判断。①

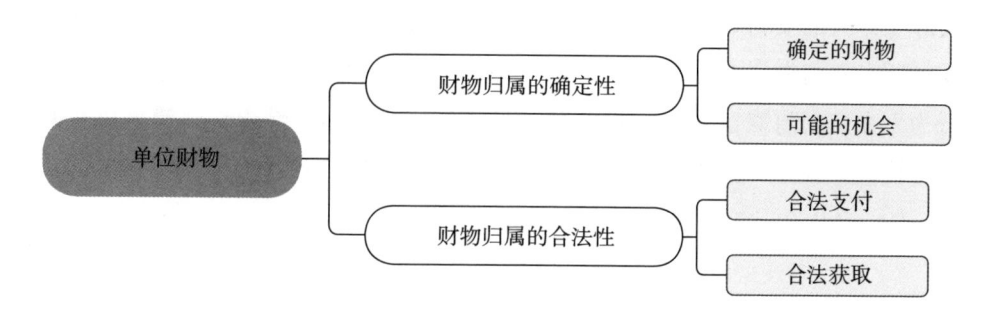

图 13 职务侵占罪中单位财物的判断

二、财物归属的确定性问题：从静态到动态的转变

（一）传统认定逻辑的局限性

刑法规范的双重要求。归属确定性，即需明确财物归单位所有（事实控制或法律权属）。归属合法性，即单位对财物的占有需具备合法依据（协议、监管合规）。在传统案件中，财物归属的确定性体现为事实控制（如资金到账）或法律权属（如合同约定），二者通常同步满足，但是在金融交易中可能出现分离状态。一方面，动态归属问题，如债券发行中认购款在交割前处于托管账户，所有权未完全转移；另一方面，合法性争议，如财务顾问费支付违反监管规则，形式上虽到账但实质上违法。具体而言，在债券发行等金融交易中财物的归属可能处于动态过程。比如，在认购阶段，投资者的资金尚未划转至发行人账户，募集资金滞留在第三方存管账户，发行人与承销商均未取得完整权属，此时财务顾问费仅具有或然性。在登记阶段，如国债登记结算体系下的"名义持有人"制度，导致法律权属与实际利益相分离。中国证券登记结算有

---

① 比如，基金公司高管截留托管账户未结算收益，司法机关可能以"实际控制力"作为判断标准，认为虽然资金未完成结算，但是已处于基金公司的实际控制下，其截留行为可以成立职务侵占罪。

限责任公司《特殊机构及产品证券账户业务指南》确立的多级托管架构,①使实际受益人的权利处于待定状态。在交割阶段,资金进入托管账户但未完成结算,所有权尚未完全转移。在结算后阶段,资金完成清算,归属完全确定。若行为人在交割前截留财物,其是否属于"单位财物"需结合交易流程进行具体分析,并区分"事实控制"与"法律权属"。

(二) 动态归属的司法实践困境

在司法实践中对"动态归属"的认定存在分歧,需结合实际控制力与交易惯例进行综合判断。动态归属的认定标准需要综合考虑三个方面的因素:其一,事实控制标准,即财物是否处于单位实际管理范围内(如托管账户资金);其二,法律权属标准,即合同或监管规则是否明确归属单位(如书面协议约定);其三,交易惯例补充。行业惯例能否填补形式要件的缺失(如口头承诺的效力),对此存在不同观点。在理论层面,德国刑法中的"功能财产说"强调对财物的实际支配力。功能财产说主张,财产的本质不在于其物质属性或经济价值本身,而在于其承载的社会功能与主体运用能力。该学说认为,财产是法律赋予主体对特定财物的处分权限与管理自由,这种权限既包括对财产进行最合乎经济理性运用的实际能力,也包含通过处分权实现社会资源优化配置的可能性。进而,财产损害不仅指财物本身价值的减损,还指侵害资产主体对客体的经济支配力。②这种观点强调财产的使用、享受或支配权的损害,而不仅仅是物质价值的减损。例如,如果行为人通过非法手段破坏了他人的财产,但并未对其功能造成实质性影响,则可能不构成犯罪。③比如在本章

---

① "我国证券市场作为后起之秀,在成立之初就充分借鉴了国际经验,建立了'一级托管、直接持有'模式,该模式具有简洁、易穿透的特点。根据央行《2021年金融市场运行情况》,截至2021年12月末,我国银行间债券市场托管余额已达114.7万亿元。多级托管在我国已不是新鲜事物,20世纪80年代我国试点柜台债转让,2002年开始实行柜台债两级托管机制,同时建立了由CSD穿透监管的中国特色模式。根据《银行间市场清算所股份有限公司债券柜台交易登记结算业务规则》第十七条的规定,工作日交易结束后,二级托管机构应在19点前将全部柜台交易数据传送至上海清算所,由上海清算所审核账户交易有效性。这意味着交易账户可以穿透到底层投资者。"苏建栋:《探索建立兼容的多级托管基础设施体系》,载《金融市场研究》2022年第5期。

② 参见邓毅丞:《财产性利益的界定标准体系重构——以利益转移罪的认定为中心》,载《当代法学》2022年第5期;车浩:《重构财产犯罪的法益与体系》,载《中国法律评论》2023年第4期。

③ 参见杨杨:《论侵占罪的保护法益》,载《社会科学前沿》2023年第9期。

所述案例中，行为人所在公司主张自身财产受到真实损害的逻辑之一，即认为行为人利用职务便利，将公司管理的"资管计划"资金挪用于二级市场交易，承接前期其他发行人自行包销对应的债券份额。① 但是，基于市场常识可知，管理人无法直接控制资产管理计划账户内的资金，而且资产管理计划的资金投入不等于管理人的资金投入。尽管"功能的财产概念"在德国刑法中仍属于少数派，但其学理探讨有助于开阔视野和深化讨论。②

从认定逻辑来看，首先应当评价的即财物归属的确定性问题，如果不能认定财物确定归单位所有，自然也无法展开行为人是否对单位财物构成侵占的刑法评价。财物归属的确定性问题，可以具体拆分为两个方面来理解：第一，"财物"本身的确定性；第二，"财物归属"的确定性。"财物"本身的确定性，要求的是职务侵占评价中的"财物"本身处于确定状态，而不能处于不确定的可能性状态。就此而言，案例中，如果行为人利用职务便利截留的是具有或然性的商业机会，而这种商业机会应当归单位所有，那么是否可以成立职务侵占罪？对此，存在可以讨论的空间。比如，案例中公司的控告逻辑分为两步：第一，张某利用职务便利截留了本应属于公司的债券发行财务顾问机会；第二，张某进而非法占有了公司由此应当获得的财务顾问费。不过，这种债券发行财务顾问业务实质上仅是一种商业机会，即使是甲公司推介第三方购买乙企业的债券，客观上也存在失败的风险，③ 如果发行失败，乙企业则不会支付任何财务顾问费。

"财物归属"的确定性，要求的是职务侵占评价中的"本单位财物"是确定无疑的。如前所述，这种归属的确定性，可以是在事实或者法律层面财物已确定归单位所有。事实归属的确定性，是指财物已经进入单位的控制范围，并且单位可以施加有效管理。法律归属的确定性，是指按照相关的协议安排等方

---

① 案例中进一步的逻辑推演是，公司认为行为人在最初完成债券发行时，以其所任公司职务名义及相应管理的资管计划资金为"担保"，"诱使"其他几家券商购买所欲发行的债券份额，并最终促成了债券发行，获取了本应属于公司所有的财务顾问费。事实上，站在发行人的角度，其支付顾问费的目的仅在于成功发行债券融资，二级市场的交易行为与其无关，其也并不关心发行债券过程中行为人是以个人名义，还是以公司名义。实践中，公司如果据此以行为人的"对外名义"是代表公司为由，主张这是行为人利用职务便利的表现之一，似乎并不符合常理。

② 参见付立庆：《再论刑法中的财产概念：梳理与回应》，载《政治与法律》2021年第8期。

③ 比如，甲公司推介的第三方可能会认为乙企业自身的经营状况差，没有发展前景，或者认为债券发行价格不合理，票面利率低，因而不愿意购买债券。在此种情况下，乙企业会面临债券发行失败的风险。

式，所涉财物在法律关系上已确定归单位所有，权属不存在争议。就此而言，案例中的财务顾问费，首先不具有事实上归属的确定性，即并非乙企业已经将款项支付至甲公司，确定的归甲公司所有；其次也不具有法律上归属的确定性，即甲公司与乙企业事先并不存在明确的协议安排，使在法律关系层面能认定该财务顾问费确定归甲公司所有。因此，如果行为人利用职务便利获取的仅是一种不确定的商业机会而非确定归单位所有的财物，则不宜直接认定为职务侵占罪。实际上，案例中张某的行为属于违反竞业限制经营同类业务，性质上属于一种背信行为。"我国刑法中的职务侵占罪、贪污罪、挪用资金罪和挪用公款罪，都是背信罪的特别法。我国《刑法》第一百六十九条之一规定的背信损害上市公司利益罪，是唯一一个以背信为罪名的犯罪。"①《刑法》并未规定适用于一般主体的背信罪，仅在第一百六十五条规定了非法经营同类营业罪，但所规制的对象是国有公司、企业的董事、经理这类特殊主体，不包括案例所涉私企的投资总监等一般主体。

结合目前市场实践情形，对于"财务归属"问题逐步形成"控制力 + 交易功能"的复合审查标准，并由此精细化判断财物控制与归属模式。第一，控制力维度的实质穿透。比如，对单位控制力的审查突破形式表征，采用三层次递进分析方法：其一，事实控制：观察资金流转节点。比如，资金处于托管账户封闭期，发行人不可单方支取，不宜认定为占有转移。其二，契约控制：解析合同约束强度。比如，结构化资管计划中的劣后级条款，可能限制单位对资金的实际处置权。② 其三，风险控制：评估利益损益联结度。当资产损益与单位经营风险隔离时（如信用违约互换合约），单位欠缺刑法意义上的控制利益，财产损失的实质判断优先于权利外观。第二，交易功能维度的目的检验。根据行为目的的正当性构建三重视角并展开审查。其一，市场功能适配性，穿

---

① 参见陈兴良：《口授刑法学》（第2版）（下册），中国人民大学出版社2017年版，第358页。
② 《证券期货经营机构私募资产管理业务管理办法》（2023）第二十条第一款规定："单一资产管理计划可以接受货币资金出资，或者接受投资者合法持有的股票、债券或中国证监会认可的其他金融资产出资。集合资产管理计划原则上应当接受货币资金出资，中国证监会认可的情形除外。"第二十三条第一款、第二款规定："单一资产管理计划可以不设份额，集合资产管理计划应当设定为均等份额。开放式集合资产管理计划不得进行份额分级。封闭式集合资产管理计划可以根据风险收益特征对份额进行分级。同级份额享有同等权益、承担同等风险。分级资产管理计划优先级与劣后级的比例应当符合法律、行政法规和中国证监会的规定。"

透核查交易是否服务于真实融资需求，排除"虚假承销""过桥交易"等非常态模式。其二，权责配置均衡性，审查利益分配与风险承担是否匹配。证监会《公司债券发行与交易管理办法》（2023）规定的风险自担原则，[①] 可以作为反向排除依据。其三，交易背景审查。结合债券业务自律监管规则，[②] 核查交易结构是否规避禁止性规定。比如，实践中可能将行政备案程序瑕疵作为入罪事由。具体的审查层次与内容，如表13所示。

表13 审查层次与内容

审查层次	核心要素	证据类型
事实控制	比如，账户类型/资金冻结状态	银行流水/托管协议等
决策相关性	比如，资管条款/风险配置条款	私募合同/补充协议等
市场功能	比如，基础资产真实性	尽职调查报告/审计底稿等
权责配置	比如，收益分配比例/增信措施	财务测算表/担保合同等

不过，这种动态归属判断规则在实践中也面临着三重挑战。第一，证明标准悬浮。有观点认为，可以对"控制力"作抽象推定，比如，以"发行人可通过承销商间接影响资金"为由扩张财产边界。第二，功能判断的主观性。对交易目的审查易陷入"结果倒推意图"的误区，比如，将正常套期保值操作认定为非法利益输送。第三，行刑衔接的模糊性。行政违法性与刑事违法性的边界不清，比如，将行政部门出具的"监管警示"直接转化为刑事违法性结论。对此，一是实践中，可以进一步通过资金流转轨迹与会计准则匹配度进行客观化判断，如参照财政部《企业会计准则第23号——金融资产转移》规定内容，通过非现场监管数据与财务勾稽关系的交叉验证，识别资金流的异常

[①] 《公司债券发行与交易管理办法》（2023）第四十条第一款规定："承销机构承销公司债券，应当依据本办法以及中国证监会、中国证券业协会有关风险管理和内部控制等相关规定，制定严格的风险管理和内部控制制度，明确操作规程，保证人员配备，加强定价和配售过程管理，有效控制业务风险。"第六十四条第一款规定："发行人可采取内外部增信机制、偿债保障措施，提高偿债能力，控制公司债券风险。内外部增信机制、偿债保障措施包括但不限于下列方式：（一）第三方担保；（二）商业保险；（三）资产抵押、质押担保；（四）限制发行人债务及对外担保规模；（五）限制发行人对外投资规模；（六）限制发行人向第三方出售或抵押主要资产；（七）设置债券回售条款。"

[②] 比如，《上海证券交易所债券自律监管规则适用指引第1号——公司债券持续信息披露》（2023）、《上海证券交易所债券自律监管规则适用指引第4号——公司债券和资产支持证券信用风险管理》。

节点;① 二是建立专家辅助人听证制度,消弭金融专业壁垒导致的认知偏差;三是细化《刑法》第九十二条的财产定义,比如,在司法解释中增设"权属待定状态"的评价规则。

三、财物归属的合法性问题之一——获取财物的合法性

除前述财物归属的确定性外,"单位财物"另一方面的含义,即财物归属的合法性。行为人利用职务便利侵占单位财物的"非法性",乃是相对于该财物归属单位的"合法性"而言的。针对财物归属的合法性考察,意在判断作为职务侵占罪被害人的单位本身有无获取财物的合法依据。

首先,从形式合法性层面分析,需要评价各方主体之间签订协议与履行协议的情况。一般而言,在经济交往活动中确定财物的归属问题,首要的审查环节即双方之间有无明确的协议安排,这种形式要件层面的规定是为了保障经济交往的有序运行,维护经济秩序的稳定性。比如,案例中张某与乙企业签订了《财务顾问协议》,真实履行了《财务顾问协议》所约定的债券发行推介服务,寻找到相关机构认购了乙企业发行的债券,帮助乙企业成功完成债券发行融

---

① 《企业会计准则第 23 号——金融资产转移》第二十一条规定:"企业因持有看涨期权或签出看跌期权而继续涉入被转移金融资产,且该金融资产以摊余成本计量的,应当按照其可能回购的被转移金融资产的金额继续确认被转移金融资产,在转移日按照收到的对价确认相关负债。被转移金融资产在期权到期日的摊余成本和相关负债初始确认金额之间的差额,应当采用实际利率法摊销,计入当期损益,同时调整相关负债的账面价值。相关期权行权的,应当在行权时,将相关负债的账面价值与行权价格之间的差额计入当期损益。"第二十二条规定:"企业因持有看涨期权或签出看跌期权(或两者兼有,即上下限期权)而继续涉入被转移金融资产,且以公允价值计量该金融资产的,应当分别以下情形进行处理:(一)企业因持有看涨期权而继续涉入被转移金融资产的,应当继续按照公允价值计量被转移金融资产,同时按照下列规定计量相关负债:1. 该期权是价内或平价期权的,应当按照期权的行权价格扣除期权的时间价值后的金额,计量相关负债。2. 该期权是价外期权的,应当按照被转移金融资产的公允价值扣除期权的时间价值后的金额,计量相关负债。(二)企业因签出看跌期权形成的义务而继续涉入被转移金融资产的,应当按照该金融资产的公允价值和该期权行权价格两者的较低者,计量继续涉入形成的资产;同时,按照该期权的行权价格与时间价值之和,计量相关负债。(三)企业因持有看涨期权和签出看跌期权(即上下限期权)而继续涉入被转移金融资产的,应当继续按照公允价值计量被转移金融资产,同时按照下列规定计量相关负债:1. 该看涨期权是价内或平价期权的,应当按照看涨期权的行权价格和看跌期权的公允价值之和,扣除看涨期权的时间价值后的金额,计量相关负债。2. 该看涨期权是价外期权的,应当按照被转移金融资产的公允价值和看跌期权的公允价值之和,扣除看涨期权的时间价值后的金额,计量相关负债。"

资。甲公司并未与乙企业就此签订协议，提供发行推介服务。

其次，从实质合法性层面分析，需要进一步判断即使各方主体之间并未依照法定的形式要件签订协议，是否仍然具有获取财物的实质性合法依据。比如，在甲公司并未与乙企业签订协议并提供债券发行推介服务的情况下，仍然认为财务顾问费归公司所有，则应当对此主张进行实质性审查与判断。甲公司认为，形式上是张某寻找到第三方机构购买乙企业的债券，帮助其完成了一级市场的债券发行。但是，实际上在二级市场上最后"接盘"买入乙企业债券的均是（甲公司作为投资顾问的）资管计划。换言之，正是张某利用了其投资总监的职务便利指令这些资管计划买入乙企业的债券。因此，张某获得的财务顾问费，应当是属于甲公司所有的财物，具体交易结构关系（见图14）。

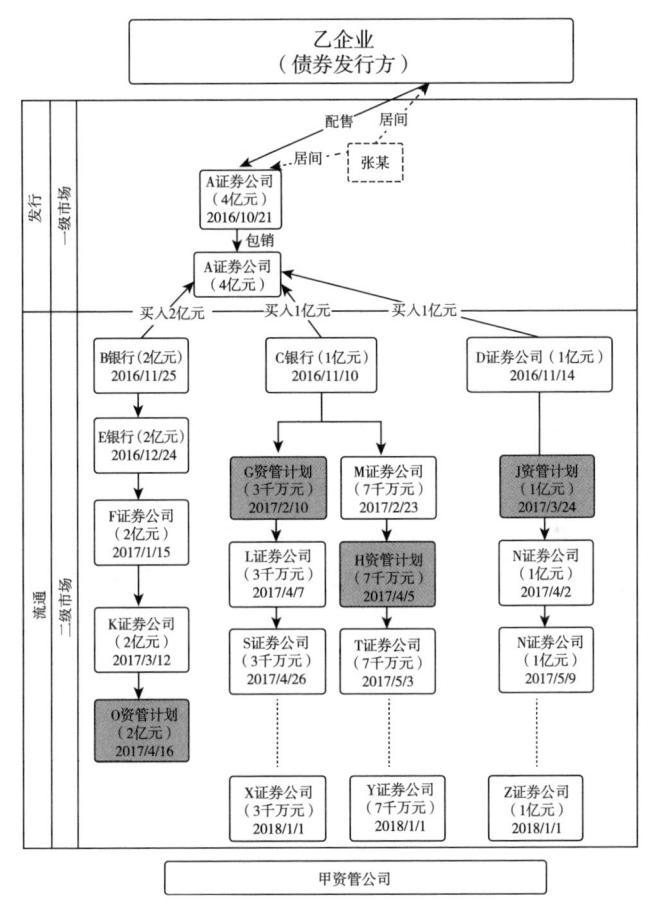

图14 交易结构关系

注：图中标注的机构系甲资管公司作为投资顾问"管理"的资管计划。

对于前述实质合法性的审查，可以进一步从内部与外部两个面向进行判断。内部面向，要审查所涉交易关系是否符合交易的基本逻辑；外部面向，要审查所涉交易关系是否符合监管的基本逻辑。案例中，根据甲公司的指控逻辑，是将甲公司作为投资顾问的资管计划，在二级市场交易中买入乙企业债券的行为，直接等同于甲公司为乙企业在一级市场的债券发行提供了推介服务行为。这种指控逻辑如能成立，其中很重要的一个环节即为，A证券公司是为甲公司代缴代持乙企业发行的4亿元债券。并且，张某正是利用其投资总监的职务身份便利，误导A证券公司认为是在为甲公司代缴代持债券。那么，这种所谓的"代缴代持"关系是否成立，需要从实质合法性的内部与外部两个面向进行具体考察。

从内部面向来看，需要进一步审查案例中这种"代缴代持"关系是否符合交易逻辑。实际上，甲公司不具备参与全国银行间债券市场交易的资格，A证券公司不会同意为其代缴代持债券。根据中国人民银行公告〔2002〕5号第二条的规定可知，金融机构向全国银行间同业拆借中心申请办理债券交易联网手续，以及向中央国债登记结算有限责任公司申请开立债券托管账户，应当提交相关金融业务许可证副本复印件。甲公司并不具有相关金融业务许可证，不具备申请联网和开户的资格，自然不是全国银行间债券市场的参与者。而且，虽然甲公司与资管计划之间存在投资顾问关系，但资管计划中的资金不等于甲公司的自有资金。换言之，如果甲公司缺乏自有资金支持，A证券公司为甲公司代缴代持4亿元的债券将会承担巨大的经济风险，双方之间缺乏书面代缴代持协议更加剧了这种风险。A证券公司有足够的专业能力判断此种风险，因此，在正常的理性预期下，应当认为A证券公司不可能与甲公司建立代缴代持关系。[1]

从外部面向来看，需要审查这种"代缴代持"关系是否符合监管逻辑。实际上，这种"代缴代持"与金融市场去杠杆的大方向相违背，并不符合金

---

[1] 从交易的基本逻辑来看，代缴代持关系，一般是资金实力弱的小机构为资金实力强的大机构代持，而非相反。因为，从风险控制角度，小机构本身不愿意买入相关金融产品，只是帮助大机构代持，最后必然是要将代持的金融产品卖给大机构，这就要求大机构的资金实力强劲。反言之，如果大机构事先判断小机构的资金实力很弱，不具备最终接手其代持金融产品的实力，则大机构基于风险考虑不会愿意为小机构代持。

融监管机构规范债券市场的总体要求。案例中的代缴代持关系，即委托方"借用"受托方的资金买入债券，以便日后在二级市场交易获利，这是一项增大杠杆的业务，违背金融行业去杠杆的监管趋势。2013年的债市稽查风暴，更是将监管重点放在规范债市发展上。自2016年以来，监管部门颁行了一系列关于金融行业"去杠杆""防控风险"的政策举措，尤其是2017年中国人民银行、银监会（已撤销）、证监会、保监会（已撤销）发布的《关于规范债券市场参与者债券交易业务的通知》，强调开展债券回购交易应签订回购主协议、开展债券回购交易应纳入资产负债表核算等内容，体现了监管机构对于回购业务（通常所称代持业务）的审慎态度。尽管代缴代持业务与一般的代持业务有区别，但作为影响债市平稳发展的不安定因素，其当然不符合金融监管的基本逻辑与政策要求。

四、财物归属的合法性问题之二——支付财物的合法性

财物归属的合法性问题，除考察行为人获取财物的合法性之外，还需要进一步考察相对方支付行为的合法性，二者是财物归属合法性问题的不同侧面。如果相对方支付行为不合法，则该财物的后续流转与归属也不具有合法性。对于支付财物的合法性考察，也可以从形式合法性与实质合法性两个方面具体展开。

首先，从形式合法性层面分析，应当考察支付行为是否符合监管的规范要求。案例中，乙企业作为债券发行人，不得有偿聘请中介机构为顾问或咨询方。发改委《关于进一步规范企业债券发行行为及贯彻廉政建设各项要求的意见》[1] 明确规定，"发行人及其利益相关方或主承销商一般不得有偿聘请中介类公司或个人作为债券发行的顾问或咨询方。确需聘请的，需在募集说明书中说明聘请的必要性、提供咨询服务的内容以及付费标准……"结合案例来

---

[1] 参见国家发展改革委办公厅《关于进一步改进企业债券发行工作的通知》（已失效）附件2。需要说明的是，该通知从规范效力角度看，虽已失效，但笔者意在说明分析逻辑，同时展示可能的辩护切入点，尤其注重从金融领域的规范文件与逻辑角度尝试重新填充刑法构成要件内容，因此保留此处已失效的通知。辩护场景中，这些"小法条"能够发挥"更大的作用"。

看，如果乙企业要合法聘请甲公司作为发行顾问，帮助推介以完成债券发行，那么应当在《募集说明书》中就另行聘请甲公司作为债券发行的顾问或咨询方的必要性、服务内容、付费标准等进行说明；如果没有说明，则应当认为乙企业聘请甲公司作为发行顾问并支付财务顾问费的行为本身，即欠缺合法性。换言之，如果乙企业发行债券不应当聘请甲公司或张某作为中介性质的顾问，那么案例中所涉财务顾问费也并非甲公司"合法所有的财物"，进而张某对此也不能成立职务侵占罪。①

同时，最高人民法院发布的《全国法院审理债券纠纷案件座谈会纪要》第一条第（二）项规定，"坚持依法公正原则。目前，债券发行和交易市场的规则体系，主要由法律、行政法规、部门规章、行政规范性文件构成。人民法院在审理此类案件中，要根据法律和行政法规规定的基本原理，对具有还本付息这一共同属性的公司债券、企业债券、非金融企业债务融资工具适用相同的法律标准……"可知，无论何种债券，只要具备"还本付息"这一共同的债券属性，均应适用相同的法律标准。换言之，前述发改委关于"债券发行人不得有偿聘请中介机构为顾问或咨询方"的规定，应当适用于任何具有还本付息属性的债券发行活动。因此，案例中乙企业发行的债券不论属于公司债券还是企业债券，均应当一体适用发改委的此项禁止性规定。

其次，从实质合法性层面分析，应当考察支付行为是否符合金融的基本逻辑。在债券发行过程中，为发行人寻找债券认购方，以保障债券的成功发行，本身属于债券承销商的基本义务与职责。债券发行人又另行委托其他中介机构或个人为顾问寻找债券认购方，并支付高额的财务顾问费，实际上提高了债券发行成本，严重损害了发行人背后股东的利益。并且，此种模式背后容易隐藏弄虚作假、权力寻租等利益输送的腐败行为，也应当对此予以否定性的法律评价。

此外，此种模式中甲公司的双重身份之间存在利益冲突。一方面，甲公司作为资管计划的投资顾问，应当协助托管资金的管理者在约定的范围内勤勉、尽职地追求更高收益，规避市场风险；另一方面，甲公司作为乙企业的发行顾

---

① 从逻辑上说，张某也不具有获取该财务顾问费的合法性依据。至于张某实际获取的财务顾问费是否属于不当得利，则属于民事法律性质的争议，并不涉及刑法评价问题。

问，应当按照发行人的要求在约定的期限内以尽可能低的成本完成债券发行。并且，此种模式中乙企业作为债券发行方，委托甲公司既作为债券发行的顾问方，同时又作为债券发行的认购方，性质上相当于变相给予顾问方甲公司认购债券的"回扣"。

具体而言，乙企业为发行债券，一方面委托甲公司作为中介顾问寻找第三方认购的债券；另一方面又允许甲公司通过自己所有或（作为投资顾问）"管理"的资管计划资金直接认购债券，这两者之间存在明显的利益冲突，可能侵犯乙企业股东或资管计划委托人的合法权益。证监会《证券发行与承销管理办法》第二十七条规定："发行人和承销商及相关人员不得有下列行为：（一）泄露询价和定价信息；（二）劝诱网下投资者抬高报价，干扰网下投资者正常报价和申购；（三）以提供透支、回扣或者中国证监会认定的其他不正当手段诱使他人申购证券；（四）以代持、信托持股等方式谋取不正当利益或向其他相关利益主体输送利益；（五）以直接或通过其利益相关方向参与认购的投资者提供财务资助或补偿等方式损害公司利益；（六）以自有资金或者变相以自有资金参与网下配售；（七）与网下投资者互相串通，协商报价和配售；（八）收取网下投资者回扣或其他相关利益；（九）以任何方式操纵发行定价。"[①] 因此，在正常的债券发行过程中，发行人如认为债券发行可能失败，其合法的做法应当是提高债券的利率或降低债券的发行价格，以吸引更多的投资者，而不是通过"财务顾问费"的方式变相给予认购者"回扣"。

因此，案例中乙企业的行为实际上是在发行债券的过程中为顾问方输送利益，损害了其他主体的合法利益，不具备正当性。第一，就乙企业的股东而言，增加了发行的成本，使股东利益受损；第二，就认购方背后的投资者而言，如果没有"顾问费"他们能够以更低的价格或更高的利率买入乙企业债券，并获得更高的收益；第三，就金融市场而言，这种财务顾问费用增加了资

[①] 《证券发行与承销管理办法》（2023，已修正）第二十七条也曾作出相同的规定，禁止利益输送，即"发行人和承销商及相关人员不得有下列行为：（一）泄露询价和定价信息；（二）劝诱网下投资者抬高报价，干扰网下投资者正常报价和申购；（三）以提供透支、回扣或者中国证监会认定的其他不正当手段诱使他人申购证券；（四）以代持、信托持股等方式谋取不正当利益或向其他相关利益主体输送利益；（五）直接或通过其利益相关方向参与认购的投资者提供财务资助或者补偿；（六）以自有资金或者变相通过自有资金参与网下配售；（七）与网下投资者互相串通，协商报价和配售；（八）收取网下投资者回扣或其他相关利益；（九）以任何方式操纵发行定价"。

金的融通成本,损害了金融市场的流动性秩序。

概言之,财物归属的合法性问题,需要进行形式与实质的双重审查。第一,形式合法性:协议审查与监管合规性。案例中,甲公司与乙企业未签订书面顾问协议,导致财务顾问费缺乏形式合法性。书面形式是金融交易的重要证据,缺少协议可能直接否定财物归属的合法性。根据《全国法院审理债券纠纷案件座谈会纪要》的规定,债券发行需符合监管部门对信息披露、中介机构资质等的要求。若财务顾问费的支付违反发改委《关于进一步规范企业债券发行行为及贯彻廉政建设各项要求的意见》的规定,则其合法性存疑。第二,实质合法性:交易逻辑与利益平衡。(1)利益冲突的否定性评价。甲公司同时担任乙企业顾问与资管计划投资方,构成角色冲突,违反证监会《证券发行与承销管理办法》禁止利益输送的规定。此类行为提高了融资成本,损害了发行人股东及投资者的利益,违背了金融市场公平性原则。(2)金融创新的合法性边界。代持、结构化发行等创新模式可能规避监管,需通过穿透式审查判断实质合法性。例如,代持关系若实质为杠杆融资,则可能因违反《关于规范债券市场参与者债券交易业务的通知》而被否定。形式合法性与实质合法性缺一不可,若财务顾问费的支付违反任一维度,则单位财物"合法性"不成立,阻却职务侵占罪的构成。

五、理论与实践的双重反思:刑法谦抑性与金融创新的平衡

金融交易背景下的职务侵占罪案件的辩护逻辑,可以构建从规范缝隙到实质出罪路径。第一,否定"单位财物"的确定性。比如,涉案财物处于动态流程中,未形成终局归属(如认购款未结算);单位未通过协议或事实行为取得控制权(如财务顾问费未入账)。第二,否定"单位财物"的合法性。比如,支付行为违反监管规则;交易模式实质违法(如代持业务虚增杠杆)。如本章所述案例中,张某所在公司既无案涉财务顾问费的书面协议(利用职务便利"截留"的仅是商业机会),亦违反发改委禁止性规定,双重否定公司获取财务顾问费用的合法性,客观存在实质出罪空间。

金融交易的流变性要求刑法审慎介入,一是基于谦抑性原则,若行为可以

通过民事救济或行政处罚规制，则不宜直接动用刑罚；二是穿透式监管的边界设定，避免以刑事手段替代行政审查，尊重市场自律规则；三是增设一般性背信罪（借鉴日本《刑法》第二百四十七条①），填补非公职人员背信行为的规制空白。

综上，实践中应当结合案件的具体情况，对单位财物的确定性、合法性问题进行分析，尤其是在叠加了金融因素的案件中，"单位财物"具有不同的解释，不能简单套用传统的认定逻辑。就此而言，本章所述案例中"单位财物"的判断逻辑和路径，具有类型化的代表意义，可以作为处理金融交易背景下职务侵占案件的参考思路。概言之，获取财物的实质合法性问题，应当全面判断所涉交易行为与关系是否符合交易本身的逻辑、监管的逻辑。同时，相对方支付财物的合法性问题，更是实践中容易忽略的侧面，对此应当予以充分关注。因为，如果相对方支付财物不具有合法性，则行为人获取财物会丧失合法性，进而不存在"单位财物"的认定问题，也不存在成立职务侵占罪的空间。

值得强调的是，金融领域交易的这种流变性特质一方面表现为交易链条冗长，另一方面表现为交易结构复杂。这种流变性特质进而导致金融交易环节中的财物归属会呈现一种容易被忽略的"悖论性"，即某环节中的财物看似确定且合法地归某一方交易主体"所有"，然而实质上往往只是"占有"。换言之，某一方交易主体看似拥有的是财物的所有权，实质上仅是财物的使用权，呈现所有权与使用权、所有与占有的混淆。当然，刑法评价不能动辄否定这种财物流转的稳定性秩序，否则容易引发交易失序。但如同本章所展现的实践案例内容，这种交易秩序与财物流转的稳定性秩序，在确有证据证实直接违反相应规范性要求的情况之下，也理当作出否定性评价。这种两难与权衡，可能是金融领域刑事司法治理语境中需要直面的课题。

---

① 日本《刑法》第二百四十七条规定，为他人处理事务的人，以谋求自己或者第三者的利益或者损害委托人的利益为目的，实行违背其任务的行为，致使委托人的财产受到损失的，处5年以下惩役或者50万元以下罚金。参见杨帆、徐歌阳：《从一则案例看背信罪增设之必要》，载《法制与社会》2008年第14期；顾肖荣：《论我国刑法中的背信类犯罪及其立法完善》，载《社会科学》2008年第10期。

第六章

交易的时间性问题

以连续交易型操纵中"时间性"要素的分析为例

一、规范缝隙:"交易日"与"持仓量"要件的适用冲突与解释路径

二、危害性实质:时间性要素与市场欺诈理论的耦合

三、三重时间性形态:交易行为的时序逻辑与规范评价

四、规范填补:时间性要件的司法认定规则重构

《刑法》第一百八十二条第（一）项①规定了利用资金、持股、信息优势进行连续交易成立操纵证券市场犯罪，可以概称为"连续交易操纵"。《立案追诉标准（二）》（2022）②与《操纵案件司法解释》③规定了成立连续交易操纵的具体量化标准。由此，根据连续交易操纵的构成要件内容，可以将连续交易操纵的量化标准概括为三个具体要件内容，即"持仓量""交易日""交易量"。但是，"交易日"这一要件，与"持仓量"的关系在法律适用层面存在规范空白，导致了实践中认定逻辑与证据构成的混乱。比如，"交易日"要件的规定，从法条层面看，形式上仅适用于"交易量"要件，似乎并不同时适用于"持仓量"要件。换言之，从形式上看，连续交易操纵犯罪的构成要件的逻辑表述为：10%以上的静态持仓量＋连续10个交易日且20%以上的动态交易量。也就是说，"持仓量"要件本身并无任何时间性要求。实践中对此存在多种不同的理解情形及相应的证据结构。又如，"交易日"要件从时间性角度，可以进一步细化为"完整性""连续性"两个方面的内容，它们与"持仓量"要件内容的组合，形成多种要件内容形态（见图15），更加剧了实践处理的混乱。因此，需要结合交易型操纵的危害性来源与实质要件内容，从投资者视角出发，重新理解连续交易操纵的"时间性"要素，从而完整填充并理解构成要件内容。

---

① 《刑法》第一百八十二条规定："有下列情形之一，操纵证券、期货市场，影响证券、期货交易价格或者证券、期货交易量，情节严重的，处五年以下有期徒刑或者拘役，并处或者单处罚金；情节特别严重的，处五年以上十年以下有期徒刑，并处罚金：（一）单独或者合谋，集中资金优势、持股或者持仓优势或者利用信息优势联合或者连续买卖的……"

② 最高人民检察院、公安部《立案追诉标准（二）》（2022）第三十四条规定："操纵证券、期货市场，影响证券、期货交易价格或者证券、期货交易量，涉嫌下列情形之一的，应予立案追诉：（一）持有或者实际控制证券的流通股份数量达到该证券的实际流通股份总量百分之十以上，实施刑法第一百八十二条第一款第一项操纵证券市场行为，连续十个交易日的累计成交量达到同期该证券总成交量百分之二十以上的……"

③ 最高人民法院、最高人民检察院《操纵案件司法解释》第二条规定："操纵证券、期货市场，具有下列情形之一的，应当认定为刑法第一百八十二条第一款规定的'情节严重'：（一）持有或者实际控制证券的流通股份数量达到该证券的实际流通股份总量百分之十以上，实施刑法第一百八十二条第一款第一项操纵证券市场行为，连续十个交易日的累计成交量达到同期该证券总成交量百分之二十以上的……"

```
连续交易型操纵 ── 静态持仓量 ── 连续10个交易日
                              └─ 10%以上
                └─ 动态交易量 ── 连续10个交易日
                              └─ 20%以上
```

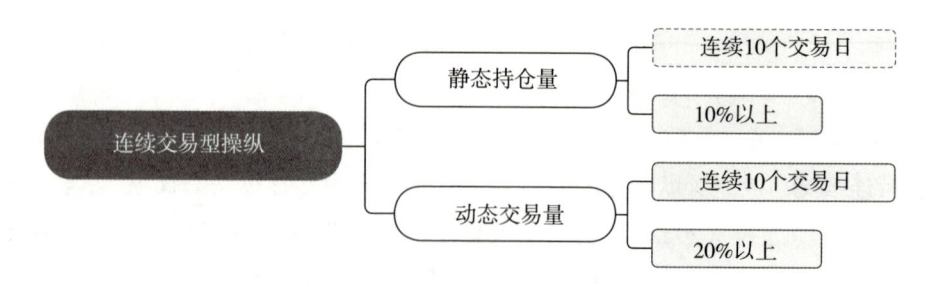

图 15　连续交易型操纵要件内容组合

一、规范缝隙："交易日"与"持仓量"要件的适用冲突与解释路径

证券本质的时间解构与刑法规制的空间错位。证券、期货市场具有特殊的交易时态属性，一则证券交易天然具有时间序列特征，"集中交易、连续竞价"制度直接塑造了市场的时间秩序；二则投资者预期本质上是对时间价值的交易博弈，《期货和衍生品法》第三条①揭示的风险转移机制更将时间维度注入交易结构。这种"活的时间"与刑法规范确定的空间定位形成根本冲突。尤其是，当《刑法》将"连续交易"简单固化为若干交易日的数据堆砌时，必然导致规范评价与社会危害之间产生认定偏差。证券违法行为的时间弹性特征，应当作为实质判断的重要参考。可见，刑法规范中量化时间要素的设定亟待理论层面的深层剖析。

第一，"交易日"与"持仓量"要件的适用冲突。《立案追诉标准（二）》（2022）、《操纵案件司法解释》对于交易日的规定要求在形式上是非常明确

---

① 《期货和衍生品法》第三条规定："本法所称期货交易，是指以期货合约或者标准化期权合约为交易标的的交易活动。本法所称衍生品交易，是指期货交易以外的，以互换合约、远期合约和非标准化期权合约及其组合为交易标的的交易活动。本法所称期货合约，是指期货交易场所统一制定的、约定在将来某一特定的时间和地点交割一定数量标的物的标准化合约。本法所称期权合约，是指约定买方有权在将来某一时间以特定价格买入或者卖出约定标的物（包括期货合约）的标准化或非标准化合约。本法所称互换合约，是指约定在将来某一特定时间内相互交换特定标的物的金融合约。本法所称远期合约，是指期货合约以外的，约定在将来某一特定的时间和地点交割一定数量标的物的金融合约。"

的，即要求"连续十个交易日"内达到20%的交易量标准。在证据分析层面，对于行为人控制账户的交易数据统计，相应的交易日必须是连续存在的状态，而不是任意的散点分布。比如，假设司法机关认定行为人涉嫌操纵证券的期间为1年，那么，所选取的交易日必须是此1年涉嫌操纵期间内连续相接的10个交易日，而不能任意选取散点分布的10个交易日；否则，显然违背了交易日要件的"连续性"要求。换言之，连续交易操纵的"连续"当然具有时间维度的"连续性"要求。但是，理解分歧与适用冲突在于，此处未明确该"连续性"要求是否同步适用于持仓量。实践中存在两种对立观点，"分离说"认为，持仓量仅需在操纵期间内的任意时点达标。比如，实践中有观点认为，就持仓量而言，仅要求一个交易日以上持股比例超过10%即可。[1] "同步说"则认为，持仓量须与交易量在同一连续10日的交易时段内达标（强调"优势的持续性滥用"）。

因此，对连续交易操纵的"交易日"要件进一步拆分理解，可以细化为两个子要件内容，即交易日的"完整性""连续性"。所谓的"完整性"，指向的是静态持仓量或动态交易量两个方面的量化标准，都必须同时完整达到此处规定的"十个交易日"，只要缺少一天未达到量化标准，就不能认定满足了交易日要件的"完整性"要求（一天也不能少）。所谓的"连续性"，指向的是静态持仓量或动态交易量两个方面的量化标准，不仅要求"完整性"，还同时要求这完整的"十个交易日"必须连续相接，不能存在任何一处不连续的断裂，否则也不能认定满足了交易日要件的"连续性"要求（一处也不能断）。简言之，刑法规定的连续交易操纵犯罪，其中交易日要件内容必须完整且连续，缺一不可。这种连续性要求，似乎是显而易见的，但实践中仍然缺少一致性理解。

第二，静态持仓量与动态交易量要件的适用冲突。根据《刑法》与《立案追诉标准（二）》（2022）的规定可知，连续交易操纵，首先从刑法规范的构成要件来看，要求同时具备静态持仓量与动态持仓量，这是在法条形式层面即可得出的结论。但是，实践中存在的问题是，这种静态持仓量与动态交易

---

[1] 参见《操纵证券市场犯罪案件的审理思路和裁判要点》，载上海市第一中级人民法院官网2022年5月18日，http://www.a-court.gov.cn/xxfb/no1court_412/docs/202205/d_3840137.html。

量,两者在时间维度上的关系是什么?也就是说,两者的量化标准是否要求在连续10个交易日内必须同时、同步具备?所谓"同时",是指在动态交易量达到量化标准的时间段内,至少有1个交易日的静态持仓量也达到量化标准。所谓"同步",是指在动态交易量达到量化标准的全部10个交易日的时间段内,静态持仓量也必须在10个交易日内同步达到量化标准。对于"同时"性要求,根据基本的刑法文义解释,不存在分歧。分歧在于,是否应当具备"同步"性要求。反言之,如果行为人的动态交易量,连续在10个交易日内均达到刑法规定的量化标准,但是静态持仓量在连续10个交易日内没有同步完整达到量化标准,则无法成立连续交易操纵。这就是"同时+同步"的双重标准要求。对此,刑法条文本身并未作出明确的细化规定。

笔者认为,根据金融交易的基本原理来看,应当对连续交易操纵的刑法规定采取"同时+同步"标准。原因在于,连续交易这种交易型操纵相较于信息型操纵,其行为违法性或危害性的来源不同。换言之,如果将市场操纵犯罪作为行为人滥用优势的犯罪来理解,那么信息优势滥用与持仓优势滥用的违法性来源不同,因而刑法评价的角度与逻辑也不同。其一,信息优势滥用的危害性更大,因此应当适用更为严格的评价标准。比如,只要行为人利用信息优势,即使实施了未达到连续交易操纵的量化标准的交易行为,也构成操纵犯罪(信息控制型操纵)。因为此时危害性的来源,主要在于信息优势滥用,交易行为是辅助行为。其二,持仓优势滥用的实现程度更难。这不仅体现在信息优势滥用的实际物质成本远低于交易型操纵方式,实施交易型操纵,行为人需要付出更多的真实资金进行交易操作,这种资金占用与投入的成本是很高的,尤其还需要考虑融资成本。同时,站在市场其他投资者可能被"诱导"受损的角度来看,信息优势的滥用更容易引发普通投资者被欺骗诱导作出错误的交易决策。相较而言,滥用持仓优势的交易型操纵,不容易欺骗诱导其他普通投资者,原因在于"虚假信息"比"虚假交易"更具有魅惑性,投资者更容易被欺骗诱导。因此,刑法层面连续交易操纵犯罪的认定,对于这种持仓优势的滥用标准与效果认定,更要求时间维度的"持续性"。也就是说,行为人得持续滥用持仓优势进行连续交易,从而试图诱导其他投资者。这种时间维度的"持续性",即前述的"同时+同步"的标准与要求。

易言之,如果静态持仓量与动态交易量,两者并非"同时+同步"存在于市场交易中，则不具有形式上的"持续性"。如果不具备这种"持续性"，则行为人意图通过连续交易推高交易量，制造交易的虚假繁荣景象，进而诱导不知情的投资者跟风买入，从而推升交易价格的操纵目的也无法实现。正如，行为人在市场上持续性制造"同时+同步"交易的假象，这种假象必须持续性存在于市场中，才可能诱导其他投资者被蒙骗。如果行为人连续交易的"虚假行为"不持续上演，其他投资者未必会被诱导。至少，相对于信息型操纵犯罪，相对于信息优势的滥用，交易型操纵的连续交易行为的迷惑性更低，投资者的识破率更高。行为人只有持续保持这两种量化优势标准的同时、同步存在，才可能对市场其他投资者形成诱导，也才具备了刑法上要求的违法性。这种实质理解，符合资本市场中真实投资者的智识认知结构与心理决策模式。由此，应当根据资本市场的真实逻辑，填充此处刑法规定本身的空白内涵。

第三，"持仓量"要件与"交易日"要件的多重关系理解。《立案追诉标准（二）》（2022）第三十四条规定，"操纵证券、期货市场，影响证券、期货交易价格或者证券、期货交易量，涉嫌下列情形之一的，应予立案追诉：（一）持有或者实际控制证券的流通股份数量达到该证券的实际流通股份总量百分之十以上，实施刑法第一百八十二条第一款第一项操纵证券市场行为，连续十个交易日的累计成交量达到同期该证券总成交量百分之二十以上的……"《操纵案件司法解释》第二条第一项规定，"持有或者实际控制证券的流通股份数量达到该证券的实际流通股份总量百分之十以上，实施刑法第一百八十二条第一款第一项操纵证券市场行为，连续十个交易日的累计成交量达到同期该证券总成交量百分之二十以上的……"

从文义解释角度来看，似乎《立案追诉标准（二）》（2022）第三十四条第一款的规定中，一方面，"连续十个交易日"是作为"百分之二十以上的动态交易量"的限定语，而不是同时作为"百分之十以上静态持仓量"的限定语；另一方面，法条表述顺序与逻辑上，"百分之十以上静态持仓量"的规定内容在前，"连续十个交易日"的规定内容在后，似乎得不出"连续十个交易日"的内容，也应当同时扩展适用于在前的"百分之二十以上静态持仓量"的结论。换言之，形式上看，如果"连续十个交易日"的规定内容，同步适用于"百分之十以上静态持仓量"与"百分之二十以上动态交易量"，则应当将"连续十个交易日"的内容规定调整为第一顺位，即应当表述为，"在该证券连续十个交易日内,单独或者合谋持有或者实际控制证券的流通股份数达到该证券的实际流通股份总量百分之十以上,且联合或者连续买卖股份数累计达到该证券同期总成交量百分之二十以上的……"

由此,"连续交易日"要件的规定,是否适用于"静态持仓量"要件,首先在法律规范层面存在空白,无法直接得出准确适用结论。进而,对"交易日"要件与"持仓量"要件的不同关系理解,导致了连续交易操纵犯罪构成要件的认定标准与证据标准的混乱。实践中,基于前述"连续交易日"要件的规定是否适用于"静态持仓量"要件的不同理解,在证据层面存在不同的适用标准,表现为两种相反的证据状况:一种情形是,对于动态交易量占比的统计分析,按照10个连续交易日的时间性要求进行筛查核对,而对静态持仓量的统计分析,则不要求必须同步达到10个交易日(比如,仅统计2个交易日的静态持仓量达到量化标准即可),或者即使要求达到10个交易日,但是不要求交易日的连续性(比如,即使统计10个交易日的静态持仓量达到量化标准,但这种交易日统计并不具有连续性,而是在涉嫌操纵犯罪的长时间段内,任意选择10个交易日)。此即前文所述关于交易日要件的"完整性"与"连续性"要求。另一种情形是,对于动态交易量占比、静态持仓量占比的统计分析,均同时适用"连续十个交易日"的要件要求。不过,对于静态持仓量是否要求同时"完整且连续",也存在不同处理。具体的逻辑组合关系如表14所示。

表14 静态持仓量与动态交易量的逻辑组合

交易日	静态持仓量	动态交易量
不完整　不连续	①	—
不完整　连续	②	—
完整　不连续	③	—
完整　连续	④	⑤

综合上述逻辑组合情形,①②③④四种情形与⑤进行组合,由此形成四种不同的连续交易操纵犯罪的要件内容与证据标准形态。实践中对于连续交易操纵的认定逻辑与证据构成的混乱,即源于此处法律规范的空白或者模糊。这直接影响刑法适用规则的统一性。就此而言,证券市场犯罪包含"时间"与

"交易"两个方面的基本要素。具体到操纵犯罪的构成要件理解,"时间"要素即表现为"连续交易日"的要件要求,"交易"要素即表现为动态交易量、静态持仓量的要件要求。"时间"要素本身的动态性与复杂性,具体结合证券市场的实践操作,又表现为"完整性""连续性"两个方面。因此,这种要素内容本身理解的层次性与多元性,在刑法评价的逻辑中应当细化明确,不能笼统地进行模糊评价。

笔者认为,就操纵犯罪的刑法评价层面而言,应当采用④+⑤组合的要件内容理解,即"交易日"要件的规定,应当同时适用于"持仓量"要件,且"交易日"要件本身的"完整性"与"连续性"要求,也应当同时适用于"持仓量"要件。连续交易型操纵犯罪的完整构成要件,按照《操纵案件司法解释》、《立案追诉标准(二)》(2022)规定的量化标准,即可表达为:连续交易型操纵犯罪=(完整且连续)10个交易日中持仓量均达到10%以上+(完整且连续)10个交易日中交易量均达到20%以上。

二、危害性实质:时间性要素与市场欺诈理论的耦合

(一)要件逻辑组合情形

总结本章前述内容提出的核心问题,即"静态持仓量"的"连续交易日",与"动态交易量"的"连续交易日",两者是否需要同时且同步?对此进一步展开分析,即限定"持仓量"要件与"交易量"要件与"(完整且连续)10个交易日"的逻辑关系是什么?是相互分离,还是交叉或者完全重合?这三种不同的逻辑关系,对应不同的要件内容与证据标准。换言之,如果静态持仓量与动态交易量,均有连续10个交易日的要求,那么,两者是否要求时间要素的"同一"呢?也就是说,前文所述情形④与⑤是否在交易日的时间性层面完全同步且重合?在以下表述中,笔者将静态持仓量符合量化标准的时间概称为"静态持仓时间",将动态交易量符合量化标准的时间概称为"动态交易时间",两者存在如下三种不同的逻辑关系及其所带来的不同要件内容、证据构成(见图16~图18)。

第一种，完全分离。静态持仓的时间与动态交易的时间，可以完全相分离，只要两者均处于整个长时段的操纵期间内。比如，司法机关认定操纵期间为1年，动态交易时间占其中10天，静态持仓时间占其中10天，但此处两个20天完全分离，无相交。

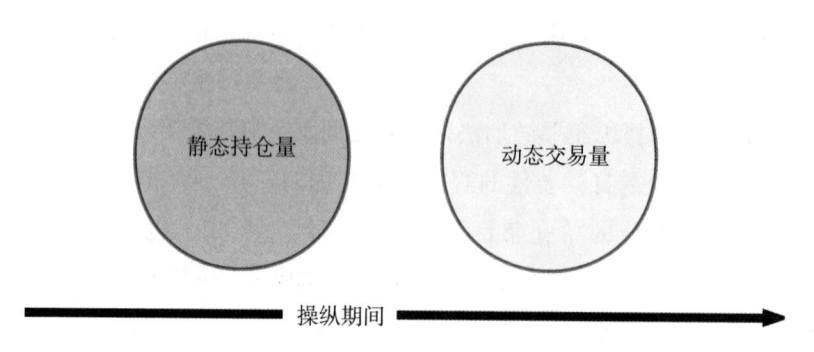

图16 完全分离

第二种，相交但不重合。静态持仓时间10天，与动态交易时间10天，有部分重合。比如，司法机关认定操纵期间为30天，静态持仓时间10天，动态交易时间20天，重合部分为10天。

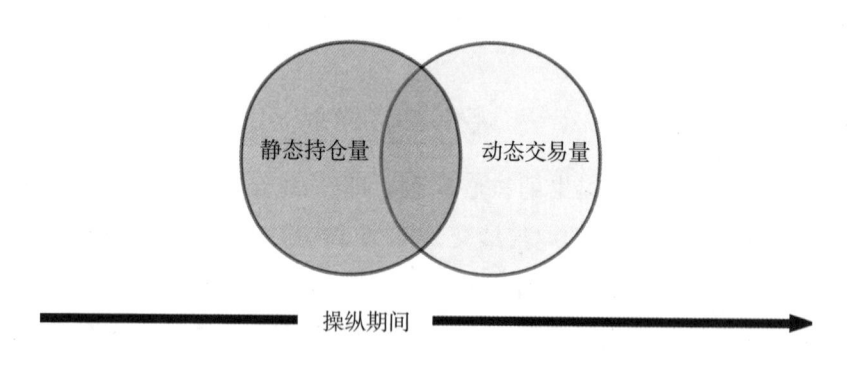

图17 相交但不重合

第三种，完全重合。静态持仓时间20天，与动态交易时间20天，两者完全重合。

图 18　完全重合

显然，上述三种情形中，司法机关认定构成连续交易的要件内容与证据标准均存在差异。这三种情形都概括包含在目前刑法及司法解释的条文内容之中。因此，应当继续追问连续交易操纵犯罪更完整的实质性理解及认定逻辑。

（二）优势滥用的持续性要求

笔者认为应当对连续交易操纵的刑法规定采取前述第三种情形的理解（"同时+同步"标准）。第三种"完全重合"的状态方才为连续交易操纵犯罪的实质完整内容。从证券法与刑法交叉视角看，连续交易操纵的危害性源于滥用优势地位的"持续性市场控制"。行为人实现操纵效果需通过持续行为制造市场趋势，若持仓量呈间歇性波动，则难以形成对其他投资者的诱导效应。因此，应当采用"同步说"，要求持仓量与交易量在时间维度上完全重合。

具体而言，第一，虚假流动性的时间构建。连续交易操纵通过时间上的密集交易，虚构市场供需关系。比如，行为人每日收盘前 10 分钟集中买入，制造尾盘拉升假象。此类行为符合 Frank Easterbrook（费兰克·伊思特布鲁克）提出的"市场欺诈理论"，即利用时间策略扭曲投资者决策的信息环境。第二，投资者决策的时间依赖性。实证研究表明，普通投资者倾向于关注短期交易趋势。连续交易操纵正是利用此心理，通过时间维度的"虚假繁荣"诱导跟风交易。若优势滥用缺乏时间持续性，则难以触发"羊群效应"。第三，刑法规制的比例性原则。相较于信息型操纵，交易型操纵需更高量化门槛，因其社会危害性依赖于时间累积效应。第四，《立案追诉标准（二）》（2010）第三十九条第一项规定，"单独或者合谋，持有或者实际控制证券的流通股份数达到该证券的实际流通股份总量百分之三十以上，且在该证券连续二十个交易日内联合或者连续买卖股份数累计达到该证券同期总成交量百分之三十以上的……"从文义解释角度来看，要件之间是用"且"字作为逻辑连接。"且"在语义逻辑上表示前后两者并列存在，据此，将"且"字之后的"连续二十个交易日"的内容同时扩展适用于在前的"百分之三十以上静态持仓量"的规定，这种解释逻辑也是自洽的，并且符合前述分析的连续交易操纵的危害实质。[①] 需要说明的是，尽管《立案追诉标准（二）》（2022）删除了此处的"且"字，但基于此处实质解释观点，"且"字所表达的内涵不应当被理解为失效。

三、三重时间性形态：交易行为的时序逻辑与规范评价

时间属性的核心地位。"金融"本身即天然带有复杂的时间性特质，时间属性是证券交易行为的重要特征之一，如具体交易日期、交易时点，以及交易行为连续性层面的显性"时间性"。在更广泛的意义上，"金融"的本质即为对时间属性的利用。金融行为本质上是对未来收益的提前置换，这种置换过程天然具有时间属性。比如，上市公司通过证券上市发行股票融资，这种金融行为的实质即通过股票这种虚拟的权益置换未来时间内的收益。相当于，上市公司提前将公司未来的收益借助股票这种金融工具手段，提前腾挪至此时集中运用，以满足当前公司发展经营的资金需求。此即为证券交易行为所内含的隐性层面的"时间性"。这种时间属性贯穿于证券交易的全过程，是理解证券市场运行机制的关键。因此，"时间性"特征是围绕证券交易行为中的时间属性展开的分析框架。这种"时间性"特征不仅体现在交易行为本身，还涉及连续交易行为以及构成要件之间的逻辑关系，具体而言，存在如下三重时间性。

单次交易行为的瞬时性：时间点的法律意义。第一重"时间性"指的是

[①] 换言之，基于此处"且"的逻辑内涵，更完整、顺畅的表述应当是："在该证券连续二十个交易日内，单独或者合谋，持有或者实际控制证券的流通股份数达到该证券的实际流通股份总量百分之三十以上，且联合或者连续买卖股份数累计达到该证券同期总成交量百分之三十以上的……"

单次交易行为所表现的时间属性，可以理解为交易行为本身内含的"时间性"。证券交易的核心特征在于其离散性，每一笔交易都有其独立的时间点、价格和数量选择。这种个性化投资决策使每一笔交易都具有独特的"时间性"。例如，在某一天内，投资者可能在不同的时间点进行多次交易，这些交易行为的时间安排基于其个人的投资策略和判断。这种"时间性"是投资者根据市场信息和自身判断作出的即时反应，反映了金融市场的动态性和不确定性。证券市场的交易具有离散性特质，这在程序化交易领域表现得尤为显著。比如，证监会《证券基金经营机构信息技术管理办法》（2021）、《证券市场程序化交易管理规定（试行）》对高频交易的技术规制，实质上反映了对碎片化时间单元的交易控制。然而实践中对"单笔交易"与"整体交易"的规范混同，可能会逐步引发大量认定争议。比如，机械拆分连续交易时段，如前文所述"在涉嫌操纵犯罪的长时间段内，任意选择 10 个交易日"。《刑法》第一百八十二条对连续交易操纵的规制，需以交易行为的时间分布为切入点。例如，在某交易日的不同时段频繁挂单撤单，虽未实际成交，但可能通过制造虚假流动性影响市场。此类行为的时间性特征体现为利用瞬时交易信号干扰市场的定价机制。

连续交易行为的持续性：时间线的串联逻辑。第二重"时间性"关注的是连续交易行为所表现的时间延续性，可以理解为连续（交易）行为本身包含的"时间性"。连续交易行为无法单独体现刑事违法性，因为投资者完全可能独立判断，基于看好某只股票而多次买入以期待价格上涨。然而，这种连续交易行为在客观上形成了时间上的延续状态，即多个交易日之间的连续性。例如，投资者可能基于特定策略连续 10~20 个交易日买入某只股票，这种行为在现实中是客观存在的，并且具有一定的现实基础。这种连续性不仅体现了投资者对市场趋势的判断，也反映了金融市场的复杂性和时间属性的重要性。连续交易操纵的违法性本质，在于通过时间维度上的持续性交易制造市场假象，"连续十个交易日"的量化要求旨在将偶发性交易与系统性操纵行为相区分，划定合法交易与违法操纵之间的边界。站在宏观层面理解，可以认为连续交易体现了一种"线性时间观"，《操纵案件司法解释》第二条"拟制"创造的"10 交易日 + 20% 成交量"公式，本质上是用工业时代的流水线思维切割证券市场的生物时间，这种情形可能导致实践中忽略证券市场的记忆效应与滞后效应。市场影响力如同涟漪，交易时点的机械切割将导致刑事归责链断裂，证券金融市场的非线性波动规律早已突破传统时序认知框架。刑事司法领域尚缺乏对"价格传导时效""信息消化周期"等市场时间定律的应有关注。比如，证券市场的重大异常波动中可能存在明显的时间相位偏移。[1]

要件间逻辑关系的时序耦合：时间面的交互效应。第三重"时间性"涉及连续交易操纵犯罪构成要件之间的逻辑关系，可以理解为构成要件之间逻辑关系的"时间性"。刑法规范要求认定连续交易操纵犯罪时，需要综合考虑多个要素，如持仓量、交易日和交易量等。这些要素之间存在逻辑关系，而这种逻辑关系本身也具有时间属性。如果仅规定了单一要素（如交易量），则无法形成完整的逻辑关系，因为构成要件之间的逻辑关系需要在时间维度上相互衔接。换言之，持仓量、交易日与交易量三要件的时间性关联，构成连续交易操纵的规范内核。这种逻辑关系的"时间性"表现为多个要素在不同时间段内的组合与交互。若静态持仓量仅在部分交易日达标，而动态交易量连续达标，则难以形成"优势滥用"的持续性效应。此种情形下，缺乏时间层面的要件同步性，也不能直接认定行为人具有操纵故意。

连续交易操纵犯罪的构成要件内容之所以呈现多方面要求，如前文所述，是因为根据单纯的连续交易行为本身，无法直接认定行为人的交易行为构成连续交易操纵犯罪，所以需要多方面要件内容综合认定行为人交易行为的"异常性"。刑法规范要求的完整认定逻辑是，首先认定行为人的连续交易行为不具备合理的交易理由，然后再基于这种多方面要件内容体现的"异常性"，综合分析认定行为人交易行为的"操纵性"。由此，基于连续交易操纵的"持仓量""交易日""交易量"三方面要件及其之间的逻辑关系，从而形成了这种要件内容之间逻辑"时间性"。

实践中的挑战与规范空白。刑法及司法解释层面，基于语义概念表达的局限性，使上述三重"时间性"在逻辑层面混杂交融，"时间性"要素的理解往往存在混乱。实践中的理解也由此呈现逻辑混乱。由于法律语言的局限性，不同主体对"时间性"的理解可能不一致。因此，需要借由实践中案例所呈现

---

[1] 时间相位偏移，通常指事件发生的时间点与预期或常规时间点存在偏差。例如，在股市中，某些突发事件可能在特定时间点引发市场反应，而这些反应可能与常规的市场运行规律不同。

的不同理解状态，填补这种规范空白，以保持法律理解与适用的统一性。本章仅是试图将这种法律规范内容中包含的"时间性"要素揭示展现出来，以便在司法实践的个案分析判断中，保持逻辑清晰且统一的构成要件认定路径，避免自相矛盾的内在逻辑混乱。

概言之，"时间性"特征是证券交易行为的核心要素之一，贯穿于交易行为、连续交易行为以及构成要件之间的逻辑关系。这种特征不仅反映了金融市场的动态性和复杂性，还体现了刑法规范对时间属性的特殊要求。通过对"时间性"要素的深入分析，可以更好地理解证券犯罪案件中的法律适用问题，并为司法实践提供理论支持。

四、规范填补：时间性要件的司法认定规则重构

证券市场的"时间性"既是交易行为的自然属性，亦是法律评价的规范载体。对于连续交易操纵犯罪，需通过时间要素的精细化分析，平衡打击犯罪与保护市场活力的价值目标。具体而言，第一，明确"完全重合"标准。建议通过指导性案例确立规则，静态持仓量与动态交易量须在同一连续交易日时段内同步达标。第二，尝试引入"市场影响时间窗"概念。比如，参考欧盟《市场滥用条例》（MAR）第十二条，将操纵期间扩展至行为停止后的合理时间（如5个交易日），以评估价格波动的持续性。此举可以避免行为人通过时点性操作规避责任。第三，设置动态化的量化指标。避免机械套用10%或20%等阈值，应结合个股流动性、行业波动率等参数进行动态调整。例如，对大盘蓝筹股可以提高交易量占比要求，因其抗操纵性更强。

辩护实践中，可以紧扣"时间性"要件的规范缝隙，从数据完整性、市场影响阈值、要件同步性等角度构建抗辩逻辑，实现技术性辩护与实体公正的统一。以时间性要件的证据抗辩为例，可以通过以下路径质疑指控：第一，数据截取偏差，比如侦查机关选取的"连续交易日"是否人为割裂了完整的交易周期；第二，持仓波动分析，比如，统计持仓量达标的交易日是否分散于操纵期间，缺乏连续性；第三，市场干扰阈值，比如，结合证券流动性指标（如换手率），论证短时交易量激增未实质影响价格形成机制。具体而言，"时

间割裂抗辩",如论证持仓与交易时段分离超过10个交易日;"市场噪声抗辩",如论证系统性风险贡献度更高;"行为惯性抗辩",如论证连续交易系前期投资策略的自然延续;"信息稀释抗辩",如论证重大事件中断了价格传导链条。

第七章

共犯结构问题
以信息型操纵刑法治理的局限性为例

一、信息型操纵犯罪的实践扩张与理论争议

二、信息型操纵犯罪的要件重构：信息行为与交易行为的层次性区分

三、共犯结构的限缩解释：责任传导的逻辑边界

四、余论：刑法治理的理性回归与市场自治的平衡

一、信息型操纵犯罪的实践扩张与理论争议

近年来，证券市场中信息型操纵案件频发，司法实践中呈现出"泛共犯化"倾向。一般而言，《刑法》第一百八十二条第一款和《操纵案件司法解释》第一条第四款统称为信息型操纵犯罪，可以将前者概括为"连续交易型"信息优势操纵（以下简称信息优势操纵），将后者概括为"信息控制型"信息操纵（以下简称信息控制操纵）。不过，二者的构成要件界限模糊、共犯认定逻辑混乱，导致实践中出现"以信息行为替代交易行为""以共犯结构传导责任"等扩张化指控现象。比如，在某基金经理操纵案中，行为人仅提供股价维持建议（信息行为），未参与交易且无获利，司法机关认定其构成《操纵案件司法解释》第一条第四款"信息控制型操纵"的共犯。该案例的核心问题在于：第一，构成要件缺失，信息控制型操纵是否必须以"交易行为"为独立要件？第二，共犯责任传导，在其他共犯未达"连续交易"入罪标准时，能否通过共犯结构将交易行为归责于行为人？此类案件暴露了证券法与刑法在信息滥用治理中的规范缝隙。

具体而言，实践中，凡是有涉及信息优势、利用信息的行为都可能被评价为信息型操纵犯罪，而且从指控的逻辑和证据体系角度看，只要首先认定具有操纵的故意，不论单独实行还是作为共犯提供帮助，那么后续所有行为都被评价为操纵犯罪故意支配下的具体犯罪实施。即使后续行为人实施的信息行为或者交易行为都是合法进行的，也被认为"以合法形式掩盖非法目的"。这种整体性评价逻辑与趋势之下，信息型操纵犯罪似乎成为实践常态。不过，信息本身是中性的，构成证券市场的基本要素。证券市场中行为人对信息的利用是必然的。换言之，证券市场中对信息的合法利用行为与对信息违法利用的操纵犯罪行为之间的边界何在？行政处罚和刑事制裁的边界何在？如果将刑法作为社会治理的手段之一，这是刑法治理必须面对并回答的问题。否则，刑法打击的扩大泛化，对证券市场的负面冲击不可估量。证券市场人人谈"信息""信息优势"而色变，绝非刑法治理的良善追求所在。

因此，笔者以"层次性区分"信息行为与交易行为为逻辑线索，尝试对

此作出初步回答。本部分的分析结构为：第一部分，目前信息控制型操纵犯罪法条理解和实践逻辑的问题。如果行为人本人只有信息行为，没有交易行为，是否可以单独成立控制信息型操纵犯罪？进而，在共犯结构下，如果同案其他人存在连续交易行为，但是没有达到连续交易操纵犯罪的法定"交易量"标准，那么操纵犯罪的共犯结构能否成立？因此，需要在法条层面重新层次性理解信息控制型操纵犯罪的内涵，且在实践中坚持这种层次性的理解逻辑，严格按照证据规则进行认定。第二部分，重新对比分析操纵犯罪相关规定并进行层次性分析。如将操纵犯罪的构成要件总结为信息行为和交易行为两部分，那么信息行为与交易行为及其二者的关系均需要进行层次性的区分与界定。这样才能还原刑法的逻辑与金融逻辑的统一，更准确地理解操纵犯罪的要件内容和实质核心。第三部分，在重新理解操纵犯罪的法律规定内容的情况下，运用"层次性区分"的视角与逻辑，对实践中操纵犯罪案件进行准确认定，并区分行政处罚和刑事制裁的界限。第四部分，回溯本章的分析脉络和框架，并针对实践问题作出回应，即重新理解信息及信息行为的中立性，指出刑法治理需要更理性面对信息滥用的问题，承认刑法治理的局限性。同时，在认可刑法治理信息滥用行为局限性的情况下，重新强调发挥其他社会治理手段的作用，如信息披露和公司治理。

以某起操纵证券市场罪案件为例，司法机关认为行为人（某基金经理）与其他被告人（包括某上市公司董事长及其他游资方）事先共同谋划，在该上市公司董事长减持股票时通过操纵股价高位套现获利。司法机关将基金经理认定为操纵团伙的"智囊"，针对如何维持股价等"技术问题"给出一般性建议，因此甚至认为其应当成立主犯。不过，该案例同时存在如下几点疑问：第一，该基金经理从未用任何马甲账户买卖过该只股票，因而也没有任何获利；第二，该基金经理所管理的基金在此前即持续持有该上市公司股票，并持续正常交易；第三，该基金经理在整个事件过程中仅是在游资方等询问如何维持股价等泛泛问题时，给出一般性咨询性建议，且据其所称并不知晓游资方联合上市公司董事长进行股价操纵。简言之，如果行为人在整个过程中没有任何独立交易行为，且其仅是对游资方的中性"技术咨询"给出一般性建议，这种情况能否成立《操纵案件司法解释》第一条第（四）项规定的信息控制型操纵犯罪？

案例中，司法机关的刑法评价逻辑和依据也颇有意味，第一次指控行为人和其他被告人违反《刑法》第一百八十二条第（一）项，即构成利用信息优势连续交易操纵犯罪；之后，实际上变更指控其他被告人仍然是利用信息优势进行连续交易实施操纵，但是指控行为人成立信息控制型操纵，且行为人和其他被告人构成共同犯罪。从这种指控逻辑和依据的变化可以解读出，司法机关可能试图解释，在行为人没有任何交易行为和非法获利的情况下，但是仍然构成操纵犯罪共犯的理由所在。换言之，按照这种指控逻辑，行为人如果不符合信息优势操纵的要求，则可以转而以信息控制操纵条款径直予以认定？行为人只要有"信息行为"即可成立信息控制操纵犯罪，而不需要存在"交易行为"？或者说，如果认为行为人需要具备交易行为（方可成立犯罪），则可以经由共犯结构，将其他被告人的连续交易行为"传导"至行为人，从而使行为人兼具信息行为和交易行为？进一步的问题是，就行为人成立信息控制操纵犯罪而言，在这种共犯结构中，是否需要以其他被告人成立信息优势操纵犯罪为前提条件？也就是说，如果其他被告人的连续交易行为并未达到连续交易操纵的法定"交易量"标准，即没有达到入罪标准，那么就不能基于共犯结构将行为人纳入其中进行混合评价，由此行为人仅有信息行为而不具备交易行为，所以不构成信息控制操纵犯罪？

不过，司法机关始终面临和要解决的核心问题是，当行为人本人没有下场交易也因而没有任何获利时，是否需要承担刑事责任。如前文所述，司法机关转变指控逻辑，尝试将行为人认定为信息控制操纵，而将其他被告人认定为信息，双方之间仍然构成共犯。但是，这种认定思路，笔者认为存在两大逻辑问题：第一，关于信息控制型操纵，司法解释条文表述中即明确规定了行为人需要具有交易行为，而不是仅有控制信息的行为。第二，行为人仅有控制信息的行为，通过共犯结构也不能直接将其他被告人的连续交易行为传导至行为人，从而使行为人在形式上兼具控制信息行为和交易行为，从而能够成立信息控制操纵犯罪。原因在于，共犯结构成立并实现交易行为责任传导的前提在于，其他被告人本身的连续交易行为即已达到法定的交易量标准，即必须首先成立连续交易操纵犯罪。案例中，事实上其他被告人并未达到量化标准，不能直接成立连续交易型操纵犯罪。

笔者从逻辑上继续展开推演，司法机关有没有可能尝试将行为人和其他被告人全部指控为信息控制操纵犯罪？如果将行为人作为操纵犯罪主犯考虑，从基本的逻辑和事实层面推导，行为人至多只有所谓的控制信息行为，而完全没有交易行为，因而如果将行为人认定为主犯的话，只可能将其连同其他被告人一并认定为信息控制操纵犯罪。如此，似乎就可以"遮蔽"其他被告人的连续交易行为没有达到操纵犯罪的法定交易量标准的问题。进而，问题在于，如果将全案指控认定思路转换至控制信息型操纵的逻辑路径，那就需要对操纵司法解释所规定的信息控制操纵条款中所规定的"其他交易行为"进行解释，[①]即此处的交易行为是否有交易量的要求？如果有交易量的要求，是否应当参照利用信息优势连续交易操纵的法定交易量标准？换言之，无论是以其他被告人为主，适用利用信息优势连续交易操纵条款，还是以行为人为主，适用信息控制操纵条款，如果要通过共犯结构传导或者补足行为人的"交易行为"要件，是否都必然要求其他行为人存在交易行为，都必须首先达到交易操纵的法定交易量标准？简言之，笔者推论司法机关对行为人与其他被告人的认定，采用不同的操纵条款与指控逻辑，可能意在削弱或者放弃解释行为人没有交易行为的"要件缺失问题"。

进一步可能的推论是，即使其他被告人的交易行为不构成连续交易操纵犯罪，但至少构成连续交易行为（比如，行政处罚意义上的连续交易行为），那么此时是否可以将行政法意义上的交易行为传导至行为人呢？这种理解面向也存在两个问题。第一，这种传导机制存在的前提是成立操纵犯罪，即这种其他被告人的行为仅为行政处罚意义上的行为，不能传导至行为人使其成立操纵犯罪意义上的交易行为。第二，即使认可其他被告人行政处罚意义上的交易行为可以传导至行为人，使其具备了"交易行为"，那么此即意味着司法机关直接将信息控制操纵条文中要求的"交易行为"，直接等价替换为"行政处罚意义上的连续交易行为"，无须达到连续交易操纵意义上的交易行为。但是，《操纵案件司法解释》条文中没有关于"交易行为"仅需成立行政处罚意义上的连续交易行为即可（而不需要构成连续交易操纵意义上的交易行为）的规定。

[①] 最高人民法院、最高人民检察院《操纵案件司法解释》第一条规定："……（四）通过控制发行人、上市公司信息的生成或者控制信息披露的内容、时点、节奏，误导投资者作出投资决策，影响证券交易价格或者证券交易量，并进行相关交易或者谋取相关利益的……"

笔者认为，信息控制型操纵条款中要求的"交易行为"，应当同样达到连续交易操纵犯罪的法定量化要求。无论以哪一方主体作为主犯，无论是以指控（利用信息优势）连续交易操纵为主还是信息控制操纵为主，都绕不开的问题之一是行为人本身没有任何单独交易行为，问题之二是其他被告人的交易行为达不到连续交易操纵犯罪的法定交易量标准，而至多只能被评价为行政处罚意义上的连续交易行为。如果要准确回应上述问题，需要重新理解《刑法》第一百八十二条第（一）项规定的连续交易型操纵和《操纵案件司法解释》第一条第（四）项的信息控制型操纵（两者都涉及对"信息优势"的滥用），且在共犯结构下准确理解二者之间的内在逻辑关系。

二、信息型操纵犯罪的要件重构：信息行为与交易行为的层次性区分

连续交易型与信息控制型操纵的规范差异。连续交易型操纵的行为模式是：行为人利用信息优势联合或连续买卖，影响证券交易价格或交易量，其核心要件是"信息优势＋连续交易"。信息控制型操纵的行为模式是：控制信息生成或披露内容、时点、节奏，误导投资者决策，其核心要件是"控制信息＋交易行为"。此处规范的不明确在于，信息控制操纵条文中未明确"交易行为"要件的属性层次（区分行政违法意义上的"普通连续交易行为"与刑事犯罪意义上的"连续交易操纵行为"），导致司法实践中出现纯信息行为入罪化倾向，以及共犯结构无序传导的问题。

具体而言，第一，二者在利用"信息"或"信息优势"方面的内涵不同。《操纵案件司法解释》第一条第（四）项对于"利用"信息优势的方式有特定的要件规定，不同于"利用信息优势＋连续交易"型操纵中"利用"信息优势的内涵。此二者"利用信息优势"的内涵与外延均不一样，不可等同。简言之，连续交易操纵的模式为"信息优势＋连续交易"，其犯罪形态表现为，行为人既可以单独实施，也可以联合他人共同实施犯罪。相应地，信息控制操纵的模式为"信息控制＋交易行为"。对比而言，从行为人角度看，信息优势的掌控利用程

度不同，连续交易操纵的行为人具有信息优势的程度低于控制信息操纵的行为人。司法解释的表述明确为"控制……信息的生成或者控制信息披露的内容、时点、节奏……"同时，正因为后者对信息的掌控度更高，所以司法解释规定信息控制型操纵的要件比前者简单，要件内容的核心即对信息生成或者披露具有控制性的，误导投资者，就可能构成信息操纵犯罪。换言之，在"信息"滥用的危害性层面，立法者对信息控制操纵的容忍度更低，其实质上将滥用信息的刑法预防与反应时间提前，倾向于将其界定为抽象危险犯。这是立法上的政策考量，不过，针对"信息滥用"程度更高的操纵行为模式，直接苛以更加严格的刑法治理，能否有效实现立法的"降低信息滥用，从而保障市场交易秩序"的目的，值得商榷。或者，需要进一步探寻比刑法手段更有效的治理手段，如信息披露水平和公司治理能力提高。

第二，二者在实践中的犯罪形态存在不同。从犯罪形态角度看，连续交易操纵犯罪，既可以是行为人独自也可以是联合其他人共同实施犯罪，如同《刑法》第一百八十六条第一款的文字表述"……利用信息优势联合或者连续交易……"，根据文义可将其补充完整为"利用信息优势联合（他人实施连续交易）或者（自己单独实施）连续交易"。相应地，信息控制操纵犯罪，从司法解释的字面规定来看，似乎是只能单独实施犯罪，即只要行为人控制信息的生成或披露，就能直接误导投资者作出决策，影响交易价格或交易量，从而构成操纵犯罪；但实质上，司法解释中缺少了具体"操纵模式或手段"，即仅规定了行为人控制信息的"信息行为"，而没有进一步具体规定"交易行为"（仅是宽泛表述为"并进行相关交易或者谋取相关利益的"）。换言之，设想实际信息控制操纵的场景，行为人实际控制了信息的生成与信息披露节奏等，完全根据行为人高位减持套现的意图与节奏逐步披露相应的利好信息（比如，按照正常的规则某利好信息是要在1月10日完整公告，但是为了配合行为人高位套现，故意在1月3日就提前公告了但是只公告了小部分的实际内容，隐瞒了大部分的真实信息内容），那么，行为人仅实施这种信息控制行为，不需要配合其他任何操作模式和手段，就能误导投资者并成立操纵犯罪吗？如果进行更准确的拆分，行为人仅实施这种信息控制行为，不配合其他任何"自己实施的其他的"或"他人实施的其他的"操作模式和手段，就能直接误导投资者进而造成该证券交易价格、交易量的不正常波动影响吗？当然不是，司法解释此处"可能"

省略了部分内容，如果将这部分规范内容"补足"的话，按照信息型操纵在实践中的真实情况，应当分为如下两个部分：首先，行为人实施信息控制行为，包括控制信息生成和披露；其次，行为人利用马甲账户自行实施了股票交易行为（包括连续交易行为），或者行为人让他人配合自己实施了相应的股票交易行为，也就必然构成共犯（常见的是安排他人通过大宗交易方式先接盘行为人大数量减持的股票，然后再通过马甲账户接手后分散到二级市场进行交易）。

换言之，以是否存在共犯结构为标准，如果将司法解释规定的"信息控制操纵"的操纵模式和手段补充完整，则可以归纳为如下三种情形：①第一步，行为人实施信息控制行为；第二步，行为人自行实施股票交易行为（包括连续交易），从而误导投资者进行错误决策，进而影响交易价格或交易量。②第一步，行为人实施信息控制行为；第二步，行为人让他人实施股票交易行为，从而误导投资者进行错误决策进而影响交易价格或交易量。③第一步，行为人实施信息控制行为；第二步，行为人自行实施股票交易行为，并且让他人同步实施股票交易行为，从而误导投资者进行错误决策，进而影响交易价格或交易量。实际上，第③种情形比较普遍，一般都是上市公司实际控制人，与机构投资者或游资方达成一致，双方就股票高位减持套现结成利益联盟，共谋通过"信息控制＋交易诱导"的方式实施减持行为。然后，按照双方的实时沟通情况，一方面上市公司实际控制人，按照约定实施信息控制行为，比如，制造热点题材、策划高送转等所谓的"利好消息"并按照刺激股价需要的节奏、时点发布公告，诱导不知情的投资者买入股票。同时，另一方面，机构投资者或者游资方，在二级市场实施大量买入或卖出股票的行为，制造市场看多该股票的活跃假象，进一步诱导投资者大量进场买入该股票。根据实践中案例的真实情况，机构投资者或游资方往往内部会有更细化的分工，比如，某一方负责盯住大盘，某一方负责维护股价，某一方负责与上市公司沟通信息情况等。这种形态结构，也导致实践中共犯认定的复杂性与动态性。

从证券市场信息发挥作用的基本机制出发，也能推导得出前述结论，即《操纵案件司法解释》第一条第（四）项隐含的"信息控制型操纵"，其具体操纵模式中必然包含"信息行为＋交易行为"两个部分，不可能只单纯实施信息行为。信息行为与交易行为相互配合，发挥作用并实现操纵市场的效果，一方面行为人实施信息控制行为，利用发布的利好信息刺激投资者，并诱导投资者交易；另一方面，行为人单独或者联合他人在市场上实施具体交易行为，将这种信息效用不断放大，引发更多的投资者关注并作出行为人所预期的投资决策。只有信息行为与交易行为相互配合，行为人方才可能达到操纵犯罪目的，实现高位套现获利。概言之，"信息控制行为"只是操纵模式与手段的前半段，实际的"交易行为"是不可或缺的后半段。因此，可以顺延得出的结论是，信息控制操纵犯罪存在共犯结构是常态。

第三，操纵犯罪本身实质上内含"交易行为"要件，其是认定操纵犯罪的基础要件。《刑法》第一百八十二条第一款规定的连续交易型操纵犯罪，条文中直接规定了"信息行为＋交易行为"。同时，《操纵案件司法解释》第一条第（四）项规定的信息控制型操纵犯罪，同样直接规定了"信息（控制）行为＋交易行为"。并且，《刑法》与《操纵案件司法解释》明确规定的所有操纵模式，在文字表述层面都明确包含了"交易行为"要件。这也说明，交易行为是操纵犯罪的基础要件，缺之不可。这种规定与理解符合金融市场的基本规律，不论哪种具体操纵犯罪模式，都需要借助实际的交易行为，从而对市场其他投资者形成诱导，实现非法获利。

概言之，基于法益保护与市场规律的二元论证，交易行为在操纵犯罪要件内容中具有不可替代性。证券犯罪治理应遵循"行政违法→刑事犯罪"的递进逻辑。若仅有信息行为而无交易行为，其危害性通常未达到需要刑法干预的程度。同时，基于市场作用机制的理解，信息需通过交易行为外化为市场影响。例如，行为人控制利好消息但未配合交易，难以实质性误导投资者。因此，（利用信息优势）连续交易操纵与信息控制操纵两类信息型操纵均应以"信息行为＋交易行为"为必要构成要件，而且两者交易行为均需符合相应的犯罪量化标准。

三、共犯结构的限缩解释：责任传导的逻辑边界

信息控制型操纵犯罪在实践中的认定逻辑混乱。信息控制型操纵犯罪的落脚点，仍然在于配合信息行为，通过交易行为实现获利。操纵犯罪毕竟属于谋利型犯罪，行为人实施操纵犯罪的目的无非是获利，不论是自己直接交易获利，还是通过他人交易获利后分成获利。

（一）对"信息行为"进行层次性区分及责任认定

合法信息行为与违法信息行为（或滥用信息行为）的区分。如果行为人仅有咨询建议行为（即使构成信息行为），但没有任何交易行为，也没有任何获利，不应当直接被认定为信息控制操纵犯罪。当然，此处隐含着一个前提，即将"咨询建议"行为等同于"信息行为"。不过，"信息行为"本身是中性的，金融市场存在的基础就是信息，没有信息和信息行为，金融市场无法存在更谈不上有效运行。比如，市场价格发现机制就是以充分、真实的信息为基础。在金融市场这种复杂运行的情况下，需要对合法信息行为与违法信息行为进行区分界定，而不能简单地认定只要存在信息行为，就属于信息控制操纵犯罪。信息滥用性质的违法信息行为，才是刑法治理的对象。这种信息滥用行为，只有超越了行为人对信息合法利用的边界，才值得作为二次法的刑法进行评价。甚至，如同案例中，行为人甚至都没有信息行为，仅是在其他人（可能意欲实施操纵过程中）[1]向行为人咨询时给出建议，且这种建议也仅是一般宽泛意义上的建议，如股价如何走势更高。

事实上，行为人给出咨询建议是一种外观中立且实际生活中常见的普遍行为。行为人在这种场景下给出"咨询建议"行为的性质，需要结合实践案例的具体证据情况进行慎重区分，而非直接认定成立操纵犯罪共犯。[2] 如何将这种普遍的中立咨询建议行为，与操纵犯罪中的共犯帮助行为准确区分界定，这是刑事司法必须直面的问题，否则在司法解释已经通过单独规定"信息控制型"操纵，且提前刑法针对信息滥用行为的反应和介入时间的情况下，司法实践中如果将外观中立的咨询建议行为与操纵犯罪共犯帮助行为不加以准确区分界定，则可能会导致刑法对信息滥用行为的打击范围扩大化。这样，不仅会无法实现刑法对信息滥用行为的治理目的，还会造成混乱，影响法律实施的正

---

[1] 对此，需要充分、确实的证据予以证实，而不能径行推定。

[2] 在中性业务活动的共犯问题上，客观归责理论可以作为一种限制手段。例如，在林某青被控诈骗、敲诈勒索案中，法院认为中性业务活动者如果按照操作规程行事，其行为对正犯行为的法益侵害具有直接性、紧迫性和重大性，则可能构成帮助犯。这一理论同样适用于判断中性咨询是否具有操纵动机，即需要评估行为人的行为是否对市场秩序产生了实质性影响。参见周光权：《中性业务活动与帮助犯的限定——以林小青被控诈骗、敲诈勒索案为切入点》，载《比较法研究》2019年第5期。

确性。而且，更深远的影响是在法律之外，对证券市场的信息机制产生负面影响。信息和信息机制是证券市场的存在基础，其重要意义无须多言。

简言之，应当认为，如果行为人只是一般利用信息的行为，不存在滥用信息的行为，即使各方之间存在利益争端，则至多以民事法律手段介入即可；如果行为人仅有滥用信息的行为，没有交易行为及获利，可以适用行政处罚；如果行为人不仅滥用信息，而且存在交易行为和获利，则可以适用刑事制裁。

（二）对共犯结构进行层次性区分及责任认定

如前所述，《操纵案件司法解释》第一条第（四）项对"控制信息型"操纵犯罪构成要件之"交易行为"要件的具体内容规定缺失，使司法实践中忽略了对行为人交易行为的认定，导致认定逻辑混乱。同时，根据信息作用机制和司法实践中操纵犯罪的形态，即信息型操纵的两种形态——连续交易操纵、信息控制操纵都必然包含着"信息行为+交易行为"两部分，并且交易行为是信息行为的外化和反应。甚至，操纵证券犯罪本身必然存在交易行为，不可能脱离交易行为而单独构成操纵犯罪。

进一步展开分析，基于对证券市场"信息作用机制"的基本理解，交易行为是与信息行为同等重要的要件，甚至交易行为在某种意义上比信息行为更为重要，不可缺失。

首先，从刑事法律层面看，刑法和司法解释明确规定的九种操纵犯罪类型，从文字直接表述即可知，每种操纵模式中都必然包含"交易行为"的要求。比如，法条中一般的表述是，"进行相关交易或谋取相关利益的"（谋取相关利益的实质仍然是通过相关交易，因为行为人要实现获利必然是通过交易，无论是买入或者卖出，无论是自己直接交易获利，还是间接通过他人交易获利）。其次，从金融运作原理层面看，在各种操纵模式中，交易行为才是"显性"表达出构成操纵犯罪的危害性实质所在。比如，"抢帽子"交易操纵的实质危害在于"反向交易"；自买自卖交易操纵的实质并不在于行为人单纯地实际控制了多个账户，而在于行为人在实际控制的账户之间进行交易，其对市场的扰乱是通过交易行为传达和表现出来的。其他的操纵模式，危害性的实质都是通过"交易行为"体现出来的。如果没有"交易行为"，则无法单独构成操纵犯罪模式。易言之，行为人的交易行为将其主观操纵意图"显性"地表达出来，脱离交易行为将很难对行为性质进行认定。行为人的主观意图和心理活动，必须借助行为人的行为进行判定。再次，从一般理性人的逐利心理来看，操纵犯罪毕竟属于金融经济领域的犯罪，尽管在法益层面，操纵犯罪首先强调的是对正常市场交易秩序的破坏，然后才是对相关投资者造成的财产损失。也就是说，即使行为人客观上通过实施操纵犯罪行为，最后是亏损的，但是其主观的心理动机和目的当然是想要获取利益，这符合行为人的逐利心态。所以，即使操纵犯罪的构成要件中，并没有直接规定"以获取利益为目的"的目的要件，或者说操纵犯罪刑法规定修改变化中删除了具体的获利之目的要件①，但是并不代表这种目的要件没有任何意义。换言之，没有非法获利的目的要件，行为人未必不构成操纵犯罪。但是，要认定行为人构成操纵犯罪，应当认为行为人必须有非法获利的目的要件，这样才符合操纵犯罪这种金融犯罪行为人的逐利心理。由此而言，如果难以认定行为人具有非法获利的目的要件，同时无法认定其存在交易行为，也难以直接认定为共同犯罪，那么是否可以将行为人评价为操纵犯罪，需要审慎考虑。

进而，在笔者看来，信息控制操纵犯罪中的"交易行为"也需要有"交易量"要求，并且应当参照连续交易型操纵犯罪中的"交易量"标准。就此而言，信息控制型操纵犯罪行为在性质及责任归属上应当划分为三个层次：第一个层次，如果行为人仅有利用信息优势的中性行为，则是合法的利用信息行为，无须刑法和行政法进行评价（如果存在利益博弈或争议，则可以通过协商或民事法律关系进行调整利益分配）；第二个层次，如果行为人超越了利用信息优势的合法边界，达到了滥用信息优势或者滥用信息的严重程度，则需要跨过单纯民事法律调整的框架，进入行政法或者刑法调整范围；第三个层次，如果行为人滥用信息或者滥用信息优势，进而实施了交易行为，且达到了《刑法》第一百八十二条第一款规定的连续交易操纵的量化标准，则应当进行刑法评价与制裁。尤其是如本章所述的"共犯结构与责任传导"情形，这种

---

① 1997年《刑法》首次规定了"操纵证券交易价格罪"，明确规定了"获取不正当利益或转嫁风险"的要求。具体参见本书第二章的分析内容。

共犯责任传导的前提是其他同案被告人的连续交易行为已经达到犯罪量化标准。

概言之，共犯成立的前提是正犯行为的违法性。根据共犯从属性理论，帮助犯的成立以正犯实施符合构成要件的不法行为为前提。信息型操纵案件中，若正犯（同案被告人）未达交易量标准，正犯行为仅构成行政违法，帮助者（如信息提供者）不成立共犯。若正犯构成连续交易型操纵，帮助者可依其信息行为的促进作用，认定为从犯。实践中存在这样的误区，脱离交易行为的"纯粹共犯论"，即司法机关可能以"共同故意"替代"共同行为"，将中立咨询行为直接认定为共犯帮助行为。这种逻辑存在两大问题，第一，违反主客观相统一原则。比如，未考察行为人对交易行为的实际参与或明知程度。第二，过度扩张刑事责任。比如，可能将正常的市场咨询行为纳入犯罪打击范围。

（三）规范路径：层次性区分理论与行刑衔接机制的构建

构建操纵犯罪的要件内容与司法认定的"层次性区分"理论。第一，信息行为的层次性理解：合法利用信息优势→违法利用信息优势→滥用信息优势。第二，交易行为的层次性理解：普通交易行为→连续交易行为→连续交易操纵行为。第三，共犯结构中信息行为与交易行为关系的层次性理解：行为人只有合法信息行为→行为人只有违法（或滥用）信息行为没有交易行为＋其他被告人有连续交易行为（行政处罚意义上）→行为人只有违法信息（或滥用）行为没有交易行为，其他被告人有连续交易操纵行为。换言之，第一层次，合法信息行为。例如，基于公开信息的投资建议。第二层次，行政违法行为，滥用信息但未达到刑事量化标准。第三层次，刑事犯罪行为，信息滥用且交易行为达到量化达标，方才构成刑事犯罪。通过层次性区分理论厘清信息行为与交易行为的规范边界，可能有助于实现证券犯罪治理的精确化与刑法谦抑性的价值平衡，具体情况如表15所示。

表 15 操纵犯罪的"层次性区分"

行为类型	信息行为性质	交易行为量化标准	法律责任
合法利用信息	中性	无	无
滥用信息优势（未达到量化标准）	违法性	交易量＜20%	行政处罚
滥用信息优势（达到量化标准）	刑事违法性	交易量≥20%	刑事制裁

四、余论：刑法治理的理性回归与市场自治的平衡

信息型操纵犯罪的规制应回归刑法二次法定位。第一，立法完善，明确《操纵案件司法解释》第一条第（四）项的"交易行为"要件性质，避免规范模糊。目前，《刑法》及相关司法解释对信息型操纵的定义和构成要件存在一定的模糊性，比如，"利用信息优势"与"控制信息"的区别不够清晰，导致司法实践中认定标准不一。因此，应通过修订《刑法》或出台专门的立法解释，明确"交易行为"的具体内涵和适用范围，避免因规范模糊而引发的执法争议。例如，可以参考英国金融行为监管局（FCA）的相关规定，对信息型操纵行为的构成要件进行补充和完善，从而增强法律的可操作性和适用性。[1] 第二，司法限缩，严格区分中性咨询行为与共犯帮助行为。由于信息型操纵往往涉及复杂的市场操作和信息传播机制，行为人也可能以"中性咨询"的名义掩盖其真实目的。因此，实践中在认定信息型操纵时，应当注重对行为人主观意图和客观行为的全面审查。例如，可以通过分析行为人是否具有明显的操纵动机、是否利用了特定的信息渠道以及是否通过虚假陈述等方式误导投资者来判断其是否构成犯罪。[2] 第三，市场自治，强化信息披露与公司治理，减少刑法对市场机制的过度干预。信息披露是防范信息型操纵的重要手段，通过强化上市公司的信息披露义务，可以有效减少信息型操纵发生的可能性。例

---

[1] 参见陈煜：《证券信息操纵行为法律规制之比较研究——兼论〈证券法〉第七十七条一款之修改》，载桂敏杰总编，黄红元、徐明主编：《证券法苑》（2014）第十一卷，法律出版社 2014 年版，第 53～72 页。

[2] 参见缪因知：《信息型操纵市场行为执法标准研究》，载《清华法学》2019 年第 6 期。

如，上市公司应当定期披露财务状况、经营成果以及重大事项进展等信息，确保投资者能够及时、全面地了解公司动态。公司治理机制的完善也是减少信息型操纵的关键。通过建立健全独立董事制度、加强内部审计和监督机制，可以有效遏制管理层滥用信息优势进行操纵的行为。例如，一些国家和地区已经将信息披露与公司治理相结合，形成了较为完善的市场自治体系。我国也可借鉴这一经验，通过立法和政策引导，推动上市公司提升治理水平，从而减少刑法对市场机制的过度干预。

操纵共犯认定的阶段性与动态性。比如，长达一年至两年的操纵犯罪区间内，行为人在某段时间可能是主犯，在其他时段内可能又是从犯。传统犯罪形态中，主从犯认定一般是一次评价即告于终结，不会呈现反复的动态变化。

具体而言，操纵犯罪行为通常具有以下特点：第一，时间跨度长。操纵行为可能持续数月甚至一年以上，行为人在这段时间内可能因分工不同或角色变化而承担不同的责任。[①] 例如，某些行为人可能在早期阶段起主导作用，在后期则更多地执行辅助性任务。第二，行为方式多样。操纵行为可能涉及信息传播、交易操作等多种手段，行为人在不同阶段可能因参与的具体环节而被认定为主犯或从犯。例如，某些行为人可能负责策划和组织，而另一些行为人则仅参与执行。第三，角色转换频繁。在操纵犯罪过程中，行为人可能因分工调整或犯罪计划的变化而从主犯变为从犯，或者反之。[②] 例如，在某些案件中，行为人最初可能是策划者或指挥者，但在后续阶段可能因被其他行为人取代而成为执行者。[③] 这种动态性的认定要求实践中处理操纵犯罪案件时，不能简单地

[①] 参见陈晨：《操纵证券市场"违法所得"认定的金融机理和法律解释》，载《证券市场导报》2023年第7期。

[②] 犯罪行为中角色的变化通常体现在行为人在犯罪活动中的地位和作用上。例如，如果被告人是涉及多人犯罪活动的组织者或领导者，则犯罪等级将增加。这种角色变化的调整标准主要基于行为人在犯罪活动中的决策权、执行权以及对犯罪活动的控制程度。操纵证券市场的本质是通过市场支配地位人为控制或影响市场状况。在这一过程中，不同角色的行为特征和责任也有所不同。例如，某些行为可能仅影响价格交易、开盘交易或结算价格，而其他行为则可能创造虚假的成交量或申报量。因此，角色变化的界定需要结合具体行为特征和操纵手段的本质进行科学划分。随着金融市场的不断发展，新型操纵手段不断涌现。例如，某些行为可能不再直接施加于证券价格或交易量，而是通过其他方式影响市场秩序。在这种情况下，角色变化的界定需要结合新型行为的特点进行科学划分。例如，是否通过虚假信息误导投资者，是否通过囤积现货影响市场价格等，都需要进行具体分析。

[③] 参见阎二鹏：《胁从犯体系定位之困惑与出路——一个中国问题的思索》，载《中国社会科学院研究生院学报》2012年第2期。

以某一时间点的行为作为判断依据，而应综合考虑整个犯罪过程中的角色变化和行为作用。例如，在某些案件中，司法机关可能会根据行为人在不同时间段内的具体行为和作用，分别认定其为主犯或从犯，并据此适用不同的刑罚。比如，事前从犯——在犯罪活动开始前，某些行为人可能已经参与了犯罪计划的制定或准备工作，这类行为人可能被认定为事前从犯；事中从犯——在犯罪活动进行过程中，某些行为人可能提供了技术支持或协助，但未直接参与核心犯罪行为，这类行为人可能被认定为事中从犯；事后从犯——在犯罪活动结束后，某些行为人可能通过分赃或其他方式获利，但未直接参与犯罪过程，这类行为人可能被认定为事后从犯。因此，操纵犯罪的主从犯认定需要充分结合动态性和阶段性特征，这不仅有助于更准确地反映行为人的实际责任，也有助于实现罪责刑相适应（见图19）。

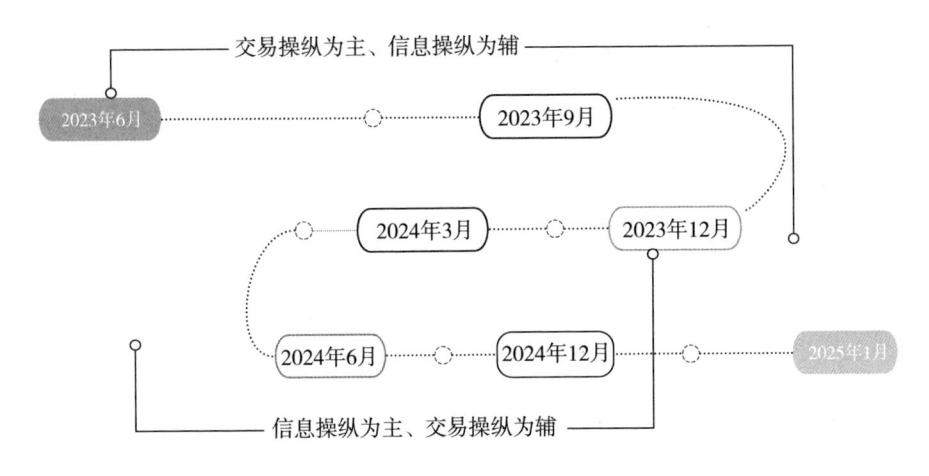

图 19　操纵行为的动态性

附 录

金融语境下平台"投资型"诈骗罪的重新解释

一、"欺骗行为"的边界重塑

二、金融诈骗因果关系的动态解构

三、"损失认定"的复合维度：利益分配机制的客观化理解

四、"被害人自陷危险"的重新理解

五、对赌模式下的归责重构

六、余论

传统诈骗罪以"一对一"的欺骗模式为基础，行为人与被害人的互动关系简单，事实环节相对单一，欺骗行为和损害结果及其因果关系都容易界定。不过随着互联网等技术的发展，金融要素逐渐渗透进入社会的各个方面，普通人进行所谓的投资理财渐成常态，各种投资平台作为一种"投资中介"也应运而生，包括向投资者推介金融产品、代理投资等。在这些因素叠加之下，投资者和平台之间所形成的互动关系变得复杂多元，法律关系呈现多重嵌套，平台可能扮演交易撮合方、资金托管方甚至对赌对手方等多重角色，导致欺骗行为与损害结果的关联性被稀释。而且，代理关系的链条也变长，这中间存在很多风险。比如，某虚假原油期货平台案件中，投资者资金虽进入真实市场，但平台通过高杠杆与强制平仓规则间接导致亏损，此类"规则性欺诈"是否构成刑法意义的欺骗行为存在争议。

在投资者的投资受到损失后，往往会向司法机关主张受到平台方及其代理方的"诈骗"。在公安机关介入案件后，如果以传统形态的诈骗罪认定思路和逻辑进行定性甄别，则很可能认为平台方构成诈骗罪，代理方成立诈骗罪的共犯。但是，其中突出的问题是，如果要认定为诈骗罪，则需要对欺骗行为、财产损失及因果关系等要素重新进行准确界定。仅以传统的诈骗罪认定思路和逻辑，会存在很多无法合理证成的要件内容。金融语境所叠加的复杂性，要求对诈骗罪的要件理解更加精细化，对于相应的证据认定也需要更加精确化。

一、"欺骗行为"的边界重塑

刑法意义上的欺骗须具备"虚构事实或隐瞒真相"的核心特征。金融场景中的特殊之处在于：第一，信息不对称的结构化。平台通常利用专业术语包装风险，如将高风险衍生品称为"稳健理财"，此类模糊表述是否构成隐瞒真相，需结合投资者的认知水平进行判断。第二，技术性欺诈的认定。修改 K 线数据、延迟成交等后台操控行为，直接破坏了交易的公平性，应认定为欺骗。但仅提供反向投资建议而未篡改数据，则属于商业风险范畴。第三，对赌关系的特殊性。当平台与投资者实质形成"庄家—玩家"关系时，其隐瞒对赌本质的行为可能构成欺骗，但需区别于合法的做市商行为。

首先面临的问题就是，在案件的复杂事实和模式叠加之下，需要准确识别出哪些是值得刑法评价的欺骗行为，进而区分哪些是距离造成投资人损失最近的刑法欺骗行为。客观而言，在这种类型的案件中，会存在很多事实意义上的"欺骗行为"，但是并非所有的欺骗行为都值得刑法评价。欺骗实际上就是一种双方关系中的信息不对称状况，在此意义上人类社会生活的本质就是附随着"欺骗"，尤其是在商业交往活动中，信息不对称是客观存在的现象，很多商业模式的盈利就是在合法区间内利用信息不对称。换言之，刑法并非对这种信息不对称意义上的"欺骗行为"，都不加区分地予以否定打击，否则刑法会干扰社会活动的正常交往秩序。

因此，第一步，需要区分客观事实意义上的"欺骗行为"与值得刑法评价的"欺骗行为"。比如，实践场景中，投资平台的代理人会通过各种方式进行宣传推广，吸引客户进行投资，宣传人员可能会为了炫耀实力以吸引客户，宣传说公司在北京中心商务区写字楼有豪华办公室，而实际上公司的地址只是普通办公楼。这种欺骗行为就不值得刑法评价。

第二步，需要进一步区分评价，这些刑法意义上的"欺骗行为"，哪些是导致投资者财产损失的直接原因，或者说是距离财产损失最近的原因。刑法中的因果关系所要求认定的是造成财产损害结果的直接因果关系，而非任意可能的因果关系认定。这种直接的因果关系，从事实发展的逻辑链条来讲，即可以理解为距离投资者财产损害结果最近的"欺骗行为"，此时的具体欺骗行为方才与损害结果之间具有诈骗罪所要求的因果关系。比如，在平台进行宣传推广时使用相关"话术"，进行了一些夸大盈率的虚假宣传，即使认为此种虚假宣传行为值得被刑法评价为"欺骗行为"，那么其所导致的直接结果仅是投资者进入了平台，但进入平台并不会直接导致投资者的财产损失，因此二者之间不具备直接的因果关系，从而不能认定为成立诈骗罪所需的因果关系。

这里涉及一个基本认识是，诈骗罪的现实发展过程是一个多环节、长链条的状态。尤其是，这种金融操作模式下的诈骗罪的发展链条变得更长，不仅每个环节本身需要证据加以认定，而且各环节之间发展的因果联系也需要证据加以认定，环环相扣发展到最后导致投资者财产损失的实际结果，才能认为是诈骗罪的最终完成。客观而言，为了真正精准认定这种投资型诈骗罪，需要投入大量的司法资源去查明相关事实，收集相关证据。在司法资源有限的客观约束条件之下，加之我们对犯罪认识水平及被告人权利保障观念的制约，使实践中很难花费足够的资源和精力去厘清全部事实和证据。

从信息角度来理解诈骗罪和欺骗行为的实质，就是制造并利用双方之间信息的不对称，并利用这种信息差非法占有他人财物。一方面，信息不对称是人类社会的本质特征，是一种客观存在状态。理论上来说，不存在一种时空条件下所有人对特定信息的掌握都是完全等同的情况。也因此，人类社会进行了很多制度设计以降低这种信息不对称，比如银行等金融中介机构的存在逻辑，就是为了帮助解决借贷双方的信息不对称问题，降低交易的中间风险。由此，事实上存在允许行为人利用信息不对称获取利益的合法空间，这也是商业本身的逻辑所能容忍的范畴。另一方面，如果超出合法允许利用信息不对称获取利益范围，则需要进行否定性的评价，承担相应的违法责任。对这种合法利用与违法利用信息不对称获取利益的界定，即涉及罪与非罪的问题。

从信息不对称角度理解诈骗罪中的"欺骗行为"，那么，此时的欺骗行为所利用的信息不对称所指向的，应当是关系投资者作出是否投资决定的那个最重要的信息。比如，前文所述中行为人宣传推广时的虚假信息，这种不对称的信息，并不是投资者作出是否投资的最重要信息，因此，相应地，行为人此时的这种虚假宣传行为也不是构成诈骗罪最核心的欺骗行为。实践中，典型的行为人故意制造并利用信息不对称实施欺骗行为，在投资型诈骗案件中往往表现为：控制价格＋反向诱导。比如，在某邮币卡投资平台案件中，平台的实际控制人可以通过技术手段修改平台交易数据甚至价格走势。换言之，平台的实际控制人可以根据平台投资者的买卖情况，选择最有利于平台获利的价格趋势。平台不仅可以通过投资者的频繁交易收取手续费，还可以暗中坐庄，直接通过隐名马甲的方式下场交易。同时，平台的实际控制人和代理人，在宣传推广吸引客户入场投资时，进一步提供所谓"专业分析师"进行技术支持，通过各种包装的方式获取投资者的信任，在操纵平台金融商品价格趋势的情况下，诱导投资者作出反向交易，从而致使投资者亏损，平台则由此大幅度获利。在这种情况之下，平台的实际控制人，一方面通过技术手段控制平台交易价格走势，即相当于人为制造了相对于投资者的一种信息不对称；另一方面，还通过"专业分析师"进一步诱导投资者作出反向交易，则再一次强化了投资者的信息不对称。在这种操作模式之下，投资者亏损的概率基本上由被平台实际控制人掌控，完全背离了正常的交易趋势和盈亏概率，这就可能构成诈骗犯罪。换言之，这种"控制价格+反向建议"的行为，即属于恶意制造并利用信息不对称优势实现非法获利的"欺骗行为"。

进一步，从逻辑推导来看，具有前述这种"控制价格+反向建议"的欺骗行为，很可能构成诈骗罪。反言之，如果不具有这种"控制价格+反向建议"的行为，是不是一定不可能构成诈骗罪呢？在笔者看来，问题的关键仍然在于，是否可以锁定行为人具有制造并利用信息不对称的优势获取利益的行为。这种"控制价格+反向交易"是比较典型的行为模式特征，可以作为评价诈骗罪的逻辑参照对象，如果没有这种典型的行为模式特征，在认定是否构成诈骗罪时，应当更加慎重。

实践中，另一种类型的投资型平台诈骗案，平台的实际控制人通过代理人宣传推广平台，称平台拥有香港的合法牌照资质，可以通过香港方面的合法渠道直接进入国外金融市场，比如，纽交所、伦交所等进行外汇、黄金、原油等金融商品的买卖，且平台提供给投资者的看盘软件都是正版的国际通用MT4软件。投资者通过在平台开设账户，注入资金，并直接买卖相应的国外市场金融商品。部分平台的投资者因为亏损过多向公安机关报案称被诈骗，公安机关立案后侦查认为该平台涉嫌诈骗，主要理由即在于平台很可能实际上并未将投资者投入的资金，真实投入国外市场进行相应金融商品的买卖，进而将代理方的公司及其人员也认定涉嫌诈骗罪，平台的实际控制人和代理方公司人员成立诈骗罪的共犯。问题是，作为代理方的公司人员，是否因为宣传推广平台从而吸引投资者开户投资的行为，而成立诈骗罪呢？此处有两个核心事实：第一，投资者盈亏的依据是国外相关金融商品价格的客观涨跌走势，平台方和代理方都无法控制和修改，即不存在"控制价格"的情况；第二，代理方公司人员在宣传推广过程中，客观上存在话术等虚假夸大宣传行为，但是没有通过"专业分析师"诱导投资者进行"反向操作"的情况。

从整体上看，存在两种可能情况。第一种情况，平台的实际控制人构成诈骗罪，代理方公司的人员明知平台是虚假的，仍然帮助宣传推广，吸引投资者进入并投资，两者成立诈骗罪共犯。第二种情况，代理方公司的人员并不知晓平台的真实情况，其也是被平台实际控制人蒙骗利用，因此不成立诈骗罪的共犯（暂不讨论平台方及其控制人是否有构成非法经营罪的可能）。在假定第二种情况属实的前提下，针对代理方公司的人员是否构成诈骗罪继续进行讨论。再加入一个条件，即平台方与代理方的利益分成是"损客获利"的模式。也就是说，投资者通过平台投资损失了，然后代理方公司及人员才有相应比例的提成收入，如果投资者通过平台投资赚钱了，则代理方公司及人员不仅没有提成，反而需要填补平台的损失。在这种"损客获利"的利益分配模式之下，代理方公司及人员在主观上，自然是希望投资者亏损从而实现其自身获利的目的。

值得注意的是，在这种"损客获利"的利益分配模式下，存在一个逻辑悖论，即按照平台方与代理方所宣称的投资模式，是投资者通过平台注入资金（以美元为单位），然后通过香港的合法渠道再投入国外市场进行相应的金融商品买卖，那么无论金融商品价格涨跌从而使投资者盈亏与否，平台方和代理方的获利来源，应该是类似于一种投资的"通道费"，即从投资者的买卖中收取相应的手续费或管理费。那么，为何又会存在代理方与平台方损客获利的利益分配模式呢？由此，可能的合理解释是，平台方实际上并未将投资者注入平台的资金，真实地通过香港合法渠道投入国际市场进行金融商品的买卖，而是相当于"庄家"，将投资者的资金装入自己的口袋，事实上形成了与投资者的一种对赌关系，在这种模式之下，代理方实际上也并非"代理"，而是这种坐庄对赌模式下的另一方玩家，与投资者也是一种对赌关系。

换言之，投资者所认知的事实和信息是，通过平台买卖相应的国外金融产品之后，平台真实完整地按照其指令进行了相应的买卖。实际情况是，平台方并未在国际市场上进行金融商品的买卖，而是将资金截留形成事实上的对赌关系，代理方则是对赌关系中的一方。也就是说，此时投资者和平台方、代理方所掌握的真实信息是不对称的，这种信息不对称的核心即表现在，投资者认为自己是在真实投资，而平台方和代理方擅自将这种投资关系改变为对赌关系，并对投资者进行了隐瞒。进一步的问题就是，平台方和代理方，对这种名为投资实为对赌的事实真相的隐瞒，是否构成诈骗罪意义下的"欺骗行为"？因而构成诈骗罪？

笔者的基本观点是，这种隐瞒真实对赌关系的行为，不构成诈骗罪意义下的"欺骗行为"。核心原因即在于，一方面，造成投资者损失的真实原因乃是其选定的国际市场相应的金融商品价格的自然涨跌，这并非平台方和代理方人为操纵控制的，且这种客观价格的涨跌，投资者能真实通过平台提供的 MT4 软件完整查看，其中不存在任何操纵造假。换言之，投资者的损失并不是平台方和代理方的"欺骗行为"导致的。

另一方面，站在投资者角度看，平台方和代理方确实隐瞒了对赌的真相，让投资者误以为自己的资金真实完整进入了国外市场，但是，需要在此细致区分的是，这种隐瞒真相是诈骗罪意义下的"欺骗行为"吗？答案应当是否定的，因为平台方和代理方这种隐瞒真相的行为，可能会影响投资者是否进入平台进行投资的主观意愿，但是并不影响投资者财产是否损失的客观结果。投资者财产损失的结果是国际市场的客观波动造成的，并非平台方和代理方造成的。换言之，造成投资者财产损失的直接原因，或者说距离造成投资者财产损失最近的原因，乃是国际市场金融商品的客观价格波动，而非平台方和代理方隐瞒对赌关系，没有将资金实际投入国际市场。

需要注意的是，不能简单地从最后的损害结果倒推平台方和代理方人员的行为性质，也不能简单地将平台方和代理方的相关隐瞒真相的行为认定为诈骗罪的欺骗行为，也不能基于"损客获利"的利益分配模式，以及代理方希望投资者损失的主观心态，从而认定为具有诈骗的犯罪故意。而是应当结合具体的行为模式和损失发生的客观原因甄别并锁定真正值得被诈骗罪评价的"欺骗行为"。

二、金融诈骗因果关系的动态解构

投资型平台诈骗案，实践中，往往会泛泛地认定案件中的因果关系，认定的思路和逻辑简化，这种情况会导致很多重要的细节因素被忽略。[①] 诈骗罪的

[①] 实践中也有观点认为，金融诈骗的因果关系认定需突破"直接操控"的狭义理解。一方面，间接因果链的承认。比如，某外汇平台通过设置 50 倍杠杆与 3% 的强制平仓线，使正常波动即可导致爆仓。此类规则设计虽未直接操控价格，但显著放大风险，与亏损存在高度盖然性关联。另一方面，被害人自陷风险的限缩。比如，投资者明知高风险仍参与交易，不能简单地否定因果关系。若平台通过虚构历史收益率（如展示 PS 过的账户截图）诱使投资者低估风险，则自陷风险不影响归责。

事实发展过程和逻辑链条是很长且环环相扣。暂时假定平台方或代理方确实操控价格，且诱导投资者进行反向交易，还需要具体考察投资者亏损与平台方或代理方欺骗行为之间的因果关系。比如，某投资者在3个月的时间里，在某平台一共投资了100次，多半时候是亏损。那么，在整个100次具体投资过程中，是否全部都是因为受到平台方或代理方的诱导欺骗而作出的交易决定呢？换言之，按照常识来看，同样存在一种可能，即投资者开始是完全听从平台方或代理方的"专业分析师"的"建议"而进行投资决定的，在亏损的次数逐渐多了以后，投资者可能完全不再相信或者不再完全相信这些"专业分析师"的建议，尽管形式上这些"专业分析师"仍然在继续给出"反向交易"的错误建议，但实际上投资者心里并不相信或不全信，而是按照自己的判断进行的投资决定。也就是说，其中有一部分亏损的实际发生与"专业分析师"的欺骗误导没有刑法上的因果关系，至少不应当将此部分投资者亏损的损害结果归责于平台方或代理方。

一般而言，平台投资型诈骗案中的投资者都是成年人，且具有各种金融投资或者股票买卖等方面的经验，对于投资的风险识别和认知能力是正常的。他们在听取平台方或代理方的"专业分析师"的误导建议投资亏损后，大概率会慢慢地怀疑分析师的水平和建议的真实有效性，直到完全不再相信这些建议。此处，可能会有观点认为，既然投资者都知道专业分析师的建议可能就是为了诱导投资者亏损，为什么不离开投资平台而继续进行投资呢？这难道不是平台方或代理方继续进行各种欺骗诱导所致吗？这种疑问很容易从投资者心理角度进行解释。投资者在逐利的本能驱动下，往往会存在两种似乎理性实则非理性的心理。一方面，投资者在亏损后会想要继续尝试，存在侥幸心理；另一方面，投资者会高估自己的"能力"，盲目认为前面的亏损只是一时的判断出错，完全可以靠自己的投资能力扭亏为盈。简单讲，这就类似于一种"赌徒心态"。在逐利的本能驱使下，投资者的非理性面会被放大，投资决定行为的理性度会被扭曲。这种心理下的投资行为，是否是被平台方或代理方欺骗导致，需要更加客观的评判。

具体到案件中进行具体因果关系的判断，需要更加精确的证据甄别和锁定，即是否投资者亏损的每一次投资决定，都是因为平台方或代理方的欺骗行为所导致的。投资者基于自己的判断作出的决定部分对应的亏损数额，至少应当从诈骗罪的犯罪数额中扣减。需要说明的是，即使投资者受到平台方或代理方的欺骗而进行投资，结果实际上没有亏损反而盈利的这部分如何在诈骗罪的指控逻辑框架中妥当处理与自洽认定，也是值得关注的问题。

三、"损失认定"的复合维度：利益分配机制的客观化理解

实践中，争议最大的问题就在于，客观上平台方和代理方的利益分配机制，是一种"损客获利"的模式。换言之，只有客户亏损了，平台方和代理方才会有相应的盈利。反之，则等于是平台方和代理方的实际亏损。实际上其中的逻辑也很容易理解，将这种平台投资所建构的关系理解为一种在赌场赌博的关系，代理方是一方赌客，投资者是另一方的赌客，平台方就相当于赌场的老板。不同的是，代理方这一方赌客与平台方这个赌场老板，在形式上看是不同的主体，但是在利益分配关系上，实则一体。可以简单理解为，平台方作为赌场的老板，派代理方作为赌客，下场与另一方赌客投资者，进行对赌（如前文所述案例中对赌的标的为国际市场上相关金融商品价格的涨跌）。

需要注意的是，在认定诈骗罪是否成立的过程中，实践中办案人员的思维层面会下意识地增加一些刑法规定的诈骗罪构成要件之外的内容，比如，此处的"损客获利"的利益分配模式。对此，如果坚持主观主义的认定思路，"损客获利"的利益分配模式，行为人希望投资者损失的心态就会被认定为诈骗罪的主观故意。客观上，如果将平台方、代理方与投资者之间的关系看作一种对赌关系，并在投资平台这一"赌场"上逐利来看的话，可以分为两种情况。第一种情况，平台方和代理方并不能通过任何外在技术的方式，人为改变和投资者对赌的赢率，双方之间就是通过经验、技术、运气等比拼，客观进行对赌，那么平台方和代理方并不构成诈骗罪。正如，赌桌上，双方之间没有任何技术手段作弊，就是比赌博的经验技术和运气好坏，双方之间的盈亏是客观的，不存在诈骗罪的可能。第二种情况，平台方和代理方通过技术的方式，比如，实际控制对赌标的价格的走势情况，人为改变和投资者对赌的赢率，那么平台方和代理方则可能成立诈骗罪。简言之，对"损客获利"的利益分配机制，应当坚持客观化的理解，坚持客观主义的认定思路，而不能是主观主义的

认定思路，否则容易混淆对行为实质的判断。①

四、"被害人自陷危险"的重新理解

在很多金融背景下的投资型诈骗案件中，存在一种现象，所谓的受害人本人已经知道平台可能在某些方面造假或欺骗，但是其相信自己的能力不会被骗，反而能从平台投资中赚得高额的利益。一般而言，即使认定平台方及其人员构成诈骗罪，就客观实际而论，平台方不可能是完全虚假的，也就是说不可能完全"空手套白狼"，平台方多半会是半真半假。那么，此时平台方和投资者两方面，其实都是"半真半假"的状态，进行各自的利益获取。

由此引出的一个问题就是，如果投资者完全可能认识到平台方或代理方是"半真半假"，则其作出投资决定不可能是完全被欺骗误导，而是心照不宣地进行利益博弈。此时即存在被害人故意自危的问题。因为，按照理性人的行为预判，在认识到平台可能是半真半假的状态之后，就应当退出平台投资或者从一开始就不进入平台进行投资。换言之，投资者在明知平台有可能半真半假的情况下，仍然在平台进行投资以试图获利，那么此时可以认为，投资者对自己可能发生的财产损害持有一种容忍的状态，或者漠然视之的态度，进而因此所发生的财产损害则不应当认为是被平台方欺骗所导致的损失。

换言之，此处需要重新界定诈骗罪的"合格受害人"。刑法设立诈骗罪对个人财产进行法益保护，这种保护存在层次区分。诈骗罪所保护的是对自己财产积极关心的个人，而不是对可能发生的财产损失持漠视或容忍状态的个人。易言之，诈骗罪禁止"欺骗行为"的意义在于，受害人本人首先对自己的财产安全很重视，因为被行为人故意欺骗而产生认识错误，从而错误地处分了自己的财产。而不是"受害人"本人对行为人的故意欺骗行为本就有认知，但是意图谋取更大的利益，从而让自己的个人财产陷于被骗损失的风险之中（或暴露在可能的损失风险中），那么此时"受害人"的这种财产处分行为及

---

① 也正如在赌桌上，一方利用红外线透视仪等技术手段作弊，对方对此毫不知情，即人为改变了双方的赢率，甚至完全控制了桌面上的赢率大小，则作弊这一方可能成立诈骗罪。

财产损失是否值得刑法保护，则应当进行更准确、细致的区分与判断。

五、对赌模式下的归责重构

在"平台坐庄"的对赌关系中，刑法规制应聚焦本质欺诈。在形式要件审查方面，需穿透合同表面，识别资金是否真实投入市场、价格形成机制是否客观。证明标准分层，对数据篡改等直接欺诈适用严格证明；对规则设计欺诈可以采用高度盖然性标准。在行刑衔接机制方面，也要将未达刑事门槛的欺诈性规则设计（如不合理平仓线）纳入金融监管处罚范围，实现风险前端防控。在当前的司法实践中，已有案例体现这种思路，某期货平台因接入真实市场但存在手续费欺诈，最终以非法经营罪论处；完全虚构交易数据的平台则被认定为诈骗罪。这表明，金融诈骗罪的认定正从简单的结果判断转向对交易结构的实质性审查，这要求司法实践既要理解金融创新逻辑，又要坚守刑法保障财产法益的本质功能。

概言之，在投资平台这一"赌场"模式下，双方实质上所形成的"对赌关系"替代了形式上的"投资关系"。客观而言，这种类型的平台投资型诈骗的实质，即相当于行为人提供了一个网络赌场，平台方和代理方与投资者实际上形成了一种对赌关系。平台方和代理方在事实上隐瞒了这种对赌关系，对外称是投资关系。更为关键的是，投资者对这种"半真半假"的平台及投资关系，很可能实际上未必相信或者未必全信，相应地，投资者并未被平台方和代理方所欺骗，或者未被完全欺骗，此时则需要对投资者发生实际财产损失的投资行为进行具体细致的判定，要判定每一次投资的具体因果关系，即要区分每一次具体受损的投资决定究竟是被平台方和代理方欺骗所导致的，还是投资者实际上按照自己的意愿认知进行"赌博"投资所导致的。就此而言，应当对因果关系与合格受害人问题进行情景化认定。

进一步，即使平台方和代理方隐瞒了这种名为投资实为对赌的关系实质，但是如果投资者的损失是客观存在的情况，并非平台方和代理方人为欺骗操纵所导致的，那么投资者的损失与这种欺骗行为之间，也不存在需要诈骗罪进行评价的因果关系。回归到常识判断，需要客观地区分生活事实意义上的"欺骗行为"与诈骗罪意义上的"欺骗行为"。可以认为，欺骗行为所内含的"信息不对称"实质是人类社会交往中必然的客观存在，或者说是商业活动的本质。刑罚作为最后的制裁手段，所需要禁止的是行为人通过恶意欺骗制造并利用"信息不对称"获取他人财物的行为，而不是不加区分地禁止任何制造并利用信息不对称的行为。由此，诈骗罪对个人财产的保护也存在层次性区分，被害人故意自危下的个人财产损失，存在不需要通过刑法加以保护的可能情形，可以通过民事法律进行利益关系调整。

进而，前文所述的"名投实赌"的这种平台投资型案件，有可能被定性为"民事欺诈"。具体可以分为三个层面考虑。第一个层面，平台方和代理方确实对投资者存在"欺骗"。比如，形式意义上的夸大宣传等吸引投资者进入平台进行投资。第二个层面，平台方和代理方"欺骗"投资者，即向投资者隐瞒了实际上的对赌关系，使投资者以为资金是真实进入了国外进入市场。第三个层面，平台方和代理方的前述两个层面的"欺骗"，与投资者财产损失之间不具有诈骗罪上的因果关系。因为导致投资者真实损失的原因，是国外市场相关产品价格趋势的客观波动，对此平台方和代理方不可能也没有意图进行人为操控。但是，如前所述，如果平台方或代理方能够操纵实际价格走势，并实施反向诱导的话，则可能构成诈骗罪。

换言之，对于平台方和代理方所涉的最核心的"欺骗"，即向投资者隐瞒了真实的对赌关系，客观而言，这是一种民事欺诈或者民事违约，亦即投资者通过平台方开设账户，进行投资买卖时所形成的合约关系是，平台方如实按照投资者的指令，将资金实际注入国外市场进行相应金融产品的买卖。但实际上，平台方可能完全或者部分没有如实按照投资者指令行事，而是私自改变合约内容，将投资者的资金截留下来，将合约的投资关系改变为对赌关系。投资者的损害问题，可以通过民事法律进行调整。如果认定平台方和代理方成立民事欺诈或违约，相应获取的收入则属于不当得利，并未对投资者的损失承担赔偿责任。

反言之，将平台方和代理方的这种"名投实赌"的欺骗行为，归属于民事欺诈或者民事违约的范畴，而不是诈骗的范畴，在逻辑上还可以进行反向分析，即如果平台方和代理方的行为属于诈骗犯罪，那么投资者在平台上赚取的收益的性质是什么？是犯罪收益，还是民事欺诈意义上的获利。如果认定为犯罪收益，司法机关是否也应当予以收缴，从"受害人"处再将这部分利益剥离出来？应当说，将其认定为民事欺诈或民事违约意义上的获利更为合理，在民法进行利益调整时，将此部分获利作为对投资者利益填补的一部分，纳入整体计算即可。

此外，还有两个细节问题，需要细化论证和说明。第一，投资者在平台投资获利后，本来可以结束投资并离开平台，但是平台方和代理方的继续"欺骗"性宣传和营销，使投资者并没有离开，因此继续投资后来发生财产损失，是否可能成立诈骗罪。第二，平台方和代理方明知只要投资者在平台进行投资的时间段足够长，那么投资者亏损的概率就会提高，甚至从理论上说，长期来看投资者必然亏损，平台方和代理方通过各种方式"欺骗诱导"投资者继续在平台进行投资的行为，是否可能成立诈骗罪。

对于第一个问题，一方面，前文已经述及，暂且不论这些生活事实意义上的欺骗是否值得刑法评价，这些欺骗只是使投资者进入平台，但进入平台并没有直接造成投资者的财产损失；另一方面，实际上平台方和代理方所利用的是投资者的"逐利心态"或"赌徒心态"，这种对投资者心态的利用本身即商业中客观存在的逻辑，至少是中性的，不需要进行刑法评价。换言之，股票市场和福利彩票市场，同样客观存在这种对投资者逐利心态的"中性利用"。

对于第二个问题，这种似是而非的逻辑也不能成立。一方面，只要投资者进行投资的时间足够长，则亏损的概率会更高，这是一种客观性的存在，并非平台方和代理方人为制造的非对称优势，没有使用任何欺骗的方式改变这种客观盈亏率；另一方面，前述方面的内容，并非诈骗罪构成要件的内容，即不是进行刑法评价的范围。换言之，在诈骗罪的构成要件中，并没有包含平台方和代理方利用这种"概率机制"的行为属于欺骗行为的内容。

反言之，如果仍然将这种情况当作赌场中的对赌关系来理解，比如，只要平台方和代理方没有利用各种高科技手段人为改变这种双方盈亏的概率，就不构成诈骗。这种平台方和代理方明知只要投资者在平台投资时间足够长则大概率会亏损，并对此加以利用的行为，也可以理解为是平台方和代理方"赌博经验"的丰富，技高一筹，并不是诈骗罪意义上的欺骗行为。相应地，如果投资者自己也明白这种客观的概率机制，在其投资盈利到一定的时候，完全可以结束在平台的投资，避免亏损。易言之，这种客观存在的"概率机制"，并非平台方和代理方人为制造，而是投资者也同样可以知晓并利用的客观条件。因此，也不能认定平台方和代理方构成诈骗。

六、余 论

（一）手续费是否存在成立诈骗罪的空间？

如果认为平台方和代理方不构成诈骗罪，对投资者发生的本金损失不构成诈骗，但是有一部分损失是投资者只要进入平台进行投资操作就会发生的损失，即手续费等平台固定扣取的费用。那么，对这部分手续费等，是否构成诈骗罪呢？

从交付财物的目的实现与否的角度来看，投资者在进入平台并进行交易的时候，其在交付此部分财物时的目的是进行投资并获利，可以简单概括为：目的1，为进入平台，有机会参与交易并实现获利；目的2，为通过平台账户发出具体交易指令，实现获利。客观而言，投资者的目的1和目的2都是真实实现了的，投资者在平台开设账户，可以自由进行具体交易。至于实现获利的主观目的，应当客观评价在经济活动中的商业运作，任何人都希望能够获利，但实际上商业活动中存在风险，不可能只要资金交付后，就都能最终获利；也不可能在这种正常的商业经济活动中，只要一方最终没有实现获利，就认为对手方是诈骗犯罪。因此，判断核心在于，使双方之间盈亏变动的那个"对象、标准"本身是不是客观存在、自然发生的，没有受到任何一方人为影响。

具体到案例中，尽管平台方隐瞒了"名投实赌"的所谓"真相"，但是决定平台方和投资者之间盈亏的那个"对象、标准"，即相应的国外金融产品的价格涨跌，其本身是客观存在的，真实发生的，平台方不可能对此施加影响进行改变。而且，平台方和投资者都是信息对等的，平台方没有就此施加人为因素误导投资者。比如，案件中投资者都是通过MT4软件实时查看国外金融产品的价格走势。因此，投资者交付手续费这部分财物时的目的，客观真实地实现了，平台方对此不构成诈骗。投资者缴纳了手续费等确实客观上进入了平台，也进行了投资，有盈有亏。换言之，投资者缴纳的这些手续费，就相当于进入平台所必须购买的门票，投资者在缴纳"门票"时所抱持的目的是能正常进入平台，这在客观上是实现了的；对于投资者每次操作交易时，平台方所固定比例收取的手续费，投资者是明知且同意的。换言之，投资者在进入平台时缴纳手续费相当于买了购买赌场的门票。投资者进行具体交易时，平台收取的固定比例的手续费，相当于坐在赌桌上享受赌场提供的参赌机会与服务的成本分担。也就是说就此部分财物交付时，投资者的目的实现了，平台方真实地提供了赌场服务和参赌机会，并没有欺骗投资者。

不过，可能有观点会认为，投资者交付手续费这部分财物的目的是平台方真实地按照指令，代其在国外进行相应金融产品的交易，而案例中平台方"可能"并未真实在国外进行金融产品交易，那么就没有合法权利和理由收取手续费。所以对手续费这部分财物，构成对投资者的欺诈，成立诈骗罪。

对此，需要进一步厘清的问题是，投资者交付手续费更为根本的目的是什么？这个目的是不是真正实现了？形式上看，投资者交付手续费这部分财物，所对应的目的是要求平台方按照其指令，在国外市场进行相应的金融产品交易，而案例中平台方"可能"没有直接按照指令进行交易，而是在对赌关系之下将手续费"截留"了。但是，从实质上看，投资者交付手续费这部分财物的目的，乃落脚于通过平台方代为购买国外市场的金融产品，从而实现相应的投资收益。换句话说，投资者在向平台方发出相关交易指令并交纳手续费时，并不是纯粹地为了买卖国外金融产品，实际上是想通过这种投资交易获取相应的投资收益，并且是一种获取相应投资收益的可能性，因为投资者也可能看错行情，判断失误。就此实质目的而言，平台方在"名投实赌"的对赌关系之下，真实保证并实现了投资者的这种获取投资收益可能性机会与空间。

此外，值得强调的是，在这种平台方与投资者实际上的对赌关系下，投资者盈亏与否的标准，或者对赌的标的物，是国外市场相应金融产品的真实涨跌，对此平台方和代理方均未施加人为影响，从而欺骗投资者。典型体现在，投资者发出交易指令后，如果所交易的相应金融产品价格确实上涨了，那么投资者也是真实地获得了对应收益，只不过这部分收益实质上是平台方和代理方在对赌关系下，由他们进行了实际利益填补。在这种情况下，投资者真实获取了投资收益，应当认为其交付手续费这部分财物时的实质目的已经真正实现，平台方和代理方对此不构成欺诈。

此外，可以将前述"名投实赌"的情形理解为，对国外金融产品交易流程的优化。这就相当于，投资者和平台方对于投资指令、资金流向存在两种不同的认识。投资者的认识是，在其下达交易指令后，平台方代其执行相关交易操作，也就是说投资者认为其投资指令是真实被平台方执行了的，因而相应资金确实流向国外市场。平台方的操作是，投资者下达了交易指令，在对赌关系下平台方经过判断，不按照投资者指令进行真实交易，也就是说投资指令并未实际生效，同时资金也并未流向国外市场，而是截留下来形成对赌。就整个过程而言，平台方实际上在对赌关系中的"操作逻辑"是，因为投资者是分散的，每个投资者在不同时间段下达的交易指令也是分散的，客观上肯定会存在一种情况，即在特定的时间、针对特定的国外市场金融产品，会有不同的投资者下达的交易指令正好相反。那么，从平台方的角度来看，其完全没有必要全然地按照投资者的指令要求进行分散、零散的交易，而是直接进行对冲操作即可。

比如，5月1日上午10时，投资者甲下达交易指令，要求平台方代为买入美国某原油期货10手。恰好同时投资者乙下达交易指令，要求平台方代为卖出该原油期货10手。那么，在基本的金融逻辑和操作逻辑下，平台方不可能一边立刻真实地在美国市场买入相应原油期货10手，然后又立刻卖出该原油期货10手。这样会产生完全不必要的中间交易成本，在这种情况下，将甲乙双方交易指令对应的交易实行对冲平账即可。此时，平台方收取手续费不构成欺诈，可以理解为交易过程的优化。原因就在于，一方面，在这个过程中平台方也真实提供了服务，如执行交易指令，这种对冲也是一种优化执行交易指令的真实服务；另一方面，这种交易流程的优化，对于投资者的盈亏收益情况没有任何影响，如前所述，决定投资者盈亏的那个标准或对象是客观真实的国外市场相应金融产品的价格涨跌。

（二）平台投资型案件中"代理行为"的性质认定

实践中，司法机关对此类案件的诈骗定性，引发了不同观点争议。

第一，平台投资业务的非法性不是诈骗罪的评价内容。实践中，这类投资平台所宣称的直接投资国外市场的金融产品业务，基本未获得行政监管部门的批准，不具有合法的经营资质。司法机关会请证监部门出具专门的书面函件，认定平台经营证券期货业务的非法性。此时首先涉及的问题是，代理商事先是否核实平台的合法资质文件？这涉及评价代理商在宣传招揽投资者时，是否尽到了必要的注意义务问题。这也成为司法机关判断代理商是否具有欺骗故意的重要考量因素。一般而言，平台方、代理商、投资者三者之间的结构关系，①如图20所示。

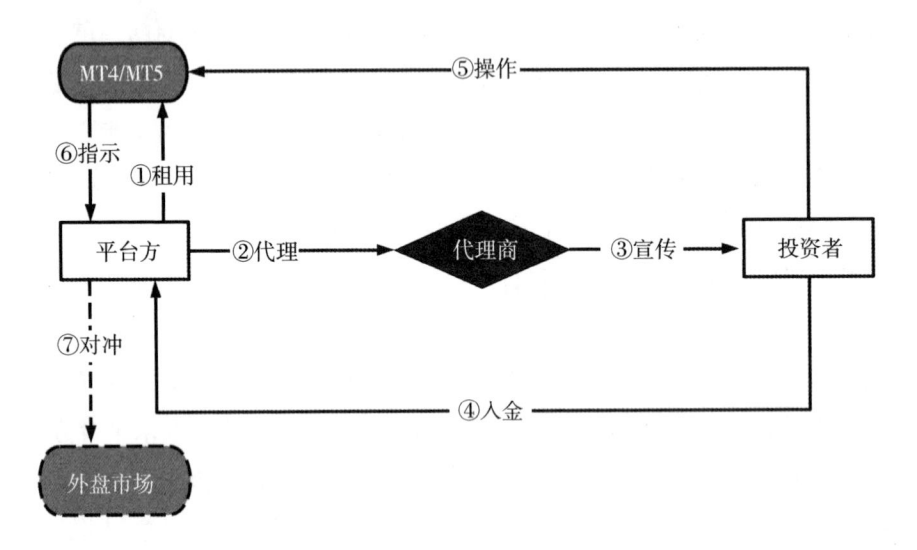

图20　平台方、代理商、投资者的结构关系

首先，非法经营行为中的欺骗要素，不能直接被评价为诈骗罪所要求的欺骗。平台业务并未获得行政监管部门的批准，属于行政法意义上的非法经营。这种非法经营行为本身包含的欺骗要素，表现为平台方或代理商并未告知投资者所涉业务的行政违法性。不过，这种"欺骗"并不是导致投资者亏损的原因，不能被评价为诈骗罪中的欺骗行为。就此而言，代理商的宣传行为也不能直接被评价为诈骗，即使代理商并未尽到核实平台投资业务合法性的注意义务。

---

① 投资者首先是在平台开设账户，在账户里进行资金操作和交易操作，平台会收取交易手续费。同时，投资者通过平台下载MT4/MT5软件，在软件端查看国外市场中的各种金融产品的价格等信息。代理商负责宣传推广平台及其投资业务，也会组织一些分析师给客户提供投资建议。此外，平台方和代理商约定按比例分取客户亏损。

其次，对于代理商是否尽到注意义务的评价，应当区分代理商是否核实、是否有效核实平台业务合法性的不同情形。比如，本章所述案例中代理商事先与平台方沟通宣传推广业务时，曾明确要求平台方提供合法的资质文件。平台方曾向代理商出示过中国香港、美国监管机构出具的证明文件，并说明平台是通过设立在香港的代理公司进行合法投资。代理商经过核实后认可了平台方出示的证明文件及说明内容，进而展开宣传推广工作。那么，尽管事后司法机关对平台投资业务的性质作出了违法性认定，但是这并不能否认代理商事先进行了必要的核实，不能直接认定代理商完全未尽到注意义务。因此，司法机关在评价代理商是否具有诈骗的主观故意时，应当对平台方和代理商作出区分认定，不能直接一体评价。客观存在的合理怀疑是，代理商在投资业务合法性层面，同样受到了平台方的欺骗。

此外，代理商的宣传行为即使存在夸大或虚构之处，也不构成诈骗罪要求的欺骗行为。如欲认定代理行为构成诈骗，必须首先明确投资者的财产损失，是基于代理商的宣传向平台入金后直接带来的损失。在这类平台投资型案件中，投资者在向平台入金后，可以自由转出资金，平台方和代理商并未限制投资者出金。换言之，投资者向平台入金后，仍然保持着对资金的控制，并不存在财产损失，所有损失是投资者在平台进行投资交易后造成的。最高人民法院在《刑事审判参考》总第113集第1238号"徐某等人非法经营案——未经许可经营原油期货业务，并向客户提供反向提示操作的行为如何定性"中，阐述了意见，认为"被告人徐某等人通过业务员虚构'白富美'女性形象、夸大盈利等方式诱导客户进入平台交易以及建议客户加金，频繁操作的行为不是认定本案性质的关键行为，不宜认为诈骗罪中的'虚构事实'"，并最终将徐某等人的行为定性为非法经营罪。

因此，代理商吸引投资者到平台投资的行为，不论是否有话术、是否有虚假要素，均不会直接导致投资者的财产损失，不是诈骗罪评价的欺骗行为。

第二，代理商隐瞒平台方与投资者之间实质上的"对赌关系"，不是诈骗罪要求的欺骗行为。不过，这种对赌关系并非代理商故意制造出来的虚假事实，也并非代理商故意诱导投资者就此产生了错误认识。代理商并未向投资者释明这种对赌关系，对此存在形式上的隐瞒，也不能直接评价为诈骗。

首先，对赌交易关系不应作为认定代理商构成诈骗罪的依据。正常投资者参与所谓外盘期货、外汇及其衍生品交易的基本逻辑就是"对赌"。据公开报道消息，此前市面上有部分银行也提供类似产品，不论是之前爆雷的"原油宝"产品还是其他能源交易产品，都是利用芝加哥商业交易所集团或其旗下交易所（"CME Group"）相关的市场数据、结算价格，确定其产品的结算价格。客户在银行购买"原油宝"或其他能源交易产品时，并非直接参与外盘交易，购买产品的资金也并非完全进入了国际市场，而是在银行建立的虚拟盘中进行对冲，无法对冲的部分则可能进入了外盘市场交易。此时，银行与客户之间即形成了事实上的"对赌"关系。因此，这种"对赌"的交易模式与逻辑是衍生品交易的惯常模式，也符合此类交易的惯例，交易参与人一般应当知晓该模式，无须额外说明。

其次，代理商即使未向投资者释明对赌交易关系，也不构成诈骗罪所要求的隐瞒真相。诈骗罪中"隐瞒真相"的前提要求是行为人有说明真相的义务。一般而言，在交易行为中，行为人对可能影响对方处分财产的交易基础信息负有说明义务。在平等主体之间的交易活动中，一方隐瞒交易基础信息致使对方在违背真实意思的情况下实施的民事法律行为，可能因欺诈而被撤销。反言之，若隐瞒或虚构不影响合同目的实现、对合同履行没有重大影响的事实，则不构成对交易基础信息的欺瞒，不能评价为民法上的"欺诈"，更不能认定行为人构成诈骗罪。在此类平台投资型案件中，投资者交付财物的根本目的是通过平台交易获取套利机会，赚取差价。因此，在进行刑法评价时，应当考察行为人的行为是否影响投资者获得套利的机会，以及该机会是否确实有可能使投资者赚取差价。如果投资者确实因代理商的行为获得了套利的机会（或者存在赚取差价的可能），且该套利机会或赚取差价的可能，仅与价格和市场行情有关，而与交易对手、交易模式无关，那么也不存在成立诈骗的空间。比如，在股票交易中，投资者只关注大盘行情和股票价格，根本不在乎交易对手方及交易模式。因此，"对赌"交易模式是外汇、期货及其衍生品交易的客观模式，这类案件中的投资者多为有经验的投资者，在此情况下仍选择参与交易，即意味着投资者默示认可了该交易模式及其风险。

此外，市场行情是投资者处分财物的交易基础信息，交易对手和交易模式均不是投资者处分财物的交易基础信息。在大盘行情真实的情况下，行为人未说明交易对手和交易模式，并不改变投资者参与的投资活动的特性，也不影响投资者的投资决定，更不违背投资者处分财物用于投资的意愿，可以认为，行为人对此没有说明的义务。因此，代理商未伪造、虚构、隐瞒真实行情走向，不论其是否向投资者释明对赌的交易模式，均不构成诈骗罪中的隐瞒真相。代理商的代理行为不能被评价为诈骗罪意义上的欺骗行为。

第三，代理商无法操控平台方与投资者之间盈亏的判断标准。首先，这类案件中平台使用的是正版白标MT4/MT5软件，仅拥有MT4/MT5软件的使用权限，没有管理权限，无法在后台操控、修改数据。投资者查看到的各种价格走势均是真实的行情信息，这是决定平台方与投资者之间盈亏的唯一标准。由于平台方和代理商均不能操控价格走势，决定投资者盈亏的标准是客观真实的，那么最后的盈亏也就是投资者自行决策交易后的客观结果，应当由投资者自行承担。

其次，代理商向投资者提供投资建议，也不构成诈骗罪所要求的虚构事实。在平台方及代理商均不能控制价格走势的前提下，代理商向投资者进行的"高收益"表述，仅是对其自身关于该投资的价值判断，并非对客观事实的虚构。代理商针对投资者给出的建议，也只是中性的投资建议，并非反向建议。既然代理商无法操控价格走势，那么也就无法界定正向建议或反向建议。正如，荐股人预测某只股票价格将要上涨，投资者买入该股票后，即使后期该股票跌停导致亏损，也不能认为荐股人虚构事实，构成诈骗犯罪。而且，在价格行情走势不能确定的前提下，代理商向投资者提供投资建议，仅是对将来可能发生的事实的预测，并非虚构与当前或将来必然发生的客观事实相反的事实，不符合诈骗罪"虚构事实"的构成要件内容。

最后，这种平台投资型案件，投资者亏损的真正原因，是国外市场相关金融产品价格的客观波动。平台方和代理商也不可能人为操控、修改价格信息，投资者在作出交易决策时所依据的价格信息是真实的，并非代理商所制造的虚假信息。换言之，决定投资者盈亏的标准是客观、真实的，而非平台方和代理商通过欺骗行为而人为制造的，这也是代理商的代理行为不能被评价为诈骗罪的根本原因。因此，笔者的观点是，只要代理商无法操控价格走势，也未修改价格信息，即决定投资者盈亏的标准是客观、真实的，那么代理商的代理行为至少不应当成立诈骗罪。

后　记

在本书即将付梓之际，作为作者，心中既有如释重负的欣慰，也存有几分忐忑。愿借这方寸之地，与读者坦诚相谈。

其一，关于本书的"真实性"。本书构建的"信息—交易"要素二元分析框架，虽然尚处于初步阶段，却全然扎根于我的执业土壤。作为一名证券金融犯罪辩护律师，书中的每一章节都对应着真实的案件实践，甚至不乏处理案件时的灵光乍现。这些素材不是空中楼阁，而是经年累月与法条博弈、与证据较劲的沉淀。我深知，理论的完美或许难以企及，但作为一名法律实务工作者，能将自己亲历的困惑与突破如实呈现，或许能为读者提供一份可触摸的参考。

其二，关于方法论的坚守与"小法条"的温度。本书倡导"从经验到理论再到经验"的循环，在辩护实践中格外注重"小法条"的挖掘。例如，书中保留了已失效的国家发展改革委办公厅《关于进一步改进企业债券发行工作的通知》，看似不合时宜，实则暗藏深意——它是特定案件辩护逻辑的完整切片，也是过往司法实践的缩影。我更愿以这些"小法条"为砖石，搭建起更具实践韧性的辩护框架，展现法律适用中"以小建大"的可能。

其三，关于未竟的篇章与期待。原稿中曾专辟一章探讨"证券犯罪的证据结构与证明责任重塑"，详细阐述"三角形"证据构造、证明结构，以及"对证据之诉"（刑事诉讼客体理论—刑事之诉[1]）的原创性思考，这是过往与各方友人同行交流时引发诸多共鸣的内容。然而，基于整体结构与篇幅考量，最后删除了。这一取舍并非否定其实践意义，而是期待在未来以更成熟的形态与读者重逢。

---

[1] 参见陈瑞华：《论刑事之诉的类型和效力》，载《法学论坛》2020年第4期。

古语云：学，然后知不足。于我而言更是，写，然后知不足。掩卷而思，深知书中疏漏与不足也在所难免。仅愿这份来自实践的真诚分享，能为证券金融犯罪领域的研究提供一点微光。

周致力

2025年6月于北京